高等院校"十二五"经济管理类课程系列规划教材

初级会计

主编　师　萍　严开宁

经济管理出版社

图书在版编目(CIP)数据

初级会计/师萍,严开宁主编.—北京:经济管理出版社,2009.6

(高等院校"十二五"经济管理类课程系列规划教材)

ISBN 978－7－5096－0657－5

Ⅰ.初… Ⅱ.①师…②严… Ⅲ.会计学－高等学校－教材 Ⅳ.F230

中国版本图书馆 CIP 数据核字(2009)第 097213 号

出版发行:**经济管理出版社**

北京市海淀区北蜂窝 8 号中雅大厦 11 层

电话:(010)51915602   邮编:100038

印刷:北京银祥印刷厂   经销:新华书店

组稿编辑:王光艳   责任编辑:王光艳 魏晨红

技术编辑:杨国强   责任校对:陈 颖

720mm×1000mm/16   22.5 印张   480 千字

2009 年 8 月第 1 版   2009 年 8 月第 1 次印刷

定价:39.80 元

书号:ISBN 978－7－5096－0657－5

前　言

近年来，我国财政部发布了与经济发展进程相适应、与国际财务报告准则相趋同的企业会计准则体系，这是中国会计改革与标准建设史上新的里程碑，是中国完善社会主义市场经济体制的重要举措。新准则的颁布，不仅较好地继承和发扬了改革开放以来我国会计改革的成果和经验，吸收并借鉴了国际通行会计惯例的合理成分，而且实现了会计准则建设的许多突破和创新，大大缩短了我国会计标准与先进国家会计标准的距离，标志着我国会计越来越与国际会计惯例相协调、相一致。它对促进改革开放、完善现代企业制度、提高广大财会人员的专业知识和水平，使我国会计事务管理体制逐步走向国际规范化都将产生重大影响。

为适应这一根本性的变革，满足全国广大财会人员和高等院校经济类、管理类学生学习会计理论和知识的需要，作者在多年教学与实践的基础上编写出版了这本《初级会计》。

《初级会计》是会计学科体系的重要组成部分，是学好会计、当好会计的重要一环，是学习会计专业技术的基础理论课程。《初级会计》主要阐述会计的基本理论、基本原理和基本方法。包括会计确认、会计计量、会计记录、会计报告的基础知识点和初级操作技术。

本书的特点如下：

第一，按照教与学的客观规律，由简入繁、由浅入深，系统介绍会计学的基本原理和初级操作技术，重点方法皆举例阐述。

第二，注重科学性和实用性相结合。在编写中，作者紧密结合新颁的基本准则和38项具体准则，吸收国内外最新会计科学的研究成果，系统阐述符合国际惯例的会计学的基础理论、基本知识和基本方法，力求实务与现实操作相结合，照搬书上的会计分录就可以进行账务处理。

第三，学习对象的兼容性。按照知识教育与素质教育、能力教育相结合的原则，不仅注重会计理论和方法的阐述，并且还注重能力的培养；不仅照顾在校学生系统学习的需要，还兼顾参加国家会计职称考试的考生的需要。如果读者能够逐章学习、逐章完成课后练习，不仅能够全面掌握会计学初级阶段较全面的知识，培养自己独立进行账务处理的能力，还能兼顾满足参加职称考试的需要。

每章附有思考题并配有大量练习题（附有参考答案），作为教材使用非常方便，也便于自学者学习。在校学生和参加职称考试的会计人员，若能够认真完成课后练习，定会稳操胜券！

本书由师萍、严开宁担任主编，各章的编写者是：师萍第一章，李倩第二章，严开宁、张炳南第三章，刘晓琴、韩先锋第四章，靳小蕾第五章，韩蕙慧、高民芳、郝楠楠第六章，杨莉第七章，雷秋平第八章，徐晓薇第九章，师萍、孔京京第十章，刘薇第十一章，余晴瑶第十二章。全书由师萍教授负责统稿。

本书除供高等院校作为教材使用外，也可用作高职、中专教材，还可供广大会计人员和公司管理层学习和参考。

作 者

2009 年 8 月

目　录

第一章　总　论

第一节　会计概述

一、会计的概念

会计（Accounting）是以货币为主要计量单位，反映和监督一个单位的经济活动，并向有关方面提供会计信息的一种经济管理工作。

会计是人类社会生产经营活动发展的产物，是适应社会生产实践和经营管理的需要而不断发展起来的。物质资料的生产是人类社会赖以生存和发展的基础，在生产活动中，为了获得一定的劳动成果，必然要耗费一定的人力、财力、物力。人们一方面关心劳动成果的多少，另一方面也注重劳动耗费的高低。在人类社会的早期，人们只是凭借头脑来记忆经济活动过程中的所得与所费。随着生产活动的日益纷繁、复杂，大脑记忆已无法满足上述需要，于是，便产生了专门记录和计算经济活动过程中所得与耗费的会计。随着生产与经营活动的进一步发展，会计已由简单的记录和计算，逐渐发展成为以货币单位来综合地核算和监督经济活动过程的一种价值管理活动。

会计作为一种计算、记录和考核收支的工具，无论在中国还是在外国都有着悠久的历史。据马克思考证，在印度的原始公社里就已经有了记账员，登记农业账目，登记和记录与此有关的一切事项。世界上著名的文明古国，如巴比伦、埃及、希腊、罗马、印度等，都有类似会计的记录与会计活动的记载。公元 12 世纪，处于封建时期的意大利、地中海沿岸的某些城市，如威尼斯、热那亚、佛罗伦萨等，手工业、商业和金融业较为发达，产生了资本主义生产的最初萌芽，成为推动会计发展的重要因素，出现了较为科学的借贷复式记账法。1494 年，意大利数学家卢卡·巴其阿勒（Lucas Pacioli）的数学专著《算术、几何、比与比例概要》（又译为《数学大全》）一书在威尼斯出版发行，巴其阿勒的这一著作全面系统地总结了当时流传于威尼斯一带的复式记账法，并从理论上加以说明。随着社会化生产规模的扩大和管理水平的不断提高，会计理论和实务日趋完善。

我国在公元前 1000 年的西周，就已经有"会计"称号（郭道扬，1982）；公元900 年的宋朝，就已经"账"、"表"齐全，有了较完整的结账公式和财务报告，并在会计账册与报表中并列四人要素（即四柱）——"旧管"、"新收"、"开除"、"实在"（其含义分别相当于现代会计中的"期初结余"、"本期收入"、"本期支出"、

"期末结存"），并根据其间的内在联系，按一定的公式计算、考核一定时期财产物资和财务收支的增减变动情况及其结果，称为"四柱清册"。

"四柱清册"的基本公式是："旧管＋新收－开除＝实在"，相当于现代的"期初余额＋本期收入－本期支出＝期末余额"。它既可用于检查日常会计记录的正确性，又可分类汇总日常会计记录，使之起到系统与综合反映的作用。"四柱清册"的创立和运用，是我国宋代中式会计方法的重大突破，不仅解决了会计结算方法的科学性问题和会计核算中的一系列技术性问题，设计会计账簿和报表格式，并使结账、报账工作提高到了新的水平，使我国传统的单式记账方法得到了进一步的完善，而且为我国由单式记账发展到复式记账奠定了基础。可以说，"四柱清册"是中式会计方法的精髓，是我国会计发展的里程碑，也是我国会计对世界会计方法发展的一个重要贡献，对世界上许多国家的会计核算都曾产生过重要的影响。

会计作为人类社会发展到一定阶段的产物，是适应生产发展和管理需要而产生的。在生产过程比较简单的情况下，会计只是生产职能的附带部分。随着生产规模的扩大、社会分工的发展，会计逐渐从生产职能中分离出来，成为一种有效的价值计量管理工作。社会在发展，不仅生产过程更为复杂，各社会成员间的经济关系也更加广泛，经济管理分工越来越细，从而对对生产过程进行计算和监督的会计提出了更高的要求。可见，会计和管理之间有着密切的关系：一方面，管理越现代化，对会计的要求就越高，管理的发展决定着会计的发展；另一方面，会计事前计算中的财务计划、事中计算中的账簿与报表、事后计算中的审计更是管理过程中必不可少的环节。显然，管理中如果没有真实的会计信息，没有详细的记录和计算，没有中肯地分析和监督，就谈不上有效的管理。

长期以来，会计使用一系列专门方法，并通过严密的规则与科学程序，将日常业务活动记录下来，从各个角度反映企业财务状况和经营成果，为各方面提供所需的信息资料。不仅为企业的投资者、债权人、管理者提供必要的财务会计信息，而且财政、审计、税务、银行、证券监管、保险监管等部门还依照有关法律、行政法规规定的职责，对会计信息的真实性进行监督检查，使会计成为经济活动和过程的"信息系统"（Information System），在经济管理中得到了广泛的应用。

会计所提供的信息，是企业在一定时期生产经营的全过程和处于这一过程的资金、物质、人才、能源等要素在变动中的数量表现，了解这些也就掌握了企业的基本情况。要深入了解和研究企业，就需要深入了解和研究企业生产诸要素的动态变化及结果，这些资料很大部分来自企业的会计资料。只有懂得了会计，才能够真正了解企业的经营业绩、获利能力、偿债能力、资产运营能力、信用状况、发展前景等。在这个意义上，人们认为"会计是工商业的语言"。

会计按其报告的对象不同，又分为财务会计、成本会计与管理会计。财务会计主要侧重于向企业外部关系人提供有关企业财务状况、经营成果和现金流量情况等信息；成本会计主要是反映企业生产成本以及费用的信息；管理会计主要侧重于向企业内部管理者提供进行经营规划、经营管理、预测决策所需的相关信息。财务会计侧重于过去信息，为外部有关各方提供所需数据；管理会计侧重于未来信息，为内部管理提供决策数据。

二、会计的职能

会计的职能，是指会计在经济管理中所具有的功能，即会计在社会经济生活中的作用。

一般认为，会计的基本职能包括进行会计核算和实施会计监督两个方面。

1. 进行会计核算

会计的核算职能是指会计以货币为主要计量单位，通过确认、计量、记录、报告等环节，对特定主体的经济活动进行记账、算账、报账，为各有关方面提供会计信息的功能。会计核算是整个会计工作的基础。我国《会计法》第十条规定："下列经济业务事项，应当办理会计手续，进行会计核算：①款项和有价证券的收付。②财物的收发、增减和使用。③债权债务的发生和结算。④资本、基金的增减。⑤收入、支出、费用、成本的计算。⑥财务成果的计算和处理。⑦需要办理会计手续、进行会计核算的其他事项。"这一条款包括两层意思：一方面一切经济业务都必须在发生时在会计上进行记录、计算、反映，不能错漏；另一方面一切经济业务都必须由经办人员和会计人员按照规定办理会计手续，包括计量检验、办理财务收支的审批和领批手续、取得和填制原始凭证等。

以上两方面是保证会计核算数字的真实、准确、完整的基础和前提，是会计管理工作与其他管理工作相区别的重要标志。

会计核算具有全面性、系统性和连续性的特点。全面性，是指会计对所有的经济活动都要进行确认、计量、记录和报告，不得遗漏；系统性，是指会计所提供的核算资料是相互联系的，既有分类资料，又有汇总资料；连续性，是指对经济活动的核算要按其发生的时间顺序进行。

会计的确认、计量、记录和报告有特定内容。确认是运用特定会计方法、以文字和金额同时描述某一交易或事项，使其金额反映在特定主体财务报表的合计数中的会计程序。确认分为初始确认和后续确认。计量是确定会计确认中用以描述某一交易或事项的金额的会计程序。记录是指对特定主体的经济活动采用一定的记账方法、在账簿中进行登记的会计程序。报告是指在确认、计量和记录的基础上，对特定主体的财务状况、经营成果和现金流量情况（行政、事业单位是对其经费收入、经费支出、经费结余及其财务状况），以财务报表的形式向有关方面报告。

2. 实施会计监督

会计监督职能也称控制职能，是指对特定主体经济活动和相关会计核算的合法性、合理性进行审查，即以一定的标准和要求利用会计所提供的信息对各单位的经济活动进行有效的指导、控制和调节，以达到预期的目的。

会计监督的内容包括：①监督经济业务的真实性。②监督财务收支的合法性。③监督公共财产的完整性。会计监督是一个过程，分为事前监督、事中监督和事后监督。

《会计法》对会计监督作了具体规定，在进一步明确政府监管和社会监督的具体要求的基础上，突出了内部控制的内容。《会计法》第二十七条明确规定："各单位应当建立、健全本单位内部会计监督制度。"第三十三条规定："财政、审计、税务、人民银行、证券监管、保险监管等部门应当依照有关法律、行政法规规定的职责，对有关单位的会计资料实施监督检查。"

会计的两项基本职能是相辅相成、辩证统一的关系。会计核算是会计监督的基础，没有核算所提供的各种信息，监督就失去了依据；而会计监督又是会计核算质量的保障，只有核算、没有监督，就难以保证核算所提供信息的真实性、可靠性。只有把这两个职能结合起来，才能充分发挥会计在经济管理中的作用。

随着科学技术进步、社会经济关系的日益复杂和管理理论的不断深化，会计所发挥的作用日益重要，其职能也在不断丰富和发展。除上述基本职能外，会计机构在企业经营管理、产权管理、财产管理甚至人力资源管理等方面，都具有重要的作用。

（1）会计在企业经营管理中的作用，主要是指会计部门可以通过核算对企业的经营状况和经营成果进行有效的综合财务分析，不但使企业经营者可以了解企业实现利润的多少和偿债能力的高低，而且可以发现企业经营风险的大小和企业资金结构的优劣，使经营者在企业运营的诸多方面作出正确的决策，用最小的风险、最健康的财务状况来实现最大的利润。

（2）会计在企业产权管理中的作用，主要体现在产权合理流动中，会计可以将其过程予以详细记载，通过审核凭证、审核资产流向保护企业资产（包括国有资产）的安全、完整。

（3）会计在企业财产管理中的作用，主要体现在会计通过正确记录财产的价值和数量、财物的消耗量、财物的现存数量等，减少财产的流失和损坏，保证成本的真实性和利润的可靠性，保证生产目标的顺利完成。

可以看出，会计在企业管理中的作用是相当重要的。随着我国加入 WTO 和经济的快速发展，管理工作的不断加强，各方对会计信息要求的不断提高，会计的作用也会越来越大。会计不仅在企业管理中有着重要作用，而且在宏观经济管理中也将发挥越来越重要的作用。但真正发挥出会计的作用是不容易的，它需要管理部门正确看待会计工作，真正重视会计人员，将会计工作作为企业管理的重要环节，让会计人员参加企业业务和经营决策会议，多采纳会计部门的意见和建议，充分发挥会计在企业管理中的作用，以促进企业健康、可持续发展。

三、会计的对象

会计的对象是指会计所核算和监督的内容。凡是特定主体能够以货币表现的经济活动，都是会计核算和监督的内容，也就是会计的对象。以货币表现的经济活动通常又称为价值运动或资金运动。

研究会计对象的目的，是要明确会计在经济管理中的活动范围，从而确定会计的任务，建立和发展会计的方法体系。会计需要以货币为主要计量单位，对单位的经济活动进行核算和监督，因此，凡是单位能够以货币表现的经济活动，都是会计核算和监督的内容，也就是会计的对象。

由于各单位的性质不同，经济活动的内容不同，因此，会计的具体对象也就不尽相同。下面以工业企业为例，说明工业企业会计的具体对象。工业企业是从事工业生产和销售的营利性经济组织。为了从事产品的生产与销售活动，企业必须拥有一定数量的资金。企业的资金，是指企业所拥有的各项财产物资的货币表现。企业的资金运动表现为资金投入、资金运用和资金退出三个过程，变换着自己的占用形态，形成资金的循环。

例如，以工业企业为例，资金循环的过程可如图1—1所示。

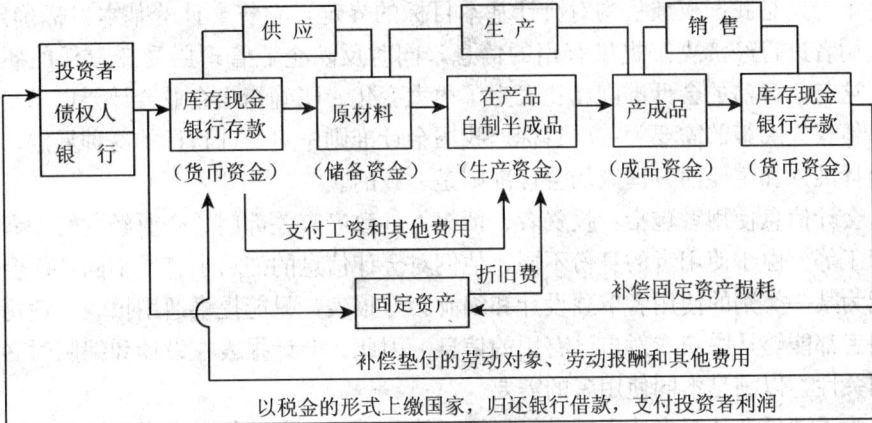

图1—1　工业企业资金循环过程图

资金的投入包括企业所有者投入的资金和债权人投入的资金两部分，前者属于企业所有者权益，后者属于企业债权人权益——企业负债。投入企业的资金一部分构成流动资产，另一部分构成非流动资产。

资金的运用（资金的循环和周转）分为供应、生产、销售三个阶段。在供应过程中，企业要购买原材料等劳动对象，发生材料费、运输费、装卸费等材料采购成本，与供应单位发生货款的结算关系。在生产过程中，劳动者借助于劳动手段将劳动对象加工成特定的产品，发生原材料消耗的材料费、固定资产磨损的折旧费、生产工人劳动耗费的人工费等，构成产品使用价值与价值的统一体，同时，还将发生企业与工人之间的工资结算关系、与有关单位之间的劳务结算关系等。在销售过程中，将生产的产品销售出去，发生有关销售费用、收回货款、缴纳税金等业务活动，并同购货单位发生货款结算关系、同税务机关发生税务结算关系等。企业获得的销售收入，扣除各项费用成本及税款后的利润，还要提取盈余公积并向所有者分配利润。

资金的退出包括偿还各项债务、上缴各项税金、向所有者分配利润等，这部分资金便离开本企业，退出本企业的资金循环与周转。

值得注意的是，不是企业生产经营过程的全部内容都是会计核算的对象，只有能以货币表现的经济活动，才是会计核算的内容。

四、会计目标

会计目标是指会计工作所要达到的目的，即会计要为哪些人服务，提供哪些会计信息。由于会计主要以财务会计报告形式提供信息，因此，会计目标也称为财务会计报告目标。

我国2006年修订的《企业会计准则——基本准则》规定：财务会计报告的目标是向财务会计报告使用者提供与企业财务状况、经营成果和现金流量等有关的会计信息，反映企业管理层受托责任的履行情况，有助于财务会计报告使用者作出经济决策。这是我国权威机构对会计基本目标的界定，它将会计的基本目标确定为：为使用者进行经济决策提供有用的信息，同时反映企业管理层受托责任的履行情况。这与修订前的会计准则相比发生了很大变化，明确指出企业会计要以满足投资者、债权人决策的需要为主要目标。我国会计准则中对会计目标的这种界定，与国际会计准则和主要西方国家的会计准则是一致的。

会计信息使用者包括：投资者、债权人、政府有关部门、企业经营管理者、企业职工等。由于使用者的身份不同，他们对会计信息的需求也有所不同，而会计不可能为某一类别的使用者单独设计和编制会计报表，只能提供通用报表，使每一类使用者都能够从中获取对自己有用的信息。因此，会计报表在设计和编制时必须考虑相关性，以满足不同使用者的需要。

为了满足会计报表使用者进行经济决策的需要，会计信息应当能够反映企业的获利能力、偿债能力和经济责任的履行情况。获利能力是指企业利用现有经济资源，在现有成本费用和收入水平下，获取利润的能力；偿债能力是指企业偿还到期债务的能力；经济责任是指企业高层管理人员对其代理责任的履行情况，可以量化为企业净资产的保值增值能力。

会计主要通过财务会计报告来提供会计信息，从而实现会计的基本目标。按照国际惯例，企业对外报送的财务会计报告包括会计报表、附注和其他应当在财务会计报告中披露的相关信息和资料，其中会计报表至少应当包括资产负债表、利润表和现金流量表。我国《企业会计准则——财务报表列报》规定，企业对外报送的会计报表至少应当包括资产负债表、利润表、现金流量表、所有者权益变动表（或股东权益变动表）。通过财务会计报告，投资者可以了解企业的财务状况和经营成果，债权人可以了解企业的偿债能力，政府主管部门和社会公众可以了解企业纳税义务的履行情况、环境保护情况等，企业管理者可以综合了解企业经营活动的过程和结果。

第二节 会计核算要求

一、会计假设

会计假设（Accounting Assumptions 或 Accounting Postulates），是会计确认、计量和报告的前提条件，是进行会计核算时假设的一个客观前提，是对会计核算的范围、对象、计量手段和方法所作的客观判断与限定。会计假设包括会计主体、持续经营、会计分期和货币计量。

1. 会计主体

会计主体（Accounting Entity）也称会计实体、会计个体，是指会计所核算和监督的特定单位或者组织。它界定了会计的空间范围。

显然，每一会计主体在社会上应具有独立性，成为一个有独立资金、能独立地进行生产经营活动和业务活动的会计核算单位。会计工作即是在这个主体内进行的，会计报表也只能是反映这个主体的报表。会计主体可以是一个特定的企业（如股份有限公司、合伙或独资企业），也可以是一个企业的某一特定的组成部分（如分公司、部门、国外的子公司等），还可以是一个具有特定业务的非营利性组织（如国家某一机关、学校、社会团体等）。会计主体可以是法人，也可以是非法人；可以是单个企业，也可以是几个企业组成的联营公司或企业集团。

会计主体应是有能力拥有经济资源、承担经济义务、实行独立核算的特定单位或组织。典型的会计主体是企业。我国《企业会计准则——基本准则》第一章第五条规定："企业应当对其本身发生的交易或者事项进行会计确认、计量和报告。"也就是说，企业会计只核算企业主体本身的生产经营活动，而不核算企业的投资者或所有者的经济活动，也不核算其他企业或其他经济主体的经济活动。只有这样，才能正确反映会计主体的财务状况、经营成果和现金流量，提供有用的会计信息。

在会计主体假设下，会计核算应当以企业发生的各项交易或事项为对象，记录和反映单位自身的生产经营活动。明确会计主体的前提，一是可以划定会计所要处理的各项交易或事项的范围。二是可以将会计主体的经济活动与会计主体所有者的经济活动区分开来。需要注意的是，会计主体不同于法律主体。一般来说，法律主体必然是一个会计主体，会计主体不一定是法律主体。

2. 持续经营

持续经营（Going Concern）是指会计主体在可以预见的未来，将会按照当前的规模和状态继续经营下去，不会停业，也不会大规模削减业务。也就是在可预见到的未来企业不会进行破产清算。

我国《企业会计准则——基本准则》第一章第六条规定："企业会计确认、计量和报告应当以持续经营为前提。"也就是说，一个企业，除非能够明确地确定是个短期经营企业，否则便要假定它将无限地持续经营下去，所有的负债将会得到偿付。只有这样，才能对会计业务的处理和会计报表的有用性作出肯定，会计信息的收集和处理所使用的会计处理方法才能保持稳定。

提出持续经营这一前提条件，主要是为了解决资产估价、费用分配等会计问题。在持续经营的前提下，企业所拥有的资产将在正常的经营过程中被耗用、售出或转让，所承担的债务将依照正常经营条件下所规定的偿还条件予以清偿。企业应在持续经营的前提下，设计和选择会计处理方法。例如，对固定资产应按原始价值入账，固定资产的价值应按其使用年限分期摊入成本，应付账款应按原来的规定条件偿还等。如果没有持续经营这一前提，则要考虑企业清算等因素。在清算条件下，固定资产的价值必须按实际变现价值计算，资产价值也不能按使用年限分期摊入成本，应付账款等各种负债必须按资产变现后的实际负担能力清偿。由此可见，只有在持续经营的前提下，会计核算所使用的会计处理方法和程序才能保持稳定和一致，企业的会计记录和会计报表也才能真实可靠。

3. 会计分期

会计分期（Accounting Periodicity）是指将一个会计主体持续不断的经营活动分割为若干个较短时期，据以结算账目和编制会计报表，提供有关财务状况和经营成果的会计信息。

会计分期是对会计主体活动的时间范围划分若干期间的限定。每一个单位的经济活动都是川流不息的，时间本身具有不间断性。为了定期总结各个单位的经济活动和财务收支的结果，必须将这个川流不息的经济过程人为地划分为若干期间（一年、一季、一月等），即会计期间，每一期间终了结一次账，编制和上报会计报表，反映和提供该期间的经济信息资料。我国《企业会计准则——基本准则》第一章第七条规定："企业应当划分会计期间，分期结算账目和编制财务会计报告。"

从理论上说，在企业持续经营的情况下，其经营成果要等到企业的全部经营活动最终结束后才能准确计算，但会计信息的使用者需要及时取得有关会计信息。因此需要人为地将企业持续不断的经营活动划分为若干个相等的期间，分期反映企业的财务状况、经营成果和现金流量，这种人为划分的期间就是会计期间。会计期间分为年度和中期。中期是指短于一个完整的会计年度的报告期间。

4. 货币计量

货币计量也称货币计价（Monetary Unit），是指会计主体在会计核算的过程中采用货币作为计量单位，计量、记录、报告会计主体的生产经营情况。

在会计核算中选用货币作为计量单位，是由货币本身的属性所决定的。货币具有衡量一般商品价值的共同尺度，具有价值尺度、流通手段、贮藏手段、支付手段四大基本功能。采用货币计量容易进行统一汇总和计算。但是，采用货币计量必须同时附带两个假设：一是货币的币值不变（或比较稳定）；二是币种的唯一性。因此，我国《企业会计准则——基本准则》第一章第八条规定："企业会计应当以货币计量。"业务收支以外币为主的企业，也可以选定某种外币作为记账本位币，但编制的会计报表应当折算为人民币来反映。我国在境外设立的中国企业，通常用当地的币种进行日常会计核算，但向国内编制会计报表时，应当折算为人民币。

二、会计确认、计量和报告的基础

会计确认、计量和报告的基础是指会计在确认、计量和报告时应遵循的基本原则。我国《企业会计准则——基本准则》第一章第九条规定："企业应当以权责发生制为基础进行会计确认、计量和报告。"权责发生制也称应收应付制。权责发生制要求企业的会计核算应当以收入和费用是否已经发生为基础。凡是当期已经实现的收入和已经发生或应当负担的费用，不论款项是否收付，都应当作为当期的收入和费用；凡是不属于当期的收入和费用，即使款项已在当期收付，也不应当作为当期的收入和费用。

按照权责发生制，会计对费用确认、计量和报告的基本要求是：凡是应属于本期而且应从本期收入中得到补偿的费用，不论其是否在本期实际付出，均应作为本期的费用处理；凡是不属于本期费用、不应该从本期收入中进行补偿的费用，即使在本期实际付出，也不应该作为本期费用处理。权责发生制对收入确认、计量和报告的基本要求是：凡是属于本期收入，无论其款项是否在本期实际收到，都应作为本期收入；凡是不属于本期收入，即使款项在本期实际收到，也不应该作为本期收入。

同"权责发生制"相对的是"收付实现制"。收付实现制也称实收实付制，它是按照收入、费用是否在本期实际收到或付出为标准确定本期收入、费用的一种核算原则。在这一原则下，凡是本期内实际收到或实际付出的一切收入、费用，不论其是否应归属于本期，都作为本期的收入和费用处理。

收付实现制对费用确认、计量和报告的基本要求是：凡是在本期实际付出的费用，不论其归属期是否属于本期、是否应由本期收入进行补偿，均作为本期费用处理。对收入确认、计量和报告的基本要求是：凡是在本期实际收到货币资金的收入，不论其归属期是否属于本期，均应作为本期收入处理。

以上两种核算基础处理业务的基点不同。现金收付实现制强调货币资金的实收实付；权责发生制强调收入的实现和为了获得收入而发生的费用相配合。至会计期末，确定本期收入和费用时，采用收付实现制不需对账簿记录进行账项调整，而采用权责发生制必须进行必要的账项调整。因此，就会计处理手续而言，前者比后者简便。但从计算企业的盈亏来说，后者比前者合理。因此，目前，我国的行政单位会计主要采用收付实现制，事业单位会计除经营业务可以采用权责发生制以外，其他大部分业务采用收付实现制。

【例1—1】A公司本年第一季度，发生这样几项业务：

（1）1、2、3月份各发生销售收入8000元，3月份一次收到货款，存入银行。

（2）第一季度每月银行短期借款应付利息200元，共计600元，3月底以银行存款一次支付。

（3）3月份以银行存款预付下一季度报纸杂志费1800元。

（4）1、2、3月份各发出职员工资2000元。

分别采用收付实现制和权责发生制计算第一季度各月净收入：

采用收付实现制计算各月净收益，如表1—1所示。

表1—1 　　　　　　　采用收付实现制计算的各月净收益 　　　　　单位：元

	1月	2月	3月	合计
收　入	0	0	24000	24000
费　用	2000	2000	4400	8400
净收益	−2000	−2000	19600	15600

采用权责发生制计算各月净收益，如表1—2所示。

表1—2 　　　　　　　采用权责发生制计算的各月净收益 　　　　　单位：元

	1月	2月	3月	合计
收　入	8000	8000	8000	24000
费　用	2200	2200	2200	6600
净收益	5800	5800	5800	17400

在本例中，按收付实现制计算，3月份收到一季度的销售货款24000元，计入了3月份收入；3月份付出2400（600＋1800）元，计入3月份费用。计算经营结果，1、2月份没有收入，工资支出2000元，因而1月、2月各亏损2000元。3月份有收入24000元，有费用支出4400（工资2000＋利息600＋下季度报纸杂志费1800）元，净利润为19600元。

按权责发生制原则计算，应在1、2、3月分别计算销售收入8000元；3月份支付的一季度利息，应当分别计入1、2、3月份的费用，每月200元；3月份预付的二季度报刊费，应按受益期进行分摊，计入下一季度费用；1、2、3月份发出职员工资每月2000元，应计入各月费用。因而一季度各月净收入均为5800元。

权责发生制原则要求企业正确划分收入、费用的归属，以便准确地计算当期经营成果。由于企业（包括工业、农业、商业、旅游业、建筑业、房地产开发等）要计算成本和盈利，因此，会计准则要求企业按照权责发生制的原则处理经济业务。

三、会计信息质量要求

会计信息质量要求是对会计信息的基本要求做出的规定，是会计进行确认、计量、记录和编制财务会计报告的规范，也是衡量会计工作质量的标准。我国《企业会计准则——基本准则》第二章对会计信息质量提出了八个原则性的要求。

1. 客观性

企业应当以实际发生的交易或者事项为依据进行会计确认、计量和报告，如实反映符合确认和计量要求的各项会计要素及其他相关信息，保证会计信息真实可靠，内容完整。

2. 相关性

企业提供的会计信息应当与财务会计报告使用者的经济决策需要相关，有助于财务会计报告使用者对企业过去、现在或者未来的情况作出评价或者预测。

3. 明晰性

企业提供的会计信息应当清晰明了，便于财务会计报告使用者理解和使用。

4. 可比性

企业提供的会计信息应当具有可比性。同一企业不同时期发生的相同或者相似的交易或者事项，应当采用一致的会计政策，不得随意变更。确需变更的，应当在附注中说明。不同企业发生的相同或者相似的交易或者事项，应当采用规定的会计政策，确保会计信息口径一致、相互可比。

5. 实质重于形式

企业应当按照交易或者事项的经济实质进行会计确认、计量和报告，不应仅以交易或者事项的法律形式为依据。

6. 重要性

企业提供的会计信息应当反映与企业财务状况、经营成果和现金流量等有关的所有重要交易或者事项。

7. 谨慎性

企业对交易或者事项进行会计确认、计量和报告应当保持应有的谨慎，不应高估资产或者收益、低估负债或者费用。

8. 及时性

企业对于已经发生的交易或者事项，应当及时进行会计确认、计量和报告，不得提前或者延后。

第三节　会计要素和会计等式

一、会计要素

会计要素（Accounting Elements）是指会计所反映的具体内容（即会计对象），是对会计对象所做的基本分类，是会计报表项目的基本框架，也是会计账户记录的具体内容。会计要素是会计理论的基本概念，而会计的基本方法就是建立在这些会计理论的基本概念之上的。

我国《企业会计准则——基本准则》第一章第十条规定："企业应当按照交易或者事项的经济特征确定会计要素。会计要素包括资产、负债、所有者权益、收入、费用和利润。"这六项会计要素可以归纳为两大类，即反映财务状况的会计要素和反映经营成果的会计要素。反映财务状况的会计要素，包括资产、负债和所有者权益，构成了资产负债表的基本框架，因此也称为资产负债表要素；反映经营成果的会计要素，包括收入、费用和利润，构成了利润表的基本框架，因此也称为利润表要素。

1. 资产

资产（Assets）是指企业过去的交易或事项形成的，并由企业拥有或控制的，预期会给企业带来经济利益的资源。符合资产定义的资源，只有在同时满足以下条件时，才能确认为资产：一是与该资源有关的经济利益很可能流入企业。二是该资源的成本或者价值能够可靠地计量。资产具有如下特征：

(1) 资产是由过去的交易或事项形成。资产是由过去的交易或事项形成的，是现实的资产，而不是预期的资产。企业过去的交易或者事项包括购买、生产、建造行为或其他交易或者事项。预期在未来发生的、尚未发生的事项不形成资产，也没有可靠的计量依据。例如，已经购入的原材料形成了企业的存货资产，但尚未履行的原材料采购计划则不会形成资产。

(2) 资产由企业拥有或控制。由企业拥有或控制，是指企业享有某项资源的所有权，或者虽然不享有某项资源的所有权，但该资源能被企业所控制。拥有控制权的资产一般仅指企业以融资租赁方式租入的固定资产等。

(3) 资产能够直接或间接给企业带来经济利益。指企业通过对其所拥有和控制的资产的利用，直接或者间接导致现金和现金等价物流入企业的潜力。资产导致经济利益流入企业的方式有很多种，最直接的一种方式就是原材料、机器设备、厂房等用于生产经营，制造商品，出售商品收取货款，从而使企业获得经济利益。相反，如果不能给企业带来经济利益，那么就不能确认为企业的资产。

资产是企业从事生产经营的物质基础，并以各种具体形态分布或占用在生产经营过程的不同方面。资产包括各种财产、债权和其他权利。资产按其流动性可分为流动资产和非流动资产（或称长期资产）。流动资产是指在一年或者超过一年的一个营业周期内变现或耗用的资产，包括库存现金、银行存款、有价证券、应收及预付款项、存货等；非流动资产是指不符合流动资产条件的资产，即不准备在一年内变现或使用时间超过一年的资产，包括固定资产、无形资产、长期投资和其他长期资产等。

企业主要资产的占用，可以用图1-2表示。

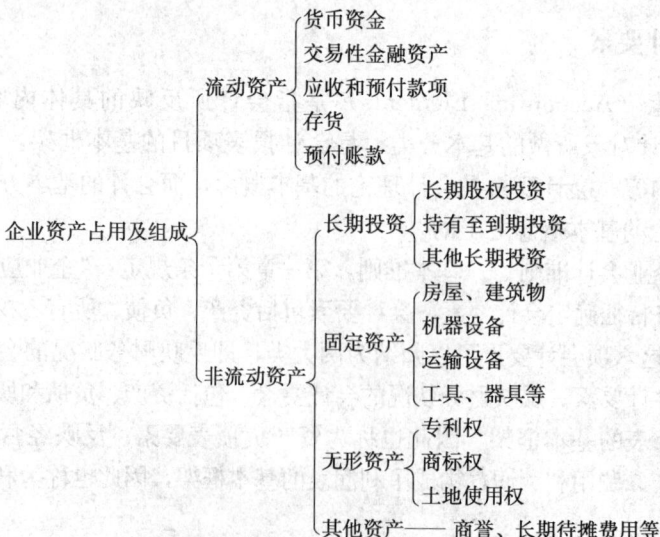

图1-2 企业主要资产占用及组成

2. 负债

负债（Liabilities）是指企业过去的交易或事项形成的，预期会导致经济利益流出企业的现时义务。现时义务是指企业在现行条件下已承担的义务。未来发生的交易或者事项形成的义务，不属于现时义务，不应当确认为负债。

符合负债定义，在同时满足以下条件时确认为负债：一是与该义务有关的经济利益很可能已流出企业。二是未来经济利益的流出能够可靠地计量。

负债是企业筹措资金的重要渠道。负债按偿付期长短可分为流动负债和长期负债。流动负债是指将在一年或者超过一年的一个营业周期内偿还的债务，包括短期借款、应付票据、应付账款、应付职工薪酬、应交税费、应付股利和预提费用等。长期负债是指偿还期在一年或者超过一年的一个营业周期以上的债务，包括长期借款、长期债券和长期应付款等。长期借款包括向金融机构取得的借款和向其他单位取得的借款及它们的利息，长期债券包括应付长期债券的本金和利息，长期应付款则包括应付引进设备款、融资租入固定资产应付款等。

负债的基本特征如下：

（1）负债是企业承担的现时义务。负债必须是企业承担的现时义务，它是负债的一个基本特征。这里所指的义务可以是法定义务，也可以是推定义务。其中法定义务是指具有约束力的合同或者法律法规规定的义务，通常在法律意义上需要强制执行。推定义务是指根据企业多年来的习惯做法、公开的承诺或者公开宣布的政策而导致企业将承担的责任，这些责任也使有关各方形成了企业将履行义务解脱责任的合理预期。

（2）负债预期会导致经济利益流出企业。预期会导致经济利益流出企业也是负债的一个本质特征，只有企业在履行义务时会导致经济利益流出企业的，才符合负债的定义，如果不会导致企业经济利益流出的，就不符合负债的定义。

（3）负债是由过去的交易或者事项形成的。只有过去的交易或者事项才形成负债，企业将在未来发生的承诺、签订的合同等交易或者事项，不形成负债。

3. 所有者权益

所有者权益又称股东权益（Owner's Equity），是指企业资产扣除负债后由所有者享有的剩余权益。它包括投资人对企业的投入资本、直接计入所有者权益的利得和损失、留存收益等。直接计入所有者权益的利得和损失，是指不应计入当期损益、会导致所有者权益发生增减变动的、与所有者投入资本或者向所有者分配利润无关的利得或者损失。利得是指由企业非日常活动所形成的、会导致所有者权益增加的、与所有者投入资本无关的经济利益的流入。损失是指由企业非日常活动所发生的、会导致所有者权益减少的、与向所有者分配利润无关的经济利益的流出。留存收益是企业在经营过程中形成的资本公积金、盈余公积金和未分配利润等。

企业投资人对企业的投入资本包括投入的现金、银行存款等货币资金，房屋、机器设备等固定资产，以及专利权、土地使用权等无形资产。资本公积金包括股本溢价、应计入所有者权益的利得和损失等。盈余公积金是指企业按照国家有关规定从净利润中提取的用于弥补亏损或者用于转增资本金的公积金。未分配利润是企业留于以后年度分配的利润或待分配利润。与负债相比，所有者权益具有以下特征：

（1）所有者权益一般无偿还期，投资者也不能随便抽走投资。除非发生减资、清算，否则企业不需要偿还所有者权益。

（2）所有者权益对企业的要求权位于负债之后。企业在清算时，只有在保证企业所有的债务得以清偿后，才归所有者享有。因此，所有者权益在数量上等于企业的全部资产减全部负债后的余额，它是在保证了债权人权益之后的一种权益，即剩余权益。

（3）所有者权益表明企业的产权关系，要求保值增值。它与特定的、具体的资产并无直接关系，只是在整体上、在抽象意义上与企业的资产保持数量上的关系，反映出企业的产权关系。

企业负债与所有者权益的构成，如图1—3所示。

企业生产经营中用于循环和周转的资金，源于投资人（所有者）权益和从各方面取得的负债，是投资者实际投入企业经营活动的各种财产物资和企业在生产经营中取得的各种信用的货币表现。

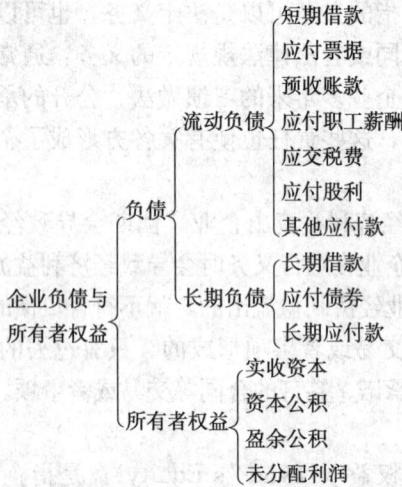

企业负债与所有者权益
- 负债
  - 流动负债
    - 短期借款
    - 应付票据
    - 预收账款
    - 应付职工薪酬
    - 应交税费
    - 应付股利
    - 其他应付款
  - 长期负债
    - 长期借款
    - 应付债券
    - 长期应付款
- 所有者权益
  - 实收资本
  - 资本公积
  - 盈余公积
  - 未分配利润

图1—3　企业负债与所有者权益构成图

4. 收入

收入（Revenue）是指企业在日常活动中形成的、会导致所有者权益增加的、与所有者投入资本无关的经济利益的总流入。

收入的来源有三个：销售商品、提供劳务、让渡资产使用权。销售商品的收入主要指销售商品所获得的收入，商品销售收入在工商企业一般是其主营业务收入；提供劳务的收入主要有提供各种劳务、服务所获取的收入；让渡资产使用权而发生的收入，如各种银行存款的利息收入和使用费收入等。

收入只有在经济利益很可能流入从而导致企业资产增加或者负债减少，且经济利益的流入额能够可靠计量时，才能予以确认。

收入按企业经营业务的主次，可以分为主营业务收入和其他业务收入。主营业务收入是指企业经常发生的主要业务所带来的收入。它一般占企业营业收入的比重很大，根据企业经营的不同性质而有所区别。工业企业的主营业务收入包括销售产成品、自制半成品、工业性劳务所获得的收入；商品流通企业的主营业务收入指商品销售收入，包括自购自销商品的销售收入、接受其他单位委托代销商品的销售收入、代购代销手续费收入等；施工企业的主营业务收入指承包工程所实现的工程结算价款收入，向发包单位收取的各种索赔款等；房地产开发企业的主营业务收入指对外转让、销售、结算和出租开发产品等所取得的收入；运输（交通）企业的主营业务收入指沿海、内河、远洋和汽车运输企业经营旅客、货物运输业务所发生的运输收入，海、河、港口企业经营装卸业务的汽车运输企业的装卸收入，企业经营仓库、堆场业务发生的堆存收入，企业经营各种代理业务发生的代理收入，海、河、港口企业的港务管理收入等；旅游、饮食服务企业的主营业务收入是指饭店、宾馆、旅店、酒楼、餐馆、理发、浴池、照相、洗染、修理和咨询等服务收入。

其他业务收入指企业基本业务以外，不独立核算的其他经营活动或附营业务所发生的收入。这类业务的特点是：每笔业务金额一般比较小，收入不十分稳定，服务对象不太固定，占营业收入的比重较低，如销售材料、出租无形资产、出租固定资产、出租包装物和商品等。

收入的基本特征如下：

（1）收入表现为企业在一个会计期间内经济利益的增加。这主要表现为企业资产的增加或负债的减少，最终导致企业净资产的增加。

（2）收入的确认需要满足一定的条件。收入的确认一般应该满足以下条件：①企业已将商品所有权方面的主要风险和报酬转移给买方。②企业既没有保留通常与所有权相联系的继续管理权，也没有对已售出的商品实施控制。③相关的经济利益很可能流入企业。④收入的金额能够可靠地计量。

5. 费用

费用（Expense）是指企业在日常活动中发生的、会导致所有者权益减少的、与向所有者分配利润无关的经济利益的总流出。

费用是企业为销售商品、提供劳务等日常活动所发生的经济利益的总流出。费用代表企业为取得一定收入而付出的代价，或企业为进行生产经营活动所发生的资源牺牲。企业在销售商品、提供劳务等日常活动中必然要发生各种耗费，包括原材料等劳动对象的耗费、机器设备等劳动手段的耗费和劳动力的耗费以及其他有关各项支出等，这些耗费与支出就构成企业的费用。

在理解费用的概念时要注意：①收入和费用之间存在配比关系。②费用中能够对象化的部分形成产品的制造成本，不能够对象化的部分则形成期间费用。一项费用要么是生产成本，要么是期间费用。

以工业企业为例，一定时期的费用通常由产品生产成本和期间费用两部分构成。产品生产成本由直接材料、直接人工和制造费用三个成本项目构成，期间费用则包括管理费用、财务费用和营业费用三项。工业企业的费用构成如图1—4所示。

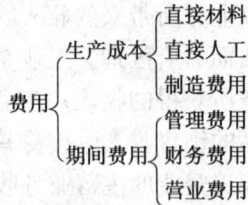

$$
费用\begin{cases} 生产成本\begin{cases} 直接材料 \\ 直接人工 \\ 制造费用 \end{cases} \\ 期间费用\begin{cases} 管理费用 \\ 财务费用 \\ 营业费用 \end{cases} \end{cases}
$$

图1—4　费用的构成图

费用只有在经济利益很可能流出从而导致企业资产减少或者负债增加，且经济利益的流出额能够可靠计量时才能予以确认。

费用具有以下特征：

（1）费用的发生代表企业在一定会计期间经济利益的减少。具体表现为资产的减少或消耗以及负债的增加。例如，生产耗费会减少原材料的库存，生产设备的磨损会形成固定资产的消耗，人工劳动的报酬则会导致应付职工薪酬的增加等。

（2）费用最终会减少企业所有者权益。一般说来，收入最终会导致所有者权益的增加，而费用则会导致所有者权益的减少。但并非所有的资产减少或负债增加所引起的所有者权益减少都意味着企业发生了费用。例如，以银行存款偿还贷款，虽然有现金流出，但由于并未减少企业所有者权益，因此不是一项费用。又如，企业所有者抽回投资或企业向所有者分配利润，虽然会引起企业的资产减少或负债增加，并使企业的所有者权益减少，但它们不是企业发生的费用。

企业为生产产品、提供劳务等发生的可归属于产品成本、劳务成本等的费用，应当在确认产品销售收入、劳务收入等时，将已销售产品、已提供劳务的成本等计入当期损益。

企业发生的支出不产生经济利益的，或者即使能够产生经济利益但不符合或者不再符合资产确认条件的，应当在发生时确认为费用，计入当期损益。

企业发生的交易或者事项导致其承担了一项负债而又不确认为一项资产的，应当在发生时确认为费用，计入当期损益。

6. 利润

利润（Profit）是指企业在一定会计期间的经营成果，利润包括收入减去费用后的净额、直接计入当期利润的利得和损失等。

直接计入当期利润的利得和损失，是指应当计入当期损益、会导致所有者权益发生增减变动的、与所有者投入资本或者向所有者分配利润无关的利得或者损失。

理解利润这一概念时，要注意：①作为反映企业经营成果的会计要素，利润通常是指企业的净利润，即利润总额减去所得税后的余额。②利润包括营业利润、投资净收益和营业外收支净额等。③利润是反映企业经营成果的最终要素。

企业实现的净利润加上以前年度未分配利润，是企业本年可供分配的利润，应按有关利润分配制度和办法分配。如有亏损，就应按规定程序弥补。

二、会计要素的计量

会计计量是根据被计量对象的计量属性，选择运用一定的计量基础和计量单位，确定应记录项目金额的会计处理过程。《企业会计准则——基本准则》规定，企业会计应当以货币计量。同时规定，企业应当以权责发生制为基础进行会计确认、计量和报告。会计计量包括对资产、负债、所有者权益、收入、费用和利润等要素的计量。其中，资产计量是会计计量的重心，对其他要素的计量都需要直接或间接地依赖于资产计量的结果。

企业在将符合条件的会计要素登记入账并列报于会计报表及其附注时，应当按照规定的会计计量属性进行计量，确定其金额。《企业会计准则——基本准则》规定了五种计量属性，并要求"企业在对会计要素进行计量时，一般应当采用历史成本，采用重置成本、可变现净值、现值、公允价值计量的，应当保证所确定的会计要素金额能够取得并可靠计量"。

1. 历史成本

在历史成本计量下，资产按照购置时支付的现金或者现金等价物的金额，或者按照购置资产时所付出的对价的公允价值计量。负债按照因承担现时义务而实际收到的款项或者资产的金额，或者承担现时义务的合同金额，或者按照日常活动中为偿还负债预期需要支付的现金或者现金等价物的金额计量。

2. 重置成本

在重置成本计量下，资产按照现在购买相同或者相似资产所需支付的现金或者现金等价物的金额计量。负债按照现在偿付该项债务所需支付的现金或者现金等价物的金额计量。

3. 可变现净值

在可变现净值计量下，资产按照其正常对外销售所能收到的现金或者现金等价物的金额扣减该资产至完工时估计将要发生的成本、估计的销售费用以及相关税费后的金额计量。

4. 现值

在现值计量下，资产按照预计从其持续使用和最终处置中所产生的未来净现金流入量的折现金额计量。负债按照预计期限内需要偿还的未来净现金流出量的折现金额计量。

5. 公允价值

在公允价值计量下，资产和负债按照在公平交易中，熟悉情况的交易双方自愿进行资产交换或者债务清偿的金额计量。

三、会计等式

会计等式是反映会计要素之间平衡关系的计算公式，它是会计核算方法的理论基础。

1. 资产＝负债＋所有者权益

企业的资产来源于所有者的投入资本和债权人的借入资金及其在生产经营中所产生的效益，分别归属于所有者和债权人。归属于所有者的部分形成所有者权益；归属于债权人的部分形成债权人权益（即企业的负债）。资产来源于权益（包括所有者权益和债权人权益），资产与权益必然相等。

随着企业的生产经营活动的进行，企业相应发生费用并取得收入，从而在一定的会计期间实现经营成果，其归属于企业的投资人，成为所有者权益的一个组成部分。与此同时，与其他企业或单位发生的债权债务关系，在生产经营过程中形成一定的债权和债务，发生的债权则成为企业的资产，而形成的债务则成为企业的负债。因此，资产最终都是来源于所有者的投入和从债权人借入的资金以及其在生产经营活动中所产生的效益，即分别来源和归属于所有者或投资人和债权人。归属于所有者的部分形成所有者权益；归属于债权人的部分形成负债（即债权人权益）。资产、负债、所有者权益实际是企业所拥有的经济资源在同一时点上所表现的不同形式。资产表明的是资源在企业存在、分布的形态，而负债和所有者权益则表明了资源取得和形成的渠道。因此，企业有多少资产必有与其等量的负债或所有者权益，即在任何情况下企业的资产总是等于负债和所有者权益之和。

资产与权益的恒等关系，是复式记账法的理论基础，也是企业编制资产负债表的依据。

各项经济业务发生变化，所引起的会计要素的变动情况，归纳起来主要有以下四种情况：①一项资产和一项负债（或所有者权益）同时增加。②一项资产和一项负债（或所有者权益）同时减少。③一项资产增加，另一项资产减少。④一项负债（或所有者权益）增加，另一项负债（或所有者权益）减少。

任何一种经济业务的发生，都不会破坏会计等式即"资产＝负债＋所有者权益"的平衡关系，它是编制资产负债表的基础。

【例1－2】某企业本年12月份发生下列经济业务：

业务1，该企业向银行借款60000元存入银行。

该经济业务的发生，使企业的资产（银行存款）增加了60000元，同时负债（银行借款）也增加了60000元，资产和负债同时增加60000元。即会计等式左右两边同时增加60000元，其平衡关系不变。属于上述第①种情况。

业务2，该企业收到企业所有者投入的机器两台，价值100000元。

这项经济业务的发生，使该企业资产（固定资产）增加了100000元，同时所有者权益（实收资本）也增加了100000元，资产和所有者权益同时增加100000元。即会计等式左右两边同时增加100000元，等式的平衡关系仍然存在。属于上述第①种情况。

业务3，该企业以银行存款30000元偿还企业前欠货款。

该经济业务的发生，使企业的资产（银行存款）减少30000元，同时企业的负债（应付账款）也减少30000元，资产和负债同时减少30000元。即会计等式左右两边同时减少 30000 元，等式的平衡关系不变。属于上述第②种情况。

业务 4，投资者收回对企业的投资 20000 元，办妥手续后以银行存款返还给投资者。

这项经济业务的发生，使该企业的资产（银行存款）减少了 20000 元，同时所有者权益（实收资本）也减少了 20000 元，资产和所有者权益同时减少 20000 元。即会计等式左右两边同时减少了 20000 元，等式平衡关系不变。属于上述的第②种情况。

业务 5，企业从银行存款中提取现金 20000 元。

这项经济业务的发生，导致企业资产中银行存款减少 20000 元，现金增加 20000 元，表现为企业的一项资产增加，另一项资产减少，但企业资产总额不变，会计等式的平衡关系不变。属于上述第③种情况。

业务 6，企业从银行借款 25000 元，并用该借款偿还原欠货款。

该经济业务的发生，使企业负债中的银行借款增加 25000 元，同时负债中的应付账款减少 25000 元，表现为一项负债增加另一项负债减少，但负债总额不变，会计等式仍保持平衡。属于上述第④种情况。

业务 7，企业决定向投资者分配利润 1000 元。

该项经济业务的发生，使企业的负债（应付利润）增加 1000 元，同时所有者权益（未分配利润）减少了 1000 元，权益总额不变，会计等式仍保持平衡。属于上述第④种情况。

业务 8，经批准企业已发行的债券 80000 元转为实收资本。

这项经济业务的发生，使企业的负债（应付债券）减少了 80000 元，同时所有者权益（实收资本）增加了 80000 元，表现为一项负债减少，一项所有者权益增加，权益总额不变，会计等式仍然平衡。属于上述第④种情况。

业务 9，经批准用资本公积 20000 元转增资本。

该经济业务的发生，使得企业所有者权益中的实收资本增加 20000 元，而资本公积减少 20000 元，表现为一项所有者权益增加，另一项所有者权益减少，所有者权益总额不变，会计等式平衡关系仍然存在。属于上述第④种情况。

综合上述业务可以得出，无论经济业务采用哪种方式发生，都不会破坏"资产＝负债＋所有者权益"这一会计等式的平衡关系。这一会计等式在会计核算中具有非常重要的地位，它体现了企业财务状况之间的关系。

2. 收入－费用＝利润

企业生产经营的目的是为了获利。在企业的生产经营活动过程中，一方面企业要取得收入，另一方面为了取得收入必然要发生相应的费用。企业取得的收入与费用进行比较，可以确定企业在一定期间的盈利水平，即确定利润的多少，也就是说企业取得的收入减去企业发生的费用，得出的就是企业在一定期间所取得的利润。用等式表示即为：

收入－费用＝利润

如果利润＞0，表示企业盈利；如果利润＜0，表示企业发生了亏损；如果利润＝0，表示企业既没有盈利也没有亏损。

收入、费用和利润之间的上述关系，是企业编制利润表的基础。这一等式可称为第二会计等式，表明经营成果与相应期间的收入和费用的关系，它是核算企业生产经营业绩，编制利润表的基础。

3. 现金流入－现金流出＝现金净流量

现金流量指企业现金和现金等价物的流入和流出。企业的现金流量产生于不同的来源，也有不同的用途，如工业企业可通过销售商品、提供劳务收回现金，通过向银行借款收到现金等；为生产产品购买原材料、固定资产需要支付现金，职工工资也需要用现金进行支付等。现金净流量是指现金流入与流出的差额，可能是正数，也可能是负数。如果是正数，则为净流入；如果是负数，则为净流出。反映现金流量的会计等式为：

现金流入－现金流出＝现金净流量

这一平衡式表明企业现金流入、现金流出的动向和结果，是编制现金流量表的基础。一般来说，现金流入大于流出反映了企业现金流量的积极现象和趋势。现金流量信息能够表明企业经营状况是否良好，资金是否紧缺，企业偿付能力的大小等，从而为投资者、债权人、企业管理者等提供非常有用的信息。

第四节 会计核算方法

一、会计方法的产生

会计方法是指会计在核算和监督会计对象，完成会计任务时所运用的业务技术方法。会计方法是从会计实践中总结出来的，随着会计的内容日趋复杂，会计的涵义不断发展，会计方法也在不断改进和发展之中，它经历了由简单到复杂、由不完善到逐步完善的漫长的发展过程。

20世纪60年代以来，我国会计学界比较一致的看法是，会计的内容包括会计核算、会计分析和会计检查，会计方法也相应分为会计核算的方法、会计分析的方法和会计检查的方法。至20世纪80年代，随着审计业务的扩展，审计已逐渐同会计分离，会计检查已归于审计。因此，目前一般不再单独使用"会计检查"一词，会计检查所应用的方法已列入审计学的范围。至于会计分析，主要是利用会计核算资料说明企业财务状况和经营成果。我国曾将会计分析的方法列为经济活动分析的一部分，随着高度集中的计划经济体制的结束，"经济活动分析"作为独立学科的地位已被取消，会计分析方法被列入财务管理的范畴，并称之为财务分析方法，一般不再使用"会计分析"一词。因此，会计学科体系中所称的会计方法，主要是指会计核算的方法。

二、会计方法和程序

会计核算方法作为一种业务技术方法，在很大程度上取决于社会生产力的水平。随着社会生产力的不断发展，计算技术不断进步，使会计核算系统中原先依靠人工的记账、结账、报表等工作，首先是复式簿记系统中手工操作的部分逐步为计算机所代替，这些都使会计核算方法更加完善。但是，为了对各企业、单位发生的经济活动进行完整、连续、系统的记录和反映，提供各方所需的财务信息，离不开以下一些基础性的方法：

1. 设置会计科目和账户

设置会计科目和账户是对会计对象的具体内容进行归类核算、监督的一种专门方法。由于企业、事业等单位会发生各种各样复杂的经济活动，为了全面系统地反映和记录，须对经济业务按其内容进行分类。每类予以明确的经济内容，赋其简明扼要的名称，就是会计科目。账户是为了系统地登记各类经济业务的增减变动及其余额而按照会计科目设置的系统记载的簿籍，它是获得系统会计核算资料的必要条件。

2. 填制和审核凭证

填制和审核凭证是为了保证会计核算资料的完整与可靠，审查经济业务是否合理、合法而采用的一种专门方法。会计凭证是记录经济业务、明确经济责任的书面证明，是登记账簿的依据。对于任何一项经济业务都要按照实际执行或完成情况填制凭证，所有凭证都要经过会计部门的认真审核。《会计法》第二十八条规定："会计机构、会计人员对违反本法和国家统一的会计制度规定的会计事项，有权拒绝办理或者按照职权予以纠正。"只有经过审核无误的原始凭证才能作为记账的凭据。

3. 复式记账

复式记账是通过至少两个账户来记录每一项经济活动和财务收支的一种方法。采用复式记账可以相互联系地反映经济业务的全貌，也便于核对账簿记录是否正确。

4. 登记账簿

登记账簿是在账簿中全面、连续、系统、分类地记录各种经济业务时所运用的一种专门方法。登记账簿与设置会计科目和账户有密切的联系。设置会计科目和账户是为了对会计对象的具体内容进行归类核算，以便取得经营管理所需要的各种不同指标。要取得各种指标，就需要借助于账簿记录的资料。账簿的记录要以审核无误的凭证为依据，既要按照科目和账户的具体内容分别反映经济业务，又要按照时间先后顺序记录经济业务，以便为经济管理工作提供系统的、完整的数据和信息资料。

5. 成本计算

成本计算是按照一定对象归集各个经营过程中所发生的费用，计算各个对象总成本和单位成本的一种专门方法。成本计算主要是企业会计采用。企业会计为执行配比原则，需将各经营过程中发生的费用和支出按照一定对象加以归集，计算出各对象的成本。例如，在工业企业中，供应过程中采购材料的费用要按每种材料归集；生产过程中生产产品所发生的费用要按每种产品归集；销售过程中出售产品所发生的费用要按售出产品的品种归集等。通过这些费用的归集，计算出各成本计算对象的总成本和单位成本。商品流通企业要计算商品的购进和销售成本，建筑安装和施工企业要计算建筑材料、器材采购成本和工程施工成本等。成本与利润息息相关，只有正确计算成本，才能正确确定利润。

6. 财产清查

财产清查是通过盘点实物、核对往来款项来查明财产和资金实有数额的一种专门方法。在会计工作中，虽然运用一系列专门方法将各种财产物资的结存数额在账簿中进行记录和核算。但账面反映的财产物资的结存数额是否与实际结存的数额完全相符，还要用财产清查的方法加以查对核实。通过财产清查，一方面可以查明财产物资实存数，保证账实相符；另一方面可以检查各种财产物资的储备保管情况和各种应收、应付款项的结算情况，防止物资的积压、毁损，以及各种应收、应付款项长期拖欠不清的情况。

7. 编制会计报表

编制会计报表是以书面报告的形式定期总括地反映企业、行政事业单位经济活动情况和结果的一种专门方法。会计账簿记录的资料虽全面、连续，但分散在各种账簿之中，是零星的。为了集中地反映出一定时期企业、单位经济活动的全貌，就需通过编制会计报表把各账簿中分散的资料集中起来，归纳整理，使之系统化、综合化，并按一定的格式予以总括反映，为报表使用者提供信息资料。

会计报表主要包括资产负债、利润表、现金流量表和其他附表及财务状况说明书等。报表的形式是由国家统一规定的。各企业的会计报表要经注册会计师审定后才可生效。汇总后的会计报表还是国家进行国民经济综合平衡的重要资料，是宏观调控的重要依据。因此，编制会计报表不仅是企业会计核算的重要方法，也是国家宏观经济管理、投资者进行投资决策的重要依据。

会计核算的各种方法是相互联系、相互补充的，构成了一个完整的方法体系。这些方法相互配合运用的程序是：

（1）经济业务发生后，取得和填制会计凭证，并加以审核。

（2）按照设置的会计科目对经济业务进行分类核算，使用复式记账法在有关账簿中进行登记。

（3）对于生产经营中各种费用进行成本计算。

（4）通过财产清查，对账簿记录加以核实，保证账实相符。

（5）一定时期末了，根据账簿记录资料和其他资料，进行必要的加工计算，编制会计报表。

以上程序可用图1—5来概括。

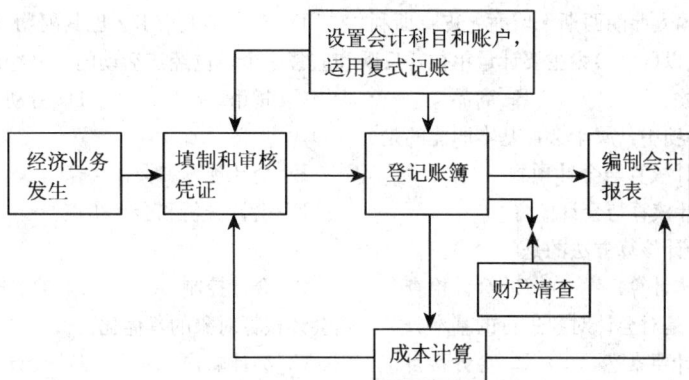

图 1—5　会计方法和程序图

思 考 与 练 习

重 要 概 念

会计	会计核算	会计监督	会计假设	会计主体
持续经营	会计分期	货币计量	资产	负债
所有者权益	收入	费用	利润	会计方法
会计科目	账户	复式记账	登记账簿	成本计算
财产清查	编制会计报表			

思 考 题

1. 什么是会计？会计的基本职能有哪些？

2. 会计有哪些职能和目标？如何正确运用权责发生制和收付实现制？

3. 什么是会计方法？会计核算方法之间的相互关系是什么？

4. 简述什么是会计要素，会计要素是如何分类的，以及各要素之间的关系。

5. 会计的基本假设有哪些？我国企业会计准则对会计信息质量有哪些要求？

6. 企业的经济业务发生所引起的会计要素的变动情况主要有哪几种？

7. 会计核算的方法有哪些，这些方法相互配合运用的程序是什么？

客 观 题

一、单项选择题

1. 在我国，"会计"最早出现在（　　）时期。

    A. 西周　　　　　　B. 唐朝　　　　　　C. 春秋　　　　　　D. 宋朝

2. 在西方会计史中，第一部较为系统、完整地对威尼斯簿记作了总结，并形成了复式簿记的基本框架和思想的学者是（　　）。

    A. 英国人劳伦斯·罗伯特·迪克西　　　　　B. 法国人乔治·利斯尔

C. 英国人弗朗西斯·威廉·皮克斯利　　　　D. 意大利人卢卡·巴其阿勒（Lucas Pacioli）

3. 会计是以（　　）为主要计量单位，反映和监督一个单位经济活动的一种经济管理工作。

    A. 实物　　　　　　　　B. 商品　　　　　　　　C. 货币　　　　　　　　D. 劳动

4. 下列各项中，属于会计基本职能的是（　　）。

    A. 会计核算与会计预测　　　　　　　　B. 会计预算和会计决算

    C. 会计核算与会计监督　　　　　　　　D. 会计分析和会计决策

5. 属于会计核算方法的是（　　）。

    A. 成本计算　　　　　　B. 会计检查　　　　　　C. 会计控制　　　　　　D. 会计分析

6. （　　）是对会计对象进行的基本分类，是会计核算对象的具体化。

    A. 会计要素　　　　　　B. 会计科目　　　　　　C. 会计账户　　　　　　D. 会计对象

7. 下列各项能够引起企业所有者权益增加的是（　　）。

    A. 增发新股　　　　　　　　　　　　　B. 以资本公积转增资本

    C. 提取盈余公积　　　　　　　　　　　D. 分配股票股利

8. 某企业向银行借款 200 万元用于偿还前欠外单位货款，该项经济业务将引起企业（　　）。

    A. 资产增加 200 万元　　　　　　　　　B. 负债增加 200 万元

    C. 资产与负债同时增加 200 万元　　　　D. 负债总额不变

9. （　　）界定了会计信息的时间段落，为分期结算账目和编制财务会计报告等奠定了理论
    与实务基础。

    A. 会计主体　　　　　B. 会计分期　　　　　C. 会计核算　　　　　D. 持续经营

10. 确定会计核算的空间范围的是（　　）。

    A. 会计分期　　　　　B. 会计监督　　　　　C. 会计主体　　　　　D. 持续经营

11. 企业的会计核算必须以（　　）为基础和假定前提。

    A. 会计主体　　　　　B. 持续经营　　　　　C. 会计分期　　　　　D. 货币计量

12. 某企业资产总额为 5000 万元，负债为 2000 万元，以银行存款 500 万元偿还借款，并以
    银行存款 500 万元购买固定资产后，该企业资产总额为（　　）万元。

    A. 4000　　　　　　　B. 3000　　　　　　　C. 4500　　　　　　　D. 2000

13. 某企业接受追加投资 180 万元，款已到并存入银行，该项业务使得企业（　　）。

    A. 资产增加 180 万元，同时负债增加 180 万元

    B. 资产增加 180 万元，同时所有者权益增加 180 万元

    C. 所有者权益增加 180 万元，同时负债增加 180 万元

    D. 所有者权益增加 180 万元，同时负债减少 180 万元

14. 下列经济业务中只涉及资产项目增减变动的是（　　）。

    A. 以资本公积转增资本　　　　　　　　B. 取得短期借款存入银行

    C. 用银行存款缴纳应缴税费　　　　　　D. 收到某企业所欠货款存入银行

15. 当一笔经济业务只涉及负债及所有者权益有关项目之间的增减变动，则会计等式两边的
    金额（　　）。

    A. 同时减少　　　　　　　　　　　　　B. 保持不变

    C. 同时增加　　　　　　　　　　　　　D. 一方增加，一方减少

16. 一般来说，会计主体与法律主体（　　）。

    A. 是有区别的　　　　　B. 不相关的　　　　　C. 相互一致的　　　　　D. 相互可替代的

17. 企业发生收入会引起（　　）。

A. 资产减少   B. 所有者权益减少

C. 负债增加   D. 所有者权益增加

18. 下列等式中，不属于正确的会计等式的是（   ）。

     A. 资产＝权益   B. 资产＝负债＋所有者权益

     C. 资产＋负债－费用＝所有者权益＋收入   D. 收入－费用＝利润

二、多项选择题

1. 会计核算是指会计以货币为主要计量单位，通过（   ）等环节，对特定主体的经济活动进行记账、算账、报账，为各有关方面提供会计信息的功能。

     A. 报告   B. 计量   C. 记录   D. 确认

2. 下列各项中，属于会计职能的是（   ）。

     A. 评价经营业绩   B. 会计核算

     C. 预测经济前景   D. 参与经济决策

3. 工业企业的资金运动包括（   ）。

     A. 资金的循环与周转   B. 资金的投入

     C. 资金的耗用   D. 资金的退出

4. 下列各项属于资金退出的是（   ）。

     A. 向所有者分配利润   B. 偿还各项债务

     C. 缴纳各项税金   D. 购买材料

5. 根据《企业会计准则——基本准则》的规定，会计期间可分为（   ）。

     A. 月度   B. 年度   C. 半年度   D. 季度

6. 下列组织可以作为一个会计主体进行会计核算的有（   ）。

     A. 独资企业   B. 企业的销售部门

     C. 分公司   D. 子公司

7. 下列一定属于流动资产的是（   ）。

     A. 应收账款   B. 现金   C. 股权投资   D. 债权投资

8. 企业所有者权益包括（   ）。

     A. 资本公积   B. 未分配利润   C. 实收资本   D. 盈余公积

9. 资产应具备的基本特征有（   ）。

     A. 资产由企业过去的交易或事项形成   B. 必须是投资者投入的

     C. 资产由企业拥有或控制   D. 资产预期能为企业带来经济利益

10. 下列反映企业经营成果的会计要素是（   ）。

     A. 所有者权益   B. 收入   C. 费用   D. 利润

11. 会计核算的方法包括（   ）。

     A. 复式记账   B. 设置科目和账户   C. 填制和审核凭证

     D. 成本计算   E. 登记账簿   F. 财产清查

     G. 编制财务会计报告

12. 会计的两项基本职能是相辅相成、辩证统一的关系，下列说法正确的是（   ）。

     A. 会计核算是会计监督的基础

     B. 会计监督是会计核算的基础

     C. 没有核算提供的信息，会计监督就失去依据

D. 会计监督是会计核算的质量保证

13. 会计核算的具体内容包括（　　）。

    A. 财务成果的计算和处理　　　　　B. 款项和有价证券的收付

    C. 债权债务的发生和结算　　　　　D. 财物的收发、增减和使用

14. 企业的费用具体表现在（　　）。

    A. 现金的流出　　　　　　　　　　B. 银行存款的流出

    C. 企业其他资产的减少　　　　　　D. 企业负债的增加

    E. 企业负债的减少

15. 历史成本计价原则在会计核算中的优点有（　　）。

    A. 交易确认的金额比较客观　　　　B. 会计核算手续简化，不必经常调整账目

    C. 原始凭证可供查证　　　　　　　D. 防止企业随意变动

三、判断题

1. 凡是特定对象能够以货币表现的经济活动，都是会计核算与监督的内容。　　　　（　　）

2. 会计核算基本前提之所以又称为会计假设，是由于其缺乏客观性及人们无法对其进行证明。　　　　（　　）

3. 企业集团不是一个独立的法人，但也可以作为一个会计主体。　　　　（　　）

4. 持续经营是指企业能持续不断地经营下去，因而它仅仅是一项会计假设，缺乏客观存在的基础。　　　　（　　）

5. 企业对其所使用的机器设备、厂房等固定资产，只有在持续经营的前提下才可在使用年限内，按照其价值和使用情况，确定采用某一折旧方法计提折旧。　　　　（　　）

6. 资产是指由过去、现在、将来的事项和交易形成并由企业拥有的经济资源，该资源预期会给企业带来经济利益。　　　　（　　）

7. 会计要素就是会计报表构成的基本单位。　　　　（　　）

8. 会计主体与法律主体不完全对等，法律主体可作为会计主体，但会计主体不一定是法律主体。　　　　（　　）

9. 收入－费用＝利润这一会计等式，是复式记账法的理论基础，也是编制资产负债表的依据。　　　　（　　）

10. 某企业收到所有者投入的机器两台，价值 30000 元，这项经济业务的发生，使该企业资产（固定资产）增加了 30000 元，同时负债也增加了 30000 元。　　　　（　　）

11. 会计监督不仅体现在过去的经济业务，还体现在业务发生过程之中和之后，包括事前、事中和事后监督。　　　　（　　）

12. 会计以货币作为唯一的计量单位。　　　　（　　）

13. 预收账款属于流动负债项目。　　　　（　　）

14. 从银行提取现金业务不会引起会计等式两边的总额发生变动。　　　　（　　）

15. 每项经济业务发生后，都会引起企业的资产和权益总额发生增减变动，但会计等式两边却始终保持平衡。　　　　（　　）

第二章 会计科目和复式记账

第一节 会计科目和账户

一、会计科目的概念和意义

1. 会计科目的概念

会计科目是指对会计要素的具体内容进行分类核算的项目。

会计要素是对会计对象的基本分类，资产、负债、所有者权益、收入、费用和利润这六个会计要素又是会计核算和监督的内容。而这六个会计要素对于纷繁复杂的企业经济业务的反映又显得过于粗略。因此，为满足经济管理及有关各方对会计信息质量的要求，必须对会计要素进行细化。即采用一定的形式，对每个会计要素反映的具体内容进行进一步划分，设置会计科目。

在会计核算系统搜集、输入、加工、转换、输出会计信息的过程中，不能回避信息分类的问题。从管理学的角度来看，分类就是管理的基础，或者说分类是管理的一种形式。会计科目是对会计对象的具体内容进行分类核算的项目，也就是按照经济内容对各个会计要素所做的进一步分类。由于经济业务错综复杂，即使涉及同类会计要素，但它们的业务性质、经济内容和作用都存在着很大的差别，所以按其差异不同也应分为不同的会计科目。例如，短期借款和应付账款同属于负债类，但由于它们的形成原因和偿付期限各不相同，所以必须分别设置"短期借款"和"应付账款"两个会计科目。对于企业的各项会计要素，也都应按其经济内容的差异，设置不同的会计科目。

通过设置会计科目可以把复杂多样、性质不同的经济业务进行科学的分类，可以将复杂的经济信息变成有规律的、易识别的经济信息，并为其转换为会计信息准备条件。设置会计科目是设置账户的依据，也是进行会计核算和加强会计监督的重要手段，并能提供全面、统一的会计信息，便于国家宏观经济管理部门、企业管理者、投资者、信贷者及有关方面掌握和分析企业的财务状况和经营成果。

2. 会计科目的意义

会计科目是进行各项会计记录和提供各项会计信息的基础，在会计核算中具有重要的意义。其主要表现在：

(1) 会计科目是复式记账的基础。复式记账要求每一笔经济业务在两个或两个以上相互联系的账户中进行登记，以反映资金运动的来龙去脉。

（2）会计科目是编制记账凭证的基础。会计科目是确定所发生的经济业务应记入何种账簿以及分别登记的凭据。

（3）会计科目为成本计算与财产清查提供了前提条件。通过会计科目的设置，有助于成本核算，使各种成本计算成为可能；而通过账面记录与实际结存的核对，又为财产清查、保证账实相符提供了必要的条件。

（4）会计科目为编制会计报表提供了方便。会计报表是提供会计信息的主要手段，为了保证会计信息的质量及其提供的及时性，会计报表中的许多项目与会计科目是一致的，并根据会计科目的本期发生额或余额进行填列。

二、会计科目的设置原则

会计科目作为反映会计要素的构成及其变化情况，为投资者、债权人、企业经营管理者等提供会计信息的重要手段，在其设置过程中应遵循下列原则：

1. 合法性原则

合法性原则，指所设置的会计科目应符合国家统一的会计制度的规定。

会计科目的设置，首先必须具有合法性，即为了保证会计核算指标口径一致和会计信息的可比性，适应国家宏观经济管理的需要，设置会计科目应当符合国家相关法律法规的规定，遵循《企业会计准则》的规定，这是对会计科目设置最基本的要求。

2. 相关性原则

相关性原则，指所设置的会计科目应为提供有关各方所需要的会计信息服务，满足对外报告与对内管理的要求。

会计科目设置的相关性原则，可从两个角度来理解：

（1）对于企业自身来说，相关性原则指的是会计科目的设置必须和企业经济业务的性质相联系，满足企业管理的需要。这是因为，虽然同是以盈利为目的的企业组织，但是，由于所处行业和经济业务的不同，会计核算的对象也可能不尽相同。比如，工业企业和商业企业在会计科目的设置上就可能存在着一定的差异。前者的主要经济活动是制造工业产品，因而必须设置为生产产品准备的各种材料、生产过程发生的各种耗费的有关科目；而商业企业的主要经济活动是购进和出售商品，因而必须设置反映库存商品的科目等。

（2）从企业会计信息的使用者角度来看，会计科目的设置还必须满足经济管理和对外提供会计信息的需要，即设置会计科目应充分考虑有关方面对会计信息的需求，既要满足国家宏观经济管理、企业内部经济管理的要求，还要考虑投资者、债权人等有关方面对会计信息的需要。相关性原则要求会计科目的设置必须能够提供上述各方面的信息，从而有助于做出相关的经济决策。

3. 实用性原则

实用性原则，指所设置的会计科目应符合本单位的自身特点，满足实际需要。

会计科目的设置还应当具有实用性，在保证会计科目设置的合法性和相关性的同时，应做到统一性和灵活性相结合。即在设置会计科目时，要尽量根据企业自身业务的特点，在不影响会计核算要求和会计报表指标汇总，以及对外提供统一的会计报表的前提下，根据实际情况，自行增加、减少或合并某些会计科目。因此，会计科目设置不是越多越好，太多了会增加会计核算工作的成本，降低效率。同时，会计科目也不是越少越好，太少了则可能导致无法得到具体的会计信息，影响企业会计核算的有效进行和有关各方的经济决策。

三、会计科目的分类

会计科目按其所提供信息的详细程度及其统驭关系不同，分为总分类科目和明细分类科目。

总分类科目是对会计要素具体内容进行总括分类、提供总括信息的会计科目，如"应收账款"、"应付账款"、"原材料"等。明细分类科目是对总分类科目做进一步分类、提供更详细更具体会计信息的科目，如"应收账款"科目按债务人名称或姓名设置明细科目，反映应收账款的具体对象；"应付账款"科目按债权人名称或姓名设置明细科目，反映应付账款的具体对象；"原材料"科目按原料及材料的类别、品种和规格等设置明细科目，反映各种原材料的具体构成内容。对于明细科目较多的总账科目，可在总分类科目与明细科目之间设置二级或多级科目。

会计科目按其所归属的会计要素不同，分为资产类、负债类、共同类、所有者权益类、成本类、损益类六大类。

资产类科目是指用于核算资产增减变化，提供资产类项目会计信息的会计科目。

负债类科目是指用于核算负债增减变化，提供负债类项目会计信息的会计科目。

共同类科目包括衍生工具、套期工具、被套期项目等。

所有者权益类科目是指用于核算所有者权益增减变化，提供所有者权益有关项目会计信息的会计科目。

成本类科目是指用于核算成本的发生和归集情况，提供成本相关会计信息的会计科目。

损益类科目是指用于核算收入、费用的发生或归集，提供一定期间损益相关的会计信息的会计科目。

我国是按照上述标准方法进行分类的。企业常用的会计科目分类、序号、编号和名称，可如表2—1所示。

四、账户的概念和分类

会计科目只是对会计对象的具体内容进行分类的项目，但企业发生的各项经济业务是十分复杂的，为了序时、连续、系统地记录由于经济业务的发生而引起会计要素的增减变动，提供各种会计信息，必须根据会计科目开设相应的账户，以便对经济业务进行分类、系统和连续的记录。

表 2—1　　　　企业常用的会计科目分类、序号、编号和名称

一、资产类			85	2211	应付职工薪酬
1	1001	库存现金	86	2221	应交税费
2	1002	银行存款	87	2231	应付利息
5	1015	其他货币资金	88	2232	应付股利
9	1101	交易性金融资产	89	2241	其他应付款
11	1121	应收票据	96	2401	递延收益
12	1122	应收账款	97	2501	长期借款
13	1123	预付账款	98	2502	应付债券
14	1131	应收股利	103	2701	长期应付款
15	1132	应收利息	104	2702	未确认融资费用
21	1231	其他应收款	105	2711	专项应付款
22	1241	坏账准备	106	2801	预计负债
28	1401	材料采购	107	2901	递延所得税负债
29	1402	在途物资	三、共同类		
30	1403	原材料	108	3101	衍生工具
31	1404	材料成本差异	109	3201	套期工具
32	1406	库存商品	110	3202	被套期项目
33	1407	发出商品	四、所有者权益类		
34	1410	商品进销差价	114	4001	实收资本
35	1411	委托加工物资	115	4002	资本公积
36	1412	包装物及低值易耗品	116	4101	盈余公积
42	1461	存货跌价准备	118	4103	本年利润
47	1524	长期股权投资	119	4104	利润分配
48	1525	长期股权投资减值准备	五、成本类		
50	1531	长期应收款	121	5001	生产成本
53	1601	固定资产	122	5101	制造费用
54	1602	累计折旧	123	5201	劳务成本
55	1603	固定资产减值准备	124	5301	研发支出
56	1604	在建工程	六、损益类		
57	1605	工程物资	129	6001	主营业务收入
58	1606	固定资产清理	135	6051	其他业务收入
65	1701	无形资产	138	6111	投资收益
66	1702	累计摊销	142	6301	营业外收入
67	1703	无形资产减值准备	143	6401	主营业务成本
68	1711	商誉	144	6402	其他业务支出
69	1801	长期待摊费用	145	6403	营业税金及附加
70	1811	递延所得税资产	155	6601	销售费用
72	1901	待处理财产损溢	156	6602	管理费用
二、负债类			157	6603	财务费用
73	2001	短期借款	159	6701	资产减值损失
80	2101	交易性金融负债	160	6711	营业外支出
82	2201	应付票据	161	6801	所得税费用
83	2202	应付账款	162	6901	以前年度损益调整
84	2205	预收账款			

1. 账户的概念和分类

账户（Account）是根据会计科目设置的，具有一定格式和结构，用于分类反映会计要素增减变动情况及其结果的载体。设置账户是会计核算的重要方法之一。

为了更好地掌握账户的设置和运用，需要对账户按不同的特性进行分类，对类似的账户进行归纳、总结和比较。由于账户是根据会计科目设置的，因此，账户的分类必须与会计科目的分类一致。会计科目可以按照所反映会计要素具体内容的详细程度进行分类，账户的分类也与之相对应；会计科目可以按照会计要素所反映经济内容的性质进行分类，同样地，账户也是如此。

同会计科目的分类相对应，账户也分为总分类账户和明细分类账户。

总分类账户是指根据总分类科目设置的、用于对会计要素具体内容进行总括分类核算的账户，简称总账账户或总账。根据账户所反映的经济内容，可将其分为资产类账户、负债类账户、所有者权益类账户、成本类账户、损益类账户五类。

明细分类账户是根据明细分类科目设置的、用来对会计要素具体内容进行明细分类核算的账户，简称明细账。总账账户称为一级账户，总账以下的账户称为明细账户。

明细账户是在总分类账户的基础上，对总分类账户按照一定的标准和需要进行细分，然后对这种细分之后的账户所对应经济业务的数量和变化情况进行的描述。跟明细分类科目一样，明细分类账户可以根据需要进一步细分为二级明细账户和三级明细账户甚至四级明细账户。

同样以工业企业的"原材料"这个资产类账户为例进行说明，"原材料"账户是一个总分类账户，用以反映（工业）企业拥有的各种材料的数量总额及其变化情况，在这个总分类账户下，企业通常会设置诸如"原料及主要材料"、"辅助材料"、"燃料"等二级明细账户，如果有需要，还可以对上述二级分类明细账户进一步按照品种、规格和型号等特征分设三级明细账户。

同样需要强调的是，与会计科目一样，并不是所有的账户都必须设置明细分类账户，应根据企业的实际情况决定是否设置或者如何设置明细分类账户。比如，"库存现金"这个总分类账户，核算内容比较简单、形式较为单一，就可以不设置明细分类账户；而对于大型的工业企业来说，"原材料"这个总分类账户，由于其包括的材料种类繁多、存放状态和品种、型号都不同，因此，为了核算方便，可能会设置三级或以上的明细分类账户。

2. 账户的基本结构

账户的结构是指账户的具体格式。为了全面、清晰地记录各项经济业务，每一个账户既要有明确的经济内容，又必须有一定的结构。各项经济业务引起的资金变动，尽管错综复杂，但从数量上看，不外是增加和减少两种情况。因此，账户的结构也相应地划分为两个基本部分——左方（"借方"）、右方（"贷方"）。一部分登记增加，另一部分登记减少。至于哪一方登记增加，哪一方登记减少，取决于所记录经济业务和账户的性质以及所采用的记账方法。

账户中登记本期增加的金额，称为本期增加发生额；登记本期减少的金额，称为本期减少发生额；增减相抵后的差额，称为余额，余额按照表示的时间不同，分为期初余额和期末余额。一定会计期间结束时的期末余额，在下一个会计期间开始时就成为期初余额，因此，期初余额和期末余额是相对于一定的会计期间来说的。基本关系如下：

期末余额＝期初余额＋本期增加发生额－本期减少发生额

上式中的四个部分称为账户的四个金额要素。

对于资产、成本、费用类账户：

期末余额＝期初借方余额＋本期借方发生额－本期贷方发生额

对于负债、所有者权益、收入类账户：

期末余额＝期初贷方余额＋本期贷方发生额－本期借方发生额

账户的具体内容，尽管格式各种各样，但一般说来账户的基本结构具体包括以下内容：

（1）账户的名称（即会计科目）。

（2）记录经济业务的日期。

（3）所依据的记账凭证的编号。

（4）经济业务摘要。

（5）增加和减少的金额。

（6）余额（包括期初余额和期末余额）。

由于所使用的记账方法不同，账户左、右两方具体反映的内容也不相同。我国统一使用借贷记账法。借贷记账法账户的基本格式如表2—2所示。

表2—2　　　　　　　　××账户（会计科目）

××年		凭证		摘　要	借　方	贷　方	借或贷	余　额
月	日	种类	号数					

为了说明上的方便，上述账户的基本结构，可以简化为"T"字形，称为T形账户，如图2—1所示。

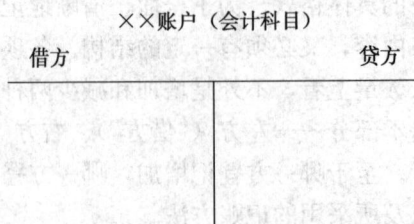

××账户（会计科目）

借方　　　　　　　　　　　　　　贷方

图2—1　T形账户示意图

上列账户的基本格式，是手工记账经常采用的格式。在电子计算机记账的情况下，尽管账户的格式不明显，但是仍然要按照账户名称、记录经济业务的日期、所依据的记账凭证的编号、经济业务摘要、增加和减少的金额、余额开展程序设计，进行数据处理。

3. 账户与会计科目的联系和区别

会计科目与账户都是对会计对象具体内容的科学分类，两者口径一致，性质相同。会计科目是账户的名称，也是设置账户的依据，账户是会计科目的具体运用。如"固定资产"科目与"固定资产"账户核算的内容、范围完全相同。没有会计科目，账户便失去了设置的依据；没有账户，会计科目就无法发挥作用。

两者的区别是：会计科目仅是账户的名称，不存在结构；账户则具有一定的格式和结构。会计科目仅说明反映的经济内容是什么，而账户不仅说明反映的经济内容是什么，而且还能系统地反映和控制其增减变化及结余情况的工具。会计科目的作用主要是为了开设账户，填制凭证所用；而账户的作用主要是提供某一具体会计对象的会计资料，为编制会计报表所用。在实际工作中，往往是对会计科目和账户不加严格区分，相互通用。

第二节 复式记账

一、复式记账的原理

复式记账法是以资产与权益的平衡关系作为记账基础，对于每一笔经济业务，都要在两个或两个以上相互联系的账户中进行登记，系统地反映资金运动变化结果的一种记账方法。

例如，用银行存款 20000 元购买一批材料。业务发生后，一方面，在"银行存款"账户记录银行存款减少 20000 元；另一方面，在"原材料"账户记录材料增加 20000 元。这样登记的结果，能清晰地反映一项经济业务的来龙去脉。

任何一笔经济业务的发生，对会计等式的影响是：引起资产和权益发生增减变化，变化的结果是资产总额与权益总额恒等，即资产＝负债＋所有者权益。根据这个平衡原理，可以为会计要素的每一项目设置账户。当经济业务发生时，将其所引起的会计要素及其项目增减变动的数据，在两个或两个以上相互联系的账户中作双重登记，即复式记账。

因此，复式记账具有一个重要特征：每一笔经济业务数据记入账户后，都会使会计等式形成新的平衡关系，尽管会计等式左右两方的构成和总额可能会发生变化，但却不影响左右两方总额的平衡关系。可见，复式记账体现了会计等式的平衡原理，具体说，复式记账是以会计等式为依据设计的一种记账方法，它从会计等式的平衡关系开始，中间各要素及项目的增减变动尽管千变万化，但最终仍然是以会计等式的平衡而结束。因此，会计等式是复式记账的理论依据。

二、复式记账的特点

复式记账法与单式记账法相比，具有如下两个明显的特点：

第一，对于发生的每一项经济业务，都要在两个或两个以上相互联系的账户中同时登记。这样，通过账户记录不仅可以全面、清晰地反映出经济业务的来龙去脉，而且还能通过会计要素的增减变动，全面、系统地反映经济活动的过程和结果。

第二，由于每项经济业务发生后，都要以相等的金额在相互联系的账户中同时登记，因此可以对账户记录的结果进行试算平衡，以便检查账户记录的正确性。

正是因为复式记账法具有以上特点，因而被公认为是一种科学的记账方法，为世界各国（地区）广泛采用。复式记账法主要有借贷记账法、增减记账法和收付记账法。

三、借贷记账法

借贷记账法是世界各国普遍采用的一种复式记账方法，同样，在我国也是应用最广泛的一种记账方法。我国财政部 2006 年 2 月颁布的《企业会计准则——基本准则》明确规定，中国境内的所有企业都应采用借贷记账法。

1. 借贷记账法的概念

借贷记账法是指以"借"、"贷"为记账符号的一种复式记账法。即以会计等式为理论基础，以"借"、"贷"为记账符号，以"有借必有贷，借贷必相等"为记账规则的记账方法。

记账符号，是会计上用来表示经济业务发生时，涉及的金额应该记入有关账户的记账方位。借贷记账法以"借"、"贷"为记账符号，分别作为账户的左方和右方。

借贷记账法起源于 13 世纪的意大利。"借"、"贷"两字的含义，最初是从借贷资本经营者的角度来解释的，借贷资本经营者把收进的存款记在贷主的名下，表示债务；把付出的放款记在借主的名下，表示债权。当时，借贷二字反映的是债权、债务的变化。

后来，随着借贷记账法在非借贷领域的广泛应用以及会计方法的改进，借贷二字已失去了原有的含义，而演变成纯粹的记账符号，成为会计上的专门术语，用来标明记账方向。

"借"表示账户中左方金额栏，"贷"表示账户中右方金额栏。至于"借"表示增加还是"贷"表示增加，则取决于账户的性质及结构。

例如，资产类账户登记借方金额，表示该账户金额的增加，登记贷方金额，表示该账户金额减少，即资产类账户"借"表示增加，"贷"表示减少。负债类账户登记贷方金额，表示该账户金额增加，登记借方金额，表示该账户金额减少，即负债类账户"贷"表示增加，"借"表示减少。

2. 借贷记账法的账户结构

在借贷记账法下，账户的基本结构是：左方为借方，右方为贷方。其简化的账户格式如图 2—1 所示。

（1）资产类账户结构。资产类账户是根据资产类会计科目所设置的账户，用来反映和监督财产物资的增减变化和期初、期末余额。资产类账户的借方表示增加，贷方表示减少，期初、期末余额一般在借方。即当资产类账户发生增加额时，登记在该账户的借方，发生减少额时登记在该账户的贷方。资产类账户的具体结构，如图 2—2 所示。

资产类账户

借方		贷方	
期初余额	××		
本期增加发生额	×××	本期减少发生额	×××
	×××		×××
	…		…
本期增加发生额合计	×××	本期减少发生额合计	×××
期末余额	××		

图 2—2　资产类账户结构图

资产类账户的期末余额计算公式如下：

资产类账户期末余额＝期初余额＋本期借方发生额－本期贷方发生额

（2）权益类账户结构。负债类账户和所有者权益类账户统称为权益类账户。它们是根据负债类科目和所有者权益类科目设置的账户，用来登记负债和所有者权益的增减变化及期初、期末余额。如前所述，资产和权益体现为对立统一的关系，其账户也表现出截然相反的结构。

权益类账户的贷方表示增加，借方表示减少，期初、期末余额一般在贷方。即当权益类账户发生增加额时登记在该账户的贷方，发生减少额时登记在该账户的借方，其余额一般在账户的贷方。其账户结构如图 2—3 所示。

权益类账户

借方		贷方	
		期初余额	××
本期减少发生额	×××	本期增加发生额	×××
			×××
			…
本期减少发生额合计	×××	本期增加发生额合计	×××
		期末余额	×××

图 2—3　权益类账户结构图

权益类账户的期末余额计算公式如下：

权益类账户期末余额＝期初余额＋本期贷方发生额－本期借方发生额

（3）费用（成本）类账户结构。费用（成本）类账户是根据成本类科目和损益类科目中的费用小类科目而设置的账户，主要用来反映成本、费用的发生额和转销额。企业发生的成本、费用，实际上是对企业资金的一种占用，所以费用（成本）类账户的结构与资产类账户结构相似，借方登记费用（成本）的增加额，贷方登记费用（成本）的减少额，平时余额在借方，期末余额转销后一般无余额。费用（成本）类账户结构如图2—4所示。

费用（成本）类账户

借方		贷方	
本期增加发生额	×××	本期减少或转销发生额	×××
	×××		×××
	…		…
本期增加发生额合计	×××	本期减少或转销发生额合计	×××

图2—4　费用（成本）类账户的结构

（4）收入类账户结构。企业在从事生产经营活动中，通过销售产品或提供劳务可以取得各项收入，但同时也必然发生各种成本费用。企业的收入将导致企业利润的增加，最终引起所有者权益的增加。因此，收入类账户的结构与权益类账户结构相似，即收入类账户，增加额记在账户贷方，减少额记入账户借方，平时的余额在账户的贷方。但与权益类账户不同的是，收入是企业在一定期间取得的经营成果，应当在当期予以结转，以便下一会计期间的收入账户金额能够反映下一会计期间的实际收入状况。期末，将全部收入类账户的余额转入"本年利润"账户的贷方，结算本期利润。因此，收入类账户在期末结转后，无期末余额。

收入类账户的结构，如图2—5所示。

收入（成果）类账户

借方		贷方	
本期减少或转销发生额	×××	本期增加发生额	×××
	×××		×××
	…		…
本期减少或转销发生额合计	×××	本期增加发生额合计	×××

图2—5　收入类账户的结构

账户的基本结构及记录的内容，可用图2—6概括如下。

××账户

借方	贷方
资产类账户增加	资产类账户减少
成本费用类账户增加	成本费用类账户减少
负债类账户减少	负债类账户增加
所有者权益类账户减少	所有者权益类账户增加
收入成果类账户减少	收入成果类账户增加

图2—6 账户的基本结构及记录的内容

3. 借贷记账法的记账规则

借贷记账法的记账规则是：有借必有贷，借贷必相等。企业发生的每一笔经济业务，都要在两个或两个以上相互联系的账户中进行登记。即一项经济业务事项，如果在一个账户中登记了借方，就必须在另一个或另几个账户的贷方登记；反之，在一个账户中登记了贷方，就必须在另一个或另几个账户中登记借方，并且在借方和贷方登记的金额合计必须相等。

运用借贷记账法的记账规则登记经济业务时，一般按以下步骤进行：

（1）分析经济业务中所涉及的账户名称，并判断账户的性质。

（2）判断账户中所涉及的资金数量是增加还是减少，增加或者减少的金额是多少。

（3）根据账户的结构（图2—6）确定记入账户的方向、金额。

在借贷记账法下，经济业务的类型可分为四种：第一种类型，资产记借方，权益记贷方；第二种类型，资产记贷方，权益记借方；第三种类型，资产内部记一借一贷；第四种类型，权益内部记一借一贷。

【**例2—1**】A公司2009年5月份发生以下经济业务：

（1）5月3日，收到投资人张××追加投资200000元，存入银行。

这是属于资产和所有者权益同时增加的业务类型。这项业务，使公司的资产类账户"银行存款"增加200000元，同时使所有者权益类账户"实收资本"增加200000元，会计等式两边的金额同增。银行存款属于资产类账户，增加记借方；实收资本属于所有者权益类，增加记贷方。登记入账的过程如图2—7所示。

	实收资本			银行存款	
借方		贷方	借方		贷方
	期初余额	300000	期初余额	335000	
	①	200000 ←→ ①			200000

图2—7 业务（1）的入账过程

（2）5月8日，A公司向供应商购入原材料一批，价值20000元，货款暂欠，材料已验收入库。

这是属于资产和负债同时增加的业务类型。这项经济业务的发生，使A公司的"原材料"账户增加20000元，同时"应付账款"账户增加20000元。"原材料"

· 37 ·

账户属于资产类账户，增加记入借方；"应付账款"账户属于负债类账户，增加记入贷方。该业务引起会计等式两边同增。登记入账的过程，如图2—8所示。

	应付账款			原材料	
借方		贷方	借方		贷方
	期初余额	10000	期初余额	100000	
	②	20000 ←→②		20000	

图2—8　业务（2）的入账过程

（3）5月15日，A公司以银行存款支付上月所欠购原材料款10000元。

这是属于资产和负债同时减少的业务类型。这项业务，使A公司的资产类账户"银行存款"减少10000元，应记入账户的贷方；使负债类账户"应付账款"减少10000元，应记入账户的借方。这项业务引起会计等式两边同减，登记入账的过程如图2—9所示。

	银行存款			应付账款	
借方		贷方	借方		贷方
期初余额	335000			期初余额	10000
①	200000			②	20000
		③ 10000 ←→③ 10000			

图2—9　业务（3）的入账过程

（4）5月21日，从银行提取现金2000元备用。

这是属于一项资产增加、另一项资产减少的业务类型。这项业务使A公司的"库存现金"增加了2000元，同时又使"银行存款"减少2000元。二者都属于资产类账户，应记入"库存现金"账户的借方和"银行存款"账户的贷方。登记入账的过程如图2—10所示。

	银行存款			库存现金	
借方		贷方	借方		贷方
期初余额	335000		期初余额	5000	
①	200000				
		③ 10000			
		④ 2000 ←→④	2000		

图2—10　业务（4）的入账过程

（5）5月26日，向银行借入短期借款20000元，期限为6个月，用于归还前欠的材料款。

这是属于一项负债增加、另一项负债减少的业务类型。其中，"短期借款"增加记入贷方，"应付账款"减少记入借方，仍然是有借必有贷，借贷必相等。登记入账的过程如图2—11所示。

（6）5月31日，经批准，企业将资本公积50000元转增为实收资本。

这一经济业务的发生，引起的是所有者权益内部项目的增减变动，涉及所有者权益类账户中的"资本公积"和"实收资本"两个账户："资本公积"账户减少

	短期借款			应付账款	
借方		贷方	借方		贷方
	期初余额	50000		期初余额	10000
	③	10000 ②			20000
⑤	20000 ←→⑤	20000			

图 2—11 业务 (5) 的入账过程

50000 元,"实收资本"账户增加 50000 元。因此,应以相同的金额 50000 元记入"资本公积"的借方和"实收资本"的贷方,但所有者权益总额不变。登记入账的过程如图 2—12 所示。

	实收资本			资本公积	
借方		贷方	借方		贷方
	期初余额	300000		期初余额	80000
	①	200000			
⑥	50000 ←→⑥	50000			

图 2—12 业务 (6) 的入账过程

从上述经济业务记入账户的过程可看出三条规则:

第一,对于每项经济业务都必须同时记入两个或两个以上相互联系的账户。

第二,所记入的账户可属于同类,也可属于不同类,这取决于经济业务的类型,但记入账户时,一个记在借方,则另一个必须记在贷方。

第三,对于每项经济业务都应以相等的金额在借贷两方同时登记。

上述举例的每一笔经济业务中,所涉及的账户只有一个借方账户和一个贷方账户,但实际的经济业务远比这复杂得多,往往一笔经济业务同时涉及一个账户的借方和几个账户的贷方、一个账户的贷方和几个账户的借方或是多个账户的借方和多个账户的贷方。但无论多么复杂,在借贷记账法下,都应遵循"有借必有贷,借贷必相等"的记账规则。当一笔经济业务涉及一个账户的借方和几个账户的贷方时,必须使该借方账户的金额等于该贷方的几个账户的金额之和,即借贷两方的金额相等。反过来,当一笔经济业务涉及一个账户的贷方和几个账户的借方时,也应使贷方账户的金额与借方的几个账户的金额之和相等。

【例 2—2】B 公司购入原材料一批,价格 125500 元,以银行存款支付 125000 元,余款用现金支付,材料已验收入库。

这一笔经济业务,所涉及的账户有资产类账户中的"原材料"账户、"银行存款"账户与"库存现金"账户。其中:原材料增加 125500 元,银行存款减少 125000 元,现金减少 500 元。资产类账户,增加记入借方,减少记入贷方。这里所涉及的三个资产类账户中,"原材料"账户增加记入借方;"银行存款"账户、"库存现金"账户是减少,应记入贷方。因此,借方有一个账户,贷方有两个账户。处理时,应使借方"原材料"账户的金额等于记入贷方的"银行存款"账户和"库存现金"账户的金额之和,即"原材料"账户借方登记 125500 元,"银行存款"账户贷方登记 125000 元和"库存现金"账户贷方登记 500 元,借贷两方金额相等。

其具体入账过程如图 2—13 所示。

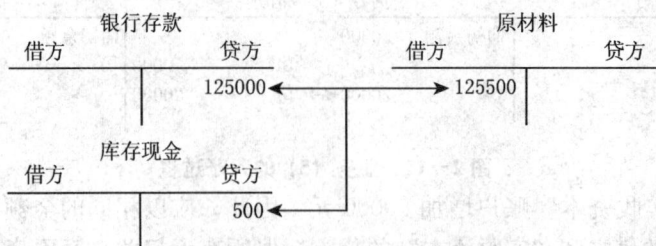

图 2—13　购买原材料、付款业务的入账过程

可见，采用借贷记账法在记录经济业务时，都会在相关的两个或两个以上的账户中以相等的金额进行登记，账户之间就形成了应借、应贷的相互关系，这种关系称作账户间的对应关系；把构成这种对应关系的账户称为对应账户。如业务（1）中，"银行存款"的对应账户为"实收资本"，二者形成对应关系。

4. 借贷记账法的试算平衡

运用借贷记账法的记账规则在账户中记录经济业务的过程中，可能会发生这样或那样的错误，为此，还应确立检验账户记录正确与否的方法，这种方法在会计上称为试算平衡。试算平衡是指根据资产与权益的恒等关系以及借贷记账法的记账规则，检查所有账户记录是否正确的过程，包括发生额试算平衡法和余额试算平衡法两种方法。

（1）发生额试算平衡法。发生额试算平衡法是根据本期所有账户的借方发生额合计与贷方发生额合计的恒等关系，检验本期发生额记录是否正确的方法。其公式为：

全部账户本期借方发生额合计＝全部账户本期贷方发生额合计

由于借贷记账法对每项经济业务的记录都是按照"有借必有贷、借贷必相等"的记账规则进行的，这就使每项经济业务的借方发生额和贷方发生额一定相等，所以，一定时期内的全部账户借方发生额合计与全部账户贷方发生额合计也必定相等。

根据上述 A 公司 5 月份发生的 6 笔经济业务，编制发生额试算平衡表，如表2—3 所示。

表 2—3　　　　　　　　　　　　**本期发生额试算平衡表**

2009 年 5 月 31 日　　　　　　　　　　　　　　单位：元

会计科目	本期发生额	
	借方	贷方
库存现金	④2000	
银行存款	①200000	③10000；④2000
原材料	②20000	
短期借款		⑤20000

会计科目	本期发生额	
	借方	贷方
应付账款	③10000；⑤20000	②20000
实收资本		①200000；⑥50000
资本公积	⑥50000	
合计	302000	302000

（2）余额试算平衡法。余额试算平衡法是运用会计等式，根据本期所有账户的借方余额合计与所有账户的贷方余额合计的恒等关系，检验本期账户记录是否正确的方法。根据余额时间的不同，又分为期初余额平衡与期末余额平衡两类，其公式为：

全部账户的借方期初余额合计＝全部账户的贷方期初余额合计

全部账户的借方期末余额合计＝全部账户的贷方期末余额合计

根据"资产＝负债＋所有者权益"的恒等关系，运用借贷记账法在账户中记录经济业务的结果，各项资产余额合计必然等于各项负债和所有者权益的余额合计。在借贷记账法下，资产账户的余额体现在账户的借方，负债和所有者权益账户的余额体现在账户的贷方，因此，所有账户的借方余额合计与所有账户的贷方余额合计必然相等。

【例2—3】假定A公司5月份有关账户的期初余额如表2—4所示。

表2—4　　　　　　　　　　A公司有关账户5月份期初余额　　　　　　　单位：元

会计科目	期初余额	
	借方	贷方
库存现金	5000	
银行存款	335000	
原材料	100000	
短期借款		50000
应付账款		10000
实收资本		300000
资本公积		80000
合计	440000	440000

根据表2—4和前述6笔经济业务，可编制A公司余额试算平衡表如表2—5所示。

表 2—5   **余额试算平衡表**

2009 年 5 月 31 日   单位：元

会计科目	期初余额		期末余额	
	借方	贷方	借方	贷方
库存现金	5000		7000	
银行存款	335000		523000	
原材料	100000		120000	
短期借款		50000		70000
应付账款		10000		
实收资本		300000		550000
资本公积		80000		30000
合计	440000	440000	650000	650000

实际工作中，余额试算平衡通过编制试算平衡表进行，甲企业 4 月份的试算平衡情况如表 2—6 所示。

表 2—6   **试算平衡表**

2009 年 4 月 30 日   单位：元

会计科目	期初余额		本期发生额		期末余额	
	借方	贷方	借方	贷方	借方	贷方
库存现金	5000		2000		7000	
银行存款	335000		200000	12000	523000	
原材料	100000		20000		120000	
短期借款		50000		20000		70000
应付账款		10000	30000	20000		
实收资本		300000		250000		550000
资本公积		80000	50000			30000
合计	440000	440000	302000	302000	650000	650000

在编制试算平衡表时，应注意以下几点：

①必须保证所有账户的数额均已记入试算平衡表。因为会计等式是对会计要素整体而言的，缺少任何一个账户的数额，都会造成期初或期末借方余额合计与贷方余额合计不相等。

②如果试算平衡表借贷不相等，说明账户记录有错误，应认真查找，直到平衡为止。

③即使实现了有关三栏的平衡关系，也不能说明账户记录绝对正确，因为有些错误并不会影响借贷双方的平衡关系。例如：a. 漏记某项经济业务，将使本期借贷双方的发生额等额减少，借贷仍然平衡；b. 重记某项经济业务，将使本期借贷双方的发生额等额虚增，借贷仍然平衡；c. 某项经济业务记错有关账户，借贷仍

然平衡；d. 某项经济业务在账户记录中，颠倒了记账方向，借贷仍然平衡；e. 借方或贷方发生额中，偶然发生多记少记并相互抵销，借贷仍然平衡等。

因此，在编制试算平衡表之前，应认真核对有关账户记录，以预防上述错误发生。

第三节 会计分录与平行登记

一、会计分录

1. 会计分录的概念和分类

在会计实务工作中，为了便于把经济事项正确而恰当地记入相关账户，需要采用一种专门的方法，根据经济业务的内容决定应记入的账户、应借应贷的方向及金额，以确保各项经济业务正确的账户对应关系，这种方法就是编制会计分录。

会计分录，是指按照复式记账的要求，对某项经济业务标明其应借、应贷的账户及其金额的记录，简称分录。换句话说，就是根据经济业务的内容确定账户、记账方向和金额的记录。每笔会计分录主要包括三个要素：会计科目，应借、应贷的记账方位，记账金额。

会计分录按所涉及的会计账户的多少，可分为简单会计分录和复合会计分录两种。

（1）简单会计分录，是指经济业务的记录只涉及一个账户记借方和另一个账户记贷方的会计分录，即一借一贷的分录。这种会计分录下的会计科目间的对应关系十分清晰，容易理解和掌握。

（2）复合会计分录，是指经济业务的记录由两个以上（不含两个）对应账户所组成的会计分录，即一借多贷、多借一贷和多借多贷的会计分录。企业编制复合会计分录，可以全面、系统地反映经济业务的全貌，简化记账手续，提高工作效率。但是不能把几项业务合并编制复合会计分录。复合分录可以理解为多个简单的会计分录的总和。

2. 会计分录的编制

编制会计分录，应按以下步骤进行：

（1）分析经济业务事项。一项经济业务发生后，首先分析该经济业务所涉及的会计账户类型，是属于资产类账户、负债类账户、所有者权益类账户，还是收入类账户、费用（成本）类账户等。

（2）确定涉及哪些账户，是增加还是减少。在第一步的基础上，确定经济业务事项具体涉及哪些账户，比如是资产类账户中的库存现金，还是负债类账户中的短期借款等，该账户的金额是增加了还是减少了。

（3）确定哪个（或哪些）账户记借方，哪个（或哪些）账户记贷方。根据前面确定的账户及其增加还是减少，再进一步根据账户结构原理，确定该账户金额的增加还是减少，应记入借方还是应记入贷方。

（4）编制会计分录，并检查是否符合记账规则。

【例2—4】仍以前面所举 A 公司本年 5 月份的经济业务为例，编制会计分录如下：

①借：银行存款		200000
贷：实收资本		200000
②借：原材料		20000
贷：应付账款		20000
③借：应付账款		10000
贷：银行存款		10000
④借：库存现金		2000
贷：银行存款		2000
⑤借：应付账款		20000
贷：短期借款		20000
⑥借：资本公积		50000
贷：实收资本		50000

上述会计分录都是一借一贷的会计分录，属于简单会计分录。

【例2—5】大华公司以银行存款偿还到期一次还本付息的短期借款 4000 元，同时支付借款利息 150 元。

此笔经济业务涉及的账户是资产类账户的"银行存款"账户、负债类账户中的"短期借款"账户以及费用类账户中的"财务费用"账户。"银行存款"减少了 4150 元，计入该账户贷方；"短期借款"减少了 4000 元，计入该账户借方；借款利息是一项财务费用，增加了 150 元，应计入"财务费用"账户的借方。会计分录如下：

借：短期借款	4000
财务费用	150
贷：银行存款	4150

这个分录是复合会计分录，涉及两个以上的账户。借方和贷方的金额总额相等，符合借贷记账法的记账规则。

无论是简单会计分录还是复合会计分录，其编制步骤都是相同的，编制会计分录时，应认真分析经济业务所涉及的账户类型、金额的增减，确定应借应贷的方向和金额。从会计核算的全部过程来看，编制会计分录是会计工作中的基础性工作，它贯穿于每个会计循环的始终。如果会计分录出现了错误，必然影响到全部的会计数据资料和信息的质量，所以必须正确地编制会计分录，为账簿记录、财务会计报告的准确性提供基础保障。

二、平行登记

1. 总分类账户与明细分类账户的关系

账户按提供信息的详细程度及统驭关系不同，可分为总分类账户和明细分类账户。

（1）总分类账户。总分类账户，是指根据总分类科目设置的，用于对会计要素具体内容进行总括分类核算的账户，简称总账账户或总账。根据账户所反映的经济内容可以分为：资产类、负债类、所有者权益类、成本类、损益类五大类。

（2）明细分类账户。明细分类账户，是指根据明细分类科目设置的，用于对会计要素具体内容进行明细分类核算的账户，简称明细账。明细分类账户也可进一步分为二级明细账、三级明细账等。在实际工作中，将总账账户称为一级账户，总账以下称为明细账户。

（3）总分类账户与明细分类账户的关系。总分类账户对明细分类账户具有统驭控制作用，明细分类账户对总分类账户具有补充说明作用。总分类账户与其所属明细分类账户在总金额上是相等的。

总分类账户是对会计要素各项目增减变化的总括反映，提供总括的资料，是对有关明细分类账户资料的综合；而明细分类账户反映的是会计要素各项目增减变化的详细情况，提供了某一具体方面的详细资料，有些明细分类账户还可以提供实物数量指标和劳动量指标等，是对其总分类账户资料的具体化。因此，总分类账户对其所属的明细分类账户起着统驭控制作用，明细分类账户对总分类账户具有补充说明的作用。

2. 总分类账户与明细分类账户的平行登记

根据总分类账户与明细分类账户的关系，在会计核算中为了便于对账户记录进行核对，保证账户记录的正确性和完整性，满足管理上对总括会计信息和详细会计信息的需求，总分类账户与其所属的明细分类账户必须采用平行登记的方法。

平行登记，是指对所发生的每项经济业务事项都要以会计凭证为依据，一方面记入有关总分类账户，另一方面记入有关总分类账户所属明细分类账户的方法。平行登记的要点如下：

（1）依据相同。对于发生的经济业务事项，要依据相同的会计凭证，一方面在有关的总分类账户中登记，另一方面在该总分类账户所属明细分类账户中登记。

（2）方向相同。对于发生的每一项经济业务，记入总分类账户和其所属明细分类账户的方向必须相同。如果总分类账户登记在借方，所属的明细分类账户也应该登记在借方；相反，如果总分类账户登记在贷方，那么其所属明细分类账户也应该登记在贷方。

（3）期间相同。对于发生的每一项经济业务，在记入总分类账户和明细分类账户过程中，可以有先有后，但必须在同一会计期间全部登记入账。即一项经济业务发生后，必须在记入总分类账户进行总括登记的同一会计期间，在其所属明细分类账户进行明细分类登记。

（4）金额相等。对于发生的每一项经济业务，记入总分类账户的金额必须等于所属明细分类账户的金额之和。进而，总分类账户本期发生额与其所属明细分类账户本期发生额合计相等；总分类账户期初余额与其所属明细分类账户期初余额合计相等。总分类账户期末余额与其所属明细分类账户期末余额合计相等。

下面以"原材料"账户和"应付账款"账户为例，说明总分类账户与明细分类账户的平行登记的方法。

【例2－6】 B公司2009年4月1日"原材料"和"应付账款"两个总分类账户及其所属明细分类账户的有关资料如下：

"原材料"总分类账户有借方金额36000元，其所属明细分类账户余额如下：

名称	重量	单价	金额
A材料	300公斤	60元	18000元
B材料	200公斤	90元	18000元
合计			36000元

"应付账款"总分类账户有贷方余额38000元，其所属明细分类账户余额如下：

名称	金额
红光公司	22000元
科创公司	16000元
合计	38000元

该公司4月份发生下列经济业务：

①4月2日，向红光公司购入A材料500公斤，单价60元/公斤，价款30000元；B材料300公斤，单价90元/公斤，价款27000元。材料已验收入库，货款尚未支付。编制会计分录如下：

借：原材料——A材料　　　　　　　　　　　　　　30000
　　　　　——B材料　　　　　　　　　　　　　　27000
　　贷：应付账款——红光公司　　　　　　　　　　　　57000

②4月6日，车间从仓库领用原材料一批，其中A材料700公斤，单价60元/公斤，价款42000元；B材料300公斤，单价90元/公斤，价款27000元。编制会计分录如下：

借：生产成本　　　　　　　　　　　　　　　　　　69000
　　贷：原材料——A材料　　　　　　　　　　　　　　42000
　　　　　　——B材料　　　　　　　　　　　　　　27000

③4月12日，向科创公司购入材料一批，其中A材料300公斤，单价60元/公斤，价款18000元；B材料400公斤，单价90元/公斤，价款36000元。材料已验收入库，货款尚未支付。编制会计分录如下：

借：原材料——A材料　　　　　　　　　　　　　　18000
　　　　　——B材料　　　　　　　　　　　　　　36000
　　贷：应付账款——科创公司　　　　　　　　　　　　54000

④4月20日，以银行存款偿还欠红光公司的货款50000元，偿还欠科创公司的货款46000元。编制会计分录如下：

借：应付账款——红光公司　　　　　　　　　　　50000

　　　　　　　——科创公司　　　　　　　　　　　46000

　　贷：银行存款　　　　　　　　　　　　　　　　96000

根据上述业务，在"原材料"和"应付账款"的总分类账户及其所属的明细分类账户中进行平行登记，步骤如下：①将月初余额分别记入"原材料"和"应付账款"总分类账户及其所属的明细分类账户，在"原材料"的明细分类账户中，还需要登记各种材料的数量和单价。②根据经济业务发生的先后次序和编制的会计分录，依次在"原材料"和"应付账款"两个总分类账户和其所属的明细分类账户中进行平行登记，并计算出各账户的本期发生额和期末余额。

上述业务，在有关的"原材料"和"应付账款"总分类账户和所属明细分类账户中的登记结果，如表2－7～表2－12所示。

表2－7　　　　　　　　　　　　　总分类账户

会计科目：原材料

2009年		凭证号数	摘　要	对方科目	借方	贷方	借或贷	余额
月	日							
4	1		月初余额				借	36000
	2	(1)	购入	应付账款	57000		借	93000
	6	(2)	生产领用	生产成本		69000	借	24000
	12	(3)	购入	应付账款	54000		借	78000
4	31		本月合计		111000	69000	借	78000

表2－8　　　　　　　　　　　原材料明细分类账户

明细科目：A材料　　　　　　　　　　　　　　　　　　　　　数量单位：公斤

2009年		凭证号数	摘　要	收入			发出			结存		
月	日			数量	单价	金额	数量	单价	金额	数量	单价	金额
4	1		月初余额							300	60	18000
	2	(1)	购入	500	60	30000				800	60	48000
	6	(2)	生产领用				700	60	42000	100	60	6000
	12	(3)	购入	300	60	18000				400	60	24000
4	31		本月合计	800		48000	700		42000	400	60	24000

表2－9　　　　　　　　　　　原材料明细分类账户

明细科目：B材料　　　　　　　　　　　　　　　　　　　　　数量单位：公斤

2009年		凭证号数	摘　要	收入			发出			结存		
月	日			数量	单价	金额	数量	单价	金额	数量	单价	金额
4	1		月初余额							200	90	18000

2009 年		凭证号数	摘　要	收入			发出			结存		
月	日			数量	单价	金额	数量	单价	金额	数量	单价	金额
	2	(1)	购入	300	90	27000				500	90	45000
	6	(2)	生产领用				300	90	27000	200	90	18000
	12	(3)	购入	400	90	36000				600	90	54000
4	31		本月合计	700		63000	300		27000	600	90	54000

表 2—10　　　　　　　　　　　　总分类账户

会计科目：应付账款

2009 年		凭证号数	摘　要	对方科目	借方	贷方	借或贷	余额
月	日							
4	1		月初余额				贷	38000
	2	(1)	购入材料	原材料		57000	贷	95000
	12	(3)	购入材料	原材料		54000	贷	149000
	20	(4)	偿还货款	银行存款	96000		贷	53000
4	31		本月合计		96000	111000	贷	53000

表 2—11　　　　　　　　　　应付账款明细分类账

明细科目：红光公司

2009 年		凭证号数	摘　要	借方	贷方	借或贷	余额
月	日						
4	1		月初余额			贷	22000
	2	(1)	购入材料		57000	贷	79000
	20	(4)	偿还货款	50000		贷	29000
4	31		本月合计	50000	57000	贷	29000

表 2—12　　　　　　　　　　应付账款明细分类账

明细科目：科创公司

2009 年		凭证号数	摘　要	借方	贷方	借或贷	余额
月	日						
4	1		月初余额			贷	16000
	12	(3)	购入材料		54000	贷	70000
	20	(4)	偿还货款	46000		贷	24000
4	31		本月合计	46000	54000	贷	24000

可以看出，在平行登记下，"原材料"和"应付账款"总分类账户的期初余额、本期借方发生额、本期贷方发生额以及期末余额都分别与其所属的明细分类账户的期初余额之和、本期借方发生额之和、本期贷方发生额之和以及期末余额之和相等。这样，总分类账户对明细分类账户的统驭作用及明细分类账户对总分类账户的

补充作用一目了然。

由于总分类账户与其所属明细分类账户的本期发生额及余额的必然相等关系，期末，可对总分类账户和其所属的明细分类账户进行核对和检查，以便发现和纠正错误。这种核对，是通过编制"总分类账户与明细分类账户发生额及余额对照表"进行的。

例如，上例中"原材料"和"应付账款"两个总分类账户与其所属明细分类账户的对照情况，如表 2—13 所示。

表 2—13　　　　　总分类账户与明细分类账户发生额及余额对照表

2009 年 4 月

会计科目	期初余额		本期发生额		期末余额	
	借方	贷方	借方	贷方	借方	贷方
原材料	36000		111000	69000	78000	
A 材料	18000		48000	42000	24000	
B 材料	18000		63000	27000	54000	
应付账款		38000	96000	111000		53000
红光公司		22000	50000	57000		29000
科创公司		16000	46000	54000		24000

从表 2—13 可以看出，"原材料"总分类账户的期初余额 36000 元，等于"A 材料"期初余额 18000 元加上"B 材料"的期初余额 18000 元之和；本期借方发生额 111000 元，等于"A 材料"借方发生额 48000 元加上"B 材料"借方发生额 63000 元之和；本期贷方发生额 69000 元等于"A 材料"的贷方发生额 42000 元与"B 材料"的贷方发生额 27000 元之和；期末余额 78000 元等于"A 材料"期末余额 24000 元与"B 材料"期末余额 54000 元之和。同样，"应付账款"总分类账户与其所属明细分类账户的期初余额、本期借方发生额、本期贷方发生额和期末余额之和也分别相等。通过这样的相互核对，可以确定上述账户登记是正确的。

思考与练习

重要概念

会计科目	账户	复式记账	试算平衡
会计分录	总分类账户	明细分类账户	平行登记

思考题

1. 什么是会计科目？它与账户之间有什么区别和联系？
2. 什么叫总分类账？什么叫明细分类账？它们之间的关系是怎样的？

3. 账户有怎样的基本结构? 其提供的具体经济指标的记录方向取决于什么?

4. 设置会计科目应遵循哪些原则?

5. 如何理解会计科目设置的相关性原则?

客观题

一、单项选择题

1. 下列会计科目中, 属于损益类会计科目的是( )。

　　A. 管理费用　　　　B. 应交税费　　　　C. 生产成本　　　　D. 制造费用

2. "应收账款"属于下列哪类会计科目( )。

　　A. 负债类　　　　B. 资产类　　　　C. 所有者权益类　　　D. 损益类

3. 会计科目是指对( )的具体内容进行分类核算的项目。

　　A. 会计主体　　　B. 会计要素　　　C. 会计科目　　　　D. 会计信息

4. 账户是根据( )设置的, 具有一定格式和结构, 用于分类反映会计要素增减变动情况及其结果的载体。

　　A. 会计要素　　　B. 会计主体　　　C. 会计科目　　　　D. 会计信息

5. 总分类账户是指根据( )设置的, 用于对会计要素具体内容进行总括分类核算的账户。

　　A. 总分类科目　　B. 会计主体　　　C. 会计科目　　　　D. 明细分类科目

6. 在借贷记账法下, 账户的左方和右方分别称为( )。

　　A. 借方、贷方　　B. 贷方、借方　　C. 借方、借方　　　D. 贷方、贷方

7. 明细分类账户是根据( )设置的用来对会计要素具体内容进行明细分类核算的账户。

　　A. 总分类科目　　B. 会计科目　　　C. 会计主体　　　　D. 明细分类科目

8. 账户金额变动的基本关系是( )。

　　A. 期末余额＝期初余额＋本期减少额－本期增加额

　　B. 期初余额＝期末余额＋本期增加额－本期减少额

　　C. 期末余额＝期初余额＋本期增加额－本期减少额

　　D. 期初余额＝期末余额＋本期减少额－本期增加额

9. 成本类科目是指用于核算( )的发生和归集情况, 提供成本相关会计信息的会计科目。

　　A. 收入　　　　　B. 费用　　　　　C. 成本　　　　　　D. 利润

10. 下列会计科目中, 不属于资产类的是( )。

　　A. 应收账款　　　B. 应交税费　　　C. 坏账准备　　　　D. 长期待摊费用

11. 账户的基本结构一般分为( )。

　　A. 发生额和余额两部分　　　　　　　B. 期初余额和期末余额两部分

　　C. 前后两部分　　　　　　　　　　　D. 左右两部分

12. 账户不能提供的指标是( )。

　　A. 期初余额　　　B. 期中余额　　　C. 本期发生额　　　D. 期末余额

13. 总分类账户对明细分类账户起着( )作用。

　　A. 统驭和控制　　B. 指导　　　　　C. 补充和说明　　　D. 辅助

14. 借贷记账法的理论依据是( )。

　　A. 复式记账法　　　　　　　　　　　B. 资产＝负债＋所有者权益

　　C. 有借必有贷, 借贷必相等　　　　　D. 借贷平衡

15. 我国的法定记账方法是( )。

    A. 增减记账法   B. 收付记账法

    C. 借贷记账法   D. 单式记账法

16. 复式记账法，是对每一笔经济业务事项都要在( )相互联系的账户中进行登记。

    A. 两个   B. 三个   C. 一个   D. 两个或两个以上

17. 以下项目中，借贷记账法的"借"表示的是( )。

    A. 费用的增加   B. 负债的增加

    C. 所有者权益的增加   D. 收入的增加

18. 费用（成本）类账户的借方登记( )。

    A. 增加发生额   B. 减少发生额

    C. 增加或减少发生额   D. 以上都不对

19. 负债类账户的期末余额一般在( )。

    A. 借方   B. 贷方

    C. 借方或贷方   D. 一般无期末余额

20. "应收账款"账户的期末余额等于( )。

    A. 期初余额＋本期借方发生额－本期贷方发生额

    B. 期初余额－本期借方发生额－本期贷方发生额

    C. 期初余额＋本期借方发生额＋本期贷方发生额

    D. 期初余额－本期借方发生额＋本期贷方发生额

21. 用转账支票购买办公用品，其会计分录是( )。

    A. 借：管理费用 贷：库存现金   B. 借：库存商品 贷：银行存款

    C. 借：管理费用 贷：银行存款   D. 借：银行存款 贷：管理费用

22. 发生额试算平衡公式是( )。

    A. 全部账户本期借方发生额合计＝全部账户本期贷方发生额合计

    B. 账户本期借方发生额合计＝账户本期贷方发生额合计

    C. 本期借方发生额合计＝本期贷方发生额合计

    D. 借方发生额合计＝贷方发生额合计

23. 某企业月初"短期借款"账户贷方余额 100000 元，本月向银行借入短期借款 450000 元，以银行存款偿还短期借款 200000 元，则月末"短期借款"账户的余额为( )。

    A. 借方 650000 元   B. 贷方 350000 元

    C. 借方 150000 元   D. 贷方 150000 元

二、多项选择题

1. 下列说法中，正确的是( )。

    A. 会计科目不仅表明了本身的核算内容，也决定了其自身的结构

    B. 会计科目的名称也就是账户名称

    C. 会计科目和账户所反映的经济内容是不同的

    D. 账户是分类核算经济业务的工具

2. 会计科目按其所归属的会计要素不同，可分为( )。

    A. 所有者权益类   B. 负债类   C. 损益类

    D. 成本类   E. 资产类   F. 共同类

3. 会计科目按其所提供信息的详细程度及其统驭关系的不同，分为( )科目。

    A. 明细分类   B. 总分类   C. 损益类   D. 成本类

4. 账户的基本结构包括( )。

    A. 账户的名称   B. 记录各项经济业务的日期

    C. 依据所记账的凭证的编号   D. 经济业务摘要

    E. 增加和减少金额   F. 余额

5. 会计科目的设置原则包括以下( )。

    A. 实用性   B. 相关性   C. 合法性   D. 一致性

6. 有关借贷记账法说法正确的是( )。

    A. 采用"借"、"贷"作为记账符号

    B. 以"资产＝负债＋所有者权益"这一会计等式作为理论依据

    C. 记账规则是"有借必有贷，借贷必相等"

    D. 是我国会计核算的法定记账方法

7. 有关资产类账户的结构，说法正确的是( )。

    A. 借方登记资产金额的增加   B. 贷方登记资产金额的减少

    C. 期末余额一般在借方   D. 借方登记资产金额的减少

8. 从银行借入短期借款 10000 元，用于归还前欠货款，正确的说法有( )。

    A. 借记"银行存款"10000 元   B. 贷记"短期借款"10000 元

    C. 借记"应付账款"10000 元   D. 贷记"应付账款"10000 元

9. 收到投资人投入固定资产 200000 元，正确的说法有( )。

    A. 借记"固定资产"200000 元   B. 贷记"实收资本"200000 元

    C. 贷记"固定资产"200000 元   D. 借记"实收资本"200000 元

10. 某项经济业务发生后，一个资产账户记借方，则有可能( )。

    A. 另一个资产账户记贷方   B. 另一个负债账户记贷方

    C. 另一个所有者权益账户记贷方   D. 另一个资产账户记借方

11. 总分类账户与明细分类账户的平行登记的要点是( )。

    A. 所依据会计凭证相同

    B. 借贷方向相同

    C. 所属会计期间相同

    D. 计入总分类账户的金额与计入其所属明细分类账户的合计金额相等

12. 会计分录包括( )。

    A. 简单会计分录   B. 复合会计分录

    C. 单式分录   D. 混合分录

13. 有关总分类账户和明细分类账户的关系，以下说法中正确的有( )。

    A. 总分类账户对明细分类账户具有统驭控制作用

    B. 明细分类账户对总分类账户具有补充说明作用

    C. 总分类账户与其所属明细分类账户在总金额上应当相等

    D. 总分类账户与明细分类账户所起的作用不同

三、判断题

1. 目前企业的总分类账户一般是根据国家有关会计制度规定的会计科目设置的。   ( )

2. 对于明细科目较多的会计科目，可在总分类科目下设置二级或多级明细科目。（　　）

3. 会计科目与账户都是对会计对象具体内容的科学分类，两者口径一致，性质相同，具有相同的格式和结构。（　　）

4. 所有的总分类账户都需设置明细分类账户。（　　）

5. "原材料"科目可按原料及材料的类别、品种、规格设置明细科目。（　　）

6. 所有企业设置的会计科目都是一样的。（　　）

7. 会计科目设置得越多越好。（　　）

8. 会计科目仅是账户的名称，不存在结构。（　　）

9. 为了全面、清晰地记录各项经济业务，每一个账户既要有明确的经济内容，又必须有一定的结构。（　　）

10. 会计科目是确定所发生的经济业务应记入何种账簿以及分门别类登记的凭据。（　　）

11. 总分类账户本期发生额与其所属明细分类账户本期发生额合计相等。（　　）

12. 总分类账户期初、期末余额与其所属明细分类账户期初、期末余额合计未必相等。（　　）

13. 对每一项经济业务，记入总分类账户的同时必须记入明细分类账户。（　　）

14. 总分类账户登记在借方，其所属的明细分类账户可以登记在贷方。（　　）

15. 资产类账户登记借方金额，表示该账户金额的增加；登记贷方金额，表示该账户金额的减少。（　　）

16. 权益类账户发生增加额时记在该账户的贷方，发生减少额时登记在该账户的借方，其余额一般出现在账户的借方。（　　）

17. 费用（成本）类账户期末一般无余额，如果有余额，则期末余额在贷方。（　　）

18. 对每一个账户来说，期初余额只可能在账户的一方：借方或贷方。（　　）

19. 借贷记账法的记账规则是"有借必有贷，借贷必相等"。（　　）

20. 编制试算平衡表，如果试算不平衡，则账户记录或计算一定有错误，如果试算平衡，可大体推断账户记录正确，但不能绝对肯定账户记录无误。（　　）

练习题

习题一

（一）资料：某企业 2009 年 1 月份发生下列经济业务：

（1）投资人投资 8000000 元，存入银行存款账户。

（2）用银行存款购入一项专利技术价值 200000 元。

（3）用银行存款购买机器设备，共计 2500000 元。

（4）用银行存款归还银行短期借款 2000000 元。

（5）从银行存款账户中提取现金 20000 元以备日常支用。

（6）以现金购买零星办公用品 18000 元，直接发往各办公科室。

（7）购入材料一批，价款 230000 元，货款尚未支付。

（8）本月产品销售收入共计 760000 元，账款未收。

（9）收到某单位所欠款项 68000 元，存入银行存款账户。

（10）从银行存款账户提取现金 154000 元，准备发放职工工资。

（11）发放职工工资 57800 元。

(12) 购入材料一批，价款 120000 元，货款已从银行存款账户中付讫。

(13) 从银行存款账户中支付上月所欠某单位款项 180000 元。

(14) 从银行存款账户中支付管理部门其他各种费用 55000 元。

(15) 从银行存款账户中支付广告费 30000 元。

（二）要求：指出上列资料每项经济业务涉及的会计科目，并指出这项业务中，该科目应记增还是应记减。

习题二

（一）资料：A 公司 2009 年 8 月 31 日，全部账户有关资料表如下：

单位：元

账户	期初余额	本期借方发生额	本期贷方发生额	期末余额
银行存款	600000	800000		1020000
原材料		30000	—	30000
固定资产	1000000		—	1200000
短期借款		40000	—	160000
应付账款	160000	160000	10000	
应付票据		—	40000	40000
实收资本	1000000	—	960000	
资本公积		160000		80000

（二）要求：利用资产与负债账户的余额计算公式完成上述表格中所空栏目的计算与填写。

习题三

（一）资料：S 公司 2009 年 3 月底，各账户有关资料表如下：

账户	期初余额		本期发生额		期末余额	
	借方	贷方	借方	贷方	借方	贷方
固定资产	25000		10000	—	210000	
原材料	36000		6000		24000	
生产成本	3000		7000	—		
产成品	70000		—	—	59000	
库存现金	7000				3300	
银行存款				24100	46900	
应收账款			—	1200		
实收资本		300000		10000		
累计折旧		60000				20000
短期借款		14000	20000			
应付账款		6000		6000		16000
应交税费						6000
合计						

（二）要求：根据以上资料将正确数字填入所空栏目内。

习题四

（一）资料：见习题二答案。

（二）要求：将习题二答案所给资料，按习题二答案格式重新整理、排队，令其合计栏三项（期初余额、本期发生额、期末余额）平衡。

习题五

（一）资料：W 公司 2009 年 4 月初，各账户余额如下：

资产	余额	负债及所有者权益	余额
固定资产	2000000	实收资本	3000000
无形资产	0	长期借款	360000
原材料	460000	应付职工薪酬	310000
生产成本	260000	短期借款	120000
产成品	450000	其他应付款	30000
库存现金	5000	应付账款	180000
银行存款	350000		
应收账款	420000		
其他应收款	55000		
合计	4000000	合计	4000000

本月份发生以下经济业务：

(1) 投资人投入机器设备 1200000 元。

(2) 从 A 厂购入原材料 240000 元，货款未付。

(3) 购入专利技术 100000 元，以银行存款支付。

(4) 仓库发出材料 40000 元，用于生产产品。

(5) 职工张明出差，预借差旅费 2000 元，办妥借款手续，以现金付给。

(6) 本月生产产品已验收入库（产成品），实际生产成本共计 140000 元。

(7) 用银行存款购买一间厂房 300000 元。

(8) 向银行借入短期借款 240000 元，直接归还欠 A 供应单位应付账款。

(9) 用银行存款归还前欠 B 公司货款 50000 元。

(10) 张明出差回来，报销差旅费 1500 元，其余 500 元现金交回。

(11) 通过银行结算，收回 C 公司前欠货款 390000 元。

(12) 开出支票，用银行存款归还短期借款 240000 元。

(13) 提取现金 10000 元，以备零用。

(14) 用银行存款购入燃料 20000 元，燃料已验收入库。

(15) 借入长期借款 100000 元。

（二）要求：

(1) 根据资料开设各账户（用丁字账代替），并登记期初余额。

(2) 根据资料编制会计分录，并过入各账户。

(3) 计算各账户本期发生额和余额。

(4) 编制本月份"总分类账户本期发生额及余额表"。

习题六

（一）资料：某公司 2009 年 5 月 31 日，有关总分类账户的余额如下：

原材料明细分类账和应付账款明细分类账的余额如下：

A 材料	200 吨	5000 元/吨	计 1000000 元
B 材料	1000 千克	300 元/千克	计 300000 元
C 材料	5000 千克	40 元/千克	计 200000 元

原材料合计		1500000 元
欠大明公司货款	50000 元	
欠星光公司货款	30000 元	
应付账款合计	80000 元	

6 月发生以下有关业务：

(1) 3 日，从大明公司购入 A 材料 12 吨，每吨 5000 元，材料已验收入库，货款尚未支付。

(2) 5 日，以银行存款购入价款为 670000 元的材料，材料已验收入库。其中：A 材料 80 吨，5000 元/吨，价款 400000 元；B 材料 500 千克，300 元/千克，价款 150000 元；C 材料 3000 千克，40 元/千克，价款 120000 元。

(3) 10 日，仓库发出价款为 1030000 元的生产用原材料。其中：A 材料 120 吨，5000 元/吨，价款 600000 元；B 材料 900 千克，300 元/千克，价款 270000 元；C 材料 4000 千克，40 元/千克，价款 160000 元。

(4) 12 日，从大明公司购入 A 材料 10 吨，5000 元/吨，从星光公司购入 C 材料 1750 千克，40 元/千克，材料已验收入库，货款尚未支付。

(5) 15 日，仓库发出价款为 520000 元的生产用原材料。其中：A 材料 60 吨，5000 元/吨，价款 300000 元；B 材料 400 千克，300 元/千克，价款 120000 元；C 材料 2500 千克，40 元/千克，价款 100000 元。

(6) 18 日，用银行存款归还应付账款 30000 元。其中：归还大明公司货款 20000 元；归还星光公司货款 10000 元。

(7) 22 日，用银行存款购入价款为 650000 元的原材料，材料已验收入库。其中：A 材料 30 吨，5000 元/吨，价款 150000 元；B 材料 1200 千克，300 元/千克，价款 360000 元；C 材料 3500 千克，40 元/千克，价款 140000 元。

(8) 29 日，向银行借入短期借款用以归还应付账款 90000 元。其中：归还大明公司货款 54000 元；归还星光公司货款 36000 元。

(二) 要求：

(1) 开设"原材料"和"应付账款"总账（三栏式）并登记期初余额。

(2) 开设"原材料——A 材料"、"原材料——B 材料"和"原材料——C 材料"明细分类账户（用数量金额式）和"应付账款——大明公司"和"应付账款——星光公司"明细分类账户（三栏式），并登记期初余额。

(3) 根据资料编制会计分录，并登记"原材料"和"应付账款"总分类账和明细分类账。

(4) 结计以上总账和明细账余额，并编制"原材料明细分类账试算表"和"应付账款明细分类账试算表"。

第三章 会计凭证和会计账簿

第一节 会计凭证

一、会计凭证概述

1. 会计凭证的概念

会计凭证是记录经济业务事项发生或完成情况的书面证明，也是登记账簿的依据。

各企业、单位在进行会计核算时，应当以实际发生的经济业务为依据，这是会计核算应遵循的基本原则。因此，任何单位在处理各项经济业务时，都必须由执行和完成该项经济业务的有关人员从外部取得或自行填制有关凭证，以书面形式记录和证明所发生经济业务的性质、内容、数量、金额等，并在凭证上签名或盖章，以对经济业务的合法性和凭证的真实性、可靠性负责。例如，企业从外部购买材料，必须由业务经办人员取得购货发票，并签名或盖章；企业生产中领用材料，应填制领料单等。各种发票、领料单等，都属于会计凭证。任何会计凭证都必须经过有关人员的严格审核，确认无误后，才能作为记账的依据。

2. 会计凭证的意义

合法的取得、正确的填制和审核会计凭证是会计核算的基本方法之一，也是会计核算工作的起点，在会计核算中具有十分重要的意义。这主要体现在以下三个方面：

（1）记录经济业务，提供记账依据。任何一笔经济业务的发生，都必须填制会计凭证，在会计凭证上如实记录经济业务发生的时间、内容和金额。因此，通过会计凭证的填制和审核，可以如实反映各项经济业务的具体情况。认真填制会计凭证，能为登记账簿提供真实可靠的依据，使账簿记录与实际情况相符。会计凭证所记录的有关信息是否真实、可靠、及时，对保证会计信息质量具有至关重要的作用。

（2）明确经济责任，强化内部控制。由于会计凭证除记录了每笔经济业务的内容外，还需由有关部门和人员签章，要求有关部门与人员对经济活动的真实性、合法性、准确性负责。这必然增强经办人员以及其他有关人员的责任感，促使其严格按照有关法律法规和制度的规定办事，在其职权范围内各负其责，相互控制，同时也有利于今后发现问题时查明责任归属，强化内部控制。

（3）监督经济活动，控制经济运行。通过会计凭证的填制和审核，可以检查企业的每一项经济业务是否符合国家有关政策、法律法规和制度等的规定，是否执行了企业的计划和预算，是否有违法乱纪、铺张浪费等行为，监督经济活动的真实性、合法性、合理性，及时对经济活动进行事中控制，保证经济活动健康运行，从而严肃财经纪律，有效地发挥会计的监督作用。

3. 会计凭证的种类

会计凭证多种多样，按照不同的标准可以划分为不同的种类。最基本的是按其填制程序和用途分类，可分为原始凭证和记账凭证两类。

原始凭证又称单据，是在经济业务发生或完成时取得或填制的，用以记录或证明经济业务的发生或完成情况，明确经济责任的文字凭证。原始凭证是进行会计核算的原始资料和重要依据。记账凭证又称记账凭单，是会计人员根据审核无误的原始凭证或汇总原始凭证，按照经济业务的内容加以归类，并据以确定会计分录后所填制的会计凭证，是登记账簿的直接依据。

原始凭证与记账凭证之间存在着密切的联系。原始凭证是记账凭证的基础，记账凭证是根据原始凭证填制的。记账凭证根据复式记账法的基本原理，确定应借、应贷的账户名称和金额，并将原始凭证作为附件，将原始凭证的一般数据转化成会计语言，在原始凭证和账簿之间起衔接作用，是登记明细分类账和总分类账的依据。对于原始凭证和记账凭证，根据不同的标准通常又可以划分为若干种类，具体情况如图 3-1 所示。

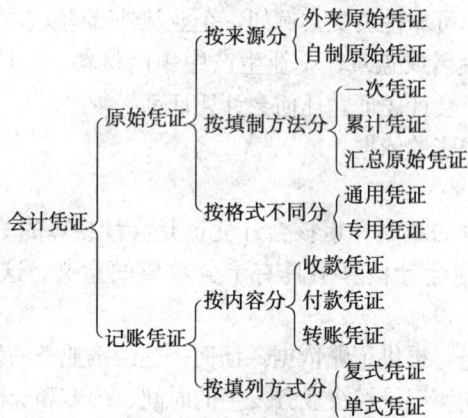

图 3-1　会计凭证的分类

二、原始凭证

1. 原始凭证的概念

原始凭证又称单据，是在经济业务发生或完成时取得或填制的，用以记录或证明经济业务的发生或完成情况，明确经济责任的文字凭证。它是会计核算的原始资料和重要依据，能够正确、及时、完整地反映经济业务的本来面貌，以便据以进行会计处理，并检查会计业务的真实性、合法性和合理性。原始凭证的质量决定了会计信息的真实性和可靠性。会计人员对不真实、不合法的原始凭证，有权不予受理；对记载不准确、不完整的原始凭证，可予以退回，要求更正、补充。各单位在办理现金收付、款项结算、财产收发、成本计算、产品生产、产品销售等各项经济业务时，都必须取得或填制原始凭证来证明经济业务已经发生或完成，并作为会计核算的依据。

2. 原始凭证的种类

原始凭证的种类很多，归纳起来可以按以下三个标准进行分类。

（1）按来源不同分类。原始凭证按来源不同可以分为外来原始凭证和自制原始凭证。

1）外来原始凭证。外来原始凭证是指在经济业务发生或完成时，从其他单位或个人直接取得的原始凭证，如购买材料时取得的增值税发票、银行转来的各种结算凭证、职工出差取得的飞机票、车船票等。如表3—1所示。

表3—1 　　　　　　　　　　**增值税普通发票** 　　　　　　　　No.

发票联

开票日期　年　月　日

购货单位	名称		纳税人识别号			
	地址、单位		开户银行及账号			
货物或劳务名称	计量单位	数量	单价	金额	税率（％）	税额
合　计						
价税合计（大写）	￥			（小写）		
销货单位	名称		纳税人识别号			
	地址、单位		开户银行及账号			
备注						

收款人：　　　　　　　开票人：　　　　　　　开票单位（未盖章无效）：

2）自制原始凭证。自制原始凭证是指由本单位内部经办业务的部门或个人在执行或完成某项经济业务时自行填制的、仅供本单位内部使用的原始凭证，如收料单、领料单、限额领料单、产品入库单、产品出库单、借款单、工资发放明细表、折旧计算表等。如表3—2、表3—3所示。

表3—2 　　　　　　　　　　**领　料　单**

领料部门：　　　　　　　　　　　　　　　　　　　　　　领料编号：

领料用途：　　　　　　　　　　年　月　日　　　　　　　发料仓库：

材料编号	材料名称及规格	计量单位	数　量		单价	金　额	
			请领	实领			
							第
							联
备　注					合计		

发料人　　　　　　审批人　　　　　　领料人　　　　　　记账

· 59 ·

表 3—3   限 额 领 料 单

领料部门：   领料编号：
领料用途：   年　月　日   发料仓库：

材料类别	材料编号	材料名称及规格	计量单位	领用限额	实际领用	单价	金额	备注

供应部门负责人：   生产计划部门负责人：

日期	领　用				退　料			限额结余
	请领数量	实发数量	发料人签章	领料人签章	退料数量	退料人签章	收料人签章	

　　（2）按填制方法不同分类。原始凭证按填制方法不同可分为一次凭证、累计凭证和汇总凭证。

　　1）一次凭证。指一次填制完成、只记录一笔经济业务的原始凭证。所有的外来原始凭证和大部分的自制原始凭证都属于一次凭证。如购货发票、销货发票、收据、领料单、借款单、银行结算凭证等。一次凭证是一次有效的凭证。

　　2）累计凭证。是指在一定时期内多次记录发生的同类型经济业务的原始凭证。其特点是，在一张凭证内可以连续登记相同性质的经济业务，随时结出累计数及结余数，并按照费用限额进行费用控制，期末按实际发生额记账。累计凭证是多次有效的原始凭证。这类凭证的填制手续是多次进行才能完成的。它一般为自制原始凭证，最具有代表性的累计凭证是"限额领料单"（见表 3—3）。

　　3）汇总凭证。也称原始凭证汇总表，是指对一定时期内反映经济业务内容相同的若干张原始凭证，按照一定标准综合填制的原始凭证。它合并了同类型经济业务，简化了记账工作量。

　　常用的汇总原始凭证有：发料汇总表、收货汇总表、工资结算汇总表、销售日报表、差旅费报销单等。发出材料汇总表如表 3—4 所示。

表 3—4   发出材料汇总表
                                                 年　月　日

会计科目	领料部门	领用材料			
		原材料	包装物	低值易耗品	合计
生产成本	一车间				
	二车间				
	小计				
	供电车间				
	供水车间				
	小计				
制造费用	一车间				
	二车间				
	小计				
管理费用	行政部门				
合　　计					

会计主管　　　　　　　　　　　　　　复核　　　　　　　　　　　　　　制表

（3）按格式不同分类。原始凭证按格式不同，可分为通用凭证和专用凭证。

1）通用凭证。指由有关部门统一印制、在一定范围内使用的具有统一格式和使用方法的原始凭证。通用凭证的使用范围，因制作部门不同而异，可以是某一地区、某一行业，也可以是全国通用。如某省（市）印制的发货票、收据等，在该省（市）通用；由人民银行制作的银行转账结算凭证，在全国通用等。

2）专用凭证。指由本单位自行印制，仅在本单位内部使用的原始凭证。如领料单、差旅费报销单、折旧计算表、工资费用分配表等。

3. 原始凭证的基本内容

由于经济业务的种类和内容以及经营管理的要求不同，原始凭证的格式和内容也千差万别。但无论何种原始凭证，都必须做到所载明的经济业务清晰，经济责任明确。原始凭证一般应具备以下基本内容（也称为原始凭证要素）：

（1）原始凭证的名称和编号。它表明了经济业务的性质和用途，便于核算分类，如"领料单"。

（2）填制原始凭证的日期。表明了业务发生或完成时间，便于按经济业务序时核算。

（3）接受原始凭证单位名称。表明了接收单位，以便于查证，防止弄虚作假。

（4）经济业务内容（含数量、单价、金额等）。

（5）填制单位签章。表明了该经济业务的责任单位，便于明确经济责任。

（6）有关人员签章。表明了该经济业务的责任人，便于明确经济责任。

（7）凭证附件。表明了该项经济业务所附带的凭证，便于完整了解该笔经济业务的详细内容。

实际工作中，根据经营管理和特殊业务的需要，除上述基本内容外，还可以增加必要的内容。对于不同单位经常发生的共同性经济业务，有关部门可以制定统一的凭证格式。如人民银行统一制定的银行转账结算凭证，标明了结算双方单位名称、账号等内容；铁道部统一制定的铁路运单，标明了发货单位、收货单位、提货方式等内容。

三、记账凭证

1. 记账凭证的概念

记账凭证又称记账凭单，是会计人员根据审核无误的原始凭证按照经济业务事项的内容加以归类，并据以确定会计分录后所填制的会计凭证，它是登记账簿的直接依据。

记账凭证和原始凭证同属于会计凭证，但两者之间存在以下差别：

(1) 填制人员不同。原始凭证由经办人员填制，而记账凭证一律由会计人员填制。

(2) 填制目的不同。原始凭证仅用以记录、证明经济业务已经发生或完成，而记账凭证则要依据会计科目对已经发生或完成的经济业务进行归类、整理、编制。

(3) 填制依据不同。原始凭证是根据发生或完成的经济业务填制的，是记账凭证的附件和填制记账凭证的依据；而记账凭证则是根据审核后的原始凭证填制的，是登记账簿的依据。

2. 记账凭证的种类

(1) 按内容分类。记账凭证按其反映经济业务的内容不同可以分为收款凭证、付款凭证和转账凭证。

1) 收款凭证。指用于记录库存现金和银行存款收款业务的会计凭证。它是由会计人员根据库存现金收入业务和银行存款收入业务的原始凭证编制的专用凭证，作为出纳登记库存现金和银行存款等有关账户（账簿）的依据。其格式如表 3—5 所示。

表 3—5　　　　　　　　　　收款凭证

借方科目　　　　　　　　　　年　月　日　　　　　　　　　　收字第　号

附件　　张	摘　要	贷方科目		金　额	记　账
		一级科目	二级或明细科目		
	合　计				

会计主管：　　　记账：　　　出纳：　　　审核：　　　制单：

2) 付款凭证。指用于记录库存现金和银行存款付款业务的会计凭证。它是由会计人员根据库存现金和银行存款付出业务的原始凭证编制的专用凭证，作为出纳登记库存现金和银行存款等有关账户（账簿）的依据。其格式如表 3—6 所示。

表 3－6　　　　　　　　　　　　　　**付 款 凭 证**

贷方科目　　　　　　　　　　　　　年　月　日　　　　　　　　　　　　　　付字第　号

附件	摘　要	借方科目		金　额	记　账
		一级科目	二级或明细科目		
张					
	合　计				

会计主管：　　　　　记账：　　　　　出纳：　　　　　审核：　　　　　制单：

3）转账凭证。指用于记录不涉及库存现金和银行存款业务的会计凭证。在经济业务中，凡是不涉及库存现金和银行存款收付的业务，称之为转账业务，如计提固定资产折旧、车间领用原材料、期末结转成本等。它是会计人员根据有关转账业务的原始凭证编制的，作为记账依据的专用凭证。其格式如表3－7所示。

表 3－7　　　　　　　　　　　　　　**转 账 凭 证**

年　月　日　　　　　　　　　　　　　　转字第　号

附件	摘　要	会计科目		借方金额	贷方金额	记　账
		一级科目	二级或明细科目			
张						
	合　计					

会计主管：　　　　　记账：　　　　　审核：　　　　　制单：

　　将记账凭证划分为收款凭证、付款凭证和转账凭证三种，便于按经济业务对会计岗位进行分工，也便于提供分类核算数据，为记账工作带来方便，但工作量较大。此种做法为大多数企事业单位所采用，适用于规模较大、收付业务较多的单位。

　　对于经济业务较简单、规模较小、收付业务较少的单位，为了简化核算，还可采用通用记账凭证来记录所有经济业务。通用记账凭证是指对全部业务不再区分收款、付款及转账业务，而是将所有经济业务统一编号，在同一格式的凭证中进行记录。通用记账凭证的格式与转账凭证基本相同。

　　（2）按填制方式分类。记账凭证按填制方法不同可分为复式凭证和单式凭证两种。

　　1）复式凭证。亦称多项记账凭证，是指将每一笔经济业务所涉及的全部会计科目及其发生额均在同一张记账凭证中反映的一种凭证。复式凭证可以集中反映经济业务的账户对应关系，有利于检查会计分录的正确性，而且减少了凭证数量，但不便于会计岗位的分工记账。上述收款凭证、付款凭证和转账凭证以及通用记账凭证均为复式凭证。

　　2）单式凭证。亦称单项记账凭证，是指每一张记账凭证只填列经济业务所涉及的一个会计科目及其金额的记账凭证。填列借方科目的称为借项凭证，填列贷方科目的称为贷项凭证。某项经济业务涉及几个会计科目，就编制几张单式凭证。单式凭证反映内容单一，便于分工记账和按会计科目汇总，但一张凭证不能反映此笔经济业务的全貌，不便于检验会计分录的正确性。

由于单式凭证的使用范围较窄，在此不作专门介绍。

3. 记账凭证的基本内容

记账凭证作为登记账簿的依据，因其所反映的经济业务的内容、各单位规模大小及其对会计核算管理的要求不同，其格式也有所不同。但为了满足记账的基本要求，记账凭证应具备以下基本内容或要素：

（1）记账凭证的名称。通常分为收款凭证、付款凭证和转账凭证。

（2）填制记账凭证的日期。按照制作凭证的当日日期填列。记账凭证的填制日期与原始凭证的填制日期可能相同，也可能不同。记账凭证应及时填制，但一般稍后于原始凭证的填制。

（3）记账凭证的编号。要根据经济业务发生的先后顺序按月连续编号，按编号顺序记账。企业既可以按收款、付款、转账三类业务分收、付、转三类编号，也可细分为现收、现付、银收、银付、转账五类编号。

例如，本月有现金收款凭证 20 张，编号即从"现收字第 1 号"编至"现收字第 20 号"止，其余类推。这种编号，也是出纳登记现金和银行存款日记账的依据。如一张原始凭证涉及两张记账凭证的，可以用分数表示其分号，如"1/2"、"2/2"等。凭证编号便于装订保管和登记账簿，保证会计档案的完整。

（4）经济业务事项的内容摘要。摘要应能清晰地揭示经济业务的内容，同时要简明扼要。

（5）经济业务事项所涉及的会计科目及其记账方向。

（6）经济业务事项的金额。按会计科目及其记账方向正确填列。

（7）记账标记。一般在本页凭证记账后，用"√"标记。

（8）所附原始凭证张数。

（9）会计主管、记账、审核、出纳、制单等有关人员签章。

四、会计凭证的传递与保管

1. 会计凭证的传递

会计凭证的传递是指从会计凭证的取得或填制时起至归档保管期间，在单位内部有关部门和人员之间的传递程序。正确合理组织会计凭证的传递，有利于有关部门和人员及时了解经济业务活动的情况，加速对经济业务的处理；同时，有利于明确有关部门的经济责任，有利于实现会计监督，也有利于充分发挥会计的管控作用。

会计凭证的传递，要能够满足内部控制制度的要求，使传递流程合理有效，同时尽量节约传递时间，减少传递工作量。单位应根据具体情况制定每一种凭证的传递程序和方法。

会计凭证的传递一般包括传递程序和各环节停滞及传递时间两个方面。

各种会计凭证，它们所记载的经济业务各不相同，涉及的部门和人员不同，据以办理的业务手续也不同。因此，应当为各种会计凭证设计一个合理的传递流程。即会计凭证填制后至归档保管期间传递的部门、岗位和经办人员。对一式数联的凭证，还应规定每一联的使用部门及用途。

各种会计凭证还应根据其办理业务手续所需的时间，规定其传递时间。其目的是使各个工作环节环环紧扣，相互督促，以提高工作效率。

在制定合理的凭证传递程序和时间时，通常考虑以下几点：

（1）规定各种凭证的联数和传递流程。应根据经济业务的特点、单位内部的机构设置和岗位分工情况以及管理要求等，具体规定各种凭证的联数和传递流程。使有关部门既能按规定手续处理业务，又能利用凭证资料掌握情况，提供数据，协调一致。同时还要注意流程合理，避免不必要的环节，以加快传递速度。

（2）制定会计凭证的传递程序。应通过调查研究来制定会计凭证的传递程序。原始凭证大多涉及本单位内部各部门和经办人员，因此，会计部门应会同有关部门和人员共同商定其传递程序。记账凭证是会计部门的内部凭证，可由会计主管会同制证、审核、出纳、记账等有关人员商定其传递程序。

（3）确定凭证的传递时间。应根据有关部门和人员办理业务的必要手续时间，确定凭证的传递时间，既要防止时间过紧，影响业务手续的完成，又要避免过松，影响工作效率。

会计凭证的传递程序和传递时间确定后，可分别将主要业务绘成流程图或流程表，下发执行。执行中如有不合理的地方，可随时根据实际情况加以修改。

2. 会计凭证的保管

会计凭证的保管是指会计凭证记账后的整理、装订、归档和存查工作。会计凭证作为记账的依据，是重要的会计档案和经济资料。本单位以及有关部门、单位，可能因各种原因需要查阅会计凭证，特别是发生贪污、盗窃、违法乱纪行为时，会计凭证还是依法处理的有效证据。因此，任何单位在完成经济业务手续和记账之后，必须将会计凭证按立卷归档制度要求形成会计档案资料，妥善保管，防止丢失，不得任意销毁，以便于日后随时查阅。

对会计凭证的保管，既要做到完整无缺，又要便于翻阅查找。其主要要求有：

（1）装订成册。会计凭证应定期装订成册，防止散失。每月记账后，会计部门应对各种会计凭证进行分类整理，检查有无缺号以及附件是否齐全。然后将各种记账凭证按照编号顺序，连同所附的原始凭证一起加具封面、封底，装订成册，并在装订线上加贴封签，由装订人员在装订线封签处签名或盖章。

从外单位取得的原始凭证遗失时，应取得原签发单位盖有公章的证明，并注明原始凭证的号码、金额、内容等，由经办单位会计机构负责人、会计主管人员和单位负责人批准后，才能代作原始凭证。若确实无法取得证明的，如车票丢失，则应由当事人写明详细情况，由经办单位会计机构负责人、会计主管人员和单位负责人批准后，代作原始凭证。

（2）封面标注。会计凭证封面应注明单位名称、凭证种类、凭证张数、起止号数、年度、月份、会计主管人员、装订人员等有关事项，会计主管人员和保管人员应在封面上签章。会计凭证封面的一般格式如图3—2所示。

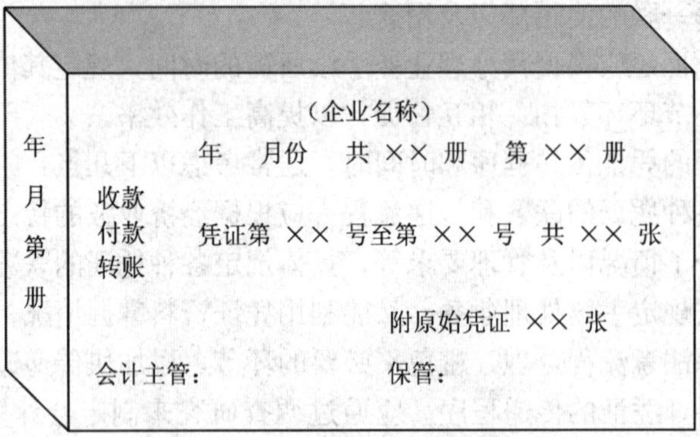

图3—2　会计凭证封面的一般格式

（3）防止抽换。会计凭证应加贴封条，防止抽换凭证。原始凭证不得外借，其他单位如有特殊原因确实需要使用时，经本单位会计机构负责人、会计主管人员批准，可以复制。向外单位提供的原始凭证复制件，应在专设的登记簿上登记，并由提供人员和收取人员共同签名、盖章。

（4）单独装订。原始凭证较多时，可单独装订。但单独装订时，应在凭证封面注明所属记账凭证的日期、编号和种类，同时在所属的记账凭证上应注明"附件另订"及原始凭证的名称和编号，以便查阅。对各种重要的原始凭证，如押金收据、提货单等，以及各种需要随时查阅和退回的单据，应另编目录，单独保管，并在有关的记账凭证和原始凭证上分别注明日期和编号。

每年装订成册的会计凭证，在年度终了时可暂由单位会计机构保管一年，期满后应当移交本单位档案机构统一保管；未设立档案机构的，应当在会计机构内部指定专人保管。出纳人员不得兼管会计档案。

（5）不得任意销毁。严格遵守会计凭证的保管期限要求，期满前不得任意销毁。有关会计凭证保管要严格按照国家关于会计档案保管期限的规定。

第二节　会计账簿

一、会计账簿的概念和意义

1. 会计账簿的概念

会计账簿是指由一定格式账页组成的，以经过审核的会计凭证为依据，全面、系统、连续地记录各项经济业务的簿籍。

各单位应当按照国家统一的会计制度的规定和会计业务的需要设置会计账簿。

各单位在日常核算中，从原始凭证到记账凭证，按照一定的会计科目和复式记账法，将大量的经济信息转化为会计信息记录在记账凭证上。但是，这些记录在会计凭证上的信息还是分散的，不系统的。为了把分散在会计凭证中的大量核算资料加以集中归类反映，为经营管理提供系统、完整的核算资料，并为编制会计报表提供依据，就必须设置和登记账簿。设置和登记账簿是会计核算的专门方法之一。各单位应当按照国家统一的会计制度的规定和会计业务的需要设置会计账簿。

2. 会计账簿的意义

设置和登记账簿，是编制会计报表的基础，是连接会计凭证与会计报表的中间环节，在会计核算中具有重要意义。

（1）记载、储存会计信息。通过设置和登记账簿，可以记载、储存会计信息。将会计凭证所记录的经济业务——记入有关账簿，可以全面反映会计主体在一定时期内所发生的各项资金运动，储存所需要的各项会计信息。

（2）分类、汇总会计信息。通过设置和登记账簿，分类、汇总会计信息。账簿由不同的相互关联的账户所构成。通过账簿记录，一方面可以分门别类地反映各项会计信息，提供一定时期内经济活动的详细情况；另一方面可以通过发生额、余额计算，提供各方面所需要的汇总会计信息，反映财务状况及经营成果的综合价值指标。

（3）检查、校正会计信息。通过设置和登记账簿，检查、校正会计信息。账簿记录是会计凭证信息的进一步整理。如在永续盘存制下，通过有关盘存账户余额与实际盘点或核查结果的核对，可以确认财产的盘盈或盘亏，并根据实际结存数额调整账簿记录，做到账实相符，提供如实、可靠的会计信息。

（4）编报、输出会计信息。通过设置和登记账簿，编报、输出会计信息。为了反映一定日期的财务状况及一定时期的经营成果，应定期进行结账工作，进行有关账簿之间的核对，计算本期发生额和余额，据以编制会计报表，向有关各方提供所需要的会计信息。

二、会计账簿的设计

账簿设计是指根据需要确定账簿的种类、格式、内容、作用及登记方法。账簿设计应做到组织严密，层次分明，账簿之间保持内在联系，对应关系清楚，能满足经营管理的需要。

1. 账簿设计的原则

（1）满足经营管理的需要。账簿设计要适应企业的规模和特点，满足经营管理的需要。对于经营管理中需要考核的指标，如产量、质量、品种、资金、成本、利润等，都应在账簿中得到及时反映。

（2）组织严密。账簿设计应注意使各种账簿既有明确分工，又有紧密联系；既要避免记录遗漏，又要避免重复记账。有关账簿之间，还要有统驭关系或平行的制约关系。

（3）精简灵便。账簿设计还应在保证会计记录系统、完整的前提下，力求精简，以节约人力物力，提高工作效率。账簿中账页格式要简单明了，账本册数不宜过多，账页不宜过大，避免臃肿烦琐。

（4）便于检查。账簿设计还应考虑日后检查的要求，便于随时检查。只有这样，才能更好地发挥账簿在会计核算中的作用。

2. 账簿的基本内容

企业、事业和机关等单位使用的账簿，由于所记录的经济业务不同，形式也多种多样，但应具备的基本内容如下：

（1）账簿的名称。即在封面上标明账簿的名称，如库存现金日记账、材料明细账、总账等。

（2）账簿的使用记录。即在扉页上填列该账簿的使用情况和交接情况。一般包括：①账簿启用日期。②经管人员的姓名和印鉴。③接管的日期。④接管人员姓名和印鉴等。

（3）账页。账页根据其反映经济业务的不同具有多种格式，但基本应包括：①账户名称（一级科目、二级或明细科目）。②记账日期。③凭证种类和号数。④摘要（对经济业务的简要说明）。⑤金额。⑥总页次或分户页次等。

三、会计账簿的种类

会计账簿按用途可分为序时账簿、分类账簿和备查账簿。

1. 序时账簿

序时账也叫日记账（Journal），是按照经济业务发生的时间先后顺序逐日逐笔登记的账簿。为及时掌握货币资金的收支结存情况，加强货币资金管理，每个企业都要设置库存现金日记账和银行存款日记账。由出纳人员根据现金、银行存款的收款凭证和付款凭证逐笔登记（在只设通用记账凭证的企业，根据通用记账凭证中涉及的现金、银行存款收付业务的凭证登记）。每日终了，应结计当日收入数、付出数和结存数。库存现金日记账的结存数应逐日与库存现金进行核对，银行存款日记账应定期与银行送来的对账单进行核对，除此以外，库存现金日记账和银行存款日记账的结存数还应当与总分类账中库存现金和银行存款账户的余额分别进行核对。库存现金日记账和银行存款日记账的一般格式如表3—8和3—9所示。

表3—8   **库存现金日记账**

年		凭证号数	摘　要	对方账户	收入	付出	结余
月	日						
5	1		月初余额				400
	2		从银行提取现金	银行存款	10200		10600
	4		支付工资	应付职工薪酬		10200	400
			...				

表 3—9   银行存款日记账

年		凭证号数	摘要	对方账户	收入	付出	结余
月	日						
5	1		月初余额				80000
	2		提现, 准备发工资	库存现金		10200	69800
	3		收回应收账款	应收账款	8200		78000
	3		归还短期借款	短期借款		44000	34000
	5		支付水费	制造费用		6000	28000
			...				

2. 分类账簿

分类账 (Ledger), 是用于登记各类经济业务增减变动及其余额的账簿。它一般根据会计科目的名称设置。根据一级会计科目设置的账簿叫总分类账 (General Ledger), 它提供各类经济业务的总括情况; 根据二级或明细科目设置的账簿叫明细分类账 (Subsidiary Ledger), 它提供各类经济业务的详细情况。

总分类账一般采用三栏式, 即借方发生栏、贷方发生栏和余额栏。三栏式总账的格式如表 3—10 所示。

表 3—10   材料总分类账

××年		凭证		摘要	借方	贷方	借或贷	余额
月	日	种类	号数					
5	1			月初余额			借	120000
	2			购入	20000		借	140000
	3			发出领用		11000	借	129000
				...	...	...		
	31			本月合计	40000	44000		
	31			月末余额			借	116000

明细分类账一般采用三栏式、多栏式和数量金额式三种。

(1) 三栏式明细账。三栏式明细账适用于结算类、权益类账户, 如应收账款、其他应收款、应付账款、其他应付款、实收资本等。其格式与总分类账格式完全相同, 如表 3—11 所示。

表 3—11   其他应收款明细账

二级科目或明细科目: 张天

××年		凭证		摘要	借方	贷方	借或贷	余额
月	日	种类	号数					
5	1			月初余额			借	4000
	12			报销差旅费		3500	借	500
	20			报销差旅费		500	平	0
	31			本月发生额		4000		

（2）多栏式明细账。多栏式明细账适用于生产成本、本年利润、制造费用、管理费用等账户的明细分类核算。这种账簿的特点是以项目设专栏反映，以便提供管理所需要的各账户明细项目的核算指标。这种账簿的格式如表3—12所示。

表3—12　　　　　　　　　　　　生产成本明细账

上月投产：10件
本月投产：90件
本月入库：100件

产品名称：甲产品

| ××年 | | 凭证 | | 摘　要 | 合　计 | 成本项目 | | |
月	日	种类	号数			原材料	职工薪酬	制造费用
4	1			月初余额	11000	6000	3400	1600
	30			本月领用材料	14250	14250		
	30			生产工人工资	6500		6500	
	30			计提福利费	910		910	
	30			本月计提费用	2450			2450
	30			生产费用合计	35110	20250	10810	4050
	30			产品入库（100）件	−35110	−20250	−10810	−4050
				单位成本	351.10	202.50	108.10	40.50
				期末余额	0			

（3）数量金额式明细账。数量金额式明细账适用于材料、产成品等账户的明细分类核算。这种账簿的特点是既能提供货币指标，又能提供实物数量指标，故叫做数量金额式明细账。格式如表3—13所示。

表3—13　　　　　　　　　　　　材料明细账

二级科目：　　　　　　　　　　　　　　　　　　　　计量单位：千克
材料名称：钢材　　　　　　　　　　　　　　　　　　最高储量：
材料规格：　　　　　　　　　　　　　　　　　　　　最低储量：

| 年 | | 摘要 | 收入 | | | 发出 | | | 结存 | | |
月	日		数量	单价	金额	数量	单价	金额	数量	单价	金额
5	1	月初余额							500	2	1000
	10	车间领用				100	2	200	400	2	800
	12	购入							1400	2	2800
	15	车间领用				500	2	1000	900	2	1800
	18	车间领用	1000	2	2000	100	2	200	800	2	1600
		……									……
		月结合计	4000	2	8000	3600	2	7200	900	2	1800

3. 备查账簿

备查账簿是对日记账和分类账中未能记载的事项进行补充登记以供查考的账簿。如租入固定资产登记簿、发出商品登记簿、代为保管材料登记簿等。备查账的格式比较灵活，可以根据实际需要规定具体格式。

企业按照经营管理需要设置的这些相互联系、相互补充的账簿群体称为账簿体系。账簿体系如图3-3所示。

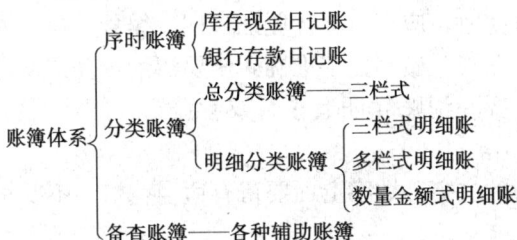

图 3-3　账簿体系图

账簿按外表形式，还可以分为订本账、活页账和卡片账。

订本账是在使用之前就把许多账页固定地装订在一起的账簿。应用订本账能够避免账页散失和防止被不合法地抽换。但订本账不能使用计算机记账，账页固定，不便增减，必须预先估计一个账户的记账需要，保留空白账页。如果账页不够，就会影响账户的连续登记；如果账页多余，又会造成浪费。

活页账和卡片账不把账页预先装订成册，可以根据记账需要开设或移动，比较灵活，便于汇总，也便于使用计算机记账。但是，活页账和卡片账容易散失或被抽换。因此，在使用活页账或卡片账时，必须随时编号并将其装置在账夹或卡片箱内，并由有关人员签字盖章。活页账和卡片账使用完毕，应装订成册，妥善保管。

库存现金日记账和银行存款日记账必须采用订本式账簿。不得用银行对账单或者其他方法代替日记账。实行会计电算化的单位，用计算机打印的会计账簿必须连续编号，经审核无误后装订成册，并由记账人员和会计机构负责人、会计主管人员签字或者盖章。

四、会计账簿的使用规则

1. 启用账簿的规则

为了确保账簿记录合规完整，明确记账责任，在启用账簿时应在账簿封面上写明单位名称和账簿名称。在账簿扉页上应附"账簿使用登记表"或"账簿启用表"，其内容包括启用日期、账簿页数、记账人员和会计主管人员姓名，并加盖人名章和单位公章。记账人员或会计人员调动工作时，应注明交接日期、接办人员和监交人员姓名，由交接双方人员签名或盖章。

启用订本账簿，对于未印制顺序号的账簿，应从第一页到最后一页顺序编定页数，不得跳页、缺号。使用活页式账页，应按账页顺序编号，并须定期装订成册。装订后再按实际使用的账页顺序编定页数，另加目录，记明每一个账户名称和页次。

2. 登记账簿的规则

登记账簿是会计核算的重要环节，是为经济管理提供数据资料的主要手段。记账工作是否正确、清楚、及时，是能否完成会计核算任务的重要环节。在记账过程中，必须做到手续完备、根据确凿、记录清楚、不漏不错。登记账簿的基本要求如下：

（1）登记会计账簿时，应当将会计凭证日期、编号、业务内容摘要、金额和其他有关资料逐项记入账簿，做到数字准确，摘要清楚，登记及时，字迹工整。

（2）登记完毕，要在记账凭证上签名或者盖章，并注明已经登账的符号（如√），表示已经记账。

（3）账簿中书写的文字和数字上面要留有适当空格，不要写满格，一般应占格距的1/2。

（4）登记账簿要用蓝黑墨水或碳素墨水书写，不得使用圆珠笔（银行的复写账簿除外）或者铅笔书写。

（5）下列情况可以用红色墨水记账：①按照红字冲账的记账凭证，冲销错误记录。②在不设借贷等栏的多栏式账页中，登记减少数。③在三栏式账户的余额栏前，如未印明余额方向的，在余额栏内登记负数余额。④根据国家会计制度的规定可以用红字登记的其他会计记录。

（6）各种账簿按页次顺序连续登记，不得跳行、隔页。如果发生跳行、隔页，应当将空行、空页划线注销。或者注明"此行空白"、"此页空白"字样，并由记账人员签名或者盖章。

（7）凡需要结出余额的账户，结出余额后，应当在"借或贷"等栏内写明"借"或者"贷"等字样。没有余额的账户，应当在"借或贷"等栏内写"平"字，并在余额栏内用"0"表示。

库存现金日记账和银行存款日记账必须逐日结出余额。

（8）每一账页登记完毕结转下页时，应当结出本页合计数及余额，写在本页最后一行和下页第一行有关栏内，并在摘要栏内注明"过次页"和"承前页"字样；也可以将本页合计数及金额只写在下页第一行有关栏内，并在摘要栏内注明"承前页"字样。

对需要结计本月发生额的账户，结计"过次页"的本页合计数应当为自本月初起至本页末止的发生额合计数；对需要结计本年累计发生额的账户，结计"过次页"的本页合计数应当为自年初起至本页末止的累计数；对既不需要结计本月发生额也不需要结计本年累计发生额的账户，可以只将每页末的余额结转次页。

实行会计电算化的单位，总账和明细账应当定期打印。发生收款和付款业务时，在输入收款凭证和付款凭证的当天必须打印出库存现金日记账和银行存款日记账，并与库存的现金核对无误。

3. 更正错账的规则

账簿记录发生错误，不准涂改、挖补、刮擦或者用药水消除字迹，不准重新抄写，必须按下列方法更正：

（1）划线更正法。在结账前发现账簿记录有文字或数字错误，而记账凭证没有错误，采用划线更正法予以更正。

更正的方法是：可在错误的文字或数字上划一条红线，在红线的上方填写正确的文字或数字，并由记账人员及相关人员在更正处盖章，以明确责任。应当注意的是：更正时，必须将错误数字全部划销，而不能只划销、更正其中个别错误的数字，并应保持原有字迹仍可辨认，以备查考。

（2）红字更正法。记账后在当年内发现记账凭证所记的会计科目错误，或者会计科目无误而所记金额大于应记金额，从而引起记账错误，采用红字更正法。红字更正，又称红字冲销。在会计上，以红字记录表明对原记录的冲减。红字更正适用于以下两种情况：

1）会计科目错误，金额正确。登记账簿以后发现记账凭证应借、应贷会计科目或记账方向有错误，但金额正确，应采用红字更正法。更正的方法是：先用红字填制一张与错误记账凭证内容完全相同的记账凭证，以示注销原记账凭证，并据以红字登记入账，冲销原有错误的账簿记录；然后，再用蓝字填制一张正确的记账凭证，并据以登记入账。采用红字更正法更正错账时应注意：对于错误的记账凭证，在采用复式记账凭证的情况下，一个科目运用发生错误，也必须根据复式记账原理，将原有错误记账凭证全部冲销，以反映更正原错误凭证的内容，不得只用红字填制更正单个会计科目的单式记账凭证；在采用单式记账凭证的情况下，应只用红字填制更正单个会计科目的单式记账凭证。下面举例说明采用复式记账凭证情况下，更正错账的方法。

例如，某股份公司的管理人员出差预借差旅费 4000 元，付给现金。这项经济业务编制的会计分录应为借记"其他应收款"科目，贷记"库存现金"科目，但会计人员在填制记账凭证时，误将"其他应收款"记为"应收账款"并已登记入账。

更正时，先用红字（以下用 □ 表示红字）填制一张会计分录与原错误记账凭证相同的记账凭证，并据以用红字登记入账，冲销原有错误的账簿记录：

借：应收账款 　　　　　　　　　　　　　　　 $\boxed{4000}$

　　贷：库存现金 　　　　　　　　　　　　　　 $\boxed{4000}$

然后，再用蓝字填制一张正确的记账凭证并据以登记入账：

借：其他应收款 　　　　　　　　　　　　　　 4000

　　贷：库存现金 　　　　　　　　　　　　　 4000

2）会计科目正确，金额多记。记账凭证所记录的内容记账以后，发现记账凭证中应借、应贷的会计科目、记账方向都没有错误，记账凭证和账簿记录的金额也相吻合，只是所记金额大于应记的正确金额。其更正的方法是，将多记的金额用红字填制一张与原错误记账凭证所记录的借贷方向，应借、应贷会计科目相同的记账凭证，并据以登记入账，以冲销多记金额，求得正确金额。

例如，生产产品领用材料 400 元，在填制记账凭证时，误记金额为 4000 元，但会计科目、借贷方向均无错误，其错误记账凭证所反映的会计分录为：

借：生产成本 　　　　　　　　　　　　　　　 4000

　　贷：原材料 　　　　　　　　　　　　　　 4000

在更正时，应用红字金额 3600 元编制如下记账凭证进行更正：

借：生产成本 | 3600 |

　　贷：原材料 | 3600 |

根据更正错误的记账凭证以红字金额记账后，即可反映其正确的金额为400 元。

（3）补充登记法（又称补充更正法）。根据记账凭证所记录的内容记账以后，发现记账凭证中应借、应贷的会计科目和记账方向都没有错误，记账凭证和账簿记录的金额相吻合，只是所记金额小于应记的正确金额，应采用补充登记法。更正的方法是，将少记的金额填制一张与原错误记账凭证所记载的借贷方向、应借应贷会计科目相同的记账凭证，并据以登记入账，以补记少记金额，求得正确金额。

例如，预提本月份银行借款利息 400 元，在填制记账凭证时，误记金额为 40 元，但会计科目、借贷方向均无错误，其错误记账凭证所反映的会计分录为：

借：财务费用　　　　　　　　　　　　　　　　40

　　贷：预提费用　　　　　　　　　　　　　　　　40

在更正时，应用蓝字或黑字编制如下记账凭证进行更正：

借：财务费用　　　　　　　　　　　　　　　　360

　　贷：预提费用　　　　　　　　　　　　　　　　360

根据更正错误的记账凭证以蓝字或黑字记账后，即可反映其正确的金额为 400元。如果记账凭证中所记录的文字、金额与账簿记录的文字、金额不符，应首先采用划线法更正，然后用补充登记法更正。

五、对账与结账

1. 对账

对账是在一定时期末了对有关账簿的记录进行核对，以保证账簿记录正确性的过程。对账是会计核算必不可少的阶段，是与记账同等重要的工作，应当重视，认真做好。各企业、单位应当定期对会计账簿记录的有关数字与库存实物、货币资金、有价证券、往来单位或者个人等进行相互核对，保证账证相符、账账相符、账实相符。对账工作每年至少进行一次。

（1）账证核对。账证核对是指核对会计账簿记录与原始凭证、记账凭证的时间、凭证字号、内容、金额是否一致，记账方向是否相符。这种核对一般是在日常编制凭证和记账过程中进行。账证核对也是追查会计记录正确与否的最终途径。

（2）账账核对。账账核对是指核对不同会计账簿之间的账簿记录是否相符，包括：①总分类账簿有关账户的余额核对。总分类账各账户的借方期末余额合计与贷方期末余额合计数应相等。②总分类账簿与所属明细分类账簿核对。总分类账簿的借方、贷方本期发生额和期末余额与所属明细分类账借方、贷方本期发生额和期末余额之和应核对相符。③总分类账簿与序时账簿核对。库存现金日记账和银行存款日记账期末余额应与总分类账的库存现金、银行存款期末余额核对相符。④明细分类账簿之间的核对。会计部门财产物资明细分类账期末余额与财产物资保管和使用部门的有关财产物资明细分类账期末余额应核对相符。

（3）账实核对。账实核对是指各项财产物资、债权债务等账面余额与实有数额之间的核对。包括：①库存现金日记账账面余额与库存现金数额是否相符。库存现金日记账账面余额应每天同现金实际库存数相核对，不准以借条抵充现金或挪用现金，做到日清月结。②银行存款日记账账面余额与银行对账单余额是否相符。银行存款日记账的账面余额应同开户银行寄送企业的银行对账单相核对，一般每月应核对一次。③各种财物明细账账面余额与财产物资实存数额是否相符。材料、产成品、固定资产等财产物资明细分类账账面余额，应与其实有数量相核对。④有关债权债务明细账账面余额与对方单位的账面记录是否相符。各项应收款、应付款、银行借款等结算款项以及上缴税金等，应定期寄送对账单同有关单位进行核算。

在对账中若发现账证、账账、账实不符，应及时查明原因进行处理并予以更正。

2. 结账

结账就是结出每个账户的本期发生额和余额，并转记到下期的过程。结账分月结、季结和年结三种。结账前，必须将本期内所发生的各项经济业务全部登记入账。结账时，应当结出每个账户的期末余额。年度终了结账时，所有总账账户都应当结出全年发生额和年末余额。

（1）月结。月结在月终进行。需要结出当月发生额的，应在摘要栏内注明"本月合计"字样，并在下面通栏划单红线。需要结出本年累计发生额的，应在摘要栏内注明"本年累计"字样，并在下面通栏划单红线；十二月末的"本年累计"就是全年累计发生额。全年累计发生额下面应当通栏划双红线。

（2）季结。季结在季末进行。季结时，在本季末月结数字的红线下面一格将本季度的借方、贷方月结数加总，用蓝字填入，并在摘要栏内盖"本季合计"戳记，同时在季结数字下面划一条红线。

（3）年结。年结在年末进行。年度终了，要把各账户的余额结转到下一会计年度，并在摘要栏注明"结转下年"字样，在下一会计年度新建有关会计账簿的第一行余额栏内填写上年结转的余额，并在摘要栏注明"上年结转"字样。

年终结账后，下年度开始，总账、库存现金和银行存款日记账必须更换新账簿；明细账原则上也应每年更换一次，但变动较小的明细账如固定资产、实收资本等，或更换新账手续繁杂的明细账如材料账，也可以接续使用，不更换新账。

会计账簿是重要的经济档案，是记录企业、事业和机关等单位经济活动的重要历史资料。因此，年终进行结账后，除某些继续使用的明细账外，其余各账簿都应在建立新账以后归档妥为保管，以免丢失，并严防被盗窃。在一般情况下，所有账簿未经会计主管人员许可，不得携出本单位或借给与本单位工作无关的人员翻阅。更换的旧账应按照会计档案管理办法予以归档。

思考与练习

重要概念

会计凭证　　　　　原始凭证　　　　　记账凭证　　　　　外来原始凭证
自制原始凭证　　　账证相符　　　　　账账相符　　　　　账实相符
结账　　　　　　　会计账簿

思考题

1. 什么是会计凭证？会计凭证有什么作用？会计凭证有哪几种？
2. 什么是原始凭证？原始凭证有哪几种？它应具备哪些基本内容？
3. 什么是记账凭证？记账凭证有哪几种？它应具备哪些基本内容？
4. 什么是会计凭证的传递和保管？如何进行会计凭证的传递和保管？
5. 什么是账簿？账簿在会计核算中具有哪些重要作用？
6. 账簿设计应遵循哪些原则？账簿应具备的基本内容是什么？
7. 账簿按用途分有哪几种？按外表形式分有哪几种？
8. 为什么要对账？应从哪几方面进行对账？

客观题

一、单项选择题

1. 会计日常核算工作的起点是(　　　)。
　　A. 设置会计科目和账户　　　　　　B. 填制会计凭证
　　C. 登记会计账簿　　　　　　　　　D. 财产清查
2. 在实际工作中，规模小、业务简单的单位，为了简化会计核算工作可以使用一种统一格式的(　　　)。
　　A. 转账凭证　　　　B. 收款凭证　　　　C. 付款凭证　　　　D. 通用记账凭证
3. 属于记账凭证，不属于原始凭证的内容是(　　　)。
　　A. 会计分录内容，即应借应贷账户的名称及金额
　　B. 填制日期
　　C. 接受凭证的单位名称
　　D. 经济业务的内容摘要、实物数量和金额
4. 下列原始凭证中，属于累计凭证的是(　　　)。
　　A. 收料单　　　　B. 领料单　　　　C. 发货单　　　　D. 限额领料单
5. 会计凭证按(　　　)分类，分为原始凭证和记账凭证。
　　A. 填制程序和用途　　　　　　　　B. 来源
　　C. 填制方法　　　　　　　　　　　D. 反映内容
6. 出纳人员付出货币资金的依据是(　　　)。
　　A. 收款凭证　　　　B. 付款凭证　　　　C. 转账凭证　　　　D. 原始凭证
7. "应收账款"、"应付账款"账户的明细分类核算，其明细账的账页格式一般是(　　　)。

A. 三栏式　　　　B. 多栏式　　　　C. 定表格式　　　　D. 数量金额式

8. 下列适合采用多栏式明细账格式核算的是（　　　）。

A. 固定资产　　　B. 应收账款　　　C. 管理费用　　　D. 原材料

9. 下列明细分类账中，应该采用数量金额式明细分类账的是（　　　）。

A. 原材料明细分类账　　　　　　　　B. 应收账款明细分类账

C. 制造费用明细分类账　　　　　　　D. 预提费用明细分类账

10. 下列做法错误的是（　　　）。

A. 库存现金日记账采用三栏式账簿　　B. 产成品明细账采用数量金额式账簿

C. 生产成本明细账采用三栏式账簿　　D. 制造费用明细账采用多栏式账簿

11. 卡片式账簿一般适用于下列哪类明细分类账（　　　）。

A. 库存现金　　　B. 银行存款　　　C. 固定资产　　　D. 应收账款

12. 活页式账簿和卡片式账簿主要适用于（　　　）。

A. 特种日记账　　　　　　　　　　　B. 普通日记账

C. 总分类账　　　　　　　　　　　　D. 明细分类账

13. 实收资本明细账一般采用（　　　）。

A. 三栏式　　　　B. 多栏式　　　　C. 数量金额式　　　D. 卡片式

二、多项选择题

1. "限额领料单"是（　　　）。

A. 外来原始凭证　　　　　　　　　　B. 自制原始凭证

C. 一次凭证　　　　　　　　　　　　D. 累计凭证

2. 原始凭证应具备的基本内容有（　　　）。

A. 原始凭证的名称和填制日期　　　　B. 接受凭证单位名称

C. 经济业务的内容　　　　　　　　　D. 数量、单价和大小写金额

3. 记账凭证必须具备的基本内容有（　　　）。

A. 记账凭证的名称　　　　　　　　　B. 填制日期和编号

C. 经济业务的简要说明　　　　　　　D. 会计分录

4. 原始凭证按其填列的方法不同可分为（　　　）。

A. 一次凭证　　　　　　　　　　　　B. 累计凭证

C. 原始凭证汇总表（或汇总原始凭证）　　　D. 收款凭证

5. 会计凭证保管的内容包括（　　　）。

A. 整理会计凭证　　　　　　　　　　B. 装订会计凭证

C. 归档存查会计凭证　　　　　　　　D. 加具封面并签章

6. 会计账簿按其用途的不同可以分为（　　　）。

A. 分类账簿　　　B. 活页账簿　　　C. 备查账簿　　　D. 数量金额式账簿

7. 会计账簿按其外形特征的不同可以分为（　　　）。

A. 备查账簿　　　B. 订本账簿　　　C. 活页账簿　　　D. 数量金额式账簿

8. 下列做法错误的是（　　　）。

A. 库存现金日记账采用数量金额式账簿　　B. 产成品明细账采用数量金额式账簿

C. 生产成本明细账采用三栏式账簿　　　D. 制造费用明细账采用多栏式账簿

9. 实际工作中，采用三栏式账页格式的账户有（　　　）。

A. 总分类账　　　　　　　　　　B. 债权债务明细分类账

C. 存货明细分类账　　　　　　　D. 库存现金日记账

10. 以下属于备查账簿的有( )。

A. 租入固定资产登记簿　　　　B. 代销商品登记簿

C. 受托加工材料登记簿　　　　D. 材料采购明细账

三、判断题

1. 原始凭证可以由非财会部门和人员填制，但记账凭证只能由财会部门和人员填制。

( )

2. 付款凭证左上角"借方科目"处，应填写"库存现金"或"银行存款"科目。( )

3. 从银行提取现金，既可编制现金收款凭证，也可编制银行存款付款凭证。( )

4. 所有的记账凭证都应附有原始凭证。( )

5. 原始凭证上面可以不写明填制日期和接受凭证的单位名称。( )

6. 会计凭证的保管期满以后，企业可自行进行处理。( )

7. 总分类账和明细分类账一律是根据记账凭证登记的。( )

8. 备查账簿是对某些在日记账和分类账中未能记录的事项进行补充登记的账簿，因此各单位必须设置备查账簿。( )

9. 总账采用订本式账簿，账页格式为三栏式。( )

10. 数量金额式明细账适用于明细项目较多，且要求分别列示的成本、费用、收入、利润及利润分配明细账。( )

11. 序时账可分为数量金额式、多栏式、活页式账页。( )

练习题

习题一

(一) 资料：D公司 2009 年 3 月份发生下列经济业务：

(1) 向银行借入长期借款 550000 元，存入银行存款账户。

(2) 开出支票，从银行存款账户中支付厂部汽车修理费（经常性修理费）38000 元。

(3) 从 A 公司购入原材料 200000 元，货款尚未支付。

(4) 公司收到王某投入的资本 800000 元，存入银行。

(5) 本月销售产品收入 900000 元，其中已收到货款 550000 元，其余货款尚未收到。

(6) 从银行存款中提取现金 5000 元以备日常零用。

(7) 从 B 公司购入材料一批 1400000 元。其中 400000 元用银行存款交付，向银行借入短期借款用以交付其余货款。

(8) 开出支票，从银行存款账户中提取现金 120000 元，准备发放本月份职工工资。

(9) 发放职工工资 120000 元。

(10) 从银行存款账户中归还银行短期借款 700000 元，并支付银行借款利息 16000 元。

(11) 从银行存款账户中支付房屋租金 70000 元，系企业产成品仓库用房。

(12) 从银行存款账户中支付电费 8000 元、水费 4000 元，系管理部门用。

(13) 以现金购入办公用品 4000 元，当即分发各部门领用。

(14) 本月领用材料共计 480000 元，已全部投入 A 产品生产。

(15) 从银行存款账户中支付以前月份所欠×单位货款 200000 元。

（16）支付广告费 100000 元。

（二）要求：根据以上资料，使用记账凭证，编制会计分录。

习题二

（一）资料：（A）S 公司 2009 年 8 月 31 日，部分总账及所属明细账余额如下：

原材料（总账，借方余额）158000 元，其中（明细账）：甲材料 50 千克，单价 1800 元/千克，金额 90000 元；乙材料 40 千克，单价 1200 元/千克，金额 48000 元；丙材料 20 千克，单价 1000 元/千克，金额 20000 元。

应付账款（总账，贷方余额）29000 元，其中（明细账）：A 公司 10000 元，B 公司 19000 元。

（B）9 月份有关材料采购、领用和应付账款方面的经济业务如下：

（1）2 日，向下列单位采购材料一批，材料已验收入库，货款尚未支付：

A 公司：购入甲材料 100 千克，单价 1800 元/千克，金额 180000 元；购入乙材料 50 千克，单价 1200 元/千克，金额 60000 元。B 公司：购入丙材料 40 吨，单价 1000 元/吨，金额 40000 元。合计 280000 元。

（2）3 日，用银行存款归还欠 B 公司的货款 10000 元。

（3）3 日，车间领用下列材料，用于生产产品：甲材料 80 千克，单价 1800 元/千克，金额 144000 元；乙材料 40 千克，单价 1200 元/千克，金额 48000 元；丙材料 20 千克，单价 1000 元/千克，金额 20000 元。合计 212000 元。

（4）14 日，向下列单位又购进材料一批，材料已验收入库，货款尚未支付：

A 公司：甲材料 10 千克，单价 1800 元/千克，金额 18000 元；乙材料 20 千克，单价 1200 元/千克，金额 24000 元。B 公司：丙材料 40 吨，单价 1000 元/吨，金额 40000 元。合计 82000 元。

（5）15 日，向银行借入短期借款 280000 元，归还欠 A 公司货款 240000 元及欠 B 公司货款 40000 元。

（6）26 日，车间领用丙材料 40 吨，金额 40000 元，用于生产 A 产品。

（二）要求：

（1）根据上列资料（A）开设"原材料"和"应付账款"总账账户和所属明细账户，并登记期初余额（可用丁字账格式）。

（2）根据上列资料（B）的各项经济业务编制会计分录，并登记总账"原材料"和"应付账款"账户和所属明细账户，并进行结账。

（3）将总账"原材料"和"应付账款"账户的本期发生额和期末余额与其所属明细账户的本期发生额之和以及期末余额之和，核对相符。

第四章　账务处理程序和会计电算化

第一节　账务处理程序

一、账务处理程序的意义

为了科学地组织会计工作，必须综合运用会计核算的各种方法，确定一个合理的账务处理程序。账务处理程序也称会计核算组织程序或会计核算形式，是指会计凭证、会计账簿、财务报表相结合的方式，包括会计凭证和账簿的种类、格式，会计凭证与账簿之间的联系方法，由原始凭证到编制记账凭证、登记明细账和总分类账、编制财务报表的工作程序和方法等。

不同的会计凭证、会计账簿、会计报表的结合方式，就会形成不同的账务处理程序，不同的账务处理程序又有不同的方法、特点和适用范围，各单位应该根据所处行业的性质、生产经营活动的特点、经营规模的大小、经济业务的繁简程度，科学合理地选择适用于本单位的账务处理程序，对于有效地组织会计核算具有重要意义。

第一，有利于会计工作程序规范化。

通过选择科学、合理的账务处理程序，确定会计凭证、会计账簿与财务报表之间的联系方式，保证会计信息加工过程的严密性，提高会计信息质量。

第二，有利于会计工作分工协调，强化会计人员岗位责任制。

通过账务处理程序明确会计工作、会计人员的分工协调，提高账务处理的效率，强化会计人员岗位责任制。

第三，有利于提高会计信息的真实性和可靠性。

通过账务处理程序所确定的会计凭证、会计账簿和会计报表之间的勾稽关系和牵制作用，增强会计信息的真实性和可靠性。

第四，有利于减少不必要的会计核算环节。

通过井然有序的账务处理程序，可以减少不必要的会计核算环节和手续，避免烦琐的重复劳动，节约人力、物力，提高会计核算工作的效率。

在长期的会计工作实践中形成了多种不同的会计核算形式，我国企业目前常用的主要有记账凭证账务处理程序、科目汇总表账务处理程序和汇总记账凭证账务处理程序。这三种会计核算形式有许多共同点，但也有一些不同之处，其主要区别在于登记总分类账的依据和方法不同。

二、记账凭证账务处理程序

1. 记账凭证账务处理程序的概念

记账凭证账务处理程序是指对发生的经济业务事项，都要根据原始凭证或汇总原始凭证编制记账凭证，然后根据记账凭证逐笔登记总分类账的一种账务处理程序。在该处理程序中，记账凭证可采用通用记账凭证格式，也可以分设收款凭证、付款凭证和转账凭证三种格式。账簿的设置一般包括总分类账、日记账和明细分类账，日记账包括现金日记账和银行存款日记账。总分类账和日记账一般采用三栏式，明细分类账可根据管理上的需要，采用三栏式、多栏式或数量金额式。

2. 记账凭证账务处理程序的一般程序

记账凭证账务处理程序的一般程序是：

（1）根据原始凭证编制汇总原始凭证。

（2）根据原始凭证或汇总原始凭证，编制记账凭证。

（3）根据收款凭证、付款凭证逐笔登记现金日记账和银行存款日记账。

（4）根据原始凭证、汇总原始凭证和记账凭证，登记各种明细分类账。

（5）根据记账凭证逐笔登记总分类账。

（6）期末，现金日记账、银行存款日记账和明细分类账的余额同有关总分类账的余额核对相符。

（7）期末，根据总分类账和明细分类账的记录，编制财务报表。

记账凭证账务处理程序如图 4—1 所示。

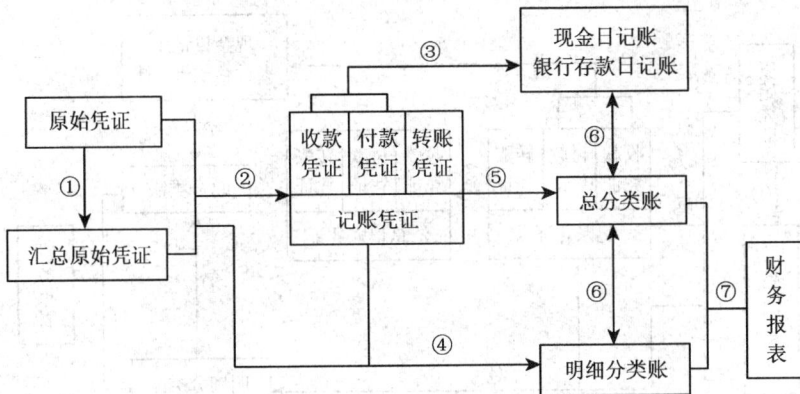

图 4—1 记账凭证账务处理程序图

记账凭证账务处理程序的优点是账务处理程序简单明了，易于理解，总分类账可以较详细地反映经济业务的发生情况。其缺点是：登记总分类账的工作量较大。它适用于规模较小、经济业务量较少的单位。

三、汇总记账凭证账务处理程序

1. 汇总记账凭证账务处理程序的概念

汇总记账凭证账务处理程序是根据原始凭证或汇总原始凭证编制记账凭证，定期根据记账凭证分类编制汇总记账凭证，然后据以登记总分类账的一种账务处理程序。其特点是：定期编制汇总记账凭证，并以此为依据登记总分类账。在汇总记账凭证账务处理程序下，除设置记账凭证外，还要定期根据记账凭证编制汇总记账凭证。记账凭证通常分为收款凭证、付款凭证和转账凭证，相应地，汇总记账凭证也分为汇总收款凭证、汇总付款凭证与汇总转账凭证。

2. 汇总记账凭证账务处理程序的一般程序

汇总记账凭证账务处理程序一般程序是：

(1) 根据原始凭证编制汇总原始凭证。

(2) 根据原始凭证或汇总原始凭证，编制记账凭证。

(3) 根据收款凭证、付款凭证逐笔登记现金日记账和银行存款日记账。

(4) 根据原始凭证、汇总原始凭证和记账凭证，登记各种明细分类账。

(5) 根据各种记账凭证编制有关汇总记账凭证。

(6) 根据各种汇总记账凭证登记总分类账。

(7) 期末，现金日记账、银行存款日记账和明细分类账的余额同有关总分类账的余额核对相符。

(8) 期末，根据总分类账和明细分类账的记录，编制财务报表。

汇总记账凭证账务处理程序如图 4-2 所示。

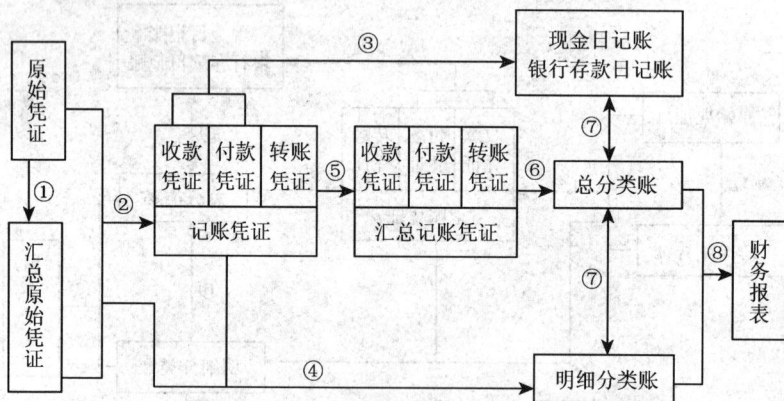

图 4-2　汇总记账凭证账务处理程序图

汇总记账凭证账务处理程序的优点是：减轻了登记总分类账的工作量，由于按照账户对应关系汇总编制记账凭证，便于了解账户之间的对应关系。其缺点是：按每一贷方科目编制汇总转账凭证，不利于会计核算的日常分工，当转账凭证较多时，编制汇总转账凭证的工作量较大。该账务处理程序适用于规模较大、经济业务较多的单位。

四、科目汇总表账务处理程序

1. 科目汇总表账务处理程序的概念

科目汇总表账务处理程序又称记账凭证汇总表账务处理程序，它是根据记账凭证定期编制科目汇总表，再根据科目汇总表登记总分类账的一种账务处理程序。其特点是：定期编制科目汇总表，并以此为依据登记总分类账。在科目汇总表核算形式下，记账凭证可以采用收款凭证、付款凭证和转账凭证三种形式，也可以采用通用格式。此外，还要设置科目汇总表。为了便于编制科目汇总表，一般要求编制单式记账凭证或对记账凭证加以复写，以便于按借贷方账户分别汇总。其记账凭证、账簿的设置与记账凭证处理程序基本相同。

2. 科目汇总表账务处理程序的一般程序

科目汇总表账务处理程序的一般程序是：

（1）根据原始凭证编制汇总原始凭证。

（2）根据原始凭证或汇总原始凭证，编制记账凭证。

（3）根据收款凭证、付款凭证逐笔登记现金日记账和银行存款日记账。

（4）根据原始凭证、汇总原始凭证和记账凭证，登记各种明细分类账。

（5）根据各种记账凭证编制科目汇总表。

（6）根据科目汇总表登记总分类账。

（7）期末，现金日记账、银行存款日记账和明细分类账的余额同有关总分类账的余额核对相符。

（8）期末，根据总分类账和明细分类账的记录，编制财务报表。

科目汇总表账务处理程序如图4－3所示。

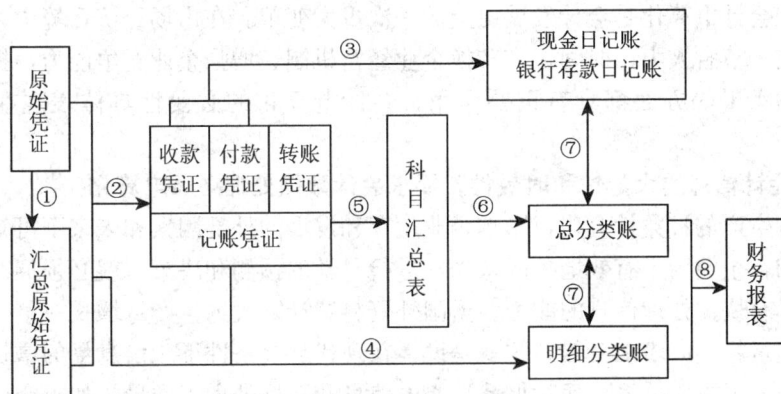

图4－3　科目汇总表账务处理程序图

科目汇总表账务处理程序的优点是：减轻了登记总分类账的工作量，并可做到试算平衡，简明易懂，方便易学。其缺点是：科目汇总表不能反映账户之间的对应关系，不便于查对账目。它适用于经济业务较多的单位。

第二节　会计电算化

一、会计电算化的概念

会计电算化（Computer Accounting）是电子计算机在会计工作中应用的一种通俗称呼，其目标就是通过建立电子计算机会计信息系统，实现会计工作的现代化。在西方国家则称之为电子数据处理会计（Electronic Data Processing Accounting，简称 EDP 会计）。

会计电算化就是将电子计算机技术应用到会计业务处理工作中，应用会计软件指挥各种计算机设备替代手工完成，或手工很难完成甚至无法完成的会计工作的过程。通过会计电算化，会计处理技术发生了质的飞跃，这种变化不仅影响会计实务，也对某些传统的会计理论产生了很大影响。

会计电算化是一个发展的概念，在不同的时期，有不同的标准，随着会计电算化事业的不断发展，会计电算化的含义得到逐步延伸，它不仅涉及会计信息系统（会计核算、会计管理、会计决策等）的理论与实务研究，而且还融进了与其相关的所有工作，如会计电算化的组织与规划、会计电算化的实施、会计电算化的管理、会计电算化人员的培训、会计电算化制度的建立、计算机审计等内容。会计电算化是现代会计学科的重要组成部分，它是研究计算机会计理论与计算机会计实务的一门会计边缘学科。

二、会计电算化的必要性

实现会计电算化是会计发展史上的一次重大变革。在市场经济环境中，其意义不仅仅在于节省人力、时间，在转换企业经营机制、增强企业竞争能力，提高企业经营管理水平等方面都具有重要作用。会计电算化的必要性具体表现在以下几方面：

1. 会计信息的大量性和时效性，要求会计数据处理必须电算化

随着生产的日益社会化，影响企业生存和发展的外部因素和未来不可知因素将不断增加，企业为了有效地控制未来，进行科学的预测和决策，就必须拥有大量的信息并具有快速处理信息的能力。据国外资料统计，大约生产每增长一倍，信息和数据处理量将相应增加三倍。这就是说，在现代社会条件下，信息量的增长与生产量的增长成平方比关系。面对如此浩繁的信息和数据处理工作量，如果会计数据处理仍然沿着传统的手工操作方式，那么尽管人员无限增加，也将难以胜任。这是因为现代化管理所需要的信息质量，不仅表现在它的精度，而且还需要快速、及时。因此，要使会计数据处理高效率、高质量，就必须实现电算化。

2. 管理工作的预测性和决策性，要求会计数据处理必须电算化

现代管理理论认为：管理的重心在经营，经营的重心在决策。企业为了寻求外部环境、内部条件与经营目标三者之间的动态平衡，为了提高应变能力和竞争能力，为了谋求最佳经济效益，就必须对一定时期的生产经营活动目标进行可行性研究和多方案评价，从而为决策提供科学依据。在这里，各种有效方案的论证绝不能单凭传统的经验来估计，而必须广泛采用各种现代化管理方法，比如线性规划、价值工程、量本利分析、投入产出分析等，这些现代化管理方法的应用离不开计算机这个手段。由此可见，会计数据处理电算化确是大势所趋，势在必行。

三、会计电算化的原则

企业实施会计电算化不是随心所欲的，它必须互补性考虑会计工作的特点和企业的现状，以及有关法律制度，遵循一定的会计原则，才能使企业实施会计电算化达到其最终目标。通常应该考虑以下六项基本原则：

1. 合法性原则

企业实施会计电算化的各项工作，都必须以有关法律制度为原则。

（1）实施会计电算化，必须遵循我国的会计制度、财务制度及有关法律。

（2）必须遵循财政、财务部门会计电算化管理制度。

（3）还要遵循本企业的财务制度，以保证机构设置的合法性，岗位分工和人员职责的合法性，操作使用的合法性，输入、输出及内部处理的合法性，输入数据的合法性及输出信息及格式的合法性。

2. 效益性原则

提高经济效益是会计电算化的最终目的。提高经济效益也要从两个方面考虑，一是直接经济效益，即直接产出的需要；二是间接经济效益，即由于会计电算化而引起企业管理现代化所产生的非直接经济效益。企业实施电算化应特别注意以下三个方面：

（1）在系统实施前，应对经济效益、技术力量、管理水平、各种约束条件进行全面分析，先进行整个系统的可行性分析，以确定是否具备条件进行会计电算化工作。

（2）可行性研究要围绕企业的最终经济效益来开展。一般来说，评价电算化系统的经济效益，要从会计电算化能否节约企业的流动占用量，能否准确、及时和全面地提供有用的信息，能否提高企业管理工作的效率和质量，以及决策水平等方面着眼。也就是说，要从计算机是现代化管理的辅助工具这个角度来评估它的效益。

（3）在系统设计过程中，也应坚持效益性原则，力求降低设计开发成本，提高会计信息系统的质量。

3. 系统性原则

系统性原则是指从整体观点、关联观点、发展观点、最优观点在内的系统观点来进行会计电算化实施工作。它主要包括以下两点：

（1）内部与外部相联系。会计部门作为企业管理中的一个重要部门，与其他职能部门是紧密联系的，因此，实施会计电算化时，应考虑包括各职能部门在内的企业整个管理工作的电算化工作，把会计信息系统作为企业管理信息系统中的一个子系统，既要分清各子系统的界面，又要留好各子系统之间的接口，并在数据结构设计上做到信息共享，减少数据冗余。

（2）局部目标与整体目标相结合。电算化会计信息系统可以分为许多子系统，实施会计电算化，不可能一次全部完成各子系统，必须分阶段进行。这样，在进行部分子系统设计实施时，必须有全局的观点，考虑到其他子系统的连结性，使逐个实施的子系统全部完工后能组成高质量的整个会计信息系统，而不是只考虑局部的优化，以致影响整个系统的有机组合和质量。

4. 规范性原则

规范性原则是指系统设计的规范性、管理制度的规范性、数据信息的规范性等。这些规范性的要求，可以使系统实施避免随意性，避免由于人的主观因素而造成的系统实施的偏差，从而避免会计电算化工作失败的可能性。

5. 可靠性原则

可靠性是会计电算化系统能否实施使用的前提。影响系统可靠性的因素很多，主要考虑以下三个方面：

（1）准确性，即输入数据及操作的准确性。在易出现错误和失误的地方，建立尽可能完善的检错和纠错系统，进行重点防护，保证输入数据及操作的准确性。

（2）安全性，要求有一套完善的管理制度和技术方法，防止系统被非法使用，数据丢失和非法改动，此外还应有系统破坏后的恢复功能等。

（3）易扩充性，即整个系统在运行周期内，由于环境条件的变化从而要求系统随之进行改编的难易程度。易扩充性要求对系统的修改和扩充能够非常容易地进行。

6. 易用性原则

易用性也就是易操作性。会计信息系统的使用者是会计人员，因此系统必须尽可能地方便用户，要具有友好的界面，准确简明的操作提示，简单方便的操作过程，并要求尽可能地使会计人员一学就会。

四、会计电算化的结构

1. 硬件与软件

计算机系统结构可分为两大部分：硬件和软件。所谓硬件，是指电子数据处理所需的全部实物设备，包括运算器、控制器、存储器、输入设备和输出设备；软件则是指为发挥计算机的效能和方便用户使用计算机而编制的一系列程序，其中包括程序设计语言和系统软件与应用软件。软件按性能和用途分为两大类，即系统软件和应用软件。系统软件的作用是以便用户使用系统软件来开发应用软件，并在系统软件的支持下运行应用软件，从而有效利用计算机的各种资源。系统软件包括：操作系统软件和程序设计语言。应用软件（会计软件）是各种应用程序的总称，是利用系统软件设计的，目的在于解决各种实际应用问题，它是运用系统软件的产物。在会计事务处理过程中，需要使用多种不同的应用程序。会计软件是一种应用软件，它是利用系统软件设计的，专门用于会计领域的应用程序的总称。会计软件是实现电算会计目的，完成电算会计任务的重要技术手段和工具，是电算会计的核心。

2. 从业人员

从业人员是指参与电算会计工作的所有人员，包括从事会计核算软件的开发研制人员以及系统维护人员、操作人员、电算会计的教学人员、电算会计管理人员等。其中，直接从事会计实际工作的人员是电算会计的主体，他们的专业素质会影响电算会计工作的质量。

3. 规章制度

规章制度是指涉及电算会计的所有规范约束。其中主要是国家颁布的电算会计行政法规，如《会计电算化管理办法》、《会计核算软件基本功能规范》、《会计电算化工作规范》等。还有各会计主体根据上述行政法规自行制订的电算会计工资制度、操作制度以及内部控制方法等。

五、会计电算化的形式和层次

会计电算化是利用计算机完成财务工作。因此，从会计工作的主要内容和计算机功能的特点看，会计电算化的形式和层次可以分为以下几个方面：

1. 账务处理电算化

账务处理是各个单位财务工作的基础部分。这部分的电算化，主要包括采用计算机完成记账凭证（或原始凭证）的输入、汇总、复核校对，产生总账、各级明细账和各种汇总表，并处理银行对账、数量核算、外币核算等内容。

账务处理电算化的程序如图4—4所示。

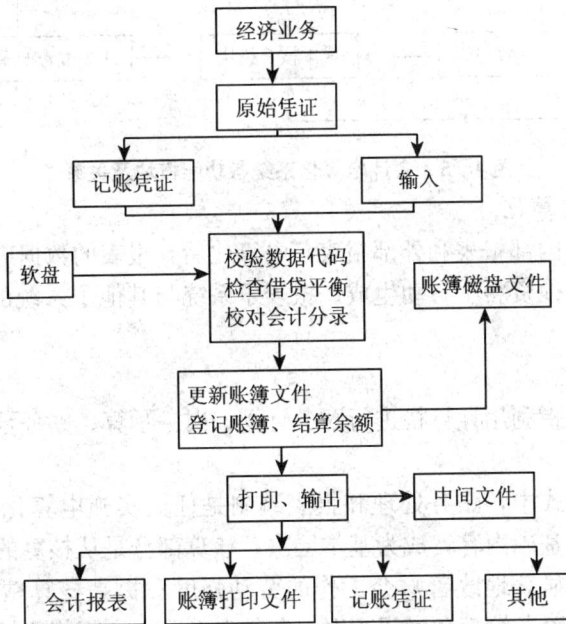

图4—4 账务处理电算化的程序

2. 核算工作电算化

核算工作电算化主要包括工资核算、固定资产核算、材料核算、成本核算、销售核算的电算化。不同的单位，其核算方式不尽相同；相同的单位，随着时间的变化，其核算方式也会有所变动。因此，会计电算化从规划组织、核算数据要求到会计软件都应该能够灵活地适应这些变化。

核算工作电算化是由会计核算软件的功能模块来完成的。"功能模块"是指会计核算软件中具备相对独立地完成会计数据输入、处理和输出功能的各个部分。以工业企业为例，会计核算软件中用于会计核算的功能模块一般可以划分为账务处理、应收/应付款核算、工资核算、固定资产核算、存货核算、销售核算、成本核算、会计报表生成与汇总、财务分析等。其中账务处理模块是会计核算软件的核心模块，该模块以记账凭证为接口与其他功能模块有机地连接在一起，构成完整的会计核算系统。会计核算软件的主要功能模块往往也称为子系统或系统，其功能结构如图4-5所示。

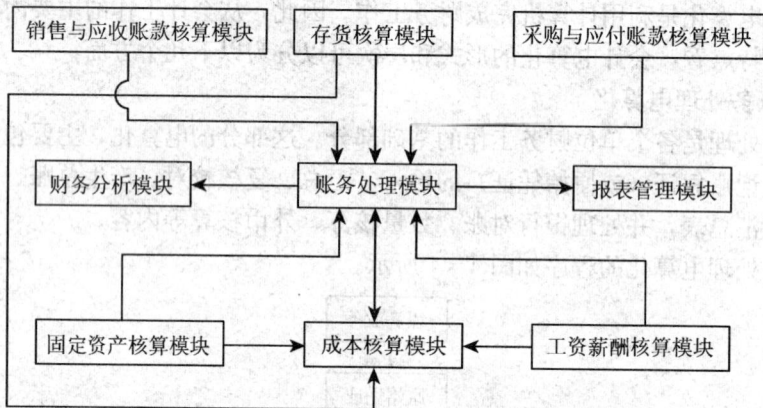

图4-5 会计电算化系统各功能模块及关系

3. 报表编制电算化

会计报表包括内部报表和外部报表，电算化后，报表的数据应主要由计算机从账务处理系统和其他资料中自动生成。报表子系统与其他子系统的关系，如图4-6所示。

4. 管理电算化

管理电算化是指利用计算机进行财务计划、财务预算、财务预测、财务分析控制等工作。

在上述四种形式中，账务处理和报表编制是任何实施电算化会计单位都必备的，是财会工作的基础内容，成为基本层次；核算部分是从核算的角度提高财会工作的自动化，可以显著地改善财会工作的劳动强度和提高核算精度，称为核算层次；管理部分是从财务管理角度提高财会工作自动化，实现将事后核算变为事前预测和事中控制，这部分称为管理层次。

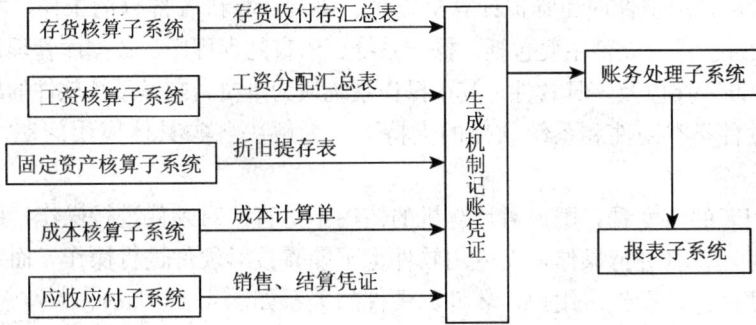

图 4—6　报表子系统与其他子系统的关系

六、计算机硬件和软件

　　一个完整的计算机系统由硬件系统和软件系统两大部分组成。计算机硬件系统是构成计算机系统的各种物理设备的总称。计算机的硬件一般由运算器、控制器、存储器、输入设备和输出设备五大部件组成。其中，存储器又分为内存储器和外存储器，分别简称内存和外存；运算器和控制器合称中央处理器（Central Processing Unit，CPU）；CPU 和内存储器则合称计算机的主机；外存储器和输入输出设备又统称外部设备，简称外设。

　　计算机硬件系统五大部分的相互关系如图 4—7 所示。

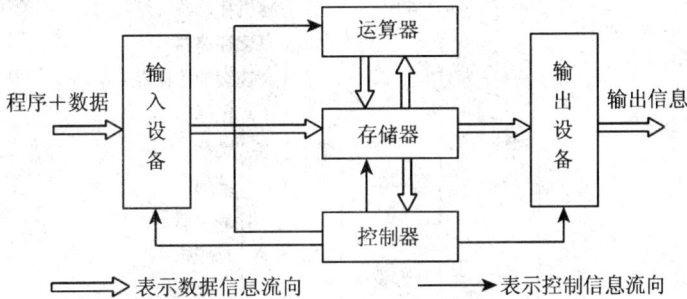

图 4—7　计算机硬件组成框图

　　计算机软件是指在计算机硬件上运行的各种程序及相应的各种文档资料。计算机与一般机器的主要区别在于它能自动地工作，而指挥计算机自动工作的就是计算机软件。软件是计算机系统的灵魂，计算机系统总体性能的高低，除了硬件系统性能之外，在很大程度上取决于软件系统的配置。所谓程序，简单地说，就是用于指挥计算机执行各种动作以便完成指定任务的指令集合。为了便于阅读和修改程序，必须对程序作必要的说明，并整理出相关的资料，这就是文档。

　　通常，人们把不装备任何软件的计算机称为硬件计算机或裸机。在裸机之上配置若干软件构成计算机系统，才能向用户提供一个友好的界面和强大的处理功能。计算机软件种类繁多，根据软件的用途可把计算机软件系统分为系统软件和应用软件两大类。

系统软件是用于管理和维护计算机资源、协调计算机各部分的工作、增强计算机功能的软件。系统软件主要包括：操作系统、语言处理程序、数据库管理系统、网络软件、诊断程序以及工具软件，其中操作系统最为重要，它是系统软件的核心。

应用软件是在硬件和系统软件的支持下，为解决各类具体应用问题而编制的软件。

从使用者的角度看，用户对计算机的使用不是直接对硬件进行操作，而是通过应用软件对计算机进行操作，而应用软件也不能直接对硬件进行操作，而是通过系统软件对硬件进行操作。用户、软件、硬件的关系如图4-8所示。

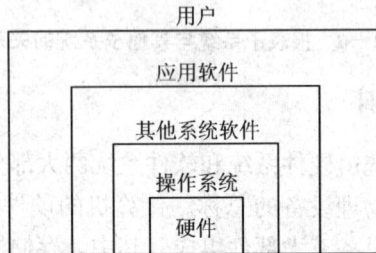

图4-8 用户、软件和硬件的关系

计算机系统硬件、软件及其关系如图4-9所示。

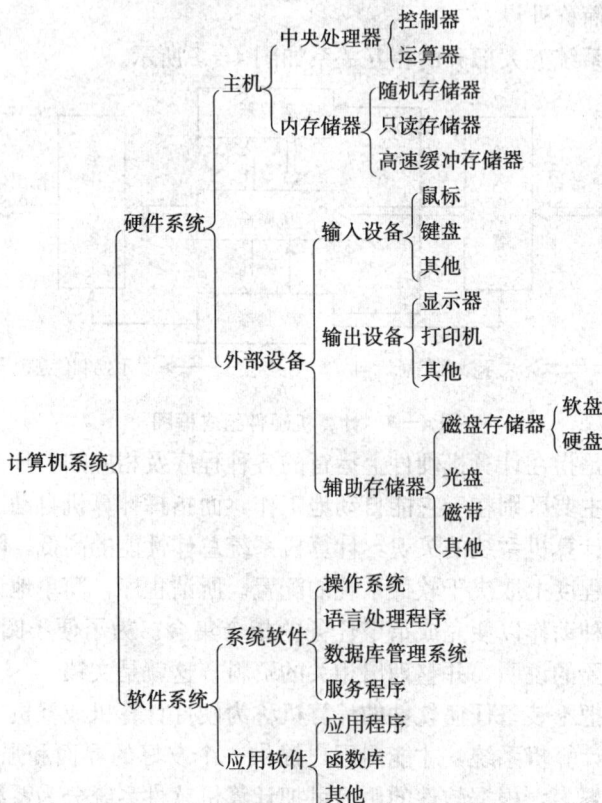

图4-9 计算机系统的硬件和软件

七、会计电算系统与手工会计系统的共同点

1. 在目标方面

会计电算化系统和手工会计系统的共同目标都是为了提供会计信息，参与经营决策，提高经济效益。

2. 在遵守会计法规及财经制度方面

应用会计电算化后，仍应和手工会计一样，必须严格遵守会计法规和财经制度。

3. 在遵循基本的会计理论和会计方法方面

会计理论是会计学科的结晶，会计方法是会计工作的总结。电算化会计会引起会计理论与会计方法的变革，但建立会计电算化系统应当遵循基本的会计理论和会计方法，否则将导致系统研制的失败。

4. 在编制会计报表方面

会计报表是企业财务状况与经营成果的反映，电算化会计应当与手工会计一样编制出符合要求的会计报表。

5. 在会计数据处理技术实现的基本功能方面

作为会计电算化系统和手工会计系统，两者都具有以下五个方面的功能：①信息输入功能，即信息的采集与记录。②信息存储功能。③信息加工功能。④信息传输功能。⑤信息的输出功能。

八、会计电算系统与手工会计系统的区别

会计电算系统与会计手工系统相比，有如下主要区别：

1. 业务组织的方式不同

在手工会计系统中，全部账务处理过程是由人工操作完成的。因此，在会计部门组织的方式上，只有人员的分工问题。可是在计算机会计系统中，账务处理过程中的大部分数据处理是由计算机完成的。还有一部分工作，比如货币支付、记账凭证的编制等还需要由人工来完成，因此，会计部门内部的业务组织就不仅有人员的分工问题，同时还有人和机的分工和联系问题，所以在组织方式上还必须明确规定人机分工的原则和人机联系的界面。

2. 账务处理的程序不同

在手工会计系统下，账务处理程序一般是按照规定的先后次序来进行的，它不能随意超越或颠倒，例如必须先记账、结账，然后才能编制报表。而计算机会计系统则不尽然，它可以先出报表后记账。

3. 工作方法和岗位责任不同

应用计算机后，会计人员的工作方法和岗位责任将发生重大变化。一方面，由于手工作业的某些环节将被电脑所取代，因此某些岗位（如记账岗位）将被取消，而由计算机和操作员来承担。另一方面，有些传统的工作步骤，如审核、制单、复

核等项工作则不仅不能削弱，而且还应加强。实践表明，只有这部分基础工作更加规范化、标准化，才能保证输入数据正确，从而保证输出结果的正确。

九、替代手工记账

计算机替代手工记账俗称甩账，即系统的正式运行，是指从手工会计数据处理方式正式转为计算机会计数据处理方式。替代手工记账之后，计算机会计系统将正式取代手工完成对输入的会计数据进行处理，并根据需要输出各种会计凭证、账簿、报表，即正式采用电子计算机替代手工记账、算账和报账。

1. 替代手工记账的定义

采用电子计算机替代手工记账，是指应用会计软件输入会计数据，由电子计算机对会计数据进行处理，并打印输出会计账簿和报表。替代手工记账是会计电算化的目标之一。

2. 计算机替代手工记账的基本要求

（1）配有适用的会计软件，并且计算机与手工进行会计核算双轨运行三个月以上，计算机与手工核算的数据相一致，且软件运行安全可靠。

（2）配有专用的或主要用于会计核算工作的计算机或计算机终端。

（3）配有与会计电算化工作需要相适应的专职人员，其中上机操作人员已具备会计电算化初级以上专业知识和操作技能，取得财政部门核发的有关培训合格证书。

（4）建立健全内部管理制度，包括岗位分工制度、操作管理制度、机房管理制度、会计档案管理制度、会计数据与软件管理制度等。

3. 替代手工记账前的工作

具备条件的单位应尽快采用计算机替代手工记账。替代手工记账之前，地方单位应根据当地省、自治区、直辖市、计划单列市财政厅（局）的规定，中央直属单位应根据国务院业务主管部门的规定，计算机与手工并行三个月以上（一般不超过六个月），且计算机与手工核算的数据相一致，并应接受有关部门的监督。

4. 替代手工记账的过程

替代手工记账的过程是会计工作从手工核算向电算化核算的过渡阶段。由于计算机与手工并行工作，会计人员的工作强度比较大，各单位需要合理安排财务会计部门的工作，提高工作效率。

计算机与手工并行工作期间，可采用计算机打印输出的记账凭证替代手工填制的记账凭证，根据有关规定进行审核并装订成册，作为会计档案保存，并据以登记手工账簿。如果计算机与手工核算结果不一致，要由专人查明原因并向本单位领导书面报告。

记账凭证类别，可以采用一种记账凭证或收款、付款、转账三种凭证形式；也可以在收款、付款、转账三种凭证的基础上，按照经济业务和会计软件功能模块的划分进一步细化，以便于记账凭证的输入和保存。

5. 替代手工记账应注意的问题

（1）采用电子计算机打印输出书面会计凭证、账簿、报表的，应该符合国家统一会计制度的要求，采用中文或中外文对照，字迹清晰，作为会计档案保存，保存期限按《会计电算化管理办法》的规定执行。

（2）在当期所有记账凭证数据和明细分类账数据都存储在计算机内的情况下，总分类账可以从这些数据中产生，因此可以用"总分类账户本期发生额及余额对照表"替代当期总分类账。

（3）现金日记账和银行存款日记账的打印，由于受到打印机条件的限制，可采用计算机打印输出的活页账页装订成册，要求每天登记并打印，每天业务较少、不能满页打印的，可按旬打印输出。

（4）在保证凭证、账簿清晰的条件下，计算机打印输出的凭证、账簿中表格线可适当减少。

6. 实现替代手工记账后应注意的问题

替代手工记账后，各单位应做到当天发生业务，当天登记入账，期末及时结账并打印输出会计报表；要灵活运用计算机对数据进行综合分析，定期或不定期地向单位领导报告主要财务指标和分析结果。

7. 会计电算化档案的基本要求

（1）采用电子计算机进行会计核算的单位，应当保存打印出的纸质会计档案。具备采用磁带、磁盘、光盘、微缩胶片等存储介质保存会计档案条件的，由国务院业务主管部门统一规定，并报财政部、国家档案局备案。

（2）会计电算化档案包括机内会计数据、软盘等备份的会计数据，以及打印输出的会计凭证、账簿、报表等数据。

（3）系统开发资料和会计软件系统也应视同会计档案进行保管。

（4）会计电算化档案管理要严格按照财政部有关规定，并由专人负责。

（5）对会计电算化档案管理要做到防磁、防火、防潮和防尘工作，重要会计档案应准备双份，存放在两个不同的地点。

（6）对采用存储介质保存的会计档案，要定期进行检查，定期进行复制，防止由于存储介质损坏而使会计档案丢失。对会计软件的全套文档资料以及会计软件程序，保管截止日期是该软件停止使用或有重大更改之后五年。

思考与练习

重要概念

账务处理程序　　　　会计电算化　　　　替代手工记账

思考题

1. 什么是账务处理程序? 简述不同种类账务处理程序的内容。
2. 为什么要实行会计数据处理电算化? 电算化的形式有哪些?
3. 会计电算系统与手工系统有什么区别? 实施电算化有何基本要求?
4. 简述账务处理电算化的程序。

客观题

一、单项选择题

1. 企业的会计凭证、会计账簿、会计报表相结合的方式称为( )。
    A. 账簿组织　　　　　　　　　　B. 账务处理程序
    C. 记账工作步骤　　　　　　　　D. 会计组织形式
2. 记账凭证账务处理程序的主要特点是( )。
    A. 根据各种记账凭证编制汇总记账凭证
    B. 根据各种记账凭证逐笔登记总分类账
    C. 根据各种记账凭证编制科目汇总表
    D. 根据各种汇总记账凭证登记总分类账
3. 记账凭证账务处理程序的适用范围是( )。
    A. 规模较大、经济业务量较多的单位
    B. 采用单式记账的单位
    C. 规模较小、经济业务量较少的单位
    D. 会计基础工作薄弱的单位
4. 各种账务处理程序的主要区别是( )。
    A. 登记明细分类账的依据和方法不同
    B. 登记总分类账的依据和方法不同
    C. 总账的格式不同
    D. 编制会计报表的依据不同
5. 直接根据记账凭证逐笔登记总分类账,这种账务处理程序是( )。
    A. 记账凭证账务处理程序
    B. 科目汇总表账务处理程序
    C. 汇总记账凭证账务处理程序
    D. 日记总账账务处理程序
6. 会计凭证方面,科目汇总表账务处理程序比记账凭证账务处理程序增设了( )。
    A. 原始凭证汇总表
    B. 汇总原始凭证
    C. 科目汇总表
    D. 汇总记账凭证
7. 既能汇总登记总分类账,减轻总账登记工作,又能明确反映账户对应关系,便于查账、对账的账务处理程序是( )。
    A. 科目汇总表账务处理程序
    B. 汇总记账凭证账务处理程序
    C. 多栏式日记账账务处理程序
    D. 日记总账账务处理程序
8. 科目汇总表账务处理程序的缺点是( )。
    A. 登记总分类账的工作量大
    B. 程序复杂,不易掌握
    C. 不能对发生额进行试算平衡
    D. 不便于查账、对账
9. 下列各项中,属于最基本的账务处理程序的是( )。
    A. 记账凭证账务处理程序
    B. 汇总记账凭证账务处理程序
    C. 科目汇总表账务处理程序
    D. 日记总账账务处理程序
10. 记账凭证账务处理程序的缺点是( )。
    A. 不便于分工记账
    B. 程序复杂、不易掌握
    C. 不便于查账、对账
    D. 登记总分类账的工作量大

11. 通常人们所说的一个完整的计算机系统应包括(　　)。

A. 运算器、存储器和控制器　　　　B. 计算机的外围设备

C. 系统软件和应用软件　　　　　　D. 计算机的硬件系统和软件系统

12. 计算机软件一般包括系统软件和(　　)。

A. 源程序　　　　B. 应用软件　　　　C. 管理软件　　　　D. 科学计算

13. 计算机硬件的基本组成是(　　)。

A. 输入、输出设备、运算器、控制器、存储器

B. 键盘、软盘、内存、CPU、显示器

C. 打印机、触摸屏、键盘、软盘

D. 鼠标、打印机、主机、显示器、存储器

14. 我们通常所说的主机，其组成部分是指(　　)。

A. 硬件和软件　　　　　　　　　　B. 控制器和存储器

C. 运算器和外设　　　　　　　　　D. 中央处理器和内存储器

15. 计算机会计核算系统主要包括(　　)。

A. 账务处理系统　　　　　　　　　B. 报表系统

C. 工资核算系统　　　　　　　　　D. 以上全部

16. 目前，计算机会计系统主要用于部分代替手工完成(　　)工作。

A. 会计决策　　　B. 会计核算　　　C. 档案保管　　　D. 人员管理

17. 实行会计电算化后，必须进行的对账工作是(　　)。

A. 账证核对　　　B. 账账核对　　　C. 账实核对　　　D. 账表核对

18. 会计核算软件的核心功能模块是(　　)。

A. 报表处理　　　B. 账务处理　　　C. 工资核算　　　D. 往来款核算

19. 电算化条件下，仍然需要用人工完成的会计处理环节是(　　)。

A. 编制凭证　　　B. 登记总账　　　C. 编制报表　　　D. 登记明细账

20. 采用电算化替代手工记账之前，根据规定计算机与手工并行(　　)。

A. 一个月以上　　B. 三个月以上　　C. 六个月以上　　D. 一年

二、多项选择题

1. 记账凭证账务处理程序的优点有(　　)。

A. 登记总分类账的工作量较小　　　B. 账务处理程序简单明了，易于理解

C. 总分类账登记详细，便于查账、对账　　D. 适用于规模大、业务量多的大中型企业

2. 关于科目汇总表账务处理程序，下列说法正确的有(　　)。

A. 科目汇总表账务处理程序可以大大减轻总账的登记工作

B. 科目汇总表账务处理程序可以对发生额进行试算平衡

C. 科目汇总表账务处理程序下，总分类账能明确反映账户的对应关系

D. 科目汇总表账务处理程序适用于规模较大、业务量较多的大中型企业

3. 在不同账务处理程序下，下列可以作为登记总分类账依据的有(　　)。

A. 记账凭证　　　　　　　　　　　B. 科目汇总表

C. 汇总记账凭证　　　　　　　　　D. 多栏式日记账

4. 汇总记账凭证账务处理程序下，会计凭证方面除设置收款凭证、付款凭证、转账凭证外，还应设置(　　)。

A. 科目汇总表   B. 汇总收款凭证

C. 汇总付款凭证   D. 汇总转账凭证

5. 汇总记账凭证账务处理程序的优点有（   ）。

    A. 总分类账的登记工作量相对较小   B. 便于会计核算的日常分工

    C. 便于了解账户之间的对应关系   D. 编制汇总转账凭证的工作量较小

6. 计算机的硬件系统包括（   ）。

    A. 中央处理器   B. 内存储器

    C. 输出输入设备   D. 辅助存储器

7. 会计核算软件应当具备的初始化功能包括（   ）。

    A. 输入会计核算所必需的期初数字及有关资料

    B. 输入需要在本期进行对账的未达账项

    C. 定义自动转账凭证，包括会计制度允许的自动冲回凭证等

    D. 输入操作人员岗位分工情况，包括操作人员姓名、操作权限、操作密码等

8. 选择通用会计软件应注意软件的（   ）。

    A. 合法性   B. 安全性   C. 正确性   D. 可扩充性

9. 会计核算电算化是会计电算化的初级阶段，其主要工作内容包括（   ）。

    A. 设置会计科目电算化   B. 填制会计凭证电算化

    C. 登记会计账簿电算化   D. 编制会计报表电算化

10. 采用计算机替代手工记账的单位必须具备的基本条件是（   ）。

    A. 配有适用的会计软件，并且计算机与手工进行会计核算双轨运行三个月以上

    B. 配有专用的或主要用于会计核算工作的计算机或计算机终端。

    C. 配有与会计电算化工作需要相适应的专职人员

    D. 已建立健全的内部管理制度

三、判断题

1. 记账凭证账务处理程序的特点是直接根据汇总记账凭证逐笔登记总分类账和明细分类账，它是最基本的账务处理程序。 （   ）

2. 编制财务会计报告是企业账务处理程序的组成部分。 （   ）

3. 汇总记账凭证账务处理程序是最基本的账务处理程序。 （   ）

4. 汇总记账凭证账务处理程序可以简化总账的登记工作，所以适用于规模较大、经济业务较多的大中型企业单位。 （   ）

5. 汇总记账凭证与科目汇总表的汇总方法基本相同。 （   ）

6. 各种账务处理程序之间的主要区别在于登记总账的依据和方法不同。 （   ）

7. 科目汇总表可以采用全部汇总和分类汇总两种汇总方式，但任何格式的科目汇总表都不能反映账户之间的对应关系。 （   ）

8. 采用科目汇总表账务处理程序，总分类账、明细账和日记账均应根据科目汇总表登记。 （   ）

9. 科目汇总表账务处理程序的缺点是不便于查对账目。 （   ）

10. 只有通过操作系统才能完成对计算机的各种操作。 （   ）

11. 只有硬件没有软件的计算机通常称为"裸机"。 （   ）

12. 计算机硬件系统由中央处理器、硬盘、显示器、键盘和鼠标五大基本部件构成。 （   ）

13. 一台微机必备的输入设备是：CPU、键盘和显示器。 （　　）

14. 外存储器既是计算机的输入设备，又是计算机的输出设备。 （　　）

15. 运算器和控制器合称中央处理器（CPU），CPU 和内存储器则合称计算机的主机，在微型机中主机安装在一块主机板上。 （　　）

16. 账务处理模块是会计核算软件的核心模块。 （　　）

17. 电算化后，账表资料虽然已在磁介质上作了保存，但还是应该每天把日记账和明细账打印出来。 （　　）

18. 计算机账务处理程序是对手工账务处理程序的完全模拟。 （　　）

19. 与手工账务处理一样，电算化账务处理系统的原始数据来源于原始凭证。 （　　）

第五章 流动资产

第一节 货币资金

货币资金是指企业生产经营过程中处于货币形态的资产，包括库存现金、银行存款和其他货币资金。

一、库存现金

库存现金通常是指存放于企业财会部门、由出纳人员经营的货币。库存现金是指企业流动性最强的资产，企业必须对现金进行严格的管理和控制，遵守国家有关的现金管理制度，正确进行现金收支的核算，监督现金使用的合法性和合理性。

1. 现金管理制度

现金管理制度的主要内容有：

（1）现金适用范围。企业可以在下列范围内使用现金：①职工工资、津贴。②个人劳务报酬。③根据国家规定颁发给个人的科学技术、文化艺术、体育等各种奖金。④各种劳保、福利费用以及国家规定的对个人的其他支出。⑤向个人收购农副产品和其他物资的价款。⑥出差人员必须随身携带的差旅费。⑦结算起点（1000元人民币）以下的零星支出。⑧中国人民银行确定需要支付现金的其他支出。

（2）库存现金的限额。库存现金的限额是指国家规定由开户银行给企业核定一个保留现金的最高额度。核定单位库存限额的原则是，既要保证日常零星现金支付的合理需要，又要尽量减少现金的使用。这一限额由开户银行根据企业的实际需要和距离银行的远近核定，一般按照企业 3～5 天的零星开支需要量确定，边远地区和交通不便地区的企业，其库存现金限额的核定天数可以适当放宽在 5 天以上，但最多不得超过 15 天的日常零星开支的需要量。

（3）不准坐支现金。企业支付现金，可以从本单位库存现金限额中支付或者从开户银行提取，不得从本单位的现金收入中直接支付（即坐支）。因特殊情况需要坐支现金的，应当事先报经开户银行审查批准，由开户银行核定坐支范围和限额。未经银行批准，企业不得擅自坐支现金。

（4）日常收支管理。现金的日常收支管理主要有：①出纳人员对库存现金必须做到日清月结，做到账款相符。②企业因采购地点不确定、交通不便、抢险救灾及其他情况必须使用现金的单位，应向开户银行提出书面申请，由本单位财会部门负责人签字盖章，并经开户银行审查批准后予以支付。③不准用不符合国家统一的会计制度的凭证顶替库存现金，即不得"白库顶存"。④不准谎报用途套取现金。⑤不准借用账户，代替其他单位和个人存取现金。⑥不准用单位收入的现金以个人名义存入储蓄，不准保留账外公款，即不得"公款私存"，不得设置"小金库"。

2. 现金的核算

为了核算和监督库存现金的收支和结存情况，企业应设置"库存现金"科目。借方登记现金的增加；贷方登记现金的减少；期末借方余额反映企业持有的库存现金。企业内部各部门周转使用的备用金，通过"备用金"科目单独核算。

（1）现金收入的核算。现金收入的主要内容有：从银行提取现金、收取结算起点以下零星收入款、职工出差报销时交回的剩余借款和收取对个人的罚款等。收取现金时：借记"库存现金"科目，贷记有关科目。

【例5-1】企业从开户银行提取现金5000元备用，作会计分录如下：

借：库存现金　　　　　　　　　　　　　　　　　5000
　　贷：银行存款　　　　　　　　　　　　　　　　5000

【例5-2】企业办公室职员徐欣出差，原借款3000元，现报销2850元，剩余现金150元交回。作会计分录如下：

借：库存现金　　　　　　　　　　　　　　　　　150
　　管理费用　　　　　　　　　　　　　　　　　2850
　　贷：其他应收款——徐欣　　　　　　　　　　3000

（2）现金支出的核算。

【例5-3】企业办公室职员徐欣出差预借差旅费3000元，以现金支付。作会计分录如下：

借：其他应收款——徐欣　　　　　　　　　　　　3000
　　贷：库存现金　　　　　　　　　　　　　　　　3000

【例5-4】企业职工刘洪报销由其个人垫支的厂部办公用品300元，以现金支付。作会计分录如下：

借：管理费用　　　　　　　　　　　　　　　　　300
　　贷：库存现金　　　　　　　　　　　　　　　　300

3. 现金的清查

现金清查是指对现金的盘点和核对，清查的主要方法是实地盘点法。对于清查的结果应当编制现金盘点报告单。如果有挪用现金、白条顶库的情况应及时予以纠正；对于超限额留存的现金应及时送存银行。如果账款不符，发现的有待查明原因的现金短缺或溢余，应先通过"待处理财产损溢"科目核算。按管理权限报经批准后，分别以下情况处理：

（1）如为现金短缺，属于应由责任人赔偿或保险公司赔偿的部分，计入"其他应收款"科目；属于无法查明原因的部分，计入"管理费用"科目。现金短缺的处理如图5-1所示。

库存现金　　　　　　　待处理财产损溢　　　　　　　其他应收款

　　①按实际短缺的金额　　　　　②由责任者赔偿部分

管理费用

③按实际短缺的金额
扣除应由责任人赔偿
的部分后的金额

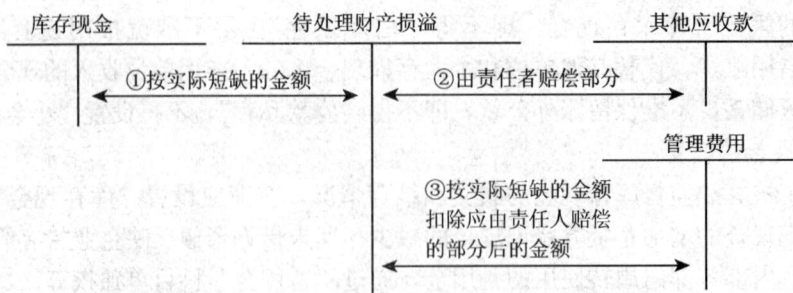

图 5—1　现金短缺的处理

（2）如为现金溢余，属于应支付给有关人员或单位的，计入"其他应付款"科目；属于无法查明原因的，计入"营业外收入"科目。现金溢余的处理如图 5—2 所示。

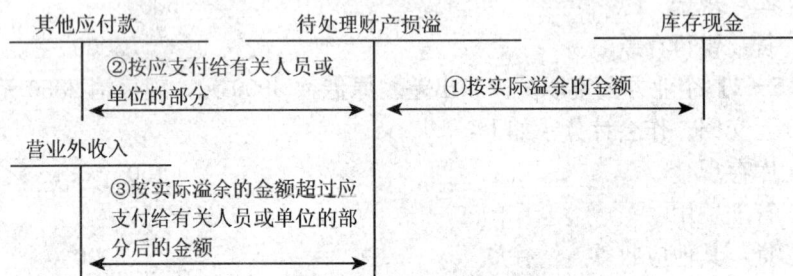

其他应付款　　　　　　　待处理财产损溢　　　　　　　库存现金

　　②按应支付给有关人员或　　　　①按实际溢余的金额
　　单位的部分

营业外收入

③按实际溢余的金额超过应
支付给有关人员或单位的部
分后的金额

图 5—2　现金溢余的处理

二、银行存款

银行存款是指企业存入银行或其他金融机构的各种款项。企业在日常生产经营活动中，经常会与外部其他单位发生结算业务，除少量按规定可以使用现金支付外，其余大部分都必须通过银行办理转账结算。银行存款的收付应严格执行银行结算制度的规定。

企业应当设置银行存款总账和银行存款日记账，分别进行银行存款的总分类核算和明细分类核算。

企业银行存款日记账的账面余额应定期与其开户银行转来的"银行对账单"的余额核对相符，至少每月核对一次。

企业银行存款账面余额与银行对账单余额之间不一致的原因除记账错误外，还因为存在未达账项。所谓未达账项是指在企业和银行之间，取得有关凭证的时间不同，而发生的一方已接到有关结算凭证并已经登记入账，而另一方由于未接到有关结算凭证尚未入账的款项。未达账项总的来说有两大类型：一是企业已经入账而银行尚未入账的款项；二是银行已经入账而企业尚未入账的款项。具体来讲有以下四种情况：

（1）企业已收款入账，银行尚未收款入账。

例如，企业已将销售产品收到的支票送存银行，对账前银行尚未入账的款项。

（2）企业已付款入账，银行尚未付款入账。

例如，企业开出支票购货，根据支票存根已登记银行存款的减少，而银行尚未接到支票，未登记银行存款减少。

（3）银行已收款入账，企业尚未收款入账。

例如，银行收到外单位采用托收承付结算方式购货所付的款项，已登记入账，企业未收到银行通知而未入账的款项。

（4）银行已付款入账，企业尚未付款入账。

例如，银行代企业支付的料款，已登记企业银行存款的减少，而企业因未收到凭证尚未记账的款项。

上述任何一种未达账项的存在，都会使企业银行存款日记账的余额与银行开出的对账单的余额不符。

当发生第（1）、（4）两种情况时，企业的银行存款日记账的账面余额将大于银行对账单的余额。

当发生第（2）、（3）两种情况时，企业的银行存款日记账的账面余额将小于银行对账单的余额。

在与银行对账时，首先应查明是否存在未达账项，如果存在未达账项，就应该编制银行存款余额调节表对有关账项进行调整。银行存款余额调节表是在银行存款日记账余额和银行对账单余额的基础上，分别加减未达账项，确定调节后余额。银行存款余额调节表只是为了核对账目，并不能作为调整银行存款账面余额的记账依据。

如果调节后双方余额相符，就说明企业和银行双方记账过程基本正确，而且这个调整后余额是企业当时可以实际动用的银行存款的限额。如果调节后余额不符，企业和开户银行双方记账过程可能存在错误，属于开户银行错误，应当由银行核查更正；属于企业错误，应查明错误所在，区别漏记、重记、错记或篡记等情况，分别采用不同的方法进行更正。计算公式如下：

企业的银行存款日记账余额＋银行已收企业未收款－银行已付企业未付款＝银行对账单的余额＋企业已收银行未收款－企业已付银行未付款

以下举例说明银行存款余额调节表的具体编制方法。

【例5—5】望京股份公司2009年6月30日核对银行存款日记账。6月30日银行存款日记账账面余额为238760元，同日银行开出的对账单余额为299860元。经银行存款日记账与银行存款对账单逐笔核对，发现二者的不符是由下列原因造成的：

（1）公司于6月28日开出支票购买办公用品980元，公司根据支票存根和有关发票等原始凭证已记账，但收款人尚未到银行办理转账。

（2）6月29日公司的开户银行代公司收进一笔托收的货款75000元，银行已记账，但尚未通知公司。

（3）6月30日开户银行代公司支付当月的水电费1460元，银行已记账，但付款通知单尚未送达公司，因而公司未记账。

（4）公司于6月30日收到客户交来的购货支票，金额15000元当即存入银行，公司根据进账单等已记账，但因跨行结算，所以银行未记账。

（5）6月30日公司的存款利息收入1580元，银行已主动划入本公司账户，但尚未通知公司，因而公司暂未记账。

根据调节表的余额和查出的未达账项等内容，编制6月30日的银行存款余额调节表，确定调节后的余额。本例编制的银行存款余额调节表如表5-1所示。

表5-1　　　　　银行存款余额调节表（2009年6月30日）　　　　单位：元

项　目	金　额	项　目	金　额
银行对账单余额	299860	公司银行存款日记账余额	238760
加：公司已收，银行未收款	15000	加：银行已收，公司未收款	75000
减：公司已付，银行未付款	980		1580
		减：银行已付，公司未付款	1460
调节后的存款余额	313880	调节后的存款余额	313880

表5-1中，左、右两方调节后的金额相等，说明该公司的银行存款日记账记账过程基本正确（但这不是绝对的，如两个差错正好相等，抵销为零等），同时还说明公司的银行存款实有数既不是299860元，也不是238760元，而是313880元。如果调节后的余额仍然不等，则说明有错误存在，应进一步查明原因，采取相应的方法进行更正。

三、其他货币资金

1. 其他货币资金的内容

其他货币资金是指企业除库存现金、银行存款以外的各种货币资金，主要包括银行汇票存款、银行本票存款、信用卡存款、信用证保证金存款、存出投资款、外埠存款等。

（1）银行汇票存款。银行汇票是汇款人将款项交存当地出票银行，由出票银行签发的，由其在见票时，按照实际结算金额无条件支付给收款人或持票人的票据。银行汇票可以用于转账，填明"现金"字样的银行汇票也可以用于支取现金。银行汇票存款是指企业为取得银行汇票，按照规定存入银行的款项。

（2）银行本票存款。银行本票是银行签发的，承诺自己在见票时无条件支付确定的金额给收款人或者持票人的票据。无论单位或个人，在同一票据交换区域支付各种款项，都可以使用银行本票。银行本票存款是指企业为取得银行本票，按照规定存入银行的款项。

（3）信用卡存款。信用卡是指商业银行向个人和单位发行的，凭以向特约单位购物、消费和向银行存取现金，且具有消费信用的特制载体卡片。信用卡存款是指企业为取得信用卡而存入银行信用卡专户的款项。

（4）信用证保证金存款。信用证结算方式是国际结算的一种主要方式。经中国人民银行批准经营结算业务的商业银行总行以及经商业银行总行批准开办信用证结算业务的分支机构，也可以办理国内企业之间商品交易的信用证结算业务。信用证存款是指采用信用证结算方式的企业为开具信用证而存入银行信用证保证金专户的款项。

（5）存出投资款。存出投资款是指企业已存入证券公司但尚未进行投资的货币资金。

（6）外埠存款。外埠存款是指企业到外地进行临时或零星采购时，汇往采购地银行开立采购专户的款项。

2. 其他货币资金的核算

为了反映和监督其他货币资金的收支和结存情况，企业应当设置"其他货币资金"科目，借方登记其他货币资金的增加数，贷方登记其他货币资金的减少数，期末余额在借方，反映企业实际持有的其他货币资金。本科目应按其他货币资金的种类设置明细科目。

（1）银行汇票存款。企业向银行提交"银行汇票委托书"并将款项交存开户银行，取得汇票后，根据银行盖章的委托书存根联，编制付款凭证，借记"其他货币资金——银行汇票"科目，贷记"银行存款"科目。

企业使用银行汇票支付款项后，应根据发票账单及开户银行转来的银行汇票有关副联等凭证，经核对无误后编制会计分录，借记"原材料"、"应交税费——应交增值税（进项税额）"等科目，贷记"其他货币资金——银行汇票"科目。银行汇票使用完毕，应转销"其他货币资金——银行汇票"账户。如实际采购支付后银行汇票有余额，多余部分应借记"银行存款"科目，贷记"其他货币资金——银行汇票"科目。汇票因超过付款期限或其他原因未曾使用而退还款项时，应借记"银行存款"科目，贷记"其他货币资金——银行汇票"科目。

【例5-6】甲企业根据发生的有关银行汇票存款收付业务，编制会计分录如下：

①企业申请办理银行汇票，将银行存款60000元转为银行汇票存款。

借：其他货币资金——银行汇票   60000
  贷：银行存款   60000

②采购员用银行汇票采购材料，采购材料价款58500元，其中，材料价款5000元，增值税额8500元，材料已验收入库。

借：原材料   50000
  应交税费——应交增值税（进项税额）   8500
  贷：其他货币资金——银行汇票   58500

③外地采购结束，收到多余款项退回通知，将余款1500元收妥入账。

借：银行存款   1500
  贷：其他货币资金——银行汇票   1500

（2）银行本票存款。企业向银行提交"银行本票申请书"并将款项交存银行，取得银行本票时，应根据银行盖章退回的申请书存根联，编制付款凭证，借记"其他货币资金——银行本票"科目，贷记"银行存款"科目。企业用银行本票支付购货款等款项后，应根据发票账单等有关凭证，借记"在途物资"、"应交税费——应交增值税（进项税额）"等科目，贷记"其他货币资金——银行本票"科目。如企业因本票超过付款期等原因未曾使用而要求银行退款时，应填制进账单一式二联，连同本票一并交给银行，然后根据银行收回本票时盖章退回的一联进账单，借记"银行存款"科目，贷记"其他货币资金——银行本票"科目。

【例5-7】甲企业根据发生的有关银行本票存款收付业务，编制会计分录如下：

①企业申请办理银行本票，将银行存款40000元转入银行本票存款。

借：其他货币资金——银行本票 40000
　　贷：银行存款 40000

②收到收款单位发票等单据，采购材料付款39780元，其中，材料采购款34000元，增值税额5780元，材料已验收入库。

借：原材料 34000
　　应交税费——应交增值税（进项税额） 5780
　　　　贷：其他货币资金——银行本票 39780

③收到收款单位退回的银行本票余款220元，存入银行。

借：银行存款 220
　　贷：其他货币资金——银行本票 220

（3）信用卡存款。企业申领信用卡，按照有关规定填制申请表，并按银行要求交存备用金，银行开立信用卡存款账户，发给信用卡。企业根据银行盖章退回的交存备用金的进账单，借记"其他货币资金——信用卡存款"科目，贷记"银行存款"科目。企业收到开户银行转来的信用卡存款的付款凭证及所附发票账单，经核对无误后进行会计处理，借记"管理费用"等科目，贷记"其他货币资金——信用卡存款"科目。

【例5-8】甲企业根据发生的有关信用卡存款收付业务，编制会计分录如下：

①银行存款50000元存入信用卡。

借：其他货币资金——信用卡存款 50000
　　贷：银行存款 50000

②信用卡支付业务招待费1500元。

借：管理费用 1500
　　贷：其他货币资金——信用卡存款 1500

③收到信用卡存款的利息60元。

借：其他货币资金——信用卡存款 60
　　贷：财务费用 60

（4）信用证保证金存款。企业向银行申请开出信用证用于支付供货单位购货款项时，根据开户银行盖章退回的"信用证委托书"回单，借记"其他货币资金——信用证存款"科目，贷记"银行存款"科目。企业收到供货单位信用证结算凭证及所附发票账单，经核对无误后进行会计处理，借记"在途物资"、"应交税费——应交增值税（进项税额）"等科目，贷记"其他货币资金——信用证存款"科目。如果企业收到未用完的信用证存款余款，应借记"银行存款"科目，贷记"其他货币资金——信用证存款"科目。

【例5—9】甲企业根据发生的信用证结算有关的业务，编制会计分录如下：

①申请开证并向银行交纳信用证保证金30000元。

借：其他货币资金——信用证保证金　　　　　　　30000

　　贷：银行存款　　　　　　　　　　　　　　　　　　30000

②接到开证行交来的信用证来单通知书及有关购货凭证等，以信用证方式采购的材料已收到并已验收入库，货款全部支付。货款总计150000元，其中材料价款128205.13元，增值税额21794.87元。

借：原材料　　　　　　　　　　　　　　　128205.13

　　应交税费——应交增值税（进项税额）　　21794.87

　　贷：其他货币资金——信用证保证金　　　　　　30000

　　　　银行存款　　　　　　　　　　　　　　　　120000

（5）存出投资款。企业向证券公司划出资金时，应按实际划出的金额，借记"其他货币资金——存出投资款"科目，贷记"银行存款"科目；购买股票、债券等时，根据持有金融资产的目的，按实际发生的金额，借记"交易性金融资产"或"可供出售金融资产"科目，贷记"其他货币资金——存出投资款"科目。

【例5—10】甲企业根据发生的短期投资业务，编制会计分录如下：

①将银行存款500000元划入某证券公司准备进行短期股票投资。

借：其他货币资金——存出投资款　　　　　　　500000

　　贷：银行存款　　　　　　　　　　　　　　　　　500000

②将存入证券公司款项用于购买股票，并已成交，该股票被企业划分为交易性金融资产，购买股票的成本为200000元。

借：交易性金融资产——成本　　　　　　　　　200000

　　贷：其他货币资金——存出投资款　　　　　　　200000

（6）外埠存款。企业汇出款项时，须填写汇款委托书，加盖"采购资金"字样。汇入银行对汇入的采购款项，以汇款单位名义开立采购账户。采购资金存款不计利息，除采购员差旅费可以支取少量现金外，一律转账。采购专户只付不收，付完结束账户。

企业将款项委托当地银行汇往采购地开立专户时，根据汇出款项凭证，编制付款凭证，进行账务处理，借记"其他货币资金——外埠存款"科目，贷记"银行存款"科目。

外出采购人员报销用外埠存款支付材料的采购货款等款项时，企业应根据供应单位发票账单等报销凭证，编制付款凭证，借记"在途物资"、"应交税费——应交增值税（进项税额）"等科目，贷记"其他货币资金——外埠存款"科目。

采购员完成采购任务，将多余的外埠存款转回当地银行时，应根据银行的收款通知，编制收款凭证。

【例5-11】甲企业发生有关外埠存款业务，编制会计分录如下：

①托银行汇往外地150000元开立临时采购专户，用于采购材料。

借：其他货币资金——外埠存款   150000

  贷：银行存款   150000

②采购员用外埠存款采购材料，货款117000元，其中材料价款100000元，增值税额17000元，材料已验收入库。

借：原材料   100000

  应交税费——应交增值税（进项税额） 17000

  贷：其他货币资金——外埠存款   117000

③外地采购结束后，收到银行转来的通知，外地采购专户余款33000元已经收妥入账。

借：银行存款   33000

  贷：其他货币资金——外埠存款   33000

第二节　交易性金融资产

一、交易性金融资产概述

1. 交易性金融资产的含义及特点

交易性金融资产主要是指企业为了近期内出售而持有的金融资产，例如企业以赚取差价为目的从二级市场购入的股票、债券、基金等。交易性金融资产一般具有以下特点：

（1）投资的变现能力强。交易性金融资产在活跃的市场中有报价，具有很强的变现能力，其流动性仅次于货币资金，当企业急需资金时可以立即将其兑现。

（2）近期内出售，回收金额不确定。企业投资于交易性金融资产的资金是暂时闲置的，一旦企业生产经营需要资金或者出现较好的获利机会，企业可能随时将交易性金融资产转为货币资金，但是由于投资具有一定的风险性，交易性金融资产的回收金额不确定，因此，可能盈利也可能发生亏损。

由于交易性金融资产的以上特征，所以《企业会计准则》要求将交易性金融资产以公允价值计量且其变动计入当期损益。

2. 设置的会计科目

为了核算和监督交易性金融资产公允价值的增减变动和结存情况以及投资收益

的实现情况，企业应设置下列会计科目：

（1）"交易性金融资产"科目。用来核算企业为交易目的所持有的债券投资、股票投资、基金投资等交易性金融资产的公允价值。借方登记交易性金融资产公允价值的增加，贷方登记交易性金融资产公允价值的减少以及处置交易性金融资产时结转的公允价值，余额反映期末结存的交易性金融资产公允价值。该科目应当按照交易性金融资产的类别和品种，分别以"成本"、"公允价值变动"等进行明细核算。

（2）"公允价值变动损益"科目。用来核算企业持有的交易性金融资产公允价值变动形成的应计入当期损益的利得和损失。贷方登记期末企业持有的交易性金融资产的公允价值高于账面的差额和处置交易性金融资产时结转的公允价值变动金额，借方登记期末企业持有的交易性金融资产的公允价值低于账面余额的差额和处置交易性金融资产时结转的公允价值变动金额。

（3）"投资收益"科目。用来核算企业对外投资所取得的收益或发生的损失。贷方登记企业对外投资所取得的收益，借方登记企业对外投资所发生的损失和取得投资时发生的交易费用。期末结转"本年利润"前的贷方余额反映投资净收益；如为借方余额，则反映投资净损失。

二、交易性金融资产的取得

企业取得交易性金融资产时，应当按照该金融资产取得时的公允价值作为其初始确认金额，记入"交易性金融资产——成本"科目；发生的相关交易费用应当直接计入当期损益，借记"投资收益"科目。交易费用包括支付给代理机构、咨询公司、券商等的手续费和佣金及其他必要支出，不包括债券溢价、折价、融资费用、内部管理成本及其他与交易不直接相关的费用。取得交易性金融资产时所支付价款中包含了已宣告但尚未发放的现金股利或已到付息期但尚未领取的债券利息的，应当单独确认为应收项目，记入"应收股利"或"应收利息"科目。

【例5—12】2009年7月28日，甲公司支付价款1030000元从二级市场购入乙公司发行的股票100000股，每股价格10.30元（含已宣告但尚未发放的现金股利0.30元），另支付交易费用1000元。甲公司将持有的乙公司股权划分为交易性金融资产，甲公司编制会计分录如下：

借：交易性金融资产——成本　　　　　　　　　　1000000
　　应收股利　　　　　　　　　　　　　　　　　　30000
　　投资收益　　　　　　　　　　　　　　　　　　1000
　　贷：银行存款　　　　　　　　　　　　　　　　　1031000

【例5—13】乙公司于2009年6月26日以10000元购入丙公司于同年1月1日发行的三年期债券（票面金额为10000元）作为交易性金融资产。该债券年利率为6%，每半年付息一次，另支付手续费100元。乙公司编制会计分录如下：

借：交易性金融资产——成本　　　　　　　　　　10000

	投资收益	100	
	贷：银行存款		10100

【例 5—14】丁公司 2009 年 1 月 1 日企业从二级市场支付价款 1020000 元（含已到付息但尚未领取的利息 20000 元）购入戊公司发行的债券，另发生交易费用 20000 元。该债券面值 1000000 元，剩余期限为两年，票面年利率为 4%，每半年付息一次，丁公司将其划分为交易性金融资产。丁公司编制会计分录如下：

	借：交易性金融资产——成本	1000000	
	应收利息	20000	
	投资收益	20000	
	贷：银行存款		1040000

三、交易性金融资产持有期间的现金股利和利息

企业持有交易性金融资产期间对于被投资单位宣告发放的现金股利或企业在资产负债表日按分期付息、一次还本债券投资的票面利率计算的利息，应当确认为应收项目，记入"应收股利"或"应收利息"科目，并计入当期投资收益。

【例 5—15】承【例 5—13】7 月 1 日丙公司确认发放利息，7 月 7 日，乙公司收到债券利息 300 元。乙公司编制会计分录如下：

①7 月 1 日确认债券利息时：

	借：应收利息	300	
	贷：投资收益		300

②7 月 7 日收到债券利息 300 元时：

	借：银行存款	300	
	贷：应收利息		300

四、交易性金融资产的期末计量

根据《企业会计准则——金融工具确认和计量》的规定，在资产负债表日应编制调整分录，将交易性金融资产公允价值的变动计入当期损益。交易性金融资产期末以公允价值计价，能够公允地反映企业财务状况和经营成果，满足会计报表使用者对会计信息的需求。

资产负债表日，交易性金融资产应当按照公允价值计量，公允价值与账面余额之间的差额计入当期损益。企业应当在资产负债表日按照交易性金融资产公允价值与其账面余额的差额，借记或贷记"交易性金融资产——公允价值变动"科目，贷记或借记"公允价值变动损益"科目。

【例 5—16】承【例 5—12】12 月 31 日，乙公司股票价格涨到每股 13 元，编制会计分录如下：

	借：交易性金融资产——公允价值变动	300000	
	贷：公允价值变动损益		300000

【例5-17】承【例5-14】12月31日，该债券的公允价值为1150000元（不含利息），编制会计分录如下：

借：交易性金融资产——公允价值变动   150000

  贷：公允价值变动损益   150000

借：应收利息   20000

  贷：投资收益   20000

五、交易性金融资产的处置

企业在需要周转资金或决定投资于更有利的机会时，可以随时将持有的交易性金融资产在证券市场上出售。出售交易性金融资产时，应当将该金融资产出售时的公允价值与其初始入账金额之间的差额确认为投资收益，同时调整公允价值变动损益。

企业应按实际收到的金额，借记"银行存款"等科目，按该金融资产的账面余额，贷记"交易性金融资产"科目，按其差额，贷记或借记"投资收益"科目。

同时，将原计入该金融资产的公允价值变动转出，借记或贷记"公允价值变动损益"科目，贷记或借记"投资收益"科目。

【例5-18】2009年5月，甲公司以480万元购入乙公司股票60万股作为交易性金融资产，另支付手续费10万元，2008年6月30日该股票每股市价为7.5元，2009年8月10日，乙公司宣告分派现金股利，每股0.20元，8月20日，甲公司收到分派的现金股利。至12月31日，甲公司仍持有该交易性金融资产，期末每股市价为8.5元，2010年1月3日以515万元出售该交易性金融资产。假定甲公司每年6月30日和12月31日对外提供财务报告。编制会计分录如下（单位：万元）：

①2009年5月购入时：

借：交易性金融资产——成本   480

  投资收益   10

  贷：银行存款   490

②2009年6月30日：

借：公允价值变动损益（480-60×7.5） 30

  贷：交易性金融资产——公允价值变动 30

③2009年8月10日宣告分派时：

借：应收股利（0.20×60）   12

  贷：投资收益   12

④2009年8月20日收到股利时：

借：银行存款   12

  贷：应收股利   12

⑤2009年12月31日：

借：交易性金融资产——公允价值变动（60×8.5-450）60

　　　　贷：公允价值变动损益　　　　　　　　　　60
　　⑥2010 年 1 月 3 日处置时：
　　借：银行存款　　　　　　　　　　　　　　515
　　　　公允价值变动损益　　　　　　　　　　30
　　　　贷：交易性金融资产——成本　　　　　480
　　　　　　　　　　——公允价值变动　　　　30
　　　　　　投资收益　　　　　　　　　　　　35

第三节　应收及预付款项

　　应收及预付款项是指企业在日常生产经营过程中发生的各项债权，包括应收款项和预付款项。应收款项包括应收票据、应收账款和其他应收款等；预付款项则是指企业按照合同规定预付的款项，如预付账款等。

一、应收票据

1. 应收票据概述

　　应收票据是指企业因销售商品、提供劳务等而收到的商业汇票。商业汇票是出票人签发的，委托付款人在指定日期无条件支付确定的金额给收款人或者持票人的票据。

　　商业汇票的付款期限由交易双方商定，但最长不得超过 6 个月。商业汇票的提示付款期限自汇票到期日起 10 日内。

　　商业汇票按承兑人不同分为商业承兑汇票和银行承兑汇票两种。

　　(1) 商业承兑汇票。商业承兑汇票由银行以外的付款人承兑。商业承兑汇票按交易双方约定，由销货企业或购货企业签发，但由购货企业承兑。承兑时，购货企业应在汇票正面记载"承兑"字样和承兑日期并签章。汇票到期时，购货企业的开户银行凭票将票款划给销货企业或贴现银行。销货企业应在提示付款期限内通过开户银行委托收款或直接向付款人提示付款。汇票到期时，如果购货企业的存款不足以支付票款，开户银行应将汇票退还销货企业，银行不负责付款，由购销双方自行处理。

　　(2) 银行承兑汇票。银行承兑汇票由银行承兑，由在承兑银行开立存款账户的存款人签发。承兑银行按票面金额向出票人收取万分之五的手续费。购货企业应于汇票到期前将票款足额交存其开户银行，以备由承兑银行在汇票到期日或到期日后的见票当日支付票款。销货企业应在汇票到期时将汇票连同进账单送交开户银行以便转账收款。承兑银行凭汇票将承兑款项无条件转给销货企业，如果购货企业于汇票到期日未能足额交存票款时，承兑银行除凭票向持票人无条件付款外，对出票人尚未支付的汇票金额按照每天万分之五计收罚息。

2. 应收票据的核算

　　(1) 取得应收票据和收回到期票款。应收票据取得的原因不同，其会计处理亦有所区别。因债务人抵偿前欠货款而取得的应收票据，借记"应收票据"科目，贷记"应收账款"科目；因企业销售商品、提供劳务等而收到、开出承兑的商业汇票，借记"应收票据"科目，贷记"主营业务收入"、"应交税费——应交增值税（销项税额）"等科目。

商业汇票到期收回款项时，应按实际收到的金额，借记"银行存款"科目，贷记"应收票据"科目。

【例5—19】甲公司根据企业发生的有关收到应收票据的业务，编制会计分录如下：

①甲公司向乙公司销售一批产品，价款为60000元，增值税额10200元，收到由乙公司承兑的商业承兑汇票一张，金额共计70200元。

借：应收票据　　　　　　　　　　　　　　　70200
　　贷：主营业务收入　　　　　　　　　　　　60000
　　　　应交税费——应交增值税（销项税额）　10200

②原向丙公司销售产品的应收账款共计58500元（其中产品价款50000元，增值税额8500元），经双方协商，采用商业汇票形式结算，并收到商业承兑汇票一张。

借：应收票据　　　　　　　　　　　　　　　58500
　　贷：应收账款　　　　　　　　　　　　　　58500

③甲公司上述应收票据到期收回票面金额128700元存入银行。

借：银行存款　　　　　　　　　　　　　　　128700
　　贷：应收票据　　　　　　　　　　　　　　128700

（2）转让应收票据。企业可以将自己持有的商业汇票背书转让。背书是指在票据背面或者粘单上记载有关事项并且签章的票据行为。企业将持有的商业汇票背书转让以取得所需物资时，按应计入取得物资成本的金额，借记"材料采购"、"原材料"、"库存商品"等科目，按专用发票上注明的可抵扣的增值税额，借记"应交税费——应交增值税（进项税额）"科目，按商业汇票的票面金额，贷记"应收票据"科目，如有差额，借记或贷记"银行存款"等科目。

【例5—20】承【例5—19②】假定甲公司将上述应收票据背书转让，以取得生产经营所需的A种材料，该材料金额为50000元，适用增值税税率为17%。甲公司编制会计分录如下：

借：原材料　　　　　　　　　　　　　　　　50000
　　应交税费——应交增值税（进项税额）　　8500
　　贷：应收票据　　　　　　　　　　　　　　58500

二、应收账款

1. 应收账款的内容

应收账款是指企业因销售商品、提供劳务等经营活动，应向购货单位或接受劳务单位收取的款项，主要包括企业销售商品或提供劳务等应向有关债务人收取的价款及代购货单位垫付的包装费、运杂费等。

2. 应收账款的初始确认金额

应收账款的入账价值包括销售商品或提供劳务从购货方或接受劳务方应收的合同或协议价款（应收的合同或协议价款不公允的除外）、增值税销项税额，以及代购货单位垫付的包装费、运杂费等。

由于企业为了促销或及时收回货款，在销售时常常采用折扣政策，因此，确定应收账款的入账价值还需要考虑商业折扣和现金折扣等因素。

（1）商业折扣。商业折扣，是指企业根据市场供需情况，或针对不同的顾客在商品标价上给予的扣除。企业使用商业折扣可以采用百分比表示，也可以用确定的金额表示。商品标价并不是企业对客户的应收款项，不能将其计入应收客户款。只有业务发生时的成交价才能计入应收客户款入账，即企业发生销货、提供劳务等主要经营业务行为时，商品标价扣除商业折扣以后的实际成交价格才是应收账款的入账金额。由此可见，商业折扣对会计核算不产生任何影响。

【例 5—21】 某企业销售甲商品，标价为每件 99 元，现销售 500 件，并给予购货方 3% 的商业折扣。则该企业销售甲商品的实际销售单价为 96.03 元/件[99×(1−3%)]，销售 500 件的价款共计 48015 元（96.03×500），应收取的销项税额为 8162.55 元，共计 56177.55 元。该企业编制会计分录如下：

①销售商品时：

借：应收账款　　　　　　　　　　　　　　　　56177.55

　　贷：主营业务收入　　　　　　　　　　　　　48015

　　　　应交税费——应交增值税（销项税额）　　8162.55

②实际收到货款时：

借：银行存款　　　　　　　　　　　　　　　　56177.55

　　贷：应收账款　　　　　　　　　　　　　　　56177.55

（2）现金折扣。现金折扣是指销货企业为了鼓励客户在一定期间内早日偿还货款，对销售价格所给予的一定比率的扣减。现金折扣一般用符号"折扣/付款期限"表示。

例如，现金折扣（2/10、1/20、n/30）表示：10 天内付款，给予 2% 的折扣；20 天内付款，给予 1% 的折扣；30 天内付款无折扣。

我国的应收账款采用总价法核算。总价法是指将未减去现金折扣前的金额作为实际售价，并以此作为应收账款的入账价值。现金折扣只有当客户在折扣期限内支付货款时，才予以确认。客户所享有的现金折扣发生时，计入财务费用。

【例 5—22】 某企业 11 月 1 日销售甲商品，销售价款总额为 3800 元，其中：商品价款为 3247.86 元，增值税额 552.14 元。规定的付款条件为（2/20，n/30）。11 月 19 日，购货方结了购货价款。该企业编制会计分录如下：

①11 月 1 日，销售商品时：

借：应收账款　　　　　　　　　　　　　　　　3800

　　　　贷：主营业务收入　　　　　　　　　　　　　　3247.86
　　　　　　应交税费——应交增值税（销项税额）　　　552.14
　　②11 月 19 日，收到价款时（现金折扣＝3800×2％＝76 元）：
　　借：银行存款　　　　　　　　　　　　　　　　　3724
　　　　财务费用　　　　　　　　　　　　　　　　　　76
　　　　贷：应收账款　　　　　　　　　　　　　　　　　3800

3. 应收账款的核算

　　为了核算和监督应收账款的形式和收回情况，企业应设置"应收账款"科目，借方登记企业销售产品、材料和供应劳务的应收款项、销售商品等而发生的应收款项（为购买单位代垫运费时，也记入该账户借方）；贷方登记收回货款和代垫费用时，记入贷方。如果企业应收账款改用商业汇票结算，在收到购买单位承兑的商业汇票时，借记"应收票据"科目，贷记本科目。该科目期末借方余额，反映企业应收未收的销货款。

　　不单独设置"预收账款"科目的企业，预收的账款也在"应收账款"科目核算。如果期末余额在贷方，则反映企业预收的账款。

　　企业销售商品等发生应收款项时，借记"应收账款"科目，贷记"主营业务收入"、"应交税费——应交增值税（销项税额）"等科目；收回应收账款时，借记"银行存款"等科目，贷记"应收账款"科目。

　　企业代购货单位垫付包装费、运杂费时，借记"应收账款"科目，贷记"银行存款"等科目；收回代垫费用时，借记"银行存款"等科目，贷记"应收账款"科目。

　　如果企业应收账款改用应收票据结算，在收到承兑的商业汇票时，借记"应收票据"科目，贷记"应收账款"科目。

　　现举例说明应收账款的核算方法如下：

　　【例 5－23】甲公司向乙公司销售商品一批，货款 30000 元，增值税额 5100 元，以银行存款代垫运杂费 200 元。甲公司编制会计分录如下：

　　①销售商品时：
　　借：应收账款　　　　　　　　　　　　　　　　35300
　　　　贷：主营业务收入　　　　　　　　　　　　　　30000
　　　　　　应交税费——应交增值税（销项税额）　　　5100
　　　　　　银行存款　　　　　　　　　　　　　　　　200
　　②实际收到款项时：
　　借：银行存款　　　　　　　　　　　　　　　　35300
　　　　贷：应收账款　　　　　　　　　　　　　　　　35300

　　【例 5－24】甲公司收到丙公司交来商业汇票一张，面值 10000 元，用以偿还其前欠货款。甲公司编制会计分录如下：

　　借：应收票据　　　　　　　　　　　　　　　　10000
　　　　贷：应收账款　　　　　　　　　　　　　　　　10000

三、预付账款和其他应收款

1. 预付账款

预付账款是指企业按照合同规定预先支付给供货单位的款项。为了加强对预付账款的管理，一般应单独设置"预付账款"科目进行核算；预付款项情况不多的企业，可以不设置"预付账款"科目，而直接通过"应付账款"科目核算。

"预付账款"科目是为了核算企业按照购货合同规定预付给供应单位的款项。企业按合同规定预付供应单位货款时，记入该科目的借方；收到所购物品时，根据发票账单等列明的金额，记入该账户的贷方；补付或退回多付的货款时，借记或贷记该科目。该科目期末借方余额，反映企业预付给供应单位预付账款的资金占用额。

企业根据购货合同的规定向供应单位预付款项时，借记"预付账款"科目，贷记"银行存款"科目。企业收到所购物资，按应计入购入物资成本的金额，借记"材料采购"或"原材料"、"库存商品"、"应交税费——应交增值税（进项税额）"等科目，贷记"预付账款"科目；当预付货款小于采购货物所需支付的款项时，应将不足部分补付，借记"预付账款"科目，贷记"银行存款"科目；当预付货款大于采购货物所需支付的款项时，对收回的多余款项应借记"银行存款"科目，贷记"预付账款"科目。

现举例说明预付账款的核算方法：

【例5—25】根据双方签订的合同，甲公司向乙公司预付了20000元购货款，15天后，甲公司收到所购货物，货物价款30000元，增值税额5100元，甲公司验收货物后补付其余款项。甲公司编制会计分录如下：

①预付购货款时：

借：预付账款——乙公司   20000

  贷：银行存款   20000

②甲公司以银行存款补付所欠款项时：

借：原材料   30000

  应交税费——应交增值税（进项税额） 5100

  贷：预付账款——乙公司   35100

借：预付账款——乙公司   15100

  贷：银行存款   15100

2. 其他应收款

其他应收款是指企业除应收票据、应收账款、预付账款等以外的其他各种应收及暂付款项。其主要内容包括各种应收赔款、存出保证金、备用金、应收包装物租金、应收的各种罚款以及应向职工收取的各种垫付款项等。

为了反映其他应收账款的增减变动及其结存情况，企业应当设置"其他应收款"科目进行核算。"其他应收款"科目的借方登记其他应收款的增加，贷方登记其他应收款的收回，期末余额一般在借方，反映企业尚未收回的其他应收款项。

企业发生其他应收款时，借记"其他应收款"科目，贷记"库存现金"、"银行存款"、"营业外收入"等科目；收回或转销其他应收款时，借记"库存现金"、"银行存款"、"应付职工薪酬"等科目，贷记"其他应收款"科目。

现举例说明其他应收款的核算方法如下：

【例5—26】甲公司以银行存款替副总经理垫付应由其个人负担的医疗费3000元，拟从其工资中扣回。

①垫付医药费时：

借：其他应收款   3000

  贷：银行存款   3000

②扣款时：

借：应付职工薪酬   3000

  贷：其他应收款   3000

四、应收款项减值

企业应当在资产负债表日对应收款项的账面价值进行检查，有客观证据表明该应收款项发生减值的，应当将该应收款项的账面价值减记至预计未来现金流量现值，减记的金额确认减值损失，计提坏账准备。

为了核算和监督坏账准备的计提，企业应设置"坏账准备"科目。贷方登记计提的坏账准备；借方登记已确认应转销的坏账或冲销多提的坏账准备；期末贷方余额反映企业已经提取但尚未结转的坏账准备。该科目可按应收账款的类别进行明细核算。

企业计提坏账准备时，按应减记的余额，借记"资产减值损失——计提的坏账准备"科目，贷记"坏账准备"科目。冲减多计提的坏账准备时，借记"坏账准备"科目，贷记"资产减值损失——计提的坏账准备"科目。

企业确实无法收回的应收款项按管理权限报经批准后作为坏账转销时，应当冲减已计提的坏账准备。已确认并转销的应收款项以后又收回的，应当按照实际收到的金额增加坏账准备的账面余额。

企业发生坏账损失时，借记"坏账准备"科目，贷记"应收账款"、"其他应收款"等科目。已确认并转销的应收款项以后又收回时，借记"应收账款"、"其他应收款"等科目，贷记"坏账准备"科目；同时，借记"银行存款"科目，贷记"应收账款"、"其他应收款"等科目。也可以按照实际收回的金额，借记"银行存款"科目，贷记"坏账准备"科目。

现举例说明坏账准备的核算方法：

【例5—27】2008年12月31日，甲公司对应收丙公司的账款进行减值测试。应收账款余额合计为2000000元，甲公司根据丙公司的资信情况确定按10%计提坏账准备。2008年末，计提坏账准备的会计分录为：

借：资产减值损失——计提的坏账准备   200000

　　　　　贷：坏账准备　　　　　　　　　　　　　　　　　200000

　　【例5—28】甲公司2009年3月，丙公司的应收账款实际发生坏账损失150000元。确认坏账损失时，甲公司应作如下会计处理：

　　　　　借：坏账准备　　　　　　　　　　　　　　　　　150000
　　　　　　　贷：应收账款　　　　　　　　　　　　　　　150000

　　【例5—29】甲公司2009年末应收丙公司的账款余额为1800000元，经减值测试，甲公司决定仍按10%计提坏账准备。

　　根据甲公司坏账核算方法，其"坏账准备"科目应保持的贷方余额为180000元（1800000×10%）；计提坏账准备前，"坏账准备"科目的实际余额为贷方50000元（200000－150000），因此本年末应计提的坏账准备金额为130000元（180000－50000）。甲公司应编制会计分录如下：

　　　　　借：资产减值损失——计提的坏账准备　　　　　　130000
　　　　　　　贷：坏账准备　　　　　　　　　　　　　　　130000

　　【例5—30】承【例5—29】假定甲公司2010年4月20日收到2009年已转销的坏账80000元，已存入银行。甲公司应作如下会计处理：

　　　　　借：应收账款　　　　　　　　　　　　　　　　　80000
　　　　　　　贷：坏账准备　　　　　　　　　　　　　　　80000
　　　　　借：银行存款　　　　　　　　　　　　　　　　　80000
　　　　　　　贷：应收账款　　　　　　　　　　　　　　　80000

第四节　存　货

一、存货概述

1. 存货定义

　　存货是指企业在日常活动中持有以备出售的产成品或商品、处在生产过程中的在产品、在生产过程或提供劳务过程中耗用的材料、物料等。

　　企业的存货通常包括以下内容：

　　（1）原材料。指企业在生产过程中经加工改变其形态或性质并构成产品主要实体的各种原料及主要材料、辅助材料、外购半成品（外购件）、修理用备件（备品备件）、包装材料、燃料等。为建造固定资产等各项工程而储备的各种材料，虽然同属于材料，但是由于用于建造固定资产等各项工程，不符合存货的定义，因此不能作为企业的存货进行核算。

　　（2）在产品。指企业正在制造尚未完工的产品，包括正在各个生产工序加工的产品，和已加工完毕但尚未检验或已检验但尚未办理入库手续的产品。

　　（3）半成品。指经过一定生产过程并已检验合格交付半成品仓库保管，但尚未制造完工成为产成品，仍需进一步加工的中间产品。

（4）产成品。指工业企业已经完成全部生产过程并验收入库，可以按照合同规定的条件送交订货单位或者可以作为商品对外销售的产品。企业接受外来原材料加工制造的代制品和为外单位加工修理的代修品，制造和修理完成验收入库后，应视同企业的产成品。

（5）商品。指商品流通企业外购或委托加工完成验收入库用于销售的各种商品。

（6）包装物。指为了包装本企业商品而储备的各种包装容器，如桶、箱、瓶、坛、袋等。其主要作用是盛装、装潢产品或商品。

（7）低值易耗品。指不符合固定资产确认条件的各种用具物品，如工具、管理用具、玻璃器皿、劳动保护用品以及在经营过程中周转使用的容器等。

2. 存货成本的确定

（1）企业取得存货应当按照成本进行计量。存货成本包括采购成本、加工成本和其他成本三个组成部分。

1）采购成本。存货的采购成本，指企业物资从采购到入库前所发生的全部支出，包括购买价款、相关税费、运输费、装卸费、保险费以及其他可归属于存货采购成本的费用。

2）加工成本。存货加工成本，由直接人工和制造费用构成，其实质是企业在进一步加工存货的过程中追加发生的生产成本，因此，不包括直接由材料存货转移来的价值。

3）其他成本。是指除采购成本、加工成本以外的，使存货达到目前场所和状态所发生的其他支出。企业设计产品发生的设计费用通常应计入当期损益，但是为特定客户设计产品所发生的、可直接确定的设计费用应计入存货的成本。

存货的来源不同，其成本的构成内容也不同。原材料、商品、低值易耗品等通过购买而取得的存货的成本由采购成本构成；产成品、在产品、半成品等自制或需委托外单位加工完成的存货的成本由采购成本、加工成本以及使存货达到目前场所和状态所发生的其他支出构成。

存货成本的构成如图5—3所示。

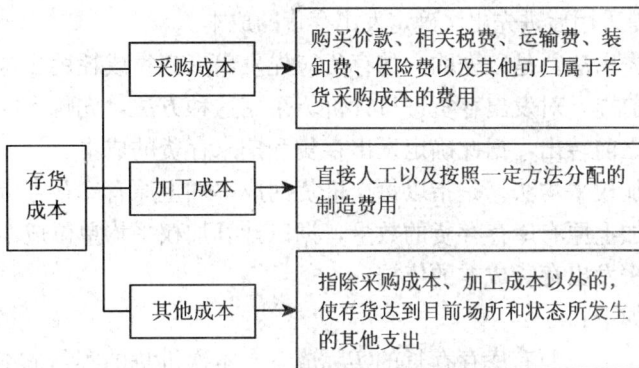

图 5—3　存货成本的构成

（2）存货的成本，实务中具体按以下原则确定：

1）购入的存货。包括买价、运杂费（包括运输费、装卸费、保险费、包装费、仓储费等），运输途中的合理损耗，入库前的挑选整理费用（包括挑选整理中发生的工、费支出和挑选整理过程中所发生的数量损耗、并扣除回收的下脚废料价值）以及按规定应计入成本的税费和其他费用。

2）自制的存货。包括自制原材料、自制包装物、自制低值易耗品、自制半成品及库存商品等，其成本包括直接材料、直接人工和制造费用等的各项实际支出。

3）委托外单位加工完成的存货。包括：加工后的原材料、包装物、低值易耗品、半成品、产成品等，其成本包括实际耗用的原材料或者半成品、加工费、装卸费、保险费、委托加工的往返运输费等费用以及按规定应计入成本的税费。

（3）下列费用不应计入存货成本，应在发生时计入当期损益：

1）非正常消耗的直接材料、直接人工和制造费用，应在发生时计入当期损益，不应计入存货成本。如由于自然灾害而发生的直接材料、直接人工和制造费用，由于这些费用的发生无助于使该存货达到目前场所和状态，不应计入存货成本，而应确认为当期损益。

2）仓储费用，指企业在存货采购入库后发生的储存费用，应在发生时计入当期损益。但是，在生产过程中为达到下一个生产阶段所必需的仓储费用应计入存货成本。

3）不能归属于使存货达到目前场所和状态的其他支出，应在发生时计入当期损益，不得计入存货成本。

3. 发出存货的计量

日常工作中，企业发出的存货，可以按实际成本核算，也可以按计划成本核算。如采用计划成本核算，会计期末应调整为实际成本。对于性质和用途相似的存货，应当采用相同的成本计算方法确定发出存货的实际成本。企业在确定发出存货的成本时，可以采用先进先出法、移动加权平均法、月末一次加权平均法和个别计价法四种方法。企业不得采用后进先出法确定发出存货的成本。

（1）先进先出法。是以先购入的存货应先发出（销售或耗用）这样一种存货实物流转假设为前提，对发出存货进行计价。采用这种方法，先购入的存货成本在后购入存货成本之前转出，据此确定发出存货和期末存货的成本。

（2）移动加权平均法。是指以每次进货的成本加上原有库存存货的成本，除以每次进货数量加上原有库存存货的数量，据以计算加权平均单位成本，作为在下次进货前计算各次发出存货成本的依据。

计算公式如下：

$$存货单位成本 = \frac{原有库存存货的实际成本 + 本次进货的实际成本}{原有库存存货数量 + 本次进货数量}$$

本次发出存货的成本 = 本次发出存货数量 × 本次发货前的存货单位成本

本月月末库存存货成本＝月末库存存货的数量×本月月末存货单位成本

（3）月末一次加权平均法。月末一次加权平均法，是指以当月全部进货数量加上月初存货数量作为权数，去除当月全部进货成本加上月初存货成本，计算出存货的加权平均单位成本，以此为基础计算当月发出存货的成本和期末存货的成本的一种方法。

$$存货单位成本 = \frac{\left(\begin{array}{c}月初库存存货\\的实际成本\end{array}\right) + \sum\left(\begin{array}{c}本月某批进货\\的实际单位成本\end{array} \times \begin{array}{c}本月某批\\进货的数量\end{array}\right)}{月初库存存货数量 + 本月各批进货数量之和}$$

本月发出存货的成本＝本月发出存货的数量×存货单位成本

本月月末库存存货成本＝月末库存存货的数量×存货单位成本

（4）个别计价法。亦称个别认定法、具体辨认法、分批实际法，其特征是注重所发出存货具体项目的实物流转与成本流转之间的联系，逐一辨认各批发出存货和期末存货所属的购进批别或生产批别，分别按其购入或生产时所确定的单位成本计算各批发出存货和期末存货的成本。即把每一种存货的实际成本作为计算发出存货成本和期末存货成本的基础。对于不能替代使用的存货、为特定项目专门购入或制造的存货以及提供的劳务，通常采用个别计价法确定发出存货的成本。在实际工作中，越来越多的企业采用计算机信息系统进行会计处理，个别计价法可以广泛应用于发出存货的计价，并且该方法确定的存货成本最为准确。

二、原材料

原材料是指企业在生产过程中经过加工改变其形态或性质并构成产品主要实体的各种原料、主要材料和外购半成品，以及不构成产品实体但有助于产品形成的辅助材料。原材料具体包括原料及主要材料、辅助材料、外购半成品（外购件）、修理用备件（备品备件）、包装材料、燃料等。

企业可以根据自身生产经营特点及管理要求，对原材料采用不同的方法进行核算。在我国的会计实务中，根据"原材料"科目记录的价格不同，原材料的核算方法可以分为两种：一是按实际成本计价；二是按计划成本计价。

1. 按实际成本计价的核算

原材料按实际成本计价进行日常收发核算的特点是，从材料的收发凭证到明细账和总账全部按实际成本计价。

原材料按实际成本计价核算时，为了核算和监督原材料的增减变动和结存情况，企业应设置下列会计科目：

（1）"原材料"科目。用以核算企业库存的各种原材料的实际成本。该科目的借方登记外购、自制、委托加工完成、盘盈等增加的原材料的实际成本；贷方登记发出、领用、对外销售、盘亏等减少的原材料的实际成本。期末借方余额反映企业拥有的原材料的实际成本。如果原材料在产品成本所占比重很大，可以将"原材料"科目分为"原料及主要材料"、"外购半成品"、"辅助材料"等科目。

（2）"在途物资"科目。用以核算企业贷款已经支付或商业汇票已经承兑，但尚未到达或尚未验收入库的各种物资的实际成本。该科目的借方登记已经支付货款或已经将商业汇票承兑的材料物资的实际成本；贷方登记验收入库材料物资的实际成本。期末借方余额反映企业已经支付货款或已经将商业汇票承兑，但尚未到达或尚未验收入库的材料物资的实际成本。本科目应按供应单位设置明细账，进行明细核算。

下面举例说明原材料按实际成本计价的核算方法：

1）购入原材料的会计处理。由于支付方式不同，原材料入库的时间与付款的时间可能一致，也可能不一致，在会计处理上也有所不同。

①发票账单已到，货款已付或已开出承兑商业汇票，且材料已验收入库。

【例5—31】甲公司购入A材料一批，增值税专用发票上记载的货款为100000元，增值税额17000元，全部款项已用银行存款支付，材料已验收入库。

借：原材料——A材料　　　　　　　　　　　　　100000
　　应交税费——应交增值税（进项税额）　　　　　17000
　　贷：银行存款　　　　　　　　　　　　　　　　　117000

②发票账单已到、货款已付或已开出、承兑商业汇票，材料尚未验收入库。

【例5—32】甲公司采用汇兑结算方式购入A材料，货款50000元，增值税额8500元，发票账单已到，全部款项从银行存款户支付，但材料尚未到达。

借：在途物资　　　　　　　　　　　　　　　　　50000
　　应交税费——应交增值税（进项税额）　　　　　8500
　　贷：银行存款　　　　　　　　　　　　　　　　　58500

20天后，该批材料到达并已验收入库。

借：原材料——A材料　　　　　　　　　　　　　50000
　　贷：在途物资　　　　　　　　　　　　　　　　　50000

③发票账单未到，货款尚未支付，材料已验收入库。

【例5—33】甲公司采用托收承付结算方式购入A材料，增值税专用发票上记载的货款为50000元，增值税额8500元，对方代垫包装费1000元，银行转来的结算凭证已到，款项尚未支付，材料已验收入库。

借：原材料——A材料　　　　　　　　　　　　　51000
　　应交税费——应交增值税（进项税额）　　　　　8500
　　贷：应付账款　　　　　　　　　　　　　　　　　59500

④预付货款，材料收到后再结算。

【例5—34】甲公司为购进A材料预付100000元货款的80%，计80000元，已通过汇兑方式汇出。

借：预付账款　　　　　　　　　　　　　　　　　80000
　　贷：银行存款　　　　　　　　　　　　　　　　　80000

甲公司收到发运来的A材料，已验收入库。有关发票账单记载，该批货物的货款 100000 元，增值税额 17000 元，对方代垫包装费 3000 元，所欠款项以银行存款付讫。

借：原材料——A 材料	103000	
应交税费——应交增值税（进项税额）	17000	
贷：预付账款		120000
借：预付账款	40000	
贷：银行存款		40000

2）发出材料的账务处理。生产车间领用材料时，应该区分不同的用途，借记"生产成本"、"制造费用"科目；贷记"原材料"科目。行政管理部门领用材料时，应分别计入"管理费用"、"销售费用"科目。

【例 5—35】 2009 年 10 月份，甲公司生产产品领用 A 材料 40000 元，生产车间领用 A 材料 200 元，行政管理部门领用 A 材料 700 元，专设销售机构为销售产品领用 A 材料 5000 元。甲公司应编制会计分录如下：

借：生产成本	40000	
制造费用	200	
管理费用	700	
销售费用	5000	
贷：原材料——A 材料		45900

2. 按计划成本计价的核算

原材料采用计划成本计价进行日常收发核算，是指原材料的日常收发及结存，无论是总分类核算还是明细分类核算，均按照计划成本的方法进行核算。其基本方法是：企业先制定各种原材料的计划成本目录；平时收到原材料时，总分类账、明细分类账均按计划单位成本计算出收入原材料的计划成本；平时发出、领用的原材料，都按计划成本计算发出成本；月份终了，将验收入库的原材料实际成本与计划成本的差额计入"材料成本差异"科目；同时分配材料成本差异，将发出原材料的计划成本调整为实际成本。计划单位成本除有特殊情况应当随时调整外，在年度内一般不变动。

原材料按计划成本计价核算时，为了核算和监督原材料的增减变动和结存情况，企业应设置下列会计科目：

（1）"原材料"科目。用以核算企业库存的各种原材料的计划成本。该科目的借方登记已验收入库的原材料的计划成本；贷方登记发出原材料的计划成本。期末借方余额反映企业拥有的原材料的计划成本。

（2）"材料采购"科目。用以核算企业购入材料的采货成本。借方登记采购材料的实际成本以及月末结转的入库材料的实际成本小于计划成本的差额（节约额）；贷方登记验收入库材料的实际成本以及月末结转的入库材料的实际成本大于计划成本的差额（超支额）；期末借方余额反映企业已经支付货款或已经将商业汇票承兑，但尚未到达或尚未验收入库的材料物资的实际成本。

（3）"材料成本差异"科目。用来核算企业材料的实际成本与计划成本的差异。借方登记验收入库材料应负担的成本超支差异以及发出材料成本的节约差异；贷方登记验收入库材料的成本节约差异以及发出材料应负担的成本超支差异；期末贷方余额反映企业库存材料的节约差异。

下面举例说明原材料按计划成本计价的核算方法：

采购时，按实际成本付款，记入"材料采购"账户借方；验收入库时，按计划成本记入"原材料"账户借方，"材料采购"账户贷方；期末结转，验收入库材料形成的材料成本差异，超支差记入"材料成本差异"账户借方，节约差记入"材料成本差异"账户贷方。平时发出材料时，一律用计划成本。期末，计算材料成本差异率，结转发出材料应负担的差异额。

差异率＝差异额÷计划成本

发出材料应负担的差异额＝发出材料的计划成本×差异率

原材料实际成本＝"原材料"科目借方余额＋"材料成本差异"科目借方余额
　　　　　　　　－"材料成本差异"科目贷方余额

【例5—36】根据有关经济业务，甲公司编制会计分录如下：

①甲公司购入L材料一批，专用发票上记载的货款为3000000元，增值税额510000元，发票账单已收到，计划成本为3200000元，已验收入库，全部款项以银行存款支付。

借：材料采购	3000000
应交税费——应交增值税（进项税额）	510000
贷：银行存款	3510000

②月末，甲公司汇总本月已付款或已开出并承兑商业汇票的入库材料的计划成本为3200000元。

借：原材料——L材料	3200000
贷：材料采购	3200000

③上述入库材料的实际成本为3000000元，入库材料的成本差异为节约200000元（3200000－3000000）。

借：材料采购	200000
贷：材料成本差异——L材料	200000

④甲公司根据"发料凭证汇总表"的记录，某月L材料的消耗（计划成本）为：基本生产车间领用2000000元，辅助生产车间领用600000元，车间管理部门领用250000元，企业行政管理部门领用50000元。

借：生产成本——基本生产成本	2000000
——辅助生产成本	600000
制造费用	250000
管理费用	50000
贷：原材料——L材料	2900000

⑤若甲公司本月初结存 L 材料的计划成本为 1000000 元，成本差异为超支 30740 元；当月入库 L 材料的计划成本 3200000 元，成本差异为节约 200000 元。则：

材料成本差异率＝(30740－200000)÷(1000000＋3200000)×100％＝－4.03％

结转发出材料的成本差异的分录为：

借：材料成本差异——L 材料　　　　　　　　116870

　　贷：生产成本——基本生产成本　　　　　　　80600

　　　　　　　　——辅助生产成本　　　　　　　24180

　　　　制造费用　　　　　　　　　　　　　　10075

　　　　管理费用　　　　　　　　　　　　　　2015

三、包装物

1. 包装物的范围

包装物是指企业为了包装本企业的商品、产品而储备的各种包装容器，如桶、箱、瓶、坛、袋等。企业的包装物包括：①生产经营过程中用于包装产品作为产品组成部分的包装物。②随同商品出售而不单独计价的包装物。③随同商品出售而单独计价的包装物。④出租或出借给购买单位使用的包装物。

2. 包装物的核算

为了反映和监督包装物的增减变化及其价值损耗、结存等情况，企业应设置"周转材料——包装物"科目进行核算。借方登记购入、自制、委托外单位加工完成和盘盈等原因而增加的包装物；贷方登记领用、出售和盘亏等原因而减少的包装物；期末借方余额反映库存未用包装物的实际成本。

企业购入、自制、委托外单位加工等方式取得的包装物的核算方法与原材料入库的核算方法相同，这里不再重复。

现说明发出包装物的核算方法如下：

（1）生产领用包装物。应根据领用包装物的实际成本或计划成本，借记"生产成本"科目，贷记"周转材料——包装物"、"材料成本差异"等科目。

【例 5-37】A 公司对包装物采用计划成本核算，某月生产产品领用包装物的计划成本为 100000 元，材料成本差异率为－2.5％。A 公司编制会计分录如下：

借：生产成本　　　　　　　　　　　　　　　97500

　　材料成本差异　　　　　　　　　　　　　　2500

　　贷：周转材料——包装物　　　　　　　　100000

（2）随同商品出售而不单独计价的包装物。应于包装物发出时，按其实际成本计入销售费用。借记"销售费用"科目，贷记"周转材料——包装物"科目。

【例 5-38】A 公司某月销售商品领用不单独计价包装物，实际成本为 800 元。A 公司编制会计分录如下：

借：销售费用　　　　　　　　　　　　　　　800

　　　　贷：周转材料——包装物　　　　　　　　　　　　　　　800

　　（3）随同商品出售且单独计价的包装物。一方面应反映其销售收入，计入其他业务收入，借记"银行存款"科目，贷记"其他业务收入"、"应交税费——应交增值税（销项税额）"科目；另一方面应反映其实际销售成本，计入其他业务成本，借记"其他业务成本"科目，贷记"周转材料——包装物"科目。

　　【例 5—39】A 公司某月销售商品领用单独计价包装物的实际成本为 4000 元，销售收入为 5000 元，增值税额为 850 元，款项已存入银行。A 公司编制会计分录如下：

　　①出售单独计价包装物：

　　借：银行存款　　　　　　　　　　　　　　　　　5850

　　　　贷：其他业务收入　　　　　　　　　　　　　　　　5000

　　　　　　应交税费——应交增值税（销项税额）　　　　850

　　②结转所售单独计价包装物的成本：

　　借：其他业务成本　　　　　　　　　　　　　　　4000

　　　　贷：周转材料——包装物　　　　　　　　　　　　4000

　　（4）出租出借包装物。应在第一次领用新包装物时，应结转其成本，借记"其他业务成本"科目（出租包装物）或"销售费用"科目（出借包装物），贷记"周转材料——包装物"科目。收到出租包装物的租金时，应借记"库存现金"、"银行存款"等科目，贷记"其他业务收入"科目。

四、低值易耗品

1. 低值易耗品的范围

　　低值易耗品是指不能作为固定资产核算的各种用具物品，如工具、管理用具、玻璃器皿、劳动保护用品以及在经营过程中周转使用的包装容器等。这些物资设备在经营过程中可以多次使用，其价值随其磨损程度逐渐转移到有关的成本或费用中去。就其性质来看，低值易耗品是可以多次使用但不改变原有实物形态的劳动资料，具有固定资产的特性。但是，因其价值较低、使用期限较短、容易损坏，为了简化核算和管理工作，会计上把它视同存货，作为流动资产进行核算和管理。

2. 低值易耗品的摊销方法

　　低值易耗品作为流动资产进行核算和管理，不能像固定资产那样采用提取折旧的方式将价值转移计入企业的成本、费用，企业应当采用一次转销法或者五五摊销法对低值易耗品进行摊销，计入相关资产的成本或当期损益。

　　（1）一次转销法。是指低值易耗品或包装物在领用时就将其全部账面价值计入相关资产成本或当期损益的方法。一次转销法通常适用于价值较低或极易损坏的管理用具和小型工具、卡具以及在单件小批生产方式下为制造某批订货所用的专用工具的低值易耗品。

　　（2）五五摊销法。是指低值易耗品在领用时先摊销其成本的一半，在报废时再摊销其成本的另一半。即低值易耗品或包装物分两次各按50%进行摊销。五五摊销法通常适用于单位价值较低、使用期限较短、经常领用且使用较为均衡的低值易耗品。

3. 低值易耗品的核算

为了反映和监督低值易耗品的增减变化及其结存情况，企业应当设置"周转材料——低值易耗品"科目，借方登记低值易耗品的增加，贷方登记低值易耗品的减少，期末余额在借方，通常反映企业期末结存低值易耗品的金额。

购入低值易耗品的核算方法与原材料相同，这里不再重复。下面主要介绍低值易耗品领用的核算方法。

采用一次摊销法，领用低值易耗品时，借记"管理费用"、"制造费用"、"生产成本"等科目，贷记"周转材料——低值易耗品"科目；报废低值易耗品的残料价值时，将报废低值易耗品的残料价值冲减有关成本、费用，借记"原材料"科目，贷记"管理费用"、"制造费用"、"生产成本"等科目。

【例5—40】乙公司本月生产车间、综合管理部门分别领用低值易耗品2000元和600元，采用一次转销法核算。乙公司编制会计分录如下：

借：生产成本	2000
管理费用	600
贷：周转材料——低值易耗品	2600

采用五五摊销法时，一般需要在"周转材料——低值易耗品"科目下设置"在库"、"在用"和"摊销"三个明细科目进行核算。

【例5—41】甲公司的基本生产车间领用专用工具一批，实际成本为80000元，采用五五摊销法进行摊销。应作如下会计处理：

①领用专用工具时：

借：周转材料——低值易耗品——在用	80000
贷：周转材料——低值易耗品——在库	80000

②领用时摊销其价值的一半：

借：制造费用	40000
贷：周转材料——低值易耗品——摊销	40000

③报废时摊销其价值的一半：

借：制造费用	40000
贷：周转材料——低值易耗品——摊销	40000

同时，作会计分录如下：

借：周转材料——低值易耗品——摊销	80000
贷：周转材料——低值易耗品——在用	80000

五、委托加工物资

1. 委托加工物资的内容

委托加工物资是指企业委托外单位加工的各种材料、商品等物资。

委托加工物资的实际成本主要包括：加工中实际耗用物资的实际成本；支付的加工费用及应负担的运杂费；支付的税费，包括委托加工物资所应负担的消费税（指属于消费税应税范围的加工物资）等。

需要缴纳消费税的委托加工物资，加工物资收回后直接用于销售的，由受托方代扣代缴的消费税应计入加工物资成本；如果收回的加工物资用于继续加工的，由受托方代扣代缴的消费税应先记入"应交税费——应交消费税"科目的借方，按规定用以抵扣加工的消费品销售后所负担的消费税。

2. 委托加工物资的核算

为了核算和监督委托加工物资的增减变动及结存情况，企业应设置"委托加工物资"科目。借方登记委托加工发出物资的实际成本和支付的加工费、运杂费等；贷方登记加工完成验收入库物资的实际成本和剩余物资的成本；期末借方余额反映企业尚未完工的委托加工物资的实际成本和已支付的加工费、运杂费等。

现举例说明委托加工物资的核算方法如下：

【例 5—42】甲公司委托加工一批量具，发出材料一批，计划成本 70000 元，材料成本差异率 2%，以银行存款支付运杂费 1200 元。

①发出材料时：

借：委托加工物资	71400	
贷：原材料		70000
材料成本差异		1400

②支付运杂费时：

借：委托加工物资	1200	
贷：银行存款		1200

【例 5—43】甲公司委托乙公司加工商品一批，材料的实际成本为 5000 元，同时以现金支付运杂费 150 元；以银行存款支付商品加工费 1000 元；收回由乙公司加工完成的商品，用现金支付乙公司代垫的运杂费 250 元，该批商品已验收入库。甲公司编制会计分录如下：

①发出材料并支付运杂费时：

借：委托加工物资	5150	
贷：原材料		5000
库存现金		150

②支付加工费时：

借：委托加工物资	1000	
贷：银行存款		1000

③用银行存款支付往返运杂费时：

借：委托加工物资	250	
贷：银行存款		250

④上述商品加工完毕，公司已办理验收入库手续。

借：库存商品   6400

  贷：委托加工物资   6400

六、库存商品

1. 库存商品的内容

库存商品是指企业已完成全部生产过程并已验收入库、合乎标准规格和技术条件，可以按照合同规定的条件送交订货单位，或可以作为商品对外销售的产品以及外购或委托加工完成验收入库用于销售的各种商品。

2. 库存商品的核算

为了核算和监督库存商品的增减变动及其结存情况，企业应设置"库存商品"科目。借方登记验收入库商品的实际成本；贷方登记发出商品的实际成本；期末借方余额反映各种库存商品的实际成本。

库存商品的核算包括商品验收入库和发出商品的会计处理。对于库存商品采用实际成本核算的企业，当库存商品生产完成并验收入库时，应按实际成本，借记"库存商品"科目，贷记"生产成本——基本生产成本"科目。企业销售商品、确认收入时，应结转其销售成本，借记"主营业务成本"等科目，贷记"库存商品"科目。

【例5—44】甲公司本月已验收入库A产品1000台，实际单位成本600元/台，计600000元；B产品200台，实际单位成本1000元/台，计200000元。本月实际销售A产品700台，B产品130台。甲公司编制会计分录如下：

①验收入库时：

借：库存商品——A产品   600000

     ——B产品   200000

  贷：生产成本——基本生产成本（A产品） 600000

       ——基本生产成本（B产品） 200000

②发出商品时：

借：主营业务成本   550000

  贷：库存商品——A产品   420000

     ——B产品   130000

七、存货清查

1. 存货清查的概述

存货清查是指通过对存货的实地盘点，确定存货的实有数量，并与账面结存数量核对，从而确定存货实存数量与账面结存数量是否相符的一种专门方法。

企业的存货品种规格繁多、收发频繁，在日常收发和保管过程中，可能由于管理不善、计量不准、计算错误、自然损耗、损坏变质以及贪污、盗窃等原因而造成存货实际结存数量与账面结存数量不符，形成存货盘盈、盘亏和毁损现象。因此，企业应对存货定期进行清查盘点，每年至少盘点一次。

为了反映企业在财产清查中查明的各种存货的盘盈、盘亏和毁损情况，企业应当设置"待处理财产损溢"科目，借方登记存货的盘亏、毁损金额及盘盈的转销金额，贷方登记存货的盘盈金额及盘亏的转销金额。企业清查的各种存货损益，应查明原因，在期末结账前处理完毕，期末处理后，本科目应无余额。

存货清查发生盘盈和盘亏通过"待处理财产损溢"科目核算，期末处理后该账户无余额。核算时分两步：第一步，批准前调整为账实相符；第二步，批准后结转处理。

2. 存货盘盈的核算

发生存货盘盈时，应按规定的程序报经有关部门批准后才能做出处理。在报经批准前，应借记"原材料"、"库存商品"等存货科目，贷记"待处理财产损溢——待处理流动资产损溢"科目；盘盈的存货查明原因后，应按不同的原因及处理决定分别入账，借记"待处理财产损溢——待处理流动资产损溢"科目，贷记有关科目；对于无法确定具体原因的，一般应冲减企业的管理费用，借记"待处理财产损溢——待处理流动资产损溢"科目，贷记"管理费用"科目。

【例5—45】甲公司进行财产清查，根据发生的有关存货盘盈的经济业务，编制会计分录如下：

①盘点原材料发现盘盈 A 材料 20 千克，实际单位成本 45 元/千克，盘盈原因待查。

借：原材料 900
　　贷：待处理财产损溢——待处理流动资产损溢 900

②查明原因，盘盈的原材料系收发时的计量误差所致，经批准冲减企业的管理费用。

借：待处理财产损溢——待处理流动资产损溢 900
　　贷：管理费用 900

3. 存货盘亏和毁损的核算

存货发生的盘亏或毁损，在批准处理前，应先通过"待处理财产损溢——待处理流动资产损溢"科目进行核算。按管理权限报经批准后，根据造成存货盘亏或毁损的原因，分别以下情况进行处理：属于计量收发差错和管理不善等原因造成的存货短缺，应先扣除残料价值、可以收回的保险赔偿和过失人赔偿，将净损失计入管理费用。属于自然灾害等非常原因造成的存货毁损，应先扣除处置收入（如残料价值）、可以收回的保险赔偿和过失人赔偿，将净损失计入营业外支出。

【例5—46】甲公司在财产清查中发现盘亏 B 材料 200 千克，实际单位成本 200元/千克，经查属于一般经营损失。应作如下会计处理：

①批准处理前：
借：待处理财产损溢——待处理流动资产损溢 40000
　　贷：原材料 40000

②批准处理后：

借：管理费用   40000

    贷：待处理财产损溢——待处理流动资产损溢   40000

【例5—47】甲公司因水灾造成一批库存材料毁损，实际成本5000元，已经通知保险公司。甲公司应作会计处理如下：

①批准处理前：

借：待处理财产损溢——待处理流动资产损溢   5000

    贷：原材料   5000

②水灾造成的库存材料损失已经作出处理决定，残料估价300元，由保险公司赔偿的损失为4000元：

借：原材料   300

    其他应收款   4000

    营业外支出   700

    贷：待处理财产损溢——待处理流动资产损溢   5000

八、存货减值

1. 存货跌价准备的计提和转回

资产负债表日，存货应当按照成本与可变现净值孰低计量。其中，成本是指期末存货的实际成本。可变现净值，是指在日常活动中，存货的估计售价减去至完工时估计将要发生的成本、估计的销售费用以及相关税费后的金额。存货的可变现净值由存货的估计售价、至完工时将要发生的成本、估计的销售费用和估计的相关税费等内容构成。

存货成本高于其可变现净值的，应当计提存货跌价准备，计入当期损益。以前减记存货价值的影响因素已经消失的，减记的金额应当予以恢复，并在原已计提的存货跌价准备金额内转回，转回的金额计入当期损益。

2. 存货跌价准备的会计处理

为了核算存货的存货跌价准备，企业应当设置"存货跌价准备"科目。借方登记实际发生的存货跌价损失金额和冲减的存货跌价准备金额；贷方登记计提的存货跌价准备金额；期末贷方余额反映企业已计提但尚未结转的存货跌价准备。

当存货成本高于其可变现净值时，企业应当按照存货可变现净值低于成本的差额，借记"资产减值损失——计提的存货跌价准备"科目，贷记"存货跌价准备"科目。

转回已计提的存货跌价准备金额时，按恢复增加的金额，借记"存货跌价准备"科目，贷记"资产减值损失——计提的存货跌价准备"科目。

企业结转存货销售成本时，对于已计提存货跌价准备的，借记"存货跌价准备"科目，贷记"主营业务成本"、"其他业务成本"等科目。

现举例存货减值的核算方法：

【例5-48】根据甲公司的存货A机器发生下列经济业务，编制会计分录如下：

①2007年12月31日甲公司A机器的账面成本为500万元，但由于A机器的市场价格下跌，预计可变现净值为400万元。

借：资产减值损失——存货减值损失　　　　　　1000000
　　贷：存货跌价准备　　　　　　　　　　　　　　　　1000000

②2008年6月30日，A机器的账面成本仍为500万元，但由于A机器市场价格有所上升，使得A机器的预计可变现净值变为475万元。

借：存货跌价准备　　　　　　　　　　　　　　750000
　　贷：资产减值损失——存货减值损失　　　　　　　　750000

③2008年12月31日，A机器的账面成本仍为500万元，由于A机器的市场价格进一步上升，预计A机器的可变现净值为555万元。

分析：2008年12月31日，A机器的可变现净值又有所恢复，应冲减存货跌价准备为55万元（500-555），但是对A机器已计提的存货跌价准备的余额为25万元，因此，当期应转回的存货跌价准备为25万元而不是55万元（即以将对A机器已计提的"存货跌价准备"余额冲减至零为限）。

借：存货跌价准备　　　　　　　　　　　　　　250000
　　贷：资产减值损失——存货减值损失　　　　　　　　250000

思考与练习

重要概念

流动资产　　　　　　货币资金　　　　　　库存现金　　　　　　银行存款
其他货币资金　　　　备用金　　　　　　　交易性金融资产　　　应收及预付款项
存货　　　　　　　　材料　　　　　　　　在产品　　　　　　　产成品
应收账款

思考题

1. 银行存款日记账余额与银行对账单余额之间出现不一致的原因主要有哪些方面？应如何调整？

2. 其他货币资金包括哪些方面？应如何进行会计处理？

3. 交易性金融资产的初始计量原则？处置交易性金融资产时，应如何进行会计处理？

4. 应收账款减值应如何处理？

5. 企业的存货包括哪些内容？存货的计价方法包括哪些？存货减值应如何处理？

客观题

一、单项选择题

1. 企业在进行现金清查时，查出现金溢余，应将溢余数记入"待处理财产损溢"科目。后经进一步核查，无法查明原因，经批准后，对该现金溢余正确的会计处理方法是（　　）。
   - A. 将其从"待处理财产损溢"科目转入"管理费用"科目
   - B. 将其从"待处理财产损溢"科目转入"营业外收入"科目
   - C. 将其从"待处理财产损溢"科目转入"营业外支出"科目
   - D. 将其从"待处理财产损溢"科目转入"其他应收款"科目

2. 下列各项，不通过"其他货币资金"科目核算的是（　　）。
   - A. 信用证保证金存款
   - B. 备用金
   - C. 存出投资款
   - D. 银行本票存款

3. 某企业采用月末一次加权平均法计算发出存货的成本。2008 年 2 月 1 日，甲材料结存 200 千克，实际成本为 100 元/千克；2 月 10 日购入甲材料 300 千克，实际成本为 110 元/千克；2 月 25 日发出甲材料 400 千克。2 月末，甲材料的库存余额为（　　）元。
   - A. 10000
   - B. 10500
   - C. 10600
   - D. 11000

4. 企业对随同商品出售而不单独计价的包装物进行会计处理时，该包装物的实际成本应结转到（　　）。
   - A. "制造费用"科目
   - B. "销售费用"科目
   - C. "管理费用"科目
   - D. "其他业务成本"科目

5. 某企业为增值税一般纳税人，购入材料一批，增值税专用发票上标明的价款为 25 万元，增值税额为 4.25 万元，另支付材料的保险费 3 万元、包装物押金 1 万元。该批材料的采购成本为（　　）万元。
   - A. 28
   - B. 29
   - C. 29.25
   - D. 32.25

6. 某工业企业销售产品每件 220 元，若客户购买 100 件（含 100 件）以上可得到 20 元的商业折扣。某客户 2000 年 12 月 10 日购买该企业产品 100 件，按规定现金折扣条件为 (2/10, 1/20, n/30)。适用的增值税税率为 17%。该企业于同年 12 月 18 日收到该笔款项时，应给予客户的现金折扣为（　　）元（假定计算现金折扣时不考虑增值税）。
   - A. 0
   - B. 400
   - C. 468
   - D. 440

7. 某企业购入上市公司股票 180 万股，并划分为交易性金融资产，共支付款项 2830 万元，其中包括已宣告但尚未发放的现金股利 126 万元。另外，支付相关交易费用 4 万元。该项交易性金融资产的入账价值为（　　）万元。
   - A. 2700
   - B. 2704
   - C. 2830
   - D. 2834

8. 应缴消费税的委托加工物资收回后用于连续生产应税消费品的，按规定准予抵扣的由受托方代扣代缴的消费税，应当记入（　　）。
   - A. 生产成本
   - B. 应交税费
   - C. 主营业务成本
   - D. 委托加工物资

9. 委托加工应纳消费税的物资（非金银首饰）收回后直接对外出售，其由受托方代扣代缴的消费税，应计入（　　）账户。
   - A. 销售费用
   - B. 委托加工物资

C. 营业税金及附加   D. 应交税费——应交消费税

10. A公司于2008年4月5日从证券市场上购入B公司发行在外的股票200万股作为交易性金融资产，每股支付价款4元（含已宣告但尚未发放的现金股利0.5元），另支付相关费用3万元，A公司交易性金融资产取得时的入账价值为（   ）万元。

     A. 800   B. 700   C. 803   D. 703

11. 某企业月初结存材料的计划成本为250万元，材料成本差异为超支45万元；当月入库材料的计划成本为550万元，材料成本差异为节约85万元；当月生产车间领用材料的计划成本为600万元。当月生产车间领用材料的实际成本为（   ）万元。

     A. 502.5   B. 570   C. 630   D. 697

12. 某企业采用计划成本进行材料的日常核算。月初结存材料的计划成本为80万元，成本差异为超支20万元。当月购入材料一批，实际成本为110万元，计划成本为120万元。当月领用材料的计划成本为100万元，当月领用材料应负担的材料成本差异为（   ）万元。

     A. 超支5   B. 节约5   C. 超支15   D. 节约15

13. 某企业销售商品一批，增值税专用发票上注明的价款为60万元，适用的增值税税率为17%，为购买方代垫运杂费2万元，款项尚未收回。该企业确认的应收账款为（   ）万元。

     A. 60   B. 62   C. 70.2   D. 72.2

14. 某企业某月销售商品发生商业折扣20万元、现金折扣15万元、销售折让25万元。该企业上述业务计入当月财务费用的金额为（   ）万元。

     A. 15   B. 20   C. 35   D. 45

15. 按照新准则规定，下列选项中，不可以作为应收账款入账金额的项目是（   ）。

     A. 产品销售收入价款   B. 代垫运杂费

     C. 商业折扣   D. 增值税销项税额

二、多项选择题

1. 下列项目中，属于货币资金的有（   ）。

     A. 库存现金   B. 银行存款   C. 其他货币资金   D. 应收票据

2. 关于"预付账款"账户，下列说法正确的有（   ）。

     A. "预付账款"属于资产性质的账户

     B. 预付账款不多的企业，可不单独设置"预付账款"科目，将预付账款记入"应付账款"科目的借方

     C. "预付账款"科目贷方余额反映的是应付供应单位的款项

     D. "预付账款"科目核算企业因销售业务产生的往来款项

3. 下列项目中，应计入存货成本的有（   ）。

     A. 商品流通企业在采购商品过程中发生的运输费

     B. 非正常消耗的直接材料、直接人工和制造费用

     C. 在生产过程中为达到下一个生产阶段所必需的费用

     D. 存货的加工成本

4. 下列各项，构成企业委托加工物资成本的有（   ）。

     A. 加工中实际耗用物资的成本   B. 支付的加工费用和保险费

C. 收回后直接销售物资的代扣代缴消费税　D. 收回后继续加工物资的代扣代缴的消费税

5. 下列各项中，通过"应收账款"科目核算的有（　　）。

    A. 赊销商品货款　　　　　　　　　　B. 赊销商品时发票上的增值税销项税额

    C. 销售商品时代垫的运杂费　　　　　D. 预付供应单位的货款

6. 资产具有以下几个方面的基本特征（　　）。

    A. 是由过去的交易或事项所引起的　　B. 必须是投资者投入的

    C. 是企业拥有或者控制的　　　　　　D. 预期能够给企业带来经济利益

7. 下列各项中，会引起"应收账款"账面价值发生变化的有（　　）。

    A. 计提坏账准备　　　　　　　　　　B. 收回应收账款

    C. 转销坏账准备　　　　　　　　　　D. 收回已转销的坏账

8. 关于交易性金融资产的计量，下列说法中错误的有（　　）。

    A. 应当按取得该金融资产的公允价值和相关交易费用之和作为初始确认金额

    B. 应当按取得该金融资产的公允价值作为初始确认金额，相关交易费用在发生时计入当期损益

    C. 资产负债表日，企业应将金融资产的公允价值变动计入当期所有者权益

    D. 处置金融资产时，公允价值与初始入账金额之间的差额应确认为投资收益，不调整公允价值变动损益

9. 企业因销售商品发生的应收账款，其入账价值应当包括（　　）。

    A. 销售商品的价款　　　　　　　　　B. 增值税销项税额

    C. 代购货方垫付的包装费　　　　　　D. 代购货方垫付的运杂费

10. 企业进行库存商品清查时，对于盘亏的库存商品，应先记入"待处理财产损溢"账户，待期末或报经批准后，根据不同的原因可分别转入（　　）。

    A. 管理费用　　　　B. 其他应付款　　　　C. 营业外支出　　　　D. 其他应收款

三、判断题

1. 对于银行已经入账而企业尚未入账的未达账项，企业应当根据"银行对账单"编制自制凭证予以入账。　　　　　　　　　　　　　　　　　　　　　　　　　　　　　　（　　）

2. 预收账款不多的企业，可以不设置"预收账款"科目。企业预收客户货款时，直接将其记入"应付账款"科目的贷方。　　　　　　　　　　　　　　　　　　　　　　　　（　　）

3. 如果某项资产不能再为企业带来经济利益，即使是由企业拥有或者控制的，也不能作为企业的资产在资产负债表中列示。　　　　　　　　　　　　　　　　　　　　　　（　　）

4. 存出投资款，是指企业已存入证券公司但尚未进行短期投资的现金，会计核算上在"短期投资"账户核算。　　　　　　　　　　　　　　　　　　　　　　　　　　　　　（　　）

5. 企业对于发出的商品，不符合收入确认条件的，应按其实际成本编制会计分录：借记"发出商品"科目，贷记"库存商品"科目。　　　　　　　　　　　　　　　　　　　　（　　）

6. 现金清查中，对于无法查明原因的现金短缺，经批准后应计入"营业外支出"。（　　）

7. 为了简化现金收支手续，企业可以随时坐支现金。　　　　　　　　　　　　（　　）

8. 企业购货时所取得的现金折扣应冲减财务费用。　　　　　　　　　　　　　（　　）

9. 购入材料在运输途中发生的合理损耗应计入"营业外支出"。　　　　　　　（　　）

10. 企业发出各种材料应负担的成本差异可按当月成本差异率计算，若发出的材料在发出时就要确定其实际成本，则也可按上月成本差异率计算。　　　　　　　　　　　（　　）

练习题

习题一

（一）资料：甲企业为工业生产企业，2008 年 1 月 1 日，从二级市场支付价款 2040000 元（含已到付息期但尚未领取的利息 40000 元）购入某公司发行的债券，另发生交易费用 40000 元。该债券面值 2000000 元，剩余期限为两年，票面年利率为 4％，每半年付息一次，甲企业将其划分为交易性金融资产。其他资料如下：

（1）2008 年 1 月 5 日，收到该债券 2007 年下半年利息 40000 元。

（2）2008 年 6 月 30 日，该债券的公允价值为 2300000 元（不含利息）。

（3）2008 年 7 月 5 日，收到该债券半年利息。

（4）2008 年 12 月 31 日，该债券的公允价值为 2200000 元（不含利息）。

（5）2009 年 1 月 5 日，收到该债券 2008 年下半年利息。

（6）2009 年 3 月 31 日，甲企业将该债券出售，取得价款 2360000 元（含 1 季度利息 20000 元）。假定不考虑其他因素。

（二）要求：编制甲企业上述有关业务的会计分录。

习题二

（一）资料：某工业企业为增值税一般纳税人，材料按计划成本计价核算。甲材料计划单位成本为 10 元/千克。该企业 2009 年 4 月份有关资料如下：

（1）"原材料"账户月初余额 40000 元，"材料成本差异"账户月初借方余额 500 元。

（2）4 月 5 日，企业发出 100 千克甲材料委托 A 公司加工成新的物资（注：发出材料时应计算确定其实际成本）。

（3）4 月 15 日，从外地 A 公司购入甲材料 6000 千克，增值税专用发票注明的材料价款为 61000 元，增值税额 10370 元，企业已用银行存款支付上述款项，材料尚未到达。

（4）4 月 20 日，从 A 公司购入的甲材料到达，验收入库时发现短缺 20 千克，经查明为途中定额内自然损耗。按实收数量验收入库。

（5）4 月 30 日，汇总本月发料凭证，本月共发出甲材料 5000 千克，全部用于产品生产。

（二）要求：根据上述业务编制相关的会计分录，并计算本月材料成本差异率、本月发出材料应负担的成本差异及月末库存材料的实际成本。

习题三

（一）资料：甲企业为增值税一般纳税人，增值税税率为 17％。原材料采用实际成本核算，原材料发出采用月末一次加权平均法计价。运输费不考虑增值税。2009 年 4 月，与 A 材料相关的资料如下：

（1）1 日，"原材料——A 材料"科目余额 20000 元（共 2000 千克，其中含 3 月末验收入库但因发票账单未到而以 2000 元暂估入账的 A 材料 200 千克）。

（2）5 日，收到 3 月末以暂估价入库 A 材料的发票账单，货款 1800 元，增值税额 306 元，对方代垫运输费 400 元，全部款项已用转账支票付讫。

（3）8 日，以汇兑结算方式购入 A 材料 3000 千克，发票账单已收到，货款 36000 元，增值税额 6120 元，运输费 1000 元。材料尚未到达，款项已由银行存款支付。

（4）11 日，收到 8 日采购的 A 材料，验收时发现只有 2950 千克。经检查，短缺的 50 公斤确定为运输途中的合理损耗，A 材料验收入库。

（5）18 日，持银行汇票 80000 元购入 A 材料 5000 千克，增值税专用发票上注明的货款为 49500 元，增值税额为 8415 元，另支付运输费用 2000 元，材料已验收入库，剩余票款退回并存入银行。

（6）21 日，基本生产车间自制 A 材料 50 千克验收入库，总成本为 600 元。

（7）30 日，根据"发料凭证汇总表"的记录，4 月份基本生产车间为生产产品领用 A 材料 6000 千克，车间管理部门领用 A 材料 1000 千克，企业管理部门领用 A 材料 1000 千克。

（二）要求：计算甲企业 4 月份发出 A 材料的单位成本。

第六章　长期资产

第一节　长期股权投资

一、长期股权投资概述

1. 长期股权投资的概念

长期股权投资，是指包括企业持有的对其子公司、合营企业及联营企业的权益性投资以及企业持有的对被投资单位不具有控制、共同控制或重大影响，且在活跃市场中没有报价、公允价值不能可靠计量的权益性投资。

2. 长期股权投资的分类

按照投资单位与被投资单位之间的关系，长期投资分为四类：

（1）投资企业能够对被投资单位实施控制的权益性投资，即对子公司投资。

（2）投资企业与其他合营方一同对被投资单位实施共同控制的权益性投资，即对合营企业投资。

（3）投资企业对被投资单位具有重大影响的权益性投资，即对联营企业投资。

（4）投资企业持有的对被投资单位不具有共同控制或重大影响，并且在活跃市场中没有报价、公允价值不能可靠计量的权益性投资。

长期股权投资在持有期间，根据投资企业对被投资单位的影响程度及是否存在活跃市场、公允价值能否可靠取得等进行划分，应当分别采用成本法及权益法进行核算。

二、采用成本法核算的长期股权投资

1. 成本法含义及其适用范围

成本法，是指投资按成本计价的方法。成本法核算的长期股权投资的范围如下：

（1）企业能够对被投资单位实施控制的长期股权投资。即企业对子公司的长期股权投资。控制是指有权决定一个企业的财务和经营政策，并能据以从该企业的经营活动中获取利益。

（2）企业对被投资单位不具有控制、共同控制或重大影响，且在活跃市场中没有报价、公允价值不能可靠计量的长期股权投资。

投资企业对子公司的长期股权投资，应当采用成本法核算的，编制合并财务报

表时应按照权益法进行调整。

2. 长期股权投资初始投资资本的确定

以支付现金方式取得的长期股权投资，应当按照实际支付的购买价款作为初始投资成本。企业所发生的与取得长期股权投资直接相关的费用、税金及其他必要支出应计入长期股权投资的初始投资成本。

企业取得长期股权投资实际支付的价款或对价中包含的已宣告但尚未发放的现金股利或利润，作为应收项目处理，不构成长期股权投资的成本。

3. 取得长期股权投资

取得长期股权投资初始投资或追加投资时，按照初始投资或追加投资时的成本增加长期股权投资的账面价值。借记"长期股权投资"科目，贷记"银行存款"等科目。如果实际支付的价款中包含有已宣告但尚未发放的现金股利或利润，借记"应收股利"科目，贷记"长期股权投资"科目。

【例6—1】甲公司2008年5月15日以银行存款购买B公司的股票100000股作为长期投资，每股买入价为10元，每股价格中包含有0.2元的已宣告分派的现金股利，另支付相关税费7000元。甲公司应作如下会计处理：

借：长期股权投资		987000
应收股利		20000
贷：银行存款		1007000

2009年6月20日收到B公司分来的购买该股票时已宣告分派的股利20000元：

借：银行存款		20000
贷：应收股利		20000

4. 长期股权投资持有期间被投资单位宣告发放现金股利或利润

长期股权投资持有期间被投资单位宣告发放现金股利或利润，企业按应享有的部分确认为投资收益，借记"应收股利"科目，贷记"投资收益"科目。属于被投资单位在取得本企业投资前实现净利润的分配额，应作为投资成本的收回，借记"应收股利"科目，贷记"长期股权投资"科目。当被投资单位宣告发放现金股利时，投资方按投资持股比例计算的份额。

【例6—2】承【例6—1】如果甲公司于2008年6月20日收到B公司宣告发放2007年度现金股利的通知，应分得现金股利5000元。甲公司应作如下会计处理：

借：应收股利		5000
贷：长期股权投资		5000

5. 长期股权投资的处置

处置长期股权投资时，按实际取得的价款与长期股权投资账面价值的差额确认为投资损益，并应同时结转已计提的长期股权投资减值准备。其会计处理是：企业处置长期股权投资时，应按实际收到的金额，借记"银行存款"等科目，按原已计提的减值准备，借记"长期股权投资减值准备"科目，按该项长期股权投资的账面余额，贷记"长期股权投资"科目，按尚未领取的现金股利或利润，贷记"应收股利"科目，按其差额，贷记或借记"投资收益"科目。

【例6-3】甲公司将其作为长期投资持有B公司15000股股票，以每股10元的价格卖出，支付相关税费1000元，取得价款149000元，款项已由银行收妥。该长期股权投资账面价值为140000元，假定没有计提减值准备。甲公司应作如下会计处理：

借：银行存款　　　　　　　　　　　　　　　149000
　　贷：长期股权投资　　　　　　　　　　　　140000
　　　　投资收益　　　　　　　　　　　　　　　9000

三、采用权益法核算的长期股权投资

1. 权益法含义及其适用范围

权益法，是指投资以初始投资成本计量后，在投资持有期间根据投资企业享有被投资单位所有者权益的份额的变动对投资的账面价值进行调整的方法。

权益法核算的长期股权投资的范围如下：①企业对被投资单位具有共同控制的长期股权投资，即企业对其合营企业的长期股权投资。②企业对被投资单位具有重大影响的长期股权投资，即企业对其联营企业的长期股权投资。

企业对被投资单位具有共同控制或者重大影响时，长期股权投资应当采用权益法核算。共同控制，是指按照合同约定对某项经济活动所共有的控制。重大影响，是指对一个企业的财务和经营政策有参与决策的权力。

2. 长期股权投资初始投资成本的确定

权益法与成本法下长期股权投资初始投资成本的确定原则是一致的，但是对于取得投资时投资成本与应享有被投资单位可辨认净资产公允价值份额之间的差额，应区别情况分别处理。

（1）初始投资成本大于取得投资时应享有被投资单位可辨认净资产公允价值份额的，两者之间的差额不要求对长期股权投资的成本进行调整。

（2）初始投资成本小于取得投资时应享有被投资单位可辨认净资产公允价值份额的，两者之间的差额体现为双方在交易作价过程中转让方的让步，该部分经济利益流入应作为收益处理，计入取得投资当期的营业外收入，同时调整增加长期股权投资的账面价值。应按其差额，借记"长期股权投资——××公司（成本）"科目，贷记"营业外收入"科目。

【例6-4】A企业于2009年1月取得B公司30%的股权，支付价款9000万元。取得投资时被投资单位净资产账面价值为22500万元（假定被投资单位各项可辨认资产、负债的公允价值与其账面价值相同）。在B公司的生产经营决策过程中，所有股东均按持股比例行使表决权。A企业在取得B公司的股权后，派人参与了B公司的生产经营决策。因能够对B公司施加重大影响，A企业对该投资应当采用权益法核算。取得投资时，A企业应编制会计分录如下：

借：长期股权投资——B公司（成本）　　　　　　90000000
　　贷：银行存款　　　　　　　　　　　　　　　　90000000

【例6-5】承【例6-4】如果取得投资时被投资单位可辨认净资产的公允价值为36000万元，A企业按持股比例30％计算应享有10800万元，则初始投资成本与应享有被投资单位可辨认净资产公允价值份额之间的差额1800万元应计入取得投资当期的营业外收入，编制会计分录如下：

借：长期股权投资——B公司（成本）　　　　　　108000000
　　贷：银行存款　　　　　　　　　　　　　　　　90000000
　　　　营业外收入　　　　　　　　　　　　　　　18000000

3. 取得长期股权投资

取得长期股权投资时，应按照初始投资成本计价，按照上述规定确定的长期股权投资初始投资成本，借记"长期股权投资"科目，贷记"银行存款"等科目。如果实际支付的价款中包含有已宣告但尚未发放的现金股利和利润，借记"应收股利"科目，而不能计入"长期股权投资"科目。

4. 长期股权投资持有期间被投资单位实现净利润或发生净亏损

投资企业取得长期股权投资后，应当按照应享有或应分担的被投资单位实现的净损益的份额，确认投资损益并调整长期股权投资的账面价值。投资企业按照被投资单位宣告分派的利润或现金股利计算应分得的部分，相应减少长期股权投资的账面价值。

当被投资单位发生盈利时，借记"长期股权投资——××公司（损益调整）"科目，贷记"投资收益"科目；当被投资单位发生亏损时，借记"投资收益"科目，贷记"长期股权投资——××公司（损益调整）"科目；当被投资单位宣告分派现金股利时，借记"应收股利"科目，贷记"长期股权投资——××公司（损益调整）"科目。

【例6-6】2008年B公司实现净利润100000元。甲公司按照持股比例确认投资收益30000元。2009年5月15日，B公司已宣告发放现金股利，甲公司可分派到15000元。2009年6月15日，甲公司收到B公司分派的现金股利。甲公司应编制会计分录如下：

①确认B公司实现的投资收益时：

借：长期股权投资——损益调整　　　　　　　　　30000
　　贷：投资收益　　　　　　　　　　　　　　　　30000

②B公司宣告发放现金股利时：

借：应收股利　　　　　　　　　　　　　　　　　15000
　　贷：长期股权投资——损益调整　　　　　　　　15000

③收到B公司分派的现金股利时：

借：银行存款　　　　　　　　　　　　　　　　　15000
　　贷：应收股利　　　　　　　　　　　　　　　　15000

5. 长期股权投资持有期间被投资单位所有者权益的其他变动

投资企业对于被投资单位除净损益以外所有者权益的其他变动，应当调整长期股权投资的账面价值并计入所有者权益。在持股比例不变的情况下，被投资单位除净损益以外所有者权益的其他变动，企业按持股比例计算应享有的份额，借记或贷记"长期股权投资——其他权益变动"科目，贷记或借记"资本公积——其他资本公积"科目。

【例6—7】 2008年B公司可供出售金融资产的公允价值增加了400000元。甲公司按照持股比例确认相应的资本公积120000元。甲公司应编制会计分录如下：

借：长期股权投资——其他权益变动　　　　　　　120000
　　贷：资本公积——其他资本公积　　　　　　　　　120000

6. 长期股权投资的处置

处置长期股权投资时，按实际取得的价款与长期股权投资账面价值的差额确认投资损益，并应同时结转已计提的长期股权投资减值准备。其会计处理是：企业处置长期股权投资时，应按实际收到的金额，借记"银行存款"等科目，按原已计提减值准备，借记"长期股权投资减值准备"科目，按该长期股权投资的账面余额，贷记"长期股权投资"科目，按尚未领取的现金股利或利润，贷记"应收股利"科目，按其差额，贷记或借记"投资收益"科目。

同时，还应结转原计入资本公积的相关金额，借记或贷记"资本公积——其他资本公积"科目，贷记或借记"投资收益"科目。

四、长期股权投资的减值

长期股权投资在按照规定进行核算确定其账面价值的基础上，如果存在减值迹象的，应当按照相关准则的规定计提减值准备。其中对子公司、联营企业及合营企业的投资，应当按照《企业会计准则第8号——资产减值》的规定确定其可收回金额及应予计提的减值准备；企业持有的对被投资单位不具有共同控制或重大影响、在活跃市场中没有报价、公允价值不能可靠计量的长期股权投资，应当按照《企业会计准则第22号——金融工具确认和计量》的规定确定其可收回金额及应予计提的减值准备。

企业计提长期股权投资减值准备，应当设置"长期股权投资减值准备"科目核算。企业按应减记的金额，借记"资产减值损失——计提的长期股权投资减值准备"科目，贷记"长期股权投资减值准备"科目。

长期股权投资的减值损失一经确认，在以后会计期间不允许转回。

第二节　固定资产

一、固定资产概述

1. 固定资产的概念和特征

固定资产是指同时具有以下特征的有形资产：①为生产商品、提供劳务、出租或经营管理而持有的。②使用寿命超过一个会计年度。

从固定资产的定义看，固定资产具有以下三个特征：

（1）为生产商品、提供劳务、出租或经营管理而持有。企业持有固定资产的目的是为了生产商品、提供劳务、出租或经营管理，即企业持有的固定资产是企业的劳动工具或手段而不是用于出售的产品。其中"出租"的固定资产，是指企业以经营租赁方式出租的机器设备类固定资产，不包括以经营租赁方式出租的建筑物，后者属于企业的投资性房地产。

（2）使用寿命超过一个会计年度。固定资产的使用寿命，是指企业使用固定资产的预计期间，或者该固定资产所能生产产品或提供劳务的数量。通常情况下，固定资产的使用寿命是指使用固定资产的预计期间，如自用房屋建筑物的使用寿命表现为企业对该建筑物的预计使用年限。对于某些机器设备或运输设备等固定资产，其使用寿命表现为以该固定资产所能生产产品或提供劳务的数量，如汽车或飞机等，按其预计行驶或飞行里程估计使用寿命。

固定资产使用寿命超过一个会计年度，意味着固定资产属于非流动资产，随着使用和磨损，通过计提折旧的方式逐渐减少账面价值。对固定资产计提折旧，是对固定资产进行后续计量的重要内容。

（3）固定资产是有形资产。固定资产具有实物特征，这一特征将固定资产与无形资产区别开来。有些无形资产可能同时符合固定资产的其他特征，如无形资产为生产商品、提供劳务而持有，使用寿命超过一个会计年度，但是，由于其没有实物形态，所以不属于固定资产。

2. 固定资产的确认

某一资产项目，如果要作为固定资产加以确认，首先要符合固定资产的定义；其次，还需要满足固定资产的确认条件。

固定资产在同时满足以下两个条件时，才能予以确认：

（1）与该固定资产有关的经济利益很可能流入企业。资产最重要的特征是预期会给企业带来经济利益。企业在确认固定资产时，需要判断与该项固定资产有关的经济利益是否很可能流入企业。如果与该项固定资产有关的经济利益很可能流入企业，并同时满足固定资产确认的其他条件，那么，企业应将其确认为固定资产；否则，不应将其确认为固定资产。

（2）该固定资产的成本能够可靠地计量。成本能够可靠地计量是资产确认的一项基本条件。企业在确定固定资产成本时必须取得确凿证据，但是，有时需要根据所获得的最新资料，对固定资产的成本进行合理的估计。如企业对于已达到预定可使用状态但尚未办理竣工决算的固定资产，需要根据工程预算、工程造价或者工程实际发生的成本等资料，按估计价值确定其成本，办理竣工决算后，再按照实际成本调整原来的暂估价值。

3. 固定资产的分类

企业的固定资产种类繁多，型号、规格各异，其经济用途和使用情况也不尽相同。为了加强固定资产的管理，正确组织会计核算，便于分析和考核固定资产的使用情况以及正确计提固定资产折旧，必须对固定资产进行科学、合理的分类。固定资产的分类方法主要有以下几种：

（1）按经济用途分类。固定资产按其经济用途分类，可以分为生产经营用固定资产和非生产经营用固定资产。

1）生产经营用固定资产，是指直接服务于企业生产经营过程的各种固定资产，如生产经营用的房屋、建筑物、动力设备、工作机器、运输设备、仪器仪表和工具、器具等。

2）非生产经营用固定资产，是指不直接服务于企业生产经营过程的各种固定资产，如职工宿舍、食堂、浴室、医务室、托儿所等使用的房屋、设备和其他固定资产等。

固定资产按其经济用途分类，可以反映出企业生产经营用和非生产经营用固定资产在全部固定资产中所占的比重，便于了解企业的生产经营能力和生活设施情况，分析、考核固定资产的技术构成和配备是否合理，促使企业合理配备固定资产。但这种分类方法不利于考查固定资产的使用情况，也不利于掌握固定资产的所有权情况。

（2）按使用情况分类。固定资产按其使用情况分类，可以分为使用中固定资产、未使用固定资产和不需用固定资产。

1）使用中固定资产，是指企业正在使用中的各种生产经营用和非生产经营用固定资产。包括由于季节性生产、大修理等原因而停止使用的固定资产，企业内部替换使用的固定资产，以及出租给其他单位使用的固定资产等。

2）未使用固定资产，是指企业尚未使用的新增固定资产，因在原有基础上进行改建、扩建而暂停使用的固定资产，以及因生产经营任务变更而暂停使用的固定资产等。

3）不需用固定资产，是指企业目前和今后都不再需要使用，等待调配处理的各种固定资产。

固定资产按其使用情况分类，可以反映出企业的在用固定资产在全部固定资产中所占的比重，便于分析、考核固定资产的利用程度，并据以正确地计提固定资产折旧，促使企业合理使用固定资产，充分挖掘固定资产的使用潜力，及时处理不需用的固定资产，提高固定资产的利用效率。但这种分类方法不利于考查固定资产的构成与配备是否合理，也反映不出固定资产的产权关系。

（3）按所有权分类。固定资产按其所有权分类，可以分为自有固定资产和融资租入固定资产。

1）自有固定资产，是指所有权归属企业，企业可以自由支配使用的各种固定资产。它又可以分为自用固定资产和租出固定资产。其中：自用固定资产是指本企业正在使用的各种固定资产，其所有权和使用权都归属于本企业；租出固定资产是指企业出租给其他单位使用并收取租金的各种固定资产（指在经营租赁方式下出租的固定资产），其使用权虽然暂时让渡给其他单位，但其所有权仍属于本企业。

2）融资租入固定资产，是指企业采用融资租赁方式从其他单位租入、在租赁期间不拥有所有权但拥有控制权的各种固定资产。这类资产的所有权最终可能转移给承租企业，也可能不转移，但由于它实质上转移了与资产所有权有关的全部风险和报酬，故承租企业在租赁期内可以将其视同自有固定资产进行管理与核算。

固定资产按其所有权分类，可以清楚反映出企业固定资产的产权关系和自有生产能力的水平，便于分析、考核自用、出租和租入的固定资产的使用效益。但这种分类方法不利于考查企业固定资产的技术构成和配备是否合理。

4. 固定资产的核算

为了核算固定资产，企业一般需要设置"固定资产"、"累计折旧"、"在建工程"、"工程物资"、"固定资产清理"等科目，核算固定资产取得、计提折旧、处置等情况。

（1）"固定资产"科目。用来核算企业持有的固定资产原价。借方登记增加的固定资产原价，贷方登记减少的固定资产原价；期末借方余额反映企业持有的固定资产原价。企业应设置"固定资产登记簿"和"固定资产卡片"，按固定资产类别、使用部门和每项固定资产进行明细核算。企业临时租入的固定资产，应另设备查簿进行登记，不在本科目核算。

（2）"累计折旧"科目。属于"固定资产"科目的调整科目，核算企业固定资产的累计折旧，贷方登记企业计提的固定资产折旧，借方登记处置固定资产转出的累计折旧，期末贷方余额反映企业固定资产的累计折旧额。

（3）"在建工程"科目。用来核算企业基建、更新改造等在建工程发生的支出。借方登记各项在建工程所发生的实际支出；贷方登记结转的各项在建工程成本；期末借方余额反映企业尚未达到预定可使用状态的在建工程的成本。本科目可按"建筑工程"、"安装工程"、"在安装设备"以及单项工程等进行明细核算。

（4）"工程物资"科目。用来核算企业为在建工程准备的各种物资的成本，包括工程用材料、尚未安装的设备以及为生产准备的器具等。借方登记购入的工程物资的成本；贷方登记领用工程物资的成本，以及工程完工后转作本企业存货的剩余工程物资成本；期末借方余额反映企业为在建工程准备的各种物资成本。本科目可按"专用材料"、"专用设备"、"工器具"等进行明细核算。

（5）"固定资产清理"科目。核算企业因出售、报废、毁损、对外投资、非货币性资产交换、债务重组等原因转出的固定资产价值以及在清理过程中发生的相关费用。借方登记转出的固定资产价值、清理过程中应支付的相关税费及其他费用；贷方登记固定资产清理完成的处理，期末借方余额，反映企业尚未清理完毕固定资产清理净损失。该科目应按被清理的固定资产项目设置明细账，进行明细核算。

二、固定资产取得时的核算

企业从不同渠道取得固定资产，其核算方法不尽相同。在此，仅就企业常见渠道取得的固定资产分别介绍其核算方法。

1. 外购固定资产的核算

企业购入的固定资产分为不需要安装的固定资产和需要安装的固定资产两种情形。前者的取得成本为企业实际支付的购买价款、包装费、运杂费、保险费、专业人员服务费和相关税费等，其账务处理为：按应计入固定资产成本的金额，借记"固定资产"科目，贷记"银行存款"、"其他应付款"、"应付票据"等科目；后者的取得成本是在前者取得成本的基础上，加上安装调试成本等，其账务处理为：按应计入固定资产成本的金额，先记入"在建工程"科目，安装完毕交付使用时再转入"固定资产"科目。

企业基于产品价格等因素的考虑，可能以一笔款项购入多项没有单独标价的固定资产。如果这些资产均符合固定资产的定义，并满足固定资产的确认条件，则应将各项资产单独确认为固定资产，并按各项固定资产公允价值的比例对总成本进行分配，分别确定各项固定资产的成本。

【例6—8】甲公司购入一台不需要安装的设备，取得的增值税专用发票上注明的设备价款为100000元，增值税进项税额为17000元，发生运输费500元，款项全部付清。假定不考虑其他相关税费。账务处理如下：

借：固定资产　　　　　　　　　　　　　　　　　117500
　　贷：银行存款　　　　　　　　　　　　　　　　117500

甲公司购置设备的成本＝100000＋17000＋500＝117500（元）

【例6—9】企业购入一台需要安装的机器设备，取得的增值税专用发票上注明的设备价款为200000元，增值税进项税额为34000元，支付的运输费为2500元，款项已通过银行支付；安装设备时，领用本公司原材料一批，价值10000元，购进该批原材料时支付的增值税进项税额为1700元；支付安装工人的工资为2900元。假定不考虑其他相关税费。

①支付设备价款、增值税、运输费合计为236500元：

借：在建工程　　　　　　　　　　　　　　　　　236500
　　贷：银行存款　　　　　　　　　　　　　　　　236500

②领用本公司原材料、支付安装工人工资等费用合计为14600元：

借：在建工程　　　　　　　　　　　　　　　　　14600
　　贷：原材料　　　　　　　　　　　　　　　　　10000

　　　　应交税费——应交增值税（进项税额转出）　　　1700

　　　　应付职工薪酬　　　2900

③设备安装完毕达到预定可使用状态：

借：固定资产　　　251100

　　贷：在建工程　　　251100

固定资产的成本＝236500＋14600＝251100（元）

【例6—10】甲公司向乙公司一次购进了三台不同型号且具有不同生产能力的设备A、B、C，共支付款项100000000元，增值税额17000000元，包装费750000元，全部以银行存款转账支付；假定设备A、B、C均满足固定资产的定义及确认条件，公允价值分别为45000000元、38500000元、16500000元；不考虑其他相关税费。甲公司的账务处理如下：

①确定应计入固定资产成本的金额，包括购买价款、包装费及增值税额，即：

100000000＋17000000＋750000＝117750000（元）

②确定设备A、B、C的价值分配比例。

A设备应分配的固定资产价值比例为：

45000000÷（45000000＋38500000＋16500000）×100％＝45％

B设备应分配的固定资产价值比例为：

38500000÷（45000000＋38500000＋16500000）×100％＝38.5％

C设备应分配的固定资产价值比例为：

16500000÷（45000000＋38500000＋16500000）×100％＝16.5％

③确定A、B、C设备各自的成本：

A设备的成本＝117750000×45％＝52987500（元）

B设备的成本＝117750000×38.5％＝45333750（元）

C设备的成本＝117750000×16.5％＝19428750（元）

④甲公司应作如下会计处理：

借：固定资产——A设备　　　52987500

　　　　　　——B设备　　　45333750

　　　　　　——C设备　　　19428750

　　贷：银行存款　　　117750000

2. 自行建造固定资产的核算

　　自行建造固定资产的成本，由建造该项资产达到预定可使用状态前所发生的必要支出构成。包括工程物资成本、人工成本、缴纳的相关税费、应予资本化的借款费用以及应分摊的间接费用等。

　　自建固定资产应先通过"在建工程"科目核算，工程达到预定可使用状态时，再从"在建工程"科目转入"固定资产"科目。企业自行建造固定资产包括自营建造和出包建造两种方式。无论采用何种方式，所建工程都应当按照实际发生的支出确定其工程成本并单独核算。

（1）自营方式建造固定资产的核算。企业以自营方式建造固定资产，是指企业自行组织工程材料采购、自行组织施工人员施工的建筑工程和安装工程。

购入工程物资时，借记"工程物资"科目，贷记"银行存款"等科目。

领用工程物资时，借记"在建工程"科目，贷记"工程物资"科目。

在建工程领用本企业原材料时，借记"在建工程"科目，贷记"原材料"、"应交税费——应交增值税（进项税额转出）"等科目。

在建工程领用本企业生产的商品时，借记"在建工程"科目，贷记"库存商品"、"应交税费——应交增值税（销项税额）"等科目。

自营工程发生的其他费用（如分配工程人员工资等），借记"在建工程"科目，贷记"银行存款"、"应付职工薪酬"等科目。

自营工程达到预定可使用状态时，按其成本，借记"固定资产"科目，贷记"在建工程"科目。

【例6—11】某企业自建仓库一座，购入为工程准备的各种物资200000元，支付的增值税额为34000元，均以银行存款支付，全部用于工程建设。实际领用工程物资234000元，还领用本企业生产的水泥一批，实际成本为80000元，税务部门确定的计税价格为100000元，增值税税率17%；工程人员应计工资100000元，企业辅助生产车间为工程提供有关劳务支出30000元。工程竣工并达到预定可使用状态。会计处理如下：

①购入工程物资时：

借：工程物资　　　　　　　　　　　234000
　　贷：银行存款　　　　　　　　　　　234000

②工程领用工程物资时：

借：在建工程　　　　　　　　　　　234000
　　贷：工程物资　　　　　　　　　　　234000

③工程领用本企业生产的水泥时：

确定应计入在建工程成本的金额＝80000＋100000×17%＝97000（元）

借：在建工程　　　　　　　　　　　97000
　　贷：库存商品　　　　　　　　　　　80000
　　　　应交税费——应交增值税（销项税额）　17000

④分配工程人员工资时：

借：在建工程　　　　　　　　　　　100000
　　贷：应付职工薪酬　　　　　　　　　100000

⑤支付企业辅助生产车间为工程提供有关劳务支出时：

借：在建工程　　　　　　　　　　　30000
　　贷：生产成本——辅助生产成本　　　　30000

⑥工程完工转固定资产＝234000＋97000＋100000＋30000＝461000（元）

借：固定资产　　　　　　　　　　　461000

　　　　贷：在建工程　　　　　　　　　　　　　　　　　461000

　　（2）出包方式建造固定资产的核算。企业以出包方式建造固定资产，其成本由建造该项固定资产达到预定可使用状态前所发生的必要支出构成，包括发生的建筑工程支出、安装工程支出以及需分摊计入各固定资产价值的待摊支出。

　　企业采用出包方式进行的固定资产工程，其工程的具体支出主要由建造承包商核算，在这种方式下，"在建工程"科目主要是企业与建造承包商办理工程价款的结算科目，企业支付给建造承包商的工程价款作为工程成本，通过"在建工程"科目核算。企业按合理估计的发包工程进度和合同规定向建造承包商结算的进度款，借记"在建工程"科目，贷记"银行存款"等科目；工程完成时按合同规定补付的工程款，借记"在建工程"科目，贷记"银行存款"等科目；工程达到预定可使用状态时，按其成本，借记"固定资产"科目，贷记"在建工程"科目。

　　【例6—12】某企业将一幢厂房的建造工程出包给丙公司承建，按合理估计的发包工程进度和合同规定向丙公司结算进度款700000元，工程完工后，收到丙公司有关工程结算单据，补付工程款400000元，工程完工并达到预定可使用状态。应作如下会计处理：

　　①按合理估计的发包工程进度和合同规定向丙公司结算进度款时：

　　借：在建工程　　　　　　　　　　　　　　　　　700000

　　　　贷：银行存款　　　　　　　　　　　　　　　700000

　　②补付工程款时：

　　借：在建工程　　　　　　　　　　　　　　　　　400000

　　　　贷：银行存款　　　　　　　　　　　　　　　400000

　　③工程完工并达到预定可使用状态时：

　　借：固定资产　　　　　　　　　　　　　　　　　1100000

　　　　贷：在建工程　　　　　　　　　　　　　　　1100000

三、固定资产的折旧

1. 固定资产折旧的定义

　　折旧，是指在固定资产的使用寿命内，按照确定的方法对应计折旧额进行的系统分摊。应计折旧额，是指应当计提折旧的固定资产的原价扣除其预计净残值后的余额。如果已对固定资产计提减值准备，还应当扣除已计提的固定资产减值准备累计金额。

2. 影响固定资产折旧的因素

　　影响固定资产折旧的因素主要有以下几个方面：

　　（1）固定资产原价。固定资产原价指固定资产的购置成本。

　　（2）预计净残值。指假定固定资产预计使用寿命已满并处于使用寿命终了时的预期状态，企业目前从该项资产处置中获得的扣除预计处置费用后的金额。

　　（3）固定资产减值准备。指固定资产已计提的固定资产减值准备累计金额。固定资产计提减值准备后，应当在剩余使用寿命内根据调整后的固定资产账面价值（固定资产账面余额扣减累计折旧和减值准备后的金额）和预计净残值重新计算确定折旧率和折旧额。

（4）固定资产的使用寿命。指企业使用固定资产的预计期间，或者该固定资产所能生产产品或提供劳务的数量。企业确定固定资产使用寿命时，应当考虑下列因素：①该项资产预计生产能力或实物产量。②该项资产预计有形损耗，如设备使用中发生磨损、房屋建筑物受到自然侵蚀等。③该项资产预计无形损耗，如因新技术的出现而使现有的资产技术水平相对陈旧、市场需求变化使产品过时等。④法律或者类似规定对该项资产使用的限制。某些固定资产的使用寿命可能受法律或类似规定的约束。如对于融资租赁的固定资产，根据《企业会计准则第 21 号——租赁》规定，能够合理确定租赁期届满时将会取得租赁资产所有权的，应当在租赁资产使用寿命内计提折旧；如果无法合理确定租赁期届满时能够取得租赁资产所有权的，应当在租赁期与租赁资产使用寿命两者中较短的期间内计提折旧。

3. 固定资产折旧的范围

企业应当对所有的固定资产计提折旧，但是，已提足折旧仍继续使用的固定资产和单独计价入账的土地除外。在确定计提折旧的范围时还应注意以下几点：

（1）按月计提。固定资产应当按月计提折旧，并根据用途计入相关资产的成本或者当期损益。当月增加的固定资产，当月不计提折旧，从下月起计提折旧；当月减少的固定资产，当月仍计提折旧，从下月起不计提折旧。

（2）提足折旧后不再计提。固定资产提足折旧后，不论能否继续使用，均不再计提折旧，提前报废的固定资产也不再补提折旧。所谓提足折旧是指已经提足该项固定资产的应计折旧额。

（3）达到预定可使用状态。已达到预定可使用状态但尚未办理竣工决算的固定资产，应当按照估计价值确定其成本，并计提折旧；待办理竣工决算后再按实际成本调整原来的暂估价值，但不需要调整原已计提的折旧额。

企业至少应当于每年年度终了，对固定资产的使用寿命、预计净残值和折旧方法进行复核。使用寿命预计数与原先估计数有差异的，应当调整固定资产使用寿命。预计净残值预计数与原先估计数有差异的，应当调整预计净残值。与固定资产有关的经济利益预期实现方式有重大改变的，应当改变固定资产折旧方法。

固定资产使用寿命、预计净残值和折旧方法的改变应当作为会计估计变更。

4. 固定资产的折旧方法

企业应当根据与固定资产有关的经济利益的预期实现方式，合理选择固定资产折旧方法。可选用的折旧方法包括年限平均法、工作量法、双倍余额递减法和年数总和法等。企业选用不同的固定资产折旧方法，将影响固定资产使用寿命期间内不同时期的折旧费用，因此，固定资产的折旧方法一经确定，不得随意变更。

（1）年限平均法。年限平均法又称直线法，是指将固定资产的应计折旧额均衡地分摊到固定资产预计使用寿命内的一种方法。计算公式如下：

$$年折旧率＝\frac{1-预计净残值率}{预计使用寿命（年）}×100\%$$

月折旧率＝年折旧率÷12

月折旧额＝固定资产原价×月折旧率

年折旧额＝（固定资产原价－预计净残值）÷预计使用年限

   ＝固定资产原价×（1－预计净残值÷原价）÷预计使用年限

   ＝固定资产原价×年折旧率

【例6—13】某企业有办公楼一栋，原价为5000000元，预计可使用20年，预计报废时的净残值率为2%。该厂房的折旧率和折旧额的计算如下：

年折旧率＝（1－2%）÷20＝4.9%

月折旧率＝4.9%÷12＝0.41%

月折旧额＝5000000×0.41%＝20500（元）

年折旧额＝20500×12＝246000（元）

采用这种方法计算的每期折旧额均相等。当固定资产各期负荷程度相同时，各期应分摊相同的折旧费，这时采用年限平均法计算折旧是合理的。但是，如果固定资产各期负荷程度不同，采用年限平均法计算折旧时，则不能反映固定资产的实际使用情况，提取的折旧数与固定资产的损耗程度也不相符。

（2）工作量法。工作量法是根据实际工作量计算每期应提折旧额的一种方法。计算公式如下：

单位工作量折旧额＝固定资产原价×（1－预计净残值率）÷预计总工作量

某项固定资产月折旧额＝该项固定资产当月工作量×单位工作量折旧额

【例6—14】某企业的一辆运货卡车的原价为600000元，预计总行驶里程为500000公里，预计报废时的净残值率为5%，本月行驶4000公里。该辆汽车的月折旧额计算如下：

$$单位里程折旧额＝\frac{600000×（1-5\%）}{500000}＝1.14（元/公里）$$

本月折旧额＝4000×1.14＝4560（元）

【例6—15】甲公司的一台机器设备原价为800000元，预计生产产品产量为4000000个，预计净残值率为5%，本月生产产品40000个；假设甲公司没有对该机器设备计提减值准备。则该台机器设备的本月折旧额计算如下：

单个折旧额＝800000×（1－5%）÷4000000＝0.19（元/个）

本月折旧额＝40000×0.19＝7600（元）

（3）双倍余额递减法。双倍余额递减法，是指在不考虑固定资产预计净残值的情况下，根据每期期初固定资产原价减去累计折旧后的余额和双倍的直线法折旧率计算固定资产折旧的一种方法。计算公式如下：

年折旧率＝2÷预计使用寿命(年)×100%

月折旧率＝年折旧率÷12

月折旧额＝固定资产账面净值×月折旧率

在固定资产折旧年限到期的前两年内，将固定资产的账面净值扣除预计净残值后的净值平均摊销。

【例6－16】某企业设备原价为50000元，预计使用寿命为5年，预计净残值率为4%；假设甲公司没有对该机器设备计提减值准备。

甲公司按双倍余额递减法计算折旧，每年折旧额计算如下：

年折旧率＝2÷5×100%＝40%

第1年应计提的折旧额＝50000×40%＝20000（元）

第2年应计提的折旧额＝（50000－20000）×40%＝12000（元）

第3年应计提的折旧额＝（50000－20000－12000）×40%＝7200（元）

从第4年起改按年限平均法（直线法）计提折旧：

第4、5年应提折旧额＝（50000－20000－12000－7200－50000×4%）÷2

＝4400（元）

（4）年数总和法。年数总和法，又称年限合计法，是将固定资产的原价减去预计净残值的余额乘以一个以固定资产尚可使用寿命为分子、以预计使用寿命逐年数字之和为分母的逐年递减的分数计算每年的折旧额。计算公式如下：

年折旧率＝尚可使用年限÷预计使用寿命的年数总和×100%

月折旧率＝年折旧率÷12

月折旧额＝（固定资产原价－预计净残值）×月折旧率

【例6－17】承【例6－16】假设企业采用年数总和法计提折旧，则该固定资产各年的折旧率依次为5/15、4/15、3/15、2/15、1/15，按年数总和法计算的各年应提折旧如表6－1所示。

表6－1　　　　　　　　　　　年数总和法计算折旧　　　　　　　　　　金额单位：元

年份	尚可使用年限	原价－净残值	变动折旧率	年折旧额	累计折旧
1	5	48000	5/15	16000	16000
2	4	48000	4/15	12800	28800
3	3	48000	3/15	9600	38400
4	2	48000	2/15	6400	44800
5	1	48000	1/15	3200	48000

双倍余额递减法和年数总和法都属于加速折旧方法，其特点是在固定资产使用的早期多提折旧，后期少提折旧，其递减的速度逐年加快，从而相对加快折旧的速度，目的是使固定资产成本在估计使用寿命内加快得到补偿。

5. 固定资产折旧的核算方法

固定资产应当按月计提折旧，计提的折旧应当记入"累计折旧"科目，并根据用途计入相关资产的成本或者当期损益。企业自行建造固定资产过程中使用的固定资产，其计提的折旧应计入"在建工程"成本；基本生产车间所使用的固定资产，其计提的折旧应计入"制造费用";管理部门所使用的固定资产,其计提的折旧应计入"管理费用";销售部门所使用的固定资产,其计提的折旧应计入"销售费用";经营租出的固定资产,其计提的折旧额应计入"其他业务成本"。企业计提固定资产折旧时,借记"制造费用"、"销售费用"、"管理费用"等科目,贷记"累计折旧"科目。

【例6—18】甲公司2009年6月份各类固定资产应计提的折旧总额为80000元。其中,A、B、C三个生产车间分别负担30000元、20000元、10000元,销售部门负担4000元,行政管理部门负担10000元,经营租出的固定资产负担6000元。应作如下会计处理:

借:制造费用——A车间	30000
——B车间	20000
——C车间	10000
销售费用	4000
管理费用	10000
其他业务成本	6000
贷:累计折旧	80000

【例6—19】乙公司2009年7月份固定资产计提折旧情况如下:一车间厂房计提折旧3800000元,机器设备计提折旧4500000元;管理部门房屋建筑物计提折旧6500000元,运输工具计提折旧2400000元;销售部门房屋建筑物计提折旧3200000元,运输工具计提折旧2630000元。当月新购置机器设备一台,价值为5400000元,预计使用寿命为10年,该企业同类设备计提折旧采用年限平均法。

本例中,新购置的机器设备本月不计提折旧。本月计提的折旧费用中,车间使用的固定资产计提的折旧费用计入制造费用,管理部门使用的固定资产计提的折旧费用计入管理费用,销售部门使用的固定资产计提的折旧费用计入销售费用。乙公司应作如下会计处理:

借:制造费用——一车间	8300000
管理费用	8900000
销售费用	5830000
贷:累计折旧	23030000

四、固定资产的后续支出

固定资产的后续支出是指固定资产使用过程中发生的更新改造支出、修理费用等。

固定资产后续支出的处理原则为:与固定资产有关的更新改造等后续支出,符合固定资产确认条件的,应当计入固定资产成本,同时将被替换部分的账面价值扣除;与固定资产有关的修理费用等后续支出,不符合固定资产确认条件的,应当计入当期损益。

1. 资本化的后续支出

在对固定资产发生可资本化的后续支出后，企业应将该固定资产的原价、已计提的累计折旧和减值准备转销，将固定资产的账面价值转入在建工程。固定资产发生的可资本化的后续支出，通过"在建工程"科目核算。在固定资产发生的后续支出完工并达到预定可使用状态时，应在后续支出资本化后的固定资产账面价值不超过其可收回金额的范围内，从"在建工程"科目转入"固定资产"科目。

【例6—20】某企业有关固定资产更新改造的资料如下：

（1）2009年9月1日，该企业拥有一条生产线，账面原价860000元；采用年限平均法计提折旧；已计提折旧500000元。

（2）由于生产的产品适销对路，现有生产线的生产能力已难以满足公司生产发展的需要，但若新建生产线则建设周期过长。甲公司决定对现有生产线进行改扩建，以提高其生产能力。

（3）9月1日至11月30日，经过3个月的改扩建，完成了对这条生产线的改扩建工程，共发生支出400000元，全部以银行存款支付。

（4）该生产线改扩建工程达到预定可使用状态后，大大提高了生产能力，预计将其使用寿命延长5年。

（5）为简化计算过程，整个过程不考虑其他相关税费；公司按年度计提固定资产折旧。

本例中，生产线改扩建后，生产能力将大大提高，能够为企业带来更多的经济利益，改扩建的支出金额也能可靠计量，因此该后续支出符合固定资产的确认条件，应计入固定资产的成本。有关的账务处理如下：

①9月1日，固定资产转入改扩建时：

固定资产账面价值＝860000－500000＝360000（元）

借：在建工程	360000
累计折旧	500000
贷：固定资产	860000

②9月1日至11月30日，发生改扩建工程支出：

| 借：在建工程 | 400000 |
| 　贷：银行存款 | 400000 |

③11月30日，生产线改扩建工程达到预定可使用状态：

| 借：固定资产 | 760000 |
| 　贷：在建工程 | 760000 |

企业发生的某些固定资产后续支出，可能涉及替换原固定资产的某组成部分，当发生的后续支出符合固定资产确认条件时，应将其计入固定资产成本，同时将被替换部分的账面价值扣除。这样可以避免将替换部分的成本和被替换部分的成本同时计入固定资产成本，导致固定资产成本高计。

2. 费用化的后续支出

企业生产车间（部门）和行政管理部门等发生的固定资产修理费用等后续支出，借记"管理费用"科目，贷记"银行存款"等科目；企业发生的与专设销售机构相关的固定资产修理费用等后续支出，借记"销售费用"科目，贷记"银行存款"等科目。

【例6—21】甲公司6月1日，对现有的一台生产机器设备进行日常修理，修理过程中发生的材料费100000元，购买该批材料所支付的增值税进项税额为17000元，应支付的维修人员工资为20000元。

本例中，对机器设备的日常修理没有满足固定资产的确认条件，因此，应将该项固定资产后续支出在其发生时计入当期损益，属于生产车间（部门）和行政管理部门等发生的固定资产修理费用等后续支出，应记入"管理费用"科目，甲公司应作如下会计处理：

```
借：管理费用                                     137000
    贷：原材料                                       100000
        应交税费——应交增值税（进项税额转出）          17000
        应付职工薪酬                                  20000
```

五、固定资产清查

企业应定期或者至少于每年末对固定资产进行清查盘点，以保证固定资产核算的真实性，充分挖掘企业现有固定资产的潜力。在固定资产清查过程中，如果发现盘盈、盘亏的固定资产，应填制固定资产盘盈盘亏报告表。清查固定资产的损溢，应及时查明原因，并按照规定程序报批处理。

1. 固定资产盘盈

企业在财产清查中盘盈的固定资产，作为前期差错处理。企业在财产清查中盘盈的固定资产，在按管理权限报经批准处理前应先通过"以前年度损益调整"科目核算。盘盈的固定资产，应按重置成本确定其入账价值。

企业应按重置成本确定的入账价值，借记"固定资产"科目，贷记"以前年度损益调整"科目。

【例6—22】丁企业在财产清查过程中，发现盘盈设备一台，该类设备存在活跃市场，市场报价为72800元，根据该设备的新旧程度估计其已提折旧为6000元，经查明系记账差错所致。该盘盈固定资产作为前期差错进行处理。假定该企业适用的所得税税率为25%，按净利润的10%计提法定盈余公积。丁企业应作如下会计处理：

①盘盈固定资产时：

```
借：固定资产（72800-6000）                        66800
    贷：以前年度损益调整                              66800
```

②确定缴纳所得税时：

借：以前年度损益调整（66800×25％）　　　　　　16700
　　贷：应交税费——应交所得税　　　　　　　　　　　　　16700
③结转为留存收益时：
借：以前年度损益调整（66800－16700）　　　　　50100
　　贷：盈余公积——法定盈余公积（10％）　　　　　　　5010
　　　　利润分配——未分配利润（90％）　　　　　　　　45090

2. 固定资产盘亏

企业在财产清查中盘亏的固定资产，按盘亏固定资产的账面价值，借记"待处理财产损溢"科目，按已计提的累计折旧，借记"累计折旧"科目，按已计提的减值准备，借记"固定资产减值准备"科目，按固定资产的原价，贷记"固定资产"科目。按管理权限报经批准后处理时，按可收回的保险赔偿或过失人赔偿，借记"其他应收款"科目，按应计入营业外支出的金额，借记"营业外支出——盘亏损失"科目，贷记"待处理财产损溢"科目。

【例6－23】某公司年末对固定资产进行清查时，发现丢失一台冷冻设备。该设备原价52000元，已计提折旧20000元，并已计提减值准备12000元。经查，冷冻设备丢失的原因在于保管员看守不当。经批准，由保管员赔偿5000元。有关账务处理如下：

①发现冷冻设备丢失时：
借：待处理财产损溢　　　　　　　　　　　　　　　20000
　　累计折旧　　　　　　　　　　　　　　　　　　　20000
　　固定资产减值准备　　　　　　　　　　　　　　　12000
　　贷：固定资产　　　　　　　　　　　　　　　　　　　52000
②报经批准后：
借：其他应收款　　　　　　　　　　　　　　　　　　5000
　　营业外支出——盘亏损失　　　　　　　　　　　　15000
　　贷：待处理财产损溢　　　　　　　　　　　　　　　　20000

六、固定资产减值

固定资产的减值是指固定资产的可收回金额低于其账面价值。

1. 固定资产减值的确定

固定资产在资产负债表日存在可能发生减值的迹象时，其可收回金额低于账面价值的，企业应当将该固定资产的账面价值减记至可收回金额，减记的金额确认为减值损失，计入当期损益，同时计提相应的资产减值准备。

2. 固定资产减值会计处理

企业计提固定资产减值准备，应当设置"固定资产减值准备"科目核算。企业按应减记的金额，借记"资产减值损失——计提的固定资产减值准备"科目，贷记"固定资产减值准备"科目。

固定资产减值损失一经确认，在以后会计期间不得转回。

【例6—24】本年12月31日，甲公司对其所拥有的生产线进行减值测试。经计算，该机器的可收回金额合计为620000元，账面价值为700000元，以前年度未对该生产线计提过减值准备。

由于该生产线的可收回金额为620000元，账面价值为700000元，可收回金额低于账面价值，应按两者之间的差额80000元（700000－620000）计提固定资产减值准备。甲公司应作如下会计处理：

借：资产减值损失——计提的固定资产减值准备　　80000

贷：固定资产减值准备　　　　　　　　　　　　　　　80000

七、固定资产处置

1. 固定资产终止确认的条件

根据《企业会计准则第4号——固定资产》的规定，固定资产满足下列条件之一的，应当予以终止确认：

（1）该固定资产处于处置状态。固定资产处置包括固定资产的出售、转让、报废或毁损、对外投资、非货币性资产交换、债务重组等。处于处置状态的固定资产不再用于生产商品、提供劳务、出租或经营管理，因此不再符合固定资产的定义，应予终止确认。

（2）该固定资产预期通过使用或处置不能产生经济利益。固定资产的确认条件之一是"与该固定资产有关的经济利益很可能流入企业"，如果一项固定资产预期通过使用或处置不能产生经济利益，那么它就不再符合固定资产的定义和确认条件，应予终止确认。

2. 固定资产处置的核算

企业出售、转让、报废固定资产或发生固定资产毁损，应当将处置收入扣除账面价值和相关税费后的金额计入当期损益。固定资产处置一般通过"固定资产清理"科目进行核算，其会计处理一般经过以下几个步骤：

（1）固定资产转入清理。固定资产转入清理时，按固定资产账面价值，借记"固定资产清理"科目，按已计提的累计折旧，借记"累计折旧"科目，按已计提的减值准备，借记"固定资产减值准备"科目，按固定资产账面余额，贷记"固定资产"科目。

（2）发生的清理费用。固定资产清理中发生的有关费用以及应支付的相关税费，借记"固定资产清理"科目，贷记"银行存款"、"应交税费"等科目。

（3）出售收入和残料等的处理。企业收回出售固定资产的价款、残料价值和变价收入等，应冲减清理支出。按实际收到的出售价款以及残料变价收入等，借记"银行存款"、"原材料"等科目，贷记"固定资产清理"科目。

（4）保险赔偿的处理。企业计算或收到的应由保险公司或过失人赔偿的损失，应冲减支出，借记"其他应收款"、"银行存款"等科目，贷记"固定资产清理"

科目。

（5）清理净损益的处理。固定资产清理完成后的净损失，属于生产经营期间正常的处理损失，借记"营业外支出——处置非流动资产损失"科目，贷记"固定资产清理"科目；属于生产经营期间由于自然灾害等非正常原因造成的，借记"营业外支出——非常损失"科目，贷记"固定资产清理"科目。固定资产清理完成后的净收益，借记"固定资产清理"科目，贷记"营业外收入"科目。

【例6-25】甲公司有一台设备，因使用期满经批准报废。该设备原价为186400元，已计提累计折旧177080元、减值准备2300元。在清理过程中，以银行存款支付清理费用4000元，收到残料变卖收入5400元，应支付相关税费270元。账务处理如下：

①固定资产转入清理：

借：固定资产清理	7020	
累计折旧	177080	
固定资产减值准备	2300	
贷：固定资产		186400

②发生清理费用和相关税费：

借：固定资产清理	4270	
贷：银行存款		4000
应交税费		270

③收到残料变价收入：

| 借：银行存款 | 5400 | |
| 贷：固定资产清理 | | 5400 |

④结转固定资产净损益：

| 借：营业外支出——处置非流动资产损失 | 5890 | |
| 贷：固定资产清理 | | 5890 |

【例6-26】乙公司现有一台设备由于性能等原因决定提前报废，原价为500000元，已计提累计折旧450000元，未计提减值准备。报废时的残值变价收入为20000元，报废清理过程中发生清理费用3500元。有关收入、支出均通过银行办理结算。乙公司应作如下会计处理：

①将报废固定资产转入清理时：

借：固定资产清理	50000	
累计折旧	450000	
贷：固定资产		500000

②收回残料变价收入时：

| 借：银行存款 | 20000 | |
| 贷：固定资产清理 | | 20000 |

③支付清理费用时：

借：固定资产清理   3500

  贷：银行存款   3500

④结转报废固定资产发生的净损失时：

借：营业外支出——非流动资产处置损失   33500

  贷：固定资产清理   33500

【例6—27】丙公司因遭受水灾而毁损一座仓库，该仓库原价860000元，已计提累计折旧300000元，未计提减值准备。其残料估计价值15000元，残料已办理入库。发生的清理费用5000元，以现金支付。经保险公司核定应赔偿损失400000元，尚未收到赔款，清理工作已经结束。丙公司应作如下会计处理：

①将毁损的仓库转入清理时：

借：固定资产清理   560000

  累计折旧   300000

  贷：固定资产   860000

②残料入库时：

借：原材料   15000

  贷：固定资产清理   15000

③支付清理费用时：

借：固定资产清理   5000

  贷：库存现金   5000

④确定应由保险公司理赔的损失时：

借：其他应收款   400000

  贷：固定资产清理   400000

⑤结转毁损固定资产发生的损失时：

借：营业外支出——非常损失   150000

  贷：固定资产清理   150000

第三节 无形资产及其他资产

一、无形资产概述

1. 无形资产的定义与特征

无形资产是指企业拥有或者控制的没有实物形态的可辨认非货币性资产。无形资产具有以下特征：

（1）由企业拥有或者控制并能为其带来未来经济利益的资源。预计能为企业带来未来经济利益，是作为一项资产的本质特征，无形资产也不例外。通常情况下，企业拥有或者控制的无形资产应当拥有其所有权并且能够为企业带来未来经济利益。

（2）无形资产不具有实物形态。无形资产通常表现为某种权利、某项技术或是某种获取超额利润的综合能力。它们不具有实物形态，比如，土地使用权、非专利技术等。无形资产为企业带来经济利益的方式与固定资产不同，固定资产是通过实物价值的磨损和转移来为企业带来未来经济利益，而无形资产很大程度上是通过自身所具有的技术等优势为企业带来未来经济利益，不具有实物形态是无形资产区别于其他资产的特征之一。需要指出的是，某些无形资产的存在有赖于实物载体。比如，计算机软件需要存储在磁盘中。但这并不改变无形资产本身不具有实物形态的特性。

（3）无形资产具有可辨认性。一项资产作为无形资产核算，它必须具有能够区别于其他资产的特征，可单独辨认。

（4）无形资产属于非货币性资产。非货币性资产，是指企业持有的货币资金和将以固定或可确定的金额收取的资产以外的其他资产。无形资产由于没有发达的交易市场，一般不容易转化成现金，在持有过程中为企业带来未来经济利益的情况不确定，不属于以固定或可确定的金额收取的资产属于非货币性资产。货币性资产主要有库存现金、银行存款、应收账款、应收票据和短期有价证券等。它们的共同特点是直接表现为固定的货币数额，或在将来收到一定货币数额的权利。应收款项等资产也没有实物形态，其与无形资产的区别在于无形资产属于非货币性资产，而应收款项等资产则不属于非货币性资产。另外，虽然固定资产也属于非货币性资产，但其为企业带来经济利益的方式与无形资产不同，固定资产是通过实物价值的磨损和转移来为企业带来未来经济利益，而无形资产很大程度上是通过某些权利、技术等优势为企业带来未来经济利益。

2. 无形资产的分类

无形资产按照不同的标准，可以分为三种不同的类型。

（1）按经济内容分类。无形资产按其反映的经济内容，可以分为专利权、非专利技术、商标权、著作权、土地使用权、特许权等。

①专利权。是指国家专利主管机关依法授予发明创造专利申请人，对其发明创造在法定期限内所享有的专有权利，包括发明专利权、实用新型专利权和外观设计专利权。发明，是指对产品、方法或者其改进所提出的新的技术方案。实用新型，是指对产品的形状、构造或者其结合所提出的适于实用的新的技术方案。外观设计，是指对产品的形状、图案或者其结合以及色彩与形状、图案的结合所作出的富有美感并适用于工业应用的新设计。发明专利权的期限为20年，实用新型专利权和外观设计专利权的期限为10年，均自申请日起计算。

②非专利技术。也称专有技术。它是指不为外界所知、在生产经营活动中已采用了的、不享有法律保护的、可以带来经济效益的各种技术和诀窍。非专利技术一般包括工业专有技术、商业贸易专有技术、管理专有技术等。工业专有技术指在生产上已经采用，仅限于少数人知道，不享有专利权或发明权的生产、装配、修理、工艺或加工方法的技术知识，可以用蓝图、配方、技术记录、操作方法的说明等具

体资料表现出来，也可以通过卖方派出技术人员进行指导，或接受买方人员进行技术实习等手段实现。商业贸易专有技术，指具有保密性质的市场情报、原材料价格情报以及用户、竞争对象的情况的有关知识。管理专有技术，指生产组织的经营方式、管理方法、培训职工方法等保密知识。非专利技术并不是专利法的保护对象，非专利技术用自我保密的方式来维持其独占性，具有经济性、机密性和动态性等特点。

③商标权。商标是用来辨认特定的商品或劳务的标记。商标权指专门在某类指定的商品或产品上使用特定的名称或图案的权利。经商标局核准注册的商标为注册商标，包括商品商标、服务商标和集体商标、证明商标；商标注册人享有商标专用权，受法律保护。集体商标，是指以团体、协会或者其他组织名义注册，供该组织成员在商事活动中使用，以表明使用者在该组织中的成员资格的标志。证明商标，是指由对某种商品或者服务具有监督能力的组织所控制，而由该组织以外的单位或者个人使用于其商品或者服务，用以证明该商品或者服务的原产地、原料、制造方法、质量或者其他特定品质的标志。注册商标的有效期为 10 年，自核准注册之日起计算。注册商标有效期满，需要继续使用的，应当在期满前 6 个月内申请续展注册；在此期间未能提出申请的，可以给予 6 个月的宽展期。宽展期满仍未提出申请的，注销其注册商标。每次续展注册的有效期为 10 年。

④著作权。著作权又称版权，指作者对其创作的文学、科学和艺术作品依法享有的某些特殊权利。著作权包括作品署名权、发表权、修改权和保护作品完整权，还包括复制权、发行权、出租权、展览权、表演权、放映权、广播权、信息网络传播权、摄制权、改编权、翻译权、汇编权以及应当由著作权人享有的其他权利。著作权人包括作者和其他依法享有著作权的公民、法人或者其他组织。著作权属于作者，创作作品的公民是作者。由法人或者其他组织主持，代表法人或者其他组织意志创作，并由法人或者其他组织承担责任的作品，法人或者其他组织视为作者。作者的署名权、修改权、保护作品完整权的保护期不受限制。公民的作品，其发表权、复制权、发行权、出租权、展览权、表演权、放映权、广播权、信息网络传播权、摄制权、改编权、翻译权、汇编权以及应当由著作权人享有的其他权利的保护期，为作者终生及其死亡后 50 年，截止于作者死亡后第 50 年的 12 月 31 日；如果是合作作品，截止于最后死亡的作者死亡后第 50 年的 12 月 31 日。

⑤土地使用权。土地使用权指国家准许某企业在一定期间对国有土地享有开发、利用、经营的权利。根据我国土地管理法的规定，我国土地实行公有制，任何单位和个人不得侵占、买卖或者以其他形式非法转让。企业取得土地使用权的方式大致有行政划拨取得、外购取得（例如以缴纳土地出让金方式取得）及投资者投资取得几种。通常情况下，作为投资性房地产或者作为固定资产核算的土地，按照投资性房地产或者固定资产核算；以缴纳土地出让金等方式外购的土地使用权、投资者投入等方式取得的土地使用权作为无形资产核算。

⑥特许权。特许权，又称经营特许权、专营权，指企业在某一地区经营或销售

某种特定商品的权利或是一家企业接受另一家企业使用其商标、商号、技术秘密等的权利。通常有两种形式，一种是由政府机构授权，准许企业使用或在一定地区享有经营某种业务的特权，如水、电、邮电通信等专营权、烟草专卖权等；另一种指企业间依照签订的合同，有限期或无限期地使用另一家企业的某些权利，如连锁店分店使用总店的名称等。特许权业务涉及特许权转让人和受让人两个方面。通常在特许权转让合同中规定了特许权转让的期限、转让人和受让人的权利和义务。转让人一般要向受让人提供商标、商号等使用权，传授专有技术，并负责培训营业人员，提供经营所必需的设备和特殊原料。受让人则需要向转让人支付取得特许权的费用，开业后则按营业收入的一定比例或其他计算方法支付享用特许权费用。此外，还要为转让人保守商业秘密。

（2）按来源途径分类。无形资产按其来源途径，可以分为外来无形资产和自创无形资产。

外来无形资产是指来源于企业外购、投资者投入、非货币性资产交换、债务重组、企业合并、政府授予、接受捐赠的无形资产等；自创无形资产是指企业自行研究与开发的无形资产，如企业自行研究与开发并按法律程序申请取得的专利权、商标权等。

（3）按经济寿命期限分类。无形资产按是否具备确定的经济寿命期限，可以分为期限确定的无形资产和期限不确定的无形资产。

期限确定的无形资产是指在有关法律中规定有最长有效期限的无形资产，如专利权、商标权、著作权、土地使用权和特许权等。这些无形资产，在法律规定的有效期限内受法律保护；有效期满时，如果企业未继续办理有关手续，将不再受法律保护。

期限不确定的无形资产是指没有相应法律规定其有效期限，其经济寿命难以预先准确估计的无形资产，如非专利技术。这些无形资产的经济寿命取决于技术进步的快慢以及保密工作好坏等因素。当新的可替代技术成果出现时，旧的非专利技术自然贬值；当技术不再保密时，也就无价值可言。

二、无形资产的确认和计量

1. 无形资产的确认条件

无形资产应当在符合定义的前提下，同时满足以下两个确认条件时，才能予以确认。

（1）与该资产有关的经济利益很可能流入企业。作为无形资产确认的项目，必须具备产生的经济利益很可能流入企业。通常情况下，无形资产产生的未来经济利益可能包括在销售商品、提供劳务的收入中，或者企业使用该项无形资产而减少或节约的成本中，或体现在获得的其他利益中。例如，生产加工企业在生产工序中使用了某种知识产权，使其降低了未来生产成本，而不是增加了未来收入。实务中，要确定无形资产创造的经济利益是否很可能流入企业，需要实施职业判断。在实施这种判断时，需要对无形资产在预计使用寿命内可能存在的各种经济因素作出合理的估计，并且应当有明确的证据支持，比如，企业是否有足够的人力资源、高素质的管理队伍、相关的硬件设备、相关的原材料等来配合无形资产为企业创造经济利益。同时，更为重要的是关注一些外界因素的影响，比如是否存在相关的新技术、新产品冲击与无形资产相关的技术或据其生产的产品的市场等。在实施判断时，企业的管理当局应对无形资产的预计使用寿命内存在的各种因素作出最稳健的估计。

（2）该无形资产的成本能够可靠地计量。成本能够可靠地计量是资产确认的一项基本条件。对于无形资产来说，这个条件更为重要。比如，企业内部产生的品牌、报刊名等，因其成本无法可靠计量，不作为无形资产确认。又如，假定一些高新科技企业的科技人才与企业签订了服务合同，且合同规定在一定期限内不能为其他企业提供服务。在这种情况下，虽然这些科技人才的知识在规定的期限内预期能够为企业创造经济利益，但由于这些技术人才的知识难以辨认，且形成这些知识所发生的支出难以计量，因而不能作为企业的无形资产加以确认。

2. 无形资产的初始计量

无形资产通常是按实际成本计量，即以取得无形资产并使之达到预定用途而发生的全部支出，作为无形资产的成本。对于不同来源取得的无形资产，其初始成本构成也不尽相同。

（1）外购的无形资产。外购的无形资产，其成本包括购买价、相关税费以及直接归属于使该项无形资产达到预定用途所发生的其他支出。其中，直接归属于使该项资产达到预定用途所发生的其他支出包括使无形资产达到预定用途所发生的专业服务费用、测试无形资产是否能够正常发挥作用的费用等。但不包括为引入新产品进行宣传而发生的广告费、管理费用及其他间接费用；也不包括无形资产已经达到预定用途以后发生的费用。例如，在形成预定经济规模之前发生的初始运作损失，以及在无形资产达到预定用途之前发生的其他经营活动的支出，如果该经营活动并非是无形资产达到预定用途必不可少的，则有关经营活动的损益应于发生时计入当期损益，而不构成无形资产的成本。

外购的无形资产，应按其取得成本进行初始计量；如果购入的无形资产超过正常信用条件延期支付价款，实质上具有融资性质的，应按所取得无形资产购买价款的现值计量其成本，现值与应付价款之间的差额作为未确认的融资费用，在付款期间按照实际利率法确认为利息费用。

企业购入的无形资产，应按实际支付的成本，借记"无形资产"科目，贷记"银行存款"等科目。

【例6—28】某企业购入一项专利技术，支付的买价和有关费用合计600000元，以银行存款支付。应作如下会计处理：

借：无形资产——专利权   600000

 贷：银行存款   600000

（2）投资者投入的无形资产。投资者投入的无形资产的成本，应当按照投资合同或协议约定的价值确定无形资产的取得成本。如果投资合同或协议约定价值不公允的，应按无形资产的公允价值作为无形资产初始成本入账。

企业接受无形资产投资时，应按双方协商确认的价值计价，借记"无形资产"科目，贷记"实收资本"科目。如果无形资产的价值大于投资方在企业注册资本中占有的份额，其差额应贷记"资本公积"科目。

【例6—29】某企业接受投资者土地使用权投资，经资产评估机构评估，土地使用权作价550000元，作会计分录如下：

借：无形资产——土地使用权　　　　　　　　550000
　　贷：实收资本　　　　　　　　　　　　　　　550000

（3）自行开发的无形资产。自行开发的无形资产，其成本包括自满足无形资产确认条件至达到预定用途前所发生的支出总额，但是对于以前期间已经费用化的支出不再进行调整。

对企业自行进行的研究开发项目，应区分研究阶段与开发阶段分别进行核算。

研究阶段是指为获取新的技术和知识等进行的有计划的调查，有关研究活动的例子包括：意于获取知识而进行的活动；研究成果或其他知识的应用研究、评价和最终选择；材料、设备、产品、工序、系统或服务替代品的研究；以及新的或经改进的材料、设备、产品、工序、系统或服务的可能替代品的配制、设计、评价和最终选择等。从研究活动的特点看，其研究是否能在未来形成成果，即通过开发后是否会形成无形资产均具有很大的不确定性，企业也无法证明其能够带来未来经济利益的无形资产的存在，因此，研究阶段的有关支出在发生时，应当予以费用化计入当期损益。

开发阶段是指在进行商业性生产或使用前，将研究成果或其他知识应用于某项计划或设计，以生产出新的或具有实质性改进的材料、装置、产品等。在开发阶段，同时满足下列条件的，才能予以资本化计入无形资产成本：

①完成该无形资产以使其能够使用或出售在技术上具有可行性。

②具有完成该无形资产并使用或出售的意图。

③无形资产产生经济利益的方式，包括能够证明运用该无形资产生产的产品存在市场或无形资产自身存在市场，无形资产将在内部使用的，应当证明其有用性。

④有足够的技术、财务资源和其他资源支持，以完成该无形资产的开发，并有能力使用或出售该无形资产。

⑤归属于该无形资产开发阶段的支出能够可靠地计量。开发阶段的支出不符合资本化条件的，应当计入当期损益。

企业应当设置"研发支出"科目，核算企业进行研究与开发无形资产过程中发生的各项支出，按照研究开发项目，分别"费用化支出"与"资本化支出"进行明细核算。

企业自行开发无形资产发生的研发支出，不满足资本化条件的，借记"研发支出——费用化支出"科目，满足资本化条件的，借记"研发支出——资本化支出"

科目，贷记"原材料"、"银行存款"、"应付职工薪酬"等科目。

研究开发项目达到预定用途形成无形资产的，应按"研发支出——资本化支出"科目的余额，借记"无形资产"科目，贷记"研发支出——资本化支出"科目。

期（月）末，应将"研发支出——费用化支出"科目归集的金额转入"管理费用"科目，借记"管理费用"科目，贷记"研发支出——费用化支出"科目。

研究开发支出的内容可如图6—1表示。

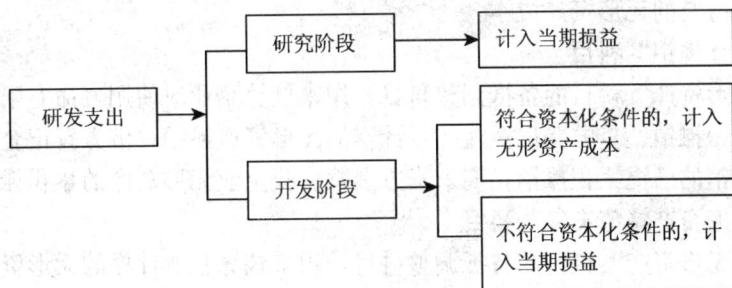

图6—1 研究开发支出的内容和处理

【例6—30】本年1月1日，甲公司经董事会批准研发某项新产品专利技术，董事会认为，研发该项目具有可靠的技术和财务等资源的支持，并且一旦研发成功将降低该公司生产产品的生产成本。该公司在研究开发过程中发生材料费5000万元、人工工资1000万元，其他费用4000万元，总计10000万元，其中，符合资本化条件的支出为6000万元。12月31日，该专利技术已经达到预定用途。

首先，甲公司经董事会批准研发某项新产品专利技术，并认为完成该项新型技术无论从技术上，还是财务等方面能够得到可靠的资源支持，并且一旦研发成功将降低公司的生产成本，因此，符合条件的开发费用可以资本化。其次，甲公司在开发该项新型技术时，累计发生10000万元的研究与开发支出，其中符合资本化条件的开发支出为6000万元，其符合"归属于该无形资产开发阶段的支出能够可靠地计量"的条件。

①发生研发支出：

借：研发支出——费用化支出	40000000
——资本化支出	60000000
贷：原材料	50000000
应付职工薪酬	10000000
银行存款	40000000

②12月31日，该专利技术已经达到预定用途：

借：管理费用	40000000
无形资产	60000000
贷：研发支出——费用化支出	40000000
——资本化支出	60000000

三、无形资产核算科目

为了核算无形资产的取得、摊销和处置等情况，企业应当设置下列会计科目：

1．"无形资产"科目

用来核算企业持有的无形资产成本。借方登记企业从各种来源取得的无形资产的实际成本；贷方登记企业处置无形资产时转销的无形资产账面余额；期末借方余额反映企业持有的无形资产成本。

2．"累计摊销"科目

是"无形资产"科目的备抵调整科目，用来核算企业对使用寿命有限的无形资产计提的累积摊销。贷方登记企业按月计提的无形资产摊销；借方登记企业处置无形资产时转销的已提累积摊销；期末贷方余额反映企业无形资产的累积摊销。

3．"无形资产减值准备"科目

也是"无形资产"科目的备抵调整科目，用来核算企业计提的无形资产减值准备。贷方登记企业已计提的无形资产减值准备；借方登记企业处置无形资产时转销的减值准备；期末贷方余额反映企业已计提但尚未转销的无形资产减值准备。

四．无形资产的摊销

1．无形资产摊销的范围

要确定无形资产在使用过程中的累计摊销额，基础是估计其使用寿命，使用寿命有限的无形资产需要在预计的使用寿命内采用系统合理的方法进行摊销，对于使用寿命不确定的无形资产则不需要摊销。

2．无形资产的应摊销额、摊销期和摊销方法

无形资产的应摊销额是指无形资产的成本扣除预计残值后的金额。已计提减值准备的无形资产，还应扣除已计提的无形资产减值准备累计金额。使用寿命有限的无形资产，其残值应当视为零，但下列情况除外：

①有第三方承诺在无形资产使用寿命结束时购买该无形资产。

②可以根据活跃市场得到预计残值信息，并且该市场在无形资产使用寿命结束时很可能存在。对于使用寿命有限的无形资产应当自可供使用（即其达到预定用途）当月起开始摊销，处置当月不再摊销。

无形资产摊销方法包括直线法、生产总量法等。企业选择的无形资产的摊销方法，应当反映与该项无形资产有关的经济利益的预期实现方式。无法可靠确定预期实现方式的，应当采用直线法摊销。

3．无形资产摊销的会计处理

企业应当按月对无形资产进行摊销。无形资产的摊销额一般应当计入当期损益，并记入"累计摊销"科目。企业自用的无形资产，其摊销金额计入管理费用，借记"管理费用"科目，贷记"累计摊销"科目；出租的无形资产，其摊销金额计入其他业务成本，借记"其他业务成本"科目，贷记"累计摊销"科目。某项无形资产包含的经济利益通过所生产的产品或其他资产实现的，其摊销金额应当计入相关资产成本，借记"制造费用"等科目，贷记"累计摊销"科目。

【例6—31】甲公司从外单位购得一项非专利技术，支付价款5000万元，款项已支付，估计该项非专利技术的使用寿命为10年，该项非专利技术用于产品生产；同时，购入一项商标权，支付价款3000万元，款项已支付，估计该商标权的使用寿命为15年。假定这两项无形资产的净残值均为零，并按直线法摊销。会计分录如下：

①取得无形资产时：

借：无形资产——非专利技术   50000000

          ——商标权   30000000

  贷：银行存款   80000000

②按年摊销时：

借：制造费用——非专利技术   5000000

  管理费用——商标权   2000000

  贷：累计摊销   7000000

【例6—32】甲公司将其自行开发完成的非专利技术出租给乙公司，该非专利技术成本为3600000元，双方约定的租赁期限为10年，甲公司每月应摊销30000元（3600000÷10÷12）。每月摊销时，甲公司应作如下会计处理：

借：其他业务成本   30000

  贷：累计摊销   30000

五、无形资产的处置

无形资产的处置，主要是指无形资产出售、对外出租或者是无法为企业带来未来经济利益时应予终止确认并转销。

1. 无形资产的出售

无形资产的出售是指将无形资产的所有权让渡给他人。出售无形资产时，应按实际收到的金额，借记"银行存款"等科目，按已计提的累计摊销，借记"累计摊销"科目，原已计提减值准备的，借记"无形资产减值准备"科目，按应支付的相关税费，贷记"应交税费"等科目，按其账面余额，贷记"无形资产"科目，按其差额，贷记"营业外收入——处置非流动资产利得"科目或借记"营业外支出——处置非流动资产损失"科目。

【例6—33】某企业出售一项无形资产，收取价款100000元，应缴纳的营业税等相关税费为5000元，该项无形资产的账面余额为120000元，计提减值准备30000元，该企业应编制会计分录如下：

借：银行存款   100000

  无形资产减值准备   30000

  贷：无形资产   120000

| | 应交税费——应交营业税 | 5000 |
| | 营业外收入——处置非流动资产利得 | 5000 |

2. 无形资产的出租

无形资产的出租是指企业将所拥有的无形资产的使用权让渡给他人，并收取租金，在满足收入确认条件的情况下，应确认相关的收入及成本，并通过其他业务收支科目进行核算。让渡无形资产使用权而取得的租金收入，借记"银行存款"等科目，贷记"其他业务收入"等科目；摊销出租无形资产的成本并发生与转让有关的各种费用支出时，借记"其他业务成本"科目，贷记"累计摊销"等科目。

【例 6—34】甲企业将一项专利技术出租给乙企业使用，该专利技术账面余额为 500 万元，摊销期限为 10 年。出租合同规定，承租方每销售 1 万件用该专利生产的产品，必须付给出租方 10 万元专利技术使用费。假定承租方当年销售该产品10 万件，应缴纳的营业税为 5 万元。该企业编制会计分录如下：

①取得该项专利技术使用费时：

借：银行存款　　　　　　　　　　　　　　　　　1000000

　　贷：其他业务收入　　　　　　　　　　　　　　　1000000

②按年对该项专利技术进行摊销并计算应缴纳的营业税：

借：其他业务成本　　　　　　　　　　　　　　　　550000

　　贷：累计摊销　　　　　　　　　　　　　　　　　500000

　　　应交税费——应交营业税　　　　　　　　　　　 50000

3. 无形资产的报废

无形资产的报废是指无形资产预期不能为企业带来未来经济利益，不再符合无形资产的定义，应将其报废并予以转销，其账面价值转作当期损益。

企业处置无形资产，应当将取得的价款扣除该无形资产账面价值以及相关税费后的差额记入"营业外收入"或"营业外支出"科目。无形资产的账面价值是无形资产账面余额扣减累计摊销和累计减值准备后的金额。

企业处置无形资产时，应按实际收到的金额等，借记"银行存款"等科目，按已计提的累计摊销，借记"累计摊销"科目，按已计提的减值准备，借记"无形资产减值准备"科目，按应支付的相关税费及其他费用，贷记"银行存款"、"应交税费"等科目，按无形资产账面余额，贷记"无形资产"科目，按其差额，贷记"营业外收入——处置非流动资产利得"科目或借记"营业外支出——处置非流动资产损失"科目。

【例 6—35】D 企业拥有某项专利技术，根据市场调查，用其生产的产品已没有市场，决定应予转销。转销时，该项专利技术的账面余额为 600 万元，摊销期限为 10 年，采用直线法进行摊销，已摊销了 5 年，假定该项专利权的残值为 0，已累计计提的减值准备为 160 万元，假定不考虑其他相关因素，则 D 企业的账务处理如下：

借：累计摊销　　　　　　　　　　　　　　　　　3000000

	无形资产减值准备	1600000
	营业外支出——处置非流动资产损失	1400000
	贷：无形资产——专利权	6000000

六、无形资产减值

无形资产在资产负债表日存在可能发生减值的迹象时，其可收回金额低于账面价值的，企业应当将该无形资产的账面价值减记至可收回金额，减记的金额确认为减值损失，计入当期损益，同时计提相应的资产减值准备。

企业计提无形资产减值准备，应当设置"无形资产减值准备"科目核算。企业按应减记的金额，借记"资产减值损失——计提的无形资产减值准备"科目，贷记"无形资产减值准备"科目。

无形资产减值损失一经确认，在以后会计期间不得转回。

【例6—36】2009年12月31日，市场上某项技术生产的产品销售势头较好，已对甲公司产品的销售产生重大不利影响。甲公司外购的类似专利技术的账面价值为800000元，剩余摊销年限为4年，经减值测试，该专利技术的可收回金额为750000元。甲公司应作如下会计处理：

| | 借：资产减值损失——计提的无形资产减值准备 | 50000 |
| | 贷：无形资产减值准备 | 50000 |

七、其他资产

其他资产是指除货币资金、交易性金融资产、应收及预付款项、存货、长期股权投资、固定资产、无形资产等以外的资产，如长期待摊费用等。

长期待摊费用是指企业当期发生的，应在1年以上的期间内分期摊销计入产品成本或期间费用的支出，如经营租入固定资产改良支出。

【例6—37】甲公司采用经营租赁方式租入营业用房一间，租期10年，租赁合同规定，房屋装修费及修理费由租入方负责。该企业租入后开始装修，用银行存款支付装修费120000元，在租赁期内平均摊销。甲公司编制会计分录如下：

每月摊销额＝120000÷10÷12＝1000（元）

①支付装修费用时：

| | 借：长期待摊费用——固定资产改良支出 | 120000 |
| | 贷：银行存款 | 120000 |

②按月分期摊销时：

| | 借：管理费用 | 1000 |
| | 贷：长期待摊费用——固定资产改良支出 | 1000 |

思考与练习

重要概念

长期股权投资　　　　　固定资产　　　　　无形资产　　　　　长期待摊费用

思考题

1. 长期股权投资包括哪些内容？哪些长期股权投资适用于成本法？哪些长期股权投资适用于权益法？

2. 固定资产包括哪些内容？固定资产如何进行初始计量？固定资产折旧应如何进行会计处理？

3. 无形资产包括哪些内容？无形资产如何进行初始计量？无形资产摊销应如何进行会计处理？

客观题

一、单项选择题

1. 关于无形资产的后续计量，下列说法中正确的是（　　）。
   A. 使用寿命不确定的无形资产应该按系统合理的方法摊销
   B. 使用寿命不确定的无形资产，应按 10 年摊销
   C. 企业的无形资产摊销方法，应当反映与该项无形资产有关的经济利益的预期实现方式
   D. 无形资产的摊销方法只有直线法

2. 下列投资中，不应作为长期股权投资核算的是（　　）。
   A. 对子公司的投资
   B. 对联营企业和合营企业的投资
   C. 在活跃市场中没有报价、公允价值无法可靠计量的没有控制、共同控制或重大影响的权益性投资
   D. 在活跃市场中有报价、公允价值能可靠计量的没有控制、共同控制或重大影响的权益性投资

3. 下列项目中，符合资产定义的是（　　）。
   A. 购入的存货　　　　　　　　　B. 经营租入的设备
   C. 待处理的财产损失　　　　　　D. 计划购买的某项设备

4. 某企业以 350 万元的价格转让一项无形资产，适用的营业税税率为 5%。该无形资产原购入价 450 万元，合同规定的受益年限为 10 年，法律规定的有效使用年限为 12 年，转让时已使用 4 年。不考虑减值准备及其他相关税费。企业在转让该无形资产时确认的净收益为（　　）万元。
   A. 32.5　　　　　　B. 50　　　　　　C. 62.5　　　　　　D. 80

5. 某企业转让一项 3 年前取得的专利的所有权，该专利取得时的成本为 20 万元，按 10 年摊销，转让时取得转让收入 20 万元，营业税税率为 5%，不考虑其他相关税费。则转让该项专利时影响当期的损益（　　）万元（不考虑营业税以外的其他相关税费）。

A. 5 B. 6 C. 15 D. 16

6. 某企业 6 月 28 日自行建造的一条生产线投入使用，该生产线建造成本为 1850 万元，预计使用年限为 5 年，预计净残值为 50 万元。在采用年数总和法计提折旧的情况下，本年该设备应计提的折旧额为（　　）万元。
   A. 300 B. 258.33 C. 500 D. 291.67

7. 企业建造办公大楼领用生产用原材料时，相关的增值税应借记的会计科目是（　　）。
   A. 管理费用 B. 生产成本 C. 在建工程 D. 其他业务成本

8. 某企业出售一幢办公楼，该办公楼账面原价 370 万元，累计折旧 115 万元，未计提减值准备。出售取得价款 360 万元，发生清理费用 10 万元，支付营业税 18 万元。假定不考虑其他相关税费。企业出售该幢办公楼确认的净收益为（　　）万元。
   A. 10 B. 77 C. 95 D. 105

9. 某企业自行建造管理用房屋一间，购入所需的各种物资 100000 元，支付增值税 17000 元，全部用于建造中。另外还领用本企业所生产的产品一批，实际成本 2000 元，售价 2500 元，支付工程人员工资 20000 元，提取工程人员的福利费 2800 元，支付其他费用 3755 元。该企业适用的增值税税率为 17%，则该房屋的实际造价为（　　）元。
   A. 145980 B. 145895 C. 145555 D. 143095

10. 某企业于 2008 年 12 月 31 日购入一项固定资产，原价为 200 万元，预计使用年限为 5 年，预计净残值为 0.8 万元，采用双倍余额递减法计提折旧。2009 年度该项固定资产应计提的年折旧额为（　　）万元。
    A. 39.84 B. 66.4 C. 79.68 D. 80

11. 某企业 2007 年 12 月 31 日购入一台设备，原价 90 万元，预计使用年限 5 年，预计净残值 6 万元，按年数总和法计算折旧。该设备 2008 年计提的折旧额为（　　）万元。
    A. 16.8 B. 21.6 C. 22.4 D. 24

二、多项选择题

1. 在采用自营方式建造固定资产的情况下，下列项目中应计入固定资产取得成本的有（　　）。
   A. 工程人员的工资及福利费
   B. 工程领用本企业商品的实际成本
   C. 生产车间为工程提供的水、电等费用
   D. 企业行政管理部门为组织和管理生产经营活动而发生的费用

2. 按长期股权投资准则规定，下列事项中，投资企业应采用成本法核算的有（　　）。
   A. 投资企业能够对被投资单位实施控制的长期股权投资
   B. 投资企业对被投资单位不具有共同控制或重大影响，并且在活跃市场中没有报价、公允价值不能可靠计量的长期股权投资
   C. 投资企业对被投资单位不具有共同控制或重大影响，并且在活跃市场中有报价、公允价值能够可靠计量的长期股权投资
   D. 投资企业对被投资单位具有重大影响的长期股权投资

3. 关于固定资产的使用寿命、预计净残值和折旧方法，下列说法中正确的有（　　）。
   A. 企业至少应当于每年年度终了，对固定资产的使用寿命、预计净残值和折旧方法进行复核
   B. 使用寿命预计数与原先估计数有差异的，应当调整固定资产使用寿命

C. 预计净残值与原先估计数有差异的，应当调整预计净残值

D. 固定资产折旧方法的改变应当作为会计政策变更

4. 资产具有以下几个方面的基本特征（　　）。

A. 是由过去的交易或事项所引起的　　　　B. 必须是投资者投入的

C. 是企业拥有或者控制的　　　　　　　　D. 预期能够给企业带来经济利益

5. 下列情况下，投资方应采用权益法核算长期股权投资的是（　　）。

A. 控制　　　　　　B. 重大影响　　　　C. 无重大影响　　　　D. 共同控制

6. "固定资产清理"账户的借方登记的项目有（　　）。

A. 转入清理的固定资产的净值　　　　　　B. 计算应缴纳的营业税

C. 结转的清理净收益　　　　　　　　　　D. 结转的清理净损失

7. 下列各项中，应计入固定资产成本的有（　　）。

A. 固定资产进行日常修理发生的人工费用

B. 固定资产安装过程中领用原材料所负担的增值税

C. 固定资产达到预定可使用状态后发生的专门借款利息

D. 固定资产达到预定可使用状态前发生的工程物资盘亏净损失

8. 下列各项，影响固定资产折旧的因素有（　　）。

A. 预计净残值　　　　　　　　　　　　　B. 原价

C. 已计提的减值准备　　　　　　　　　　D. 使用寿命

9. 下列各项固定资产，应当计提折旧的有（　　）。

A. 闲置的固定资产　　　　　　　　　　　B. 单独计价入账的土地

C. 经营租出的固定资产　　　　　　　　　D. 已提足折旧仍继续使用的固定资产

三、判断题

1. 对于银行已经入账而企业尚未入账的未达账项，企业应当根据"银行对账单"编制自制凭证予以入账。　　　　　　　　　　　　　　　　　　　　　　　　（　　）

2. 企业在长期股权投资持有期间所取得的现金股利，应全部计入投资收益。　（　　）

3. 预收账款不多的企业，可以不设置"预收账款"科目。企业预收客户货款时，直接将其记入"应付账款"科目的贷方。　　　　　　　　　　　　　　　　　　（　　）

4. 对于已达到预定可使用状态但尚未办理竣工决算的固定资产，待办理竣工决算后，若实际成本与原暂估价值存在差异的，应调整已计提的折旧。　　　　　　　（　　）

5. 如果某项资产不能再为企业带来经济利益，即使是由企业拥有或者控制的，也不能作为企业的资产在资产负债表中列示。　　　　　　　　　　　　　　　　（　　）

6. 存出投资款，是指企业已存入证券公司但尚未进行短期投资的现金，会计核算上在短期投资账户核算。　　　　　　　　　　　　　　　　　　　　　　　　（　　）

7. 对被投资单位的影响力在重大影响以下，且在活跃市场中有报价、公允价值能可靠计量的投资应采用成本法核算。　　　　　　　　　　　　　　　　　　　　（　　）

8. 企业持有的长期股权投资发生减值的，减值损失一经确认，即使以后期间价值得以回升，也不得转回。　　　　　　　　　　　　　　　　　　　　　　　　（　　）

练习题

（一）资料：甲公司有关长期股权投资的业务如下：

（1）2008年1月2日，以每股5元的价格购入乙公司的股票1000万股，另支付相关税费20万元。甲公司购入的股票占乙公司股份的10%，并准备长期持有。

（2）2008年2月25日，乙公司宣告2007年股利分配方案，每股派发0.2元现金股利。

（3）2008年3月10日收到现金股利。

（4）2008年度，乙公司实现净利润800万元。

（5）2009年2月1日，甲公司将持有的乙公司的股票全部售出，收到价款净额4800万元，款项已由银行收妥。

（二）要求：编制甲公司上述经济业务事项的会计分录（答案中的金额单位用万元表示）。

第七章 负 债

第一节 负债概述

一、负债及其特征

负债是指企业过去的交易或者事项形成的，预期会导致经济利益流出企业的现时义务。根据负债的定义，负债具有以下几方面的特征：

1. 负债是企业承担的现时义务

负债必须是企业承担的现时义务，它是负债的一个基本特征。其中，现时义务是指企业在现行条件下已承担的义务。未来发生的交易或者事项形成的义务，不属于现时义务，不应当确认为负债。

这里所指的义务可以是法定义务，也可以是推定义务。其中，法定义务是指具有约束力的合同或者法律法规规定的义务，通常在法律意义上需要强制执行。例如：企业购入货物必须向销货企业支付货款，对购货企业而言，支付货款形成一项强制性的义务，需要依法予以偿还。推定义务是指根据企业多年来的习惯做法、公开的承诺或者公开宣布的政策而导致企业将承担的责任，这些责任也使有关各方形成了企业将履行义务解脱责任的合理预期。例如：企业多年来制定有一项销售策略，对于出售商品提供一定期限内的售后保修服务，预期将为售出商品提供的保修服务就属于推定义务，也应当将其确认为一项负债。

2. 负债预期会导致经济利益流出企业

预期会导致经济利益流出企业也是负债的一个本质特征，只有企业在履行义务时会导致经济利益流出企业的，才符合负债的定义，如果不会导致企业经济利益流出的，就不符合负债的定义。在履行现时义务清偿负债时，导致经济利益流出企业的形式多种多样，例如用现金偿还或以实物资产形式偿还；以提供劳务形式偿还；部分转移资产、部分提供劳务形式偿还；将负债转为资本等。

3. 负债是由企业过去的交易或者事项形成的

负债是由企业过去的交易或者事项形成的。换句话说，只有过去的交易或者事项才能形成负债，企业将在未来发生的承诺、签订的合同等交易或者事项，不形成负债。

【例7—1】某企业向银行借款1500万元，即属于过去的交易或者事项所形成的负债。企业同时还与银行达成了两个月后借入2000万元的借款意向书，该交易就不属于过去的交易或者事项，不应形成企业的负债。

二、负债的确认和分类

1. 负债的确认

将一项现时义务确认为负债，需要符合负债的定义，还需要同时满足以下两个条件：

（1）与该义务有关的经济利益很可能流出企业。从负债的定义可以看到，预期会导致经济利益流出企业是负债的一个本质特征。在实务中，履行现时义务所需流出的经济利益带有不确定性，尤其是与推定义务相关的经济利益，通常需要依赖于大量的估计。因此，负债的确认应当与经济利益流出的不确定性程度的判断结合起来，如果有确凿证据表明与现时义务有关的经济利益很可能流出企业，就应当将其作为负债予以确认；反之，如果企业承担了现时义务，但是会导致企业经济利益流出的可能性很小，就不符合负债的确认条件，不应该将其作为负债予以确认。

（2）未来流出的经济利益的金额能够可靠地计量。负债的确认在考虑经济利益流出企业的同时，对于未来流出的经济利益的金额应当能够可靠计量。对于与法定义务有关的经济利益流出金额，通常可以根据合同或者法律规定的金额予以确定，考虑到经济利益流出的金额通常在未来期间，有时未来期间较长，有关金额的计量需要考虑货币时间价值等因素的影响。对于与推定义务有关的经济利益流出金额，企业应当根据履行相关义务所需支出的最佳估计数进行估计，并综合考虑有关货币时间价值、风险等因素的影响。

符合负债定义和负债确认条件的项目，应当列入资产负债表；符合负债定义，但不符合负债确认条件的项目，不应当列入资产负债表。

2. 负债的分类

（1）按负债的流动性分类。负债按其流动性不同，可分为流动负债和非流动负债。流动负债是指将在一年（含一年）或者超过一年的一个营业周期内偿还的债务，包括短期借款、应付账款、应付票据、应交税费、应付职工薪酬、预收账款、其他应付款等。非流动负债是指偿还期在一年或者超过一年的一个营业周期以上的债务，包括长期借款、应付债券、长期应付款等。

（2）按负债的偿还方式分类。负债按偿还方式不同，可分为货币性负债和非货币性负债。货币性负债是指企业拥有的应以固定金额的货币性资产偿还的债务，如应付账款、应付票据、短期借款和长期借款等。非货币性负债是指需要企业以实物资产、其他非货币性资产或者提供劳务偿还的债务，如预收账款。

第二节　流动负债

一、短期借款

1. 短期借款的概念

短期借款是指企业向银行或其他金融机构等借入的，期限在一年以下（含一年）的各种借款。短期借款一般是指企业为维持正常的生产经营所需的资金而借入的或者为抵偿某项债务而借入的款项。短期借款应当按照借款本金和确定的银行借款利率按期计提利息，计入当期损益。

2. 短期借款的会计核算

为了核算企业借入的各种短期借款的增减变动和结余情况，企业应设置"短期借款"账户，该账户属于负债类账户。贷方登记短期借款的增加（即取得的短期借款），借方登记短期借款的减少（即短期借款的偿还），期末余额在贷方，表示企业尚未偿还的短期借款的本金结余额。短期借款应按照债权人的不同设置明细账。

当企业取得借款时，借记"银行存款"科目，贷记"短期借款"科目；当企业用短期借款直接归还应付购货款或应付票据时，借记"应付账款"或"应付票据"等科目，贷记"短期借款"科目。

企业向银行借款，按规定要支付一定的利息费用。在实务中，短期借款利息有两种处理办法。

（1）按月计提，计入财务费用。当短期借款的利息金额较大，到期时利息是一次支付的，或者利息按季度或按半年支付的，为了合理计算各期的损益，一般采用计提利息费用的处理方法。计提利息时，借记"财务费用"科目，贷记"应付利息"科目；实际支付时，按已计提的利息金额，借记"应付利息"科目，尚未计提的部分借记"财务费用"，按实际支付的数额贷记"银行存款"科目。

（2）在实际支付利息或收到银行的计息通知时，直接计入财务费用。当短期借款的利息金额较小，并且是按月或者按季支付时一般不需采用计提利息费用方法，而是在归还本金时将所有利息一次计入财务费用，不通过"应付利息"账户。

短期借款利息在计提或实际支付时均不通过"短期借款"账户，而是通过"应付利息"账户或直接用银行存款支付。

【例7—2】华夏公司 2008 年 1 月 1 日从银行借入短期流动资金 100000 元，期限 6 个月，年利率为 6％，按季度支付利息。6 月 30 日，归还到期本金。

①借款取得时：

借：银行存款	100000
贷：短期借款	100000

②1 月份预提利息费用 500 元（100000×6％÷12）：

借：财务费用	500
贷：应付利息	500

③2～5 月份的会计处理同②。

④短期借款的偿还：

借：短期借款	100000
应付利息	2500
财务费用	500
贷：银行存款	103000

二、应付票据

1. 应付票据的概念

应付票据是由出票人出票,委托付款人在指定日期无条件支付特定的金额给收款人或者持票人的票据。通常是因企业购买原材料、商品和接受劳务供应等而开出、承兑的商业汇票,它要求付款人在指定日期无条件支付确定金额给收款人或者持票人的票据。应付票据和应付账款不同,虽然都是由于交易而引起的流动负债,但应付账款是尚未结清的债务,而应付票据是一种期票,是延期付款的证明,有承诺付款的票据作为依据。

2. 应付票据的会计核算

企业应设置"应付票据"账户,用于核算企业形成的各种商业汇票。该账户属于负债类账户,贷方登记应付票据签发金额,借方登记应付票据到期支付的金额,期末贷方余额便是企业尚未到期的商业汇票的本息数。

企业开出、承兑商业汇票或以承兑商业汇票抵付货款、应付账款时,借记"材料采购"、"库存商品"等科目,贷记"应付票据"科目。涉及增值税进项税额的,还应进行相应的处理。

支付银行承兑汇票的手续费,借记"财务费用"科目,贷记"银行存款"科目。支付票款时,借记"应付票据"科目,贷记"银行存款"科目。

应付票据按是否带息分为带息应付票据和不带息应付票据两种。

(1)带息应付票据的处理。应付票据如为带息票据,其票据的面值就是票据的现值。由于我国商业汇票期限较短,因此,通常在期末,对尚未支付的应付票据计提利息,计入当期财务费用;票据到期支付票款时,尚未计提的利息部分直接计入当期财务费用。

(2)不带息应付票据的处理。不带息应付票据,其面值就是票据到期时的应付金额。

(3)票据到期无力清偿的处理。商业汇票到期时企业应无条件偿付票据款,并根据不同承兑人承兑的商业汇票作不同的处理。

属于商业承兑汇票的,承兑人即为付款人。开出并承兑的商业承兑汇票如果不能如期支付的,应在票据到期时,将"应付票据"账面价值转入"应付账款"科目。待协商后再行处理,如果重新签发新的票据以清偿原应付票据的,再从"应付账款"科目转入"应付票据"科目。

属于银行承兑汇票的,承兑人即为承兑银行。如果票据到期,企业无力支付到期票款时,承兑银行除凭票向持票人无条件付款外,对出票人尚未支付的汇票金额转作逾期贷款处理,并按每天万分之五计收利息。企业无力支付到期银行承兑汇票,在接到银行转来的"××号汇票无款支付转入逾期贷款户"等有关凭证时,借记"应付票据"科目,贷记"短期借款"科目,对计收的利息,按短期借款利息的处理办法处理。

【例7-3】ABC公司2008年1月1日购入一批原材料，价值50000元，开出了一张期限为4个月、年利率为6%的银行承兑汇票，银行承兑汇票的手续费按面值的1%收取，增值税税率为17%。ABC公司应编制的会计分录如下：

①1月1日购入原材料签发汇票时：

借：原材料 50000
　　应交税费——应交增值税（进项税额） 8500
　　　贷：应付票据 58500

②支付银行承兑汇票手续费时：

借：财务费用 500
　　　贷：银行存款 500

③2008年1月31日，计算一个月的应计利息时：

应计利息＝58500×6%÷12＝292.5（元）

借：财务费用 292.5
　　　贷：应付票据 292.5

④2008年2、3、4月末计提利息的会计处理同③。

⑤2008年5月1日到期付款时：

借：应付票据 59670
　　　贷：银行存款 59670

⑥假设2008年5月1日到期未能付款时：

借：应付票据 59670
　　　贷：应付账款 59670

三、应付账款

1. 应付账款的概念

应付账款指因购买材料、商品或接受劳务供应等而发生的债务。这是买卖双方在购销活动中由于取得物资与支付货款在时间上不一致而产生的负债。

应付账款入账时间的确定，应以与所购买物资所有权有关的风险和报酬已经转移或者劳务已经接受为标志。应付账款一般按应付金额入账，而不按到期应付金额的现值入账。有的购进商品形成应付账款时带有现金折扣条件，关于现金折扣会计上入账金额的确定有两种方法，即总价法和净价法。我国目前会计实务中一般采用总价法处理，即按发票上记载的应付金额的总值（即不扣除折扣）入账，享有的现金折扣冲减财务费用。

2. 应付账款的会计核算

企业应设置"应付账款"账户用于核算企业因购买材料、商品或接受劳务供应等经营活动应支付的款项。该账户属于负债类，贷方登记应付未付款项，借方登记偿还的应付账款，余额一般在贷方，表示企业尚未偿还的应付账款。应付账款账户应按供应单位设置明细账进行明细核算。其主要账务处理如下：

（1）发生应付账款。企业购入材料、商品或接受劳务等形成应付账款时，按供应单位的发票账单，借记"材料采购"、"在途物资"、"管理费用"等科目；按可抵扣的增值税，借记"应交税费——应交增值税（进项税额）"科目；按应付的金额贷记"应付账款"科目。

（2）支付应付账款。企业实际支付款项时，借记"应付账款"科目，借记"银行存款"等科目。

（3）抵付应付账款。企业开出、承兑商业汇票抵付应付账款时，借记"应付账款"科目，贷记"应付票据"科目。

（4）应付账款划转。如果企业将应付账款划转出去或者确实无法支付时，应按账面余额，借记"应付账款"科目，贷记"营业外收入"科目。

【例7—4】ABC公司为增值税一般纳税人，购入原材料一批，价值100000元，增值税17000元。材料已验收入库，但款项尚未支付。ABC公司应编制的会计分录如下：

①购入材料时：

借：原材料	100000
应交税费——应交增值税（进项税额）	17000
贷：应付账款	117000

②款项实际支付时：

借：应付账款	117000
贷：银行存款	117000

③如果ABC公司按有关规定确实无法支付给对方材料款，经批准转作营业外收入。分录如下：

借：应付账款	117000
贷：营业外收入	117000

四、预收账款

1. 预收账款的概念

预收账款是买卖双方协议商定，由购货方预先支付一部分货款给供应方而发生的一项负债。企业预收的货款待实际出售商品、产品或者提供劳务时再行冲减。企业会计制度规定，预收账款应于实际收到时确认为一项流动负债，并按实际收到的金额进行计量。

2. 预收账款的会计核算

预收账款的核算应视企业的具体情况而定，如果预收账款发生比较多的，可以设置"预收账款"科目单独核算；如果预收账款不多的，也可以不设置"预收账款"科目，直接记入"应收账款"科目的贷方。单独设置"预收账款"科目核算的，贷方登记预收的货款和购货单位补付的货款；借方登记企业向购货企业发货后应冲销的预收账款的金额和退回购货企业多付的货款；期末余额一般在贷方，表示向购货单位预收的货款，如果期末余额在借方，则表示应由购货单位补付的货款。

企业向购货单位预收的款项，借记"银行存款"科目，贷记"预收账款"科目；销售实现时，按实现的收入和增值税销项税额，借记"预收账款"科目，贷记"主营业务收入"、"应交税费——应交增值税（销项税额）"科目；购货单位补付的款项，借记"银行存款"科目，贷记"预收账款"科目，退回多余的款项作相关的会计处理。

【例7—5】ABC公司为增值税一般纳税人，向A公司销售商品一批，价值50000元，应交增值税8500元。合同规定，A公司先预付货款的50％，企业在实际提货时再付清剩余货款。ABC公司应编制的会计分录为：

①收到50％的预付货款时：

借：银行存款　　　　　　　　　　　　　　　　　　29250

　　贷：预收账款——A公司　　　　　　　　　　　　　29250

②向A公司发货并确认销售实现时：

借：预收账款——A公司　　　　　　　　　　　　　　58500

　　贷：主营业务收入　　　　　　　　　　　　　　　　50000

　　　　应交税费——应交增值税（销项税额）　　　　　　8500

③收到A公司补付的剩余50％货款时：

借：银行存款　　　　　　　　　　　　　　　　　　29250

　　贷：预收账款——A公司　　　　　　　　　　　　　29250

五、应付职工薪酬

1. 职工薪酬的概念

职工薪酬，是指企业为获得职工提供的服务而给予的各种形式的报酬及其他相关支出，包括职工在职期间和离职后提供给职工的全部货币性薪酬和非货币性福利。企业提供给职工配偶、子女或其他赡养人的福利等，也属于职工薪酬。其中，职工包括三类：①与企业订立劳动合同的所有人员，包含全职、兼职和临时职工；②虽未与企业订立正式的劳动合同但由企业正式任命的人员，如董事会成员、监事会成员和内部审计委员会成员等；③在企业的计划和控制下，虽未与企业订立正式劳动合同或未由其正式任命，但为企业提供与职工类似服务的人员，如劳务用工合同人员，也视同企业职工。

具体来说，职工薪酬主要包括以下内容：

（1）职工工资、奖金、津贴和补贴。指按照国家统计局的规定构成工资总额的计件工资、计时工资、支付给职工的超额劳动报酬和增收节支的劳动报酬、为了补偿职工特殊和额外的劳动消耗和由于其他特殊原因支付给职工的津贴，以及为了保证职工工资水平不受物价影响支付给职工的物价补贴。

（2）职工福利费。主要是尚未实现分离办社会职能或主辅分离、辅业改制的企业，内设医务室、职工浴室、理发室、托儿所等集体福利机构人员的工资、医务室经费、职工因工负伤赴外地就医路费、职工生活困难补助等。

（3）医疗保险费、养老保险费、失业保险费、工伤保险费和生育保险费等社会保险费。指企业按照国务院、各地方政府或企业年金计划规定的基准和比例计算，向社会保险经办机构缴纳的保险费。

（4）住房公积金。指企业按照国务院《住房公积金管理条例》规定的基准和比例计算，向住房公积金管理机构缴存的住房公积金。

（5）工会经费和职工教育经费。指企业为了改善职工文化生活、提高职工业务素质，用于开展工会活动和职工教育及职业技能培训，根据国家规定的基础和比例，从成本费用中提取的金额。

（6）非货币性福利。指企业以自己的产品或外购商品发放给职工作为福利，将自己拥有的资产无偿提供给职工使用、为职工无偿提供医疗保健服务等。

（7）因解除与职工的劳动关系给予的补偿。指由于分离办社会职能、实施主辅分离、辅业改制、重组、改组计划、职工不能胜任等原因，企业在职工劳动合同尚未到期之前解除与职工的劳动关系，或者为了鼓励职工自愿接受裁减而提出补偿建议的计划中给予职工的经济补偿。

（8）其他与获得职工提供的服务相关的支出。指除上述七种薪酬以外的其他为获得职工提供的服务而给予的薪酬。如企业提供给职工以权益形式结算的认股权。

总之，从薪酬的涵盖时间和支付形式来看，包括企业职工在职期间和离职后提供的全部货币性薪酬和非货币性福利；从薪酬的支付对象来看，包括提供给职工本人及其配偶、子女或其他被赡养人的福利。

2. 应付职工薪酬的会计核算

企业应设立"应付职工薪酬"账户进行职工薪酬的核算，该账户属于负债类，贷方登记已分配计入有关成本费用项目的应付职工薪酬的数额，借方登记实际发放职工薪酬的数额，期末余额一般在贷方，表示应发未发的职工薪酬。

企业应当根据职工提供服务的受益对象，对发生的职工薪酬分别按以下情况进行处理。

（1）职工薪酬的确认。企业应当在职工为其提供服务的会计期间，将应付的职工薪酬确认为负债，除因解除与职工的劳动关系给予的补偿外，应当根据职工提供服务的受益对象，分别处理。生产部门人员的工资应计入有关产品成本，其中生产工人的职工薪酬计入"生产成本"科目；车间管理人员的职工薪酬计入"制造费用"科目；管理部门人员的职工薪酬计入"管理费用"科目；销售人员的职工薪酬计入"销售费用"科目；在建工程人员的职工薪酬计入"在建工程"科目；研发人员的职工薪酬计入"研发支出"科目；按分配的工资费用总额贷记"应付职工薪酬——工资"科目。

【例7—6】ABC公司2008年12月计提工资500000元，其中生产产品的工人工资为300000元，企业管理人员工资为100000元，生产部门管理人员工资为30000元，在建工程人员工资为20000元，产品销售部门人员工资为50000元。计提工资时，ABC 公司应编制的分录为：

借：生产成本	300000
管理费用	100000
制造费用	30000
在建工程	20000
销售费用	50000
贷：应付职工薪酬——工资	500000

（2）职工薪酬的发放。

①支付工资、奖金、津贴等。企业按照有关规定向职工支付工资、奖金、津贴等，借记"应付职工薪酬——工资"科目，贷记"银行存款"或"库存现金"等科目。企业从应付职工薪酬中扣还的各种款项（如代垫的家属药费、个人所得税等），借记"应付职工薪酬"科目，贷记"其他应收款"、"应交税费——应交个人所得税"等科目。

【例 7—7】ABC 公司根据"工资结算汇总表"结算本月应付职工工资总额为 500000 元，代扣职工家属医药费 10000 元，代扣的个人所得税 50000 元，实发工资 440000 元。ABC 公司应编制的会计分录如下：

借：应付职工薪酬——工资	500000
贷：银行存款	440000
其他应收款——代垫医药费	10000
应交税费——应交个人所得税	50000

②支付职工福利费。企业向职工支付职工福利费时，借记"应付职工薪酬——职工福利"科目，贷记"银行存款"或"库存现金"等科目。

六、应交税费

企业在一定时期内取得的营业收入和实现的利润，要按照规定向国家缴纳各种税费，这些税费应该按照权责发生制的原则计入有关科目。这些应缴的税金在尚未缴纳之前暂时留在企业，形成一项负债。

企业应设置"应交税费"账户用于核算企业按照税法规定计算应缴纳的各种税费。该账户属于负债类，贷方登记应缴纳的税费数额，借方登记实际缴纳的税费数额，期末借方余额表示企业多缴或尚未抵扣的税费。"应交税费"账户应当按照应交税费的税种进行明细核算。

1. 应交增值税

（1）增值税概述。增值税是指对我国境内销售货物或提供加工或修理修配劳务，以及进口货物的单位和个人，就其取得的货物或应税劳务的销售额，以及进口货物的金额计算税款，并实行税款抵扣制的一种流转税。根据《增值税暂行条例》的规定，凡在中华人民共和国境内销售货物、进口货物，或提供加工、修理修配劳务的单位和个人，为增值税的纳税义务人。按照纳税人的经营规模及会计核算的健全程度，增值税纳税义务人可以分为一般纳税人和小规模纳税人。一般纳税人的应纳增值税额，可以根据当期销项税额减去当期进项税额来核算；小规模纳税人的应纳增值税额，按照销售额和规定的征收率来核算。

增值税是就货物或应税劳务的增值部分征收的一种税，按照《增值税暂行条例》规定，企业购入货物或接受应税劳务支付的增值税（即进项税额），可以从销售货物或提供劳务按规定收取的增值税（即销项税额）中抵扣。按照规定，企业购入货物或接受劳务必须具备以下凭证，其进项税额才能扣除。

①增值税专用发票。实行增值税以后，一般纳税企业销售货物或者提供应税劳务均应开具增值税专用发票，增值税专用发票记载了销售货物的售价、税率以及税额等，购货方以增值税专用发票上记载的购入货物已支付的税额，作为扣税和记账的依据。

②完税凭证。企业进口货物必须缴纳增值税，缴纳的增值税在完税凭证上注明，进口货物缴纳的增值税，根据从海关取得的完税凭证上注明的增值税额，作为扣税和记账的依据。

③购进免税农产品或收购废旧物资，按照经税务机关批准的收购凭证上注明的价款或收购金额的一定比率计算进项税额，并以此作为扣税和记账的依据。

企业购入货物或接受应税劳务，没有按照规定取得并保存增值税扣税凭证，或者增值税扣税凭证上未按照规定注明增值税额以及其他有关事项的，其进项税额不能从销项税额中抵扣。下列项目的进项税额不得从销项税额中抵扣：

A. 购进固定资产。

B. 用于非应税项目的购进货物或者应税劳务。

C. 用于免税项目的购进货物或者应税劳务。

D. 用于集体福利或者个人消费的购进货物或者应税劳务。

E. 非正常损失的购进货物。

F. 非正常损失的在产品、产成品所耗用的购进货物或者应税劳务。会计核算中，如果企业不能取得有关的扣税证明，则购进货物或接受应税劳务支付的增值税额不能作为进项税额扣除，其已支付的增值税只能计入购入货物或接受劳务的成本。

（2）一般纳税人应交增值税的会计核算。企业应缴纳的增值税，在"应交税费"账户下设置"应交增值税"明细科目进行核算。"应交增值税"科目的借方发生额表示企业购进货物或接受应税劳务支付的进项税额、实际已缴纳的增值税等；贷方发生额表示销售货物或提供应税劳务应缴纳的增值税额、出口货物退税、转出已支付或应分担的增值税等；期末借方余额，表示企业尚未抵扣的增值税进项税额。"应交税费——应交增值税"科目分别设置"进项税额"、"销项税额"、"出口退税"、"进项税额转出"、"已交税金"、"转出未交增值税"、"转出多交增值税"等专栏进行核算。

账务处理主要包括：

1) 企业采购物资或接受应税劳务等，按可抵扣增值税额，借记"应交税费——应交增值税（进项税额）"明细科目，按应计入采购成本的金额，借记"原材料"、"库存商品"、"生产成本"等科目；按应付或实际支付的金额，贷记"银行存款"、"应付账款"等科目。若因采购的物资不符合企业的要求而将购入的物资作退货处理时，应作相反的会计分录。

2) 销售货物或提供应税劳务，按营业收入和应收取的增值税额，借记"应收账款"、"银行存款"等科目；按专用发票上注明的增值税额，贷记"应交税费——应交增值税（销项税额）"明细科目；按实现的营业收入，贷记"主营业务收入"、"其他业务收入"科目。发生销售退回时作相反的会计分录。

【例7-8】ABC公司为增值税一般纳税人，本期购入一批原材料，增值税专用发票上注明的原材料价款为600万元，增值税为102万元。货款已经支付，材料已经到达并验收入库。该企业当期销售产品收入1200万元（不含向购买者收取的增值税），符合收入确认条件，货款尚未收到。假设增值税率为17%。根据上述经济业务，ABC公司应该编制的会计分录如下：

①购进材料时：

借：原材料   6000000

  应交税费——应交增值税（进项税额） 1020000

  贷：银行存款   7020000

②销售产品时：

销项税额＝1200×17%＝204（万元）

借：应收账款   14040000

  贷：主营业务收入   12000000

    应交税费——应交增值税（销项税额） 2040000

3) 企业购入免税产品的账务处理。按《增值税暂行条例》规定，企业购入免税产品，一般情况下不能扣税，但按税法规定，对于购入的免税农业产品、收购的废旧物资等可以按买价（或收购金额）的一定比率计算进项税额，并准予从销项税额中抵扣。购进农产品，按应计入采购成本的金额，借记"原材料"、"库存商品"等账户；按买价和规定税率计算的可抵扣的增值税额，借记"应交税费——应交增值税（进项税额）"账户；按应付或实际支付的价款，贷记"应付账款"、"银行存款"等账户。

【例7-9】ABC公司为增值税一般纳税人，本期收购农业产品，实际支付的价款为100万元，收购的农业产品已验收入库，款项已经支付。该农产品准予抵扣的进项税额按买价的13%计算确定。企业应作如下会计分录：

进项税额＝100×13%＝13（万元）

借：原材料   870000

  应交税费——应交增值税（进项税额） 130000

  贷：银行存款   1000000

4）进项税额转出。企业购进的货物发生非常损失，以及将购进货物改变用途（如用于非应税项目、集体福利或个人消费等），其进项税额应通过"应交税费——应交增值税（进项税额转出）"科目转入相关科目，借记"待处理财产损溢"、"在建工程"、"应付职工薪酬"等科目，贷记"应交税费——应交增值税（进项税额转出）"科目。

【例7—10】ABC公司购入一批材料，增值税专用发票上注明的材料价款为1000000元，增值税额为170000元。材料已验收入库，货款已全部支付。材料入库后，因建造厂房需要，该批材料全部被领用。ABC公司应编制的会计分录如下：

①购进材料，验收入库时：

借：原材料　　　　　　　　　　　　　　　　1000000

　　应交税费——应交增值税（进项税额）　　170000

　　贷：银行存款　　　　　　　　　　　　　　　　1170000

②工程领用材料时：

借：在建工程　　　　　　　　　　　　　　　1170000

　　贷：原材料　　　　　　　　　　　　　　　　　1000000

　　　应交税费——应交增值税（进项税额转出）　170000

5）视同销售行为。企业的有些交易和事项从会计角度看不属于销售行为，即双方没有进行交易，但货物已经转移不能确认销售收入，但是按照税法规定，应视同对外销售处理，需计算缴纳增值税。视同销售的事项有：企业将自产或委托加工的货物用于非应税项目、集体福利或个人消费；将自产、委托加工或购买的货物作为投资、分配给股东或投资者、无偿赠送他人等。在这些情况下，企业应借记"在建工程"、"长期股权投资"、"营业外支出"等科目；贷记"主营业务收入"和"应交税费——应交增值税（销项税额）"等科目，同时结转产品成本。

【例7—11】ABC公司将生产的产品用于在建工程。该产品的成本为200000元，计税价格为300000元，增值税税率为17%。该公司应编制的会计分录如下：

用于在建工程的产品的销项税额＝300000×17%＝51000（元）

借：在建工程　　　　　　　　　　　　　　　351000

　　贷：主营业务收入　　　　　　　　　　　　　　300000

　　　应交税费——应交增值税（销项税额）　　　51000

借：主营业务成本　　　　　　　　　　　　　200000

　　贷：库存商品　　　　　　　　　　　　　　　　200000

6）转出多交增值税和未交增值税。为了分别反映增值税一般纳税人欠缴的增值税和待抵扣的增值税的情况，确保企业及时足额上缴增值税，避免出现企业用以前月份欠缴增值税抵扣以后月份未抵扣的增值税的情况，企业应在"应交税费"科目下设置"未交增值税"明细科目，核算企业月份终了从"应交税费——应交增值税"科目转入的当月未交或多交的增值税；同时，在"应交税费——应交增值税"科目下设置"转出未交增值税"和"转出多交增值税"专栏。月份终了，企业计算出当月应交未交的增值税，借记"应交税费——应交增值税（转出未交增值税）"科目，贷记"应交税费——未交增值税"科目；当月多交的增值税，借记"应交增值税——未交增值税"科目，贷记"应交税费——应交增值税（转出多交增值税）"科目，经过结转后，月份终了，"应交税费——应交增值税"科目的余额，反映企业尚未抵扣的增值税。

值得注意的是，企业当月缴纳的增值税，仍然通过"应交税费——应交增值税（已交税金）"科目核算；当月缴纳以前各期未缴的增值税，通过"应交税费——未交增值税"科目，不通过"应交税费——应交增值税（已交税金）"科目核算。

（3）小规模纳税人应交增值税的会计核算。小规模纳税人不享有进项税额抵扣权，其购进货物或接受劳务时支付的增值税，直接计入购入货物和接受劳务的成本。小规模纳税企业销售时，只能开具普通发票，不能开具增值税专用发票，销售收入按不含税价计算，计算公式为：

销售额＝含税销售额÷（1＋征收率）

因此，在账务处理上比较简单，不必设置"进项税额"和"销项税额"两个明细项目，只需设置"应交税费——应交增值税"账户直接进行处理即可，该账户贷方登记应缴纳的增值税，借方登记已缴纳的增值税，期末贷方余额为尚未缴纳的增值税，借方余额为多缴纳的增值税。

【例7—12】某工业企业为小规模纳税人，本期购入原材料，支付材料价款为100000元，支付增值税为17000元，款项以转账支票付讫，材料已验收入库。该企业本月销售一批产品，所开具的普通发票上注明货款（含税）51500元，增值税征收率为3％。应编制的会计分录如下：

①购入原材料时：

| 借：原材料 | 117000 | |
| 　　贷：银行存款 | | 117000 |

②确认销售收入时：

应纳销项税额＝51500÷（1＋3％）＝50000（元）

应纳增值税额＝50000×3％＝1500（元）

借：应收账款	51500	
贷：主营业务收入		50000
应交税费——应交增值税		1500

2. 应交消费税

（1）消费税概述。为了正确引导消费方向，国家在普遍征收增值税的基础上，对某些消费品还征收消费税。消费税是指在我国境内生产、委托加工和进口应税消费品的单位和个人，按其流转税额缴纳的一种税。征收消费税的消费品主要包括：烟、酒、酒精、化妆品、护发护肤品、贵重首饰、珠宝玉石、鞭炮、烟火、柴油、汽车轮胎、摩托车、小汽车等。消费税有从价定率、从量定额和复合计税三种方法计算应纳税额。需要注意的是，采用从价定率方法征收的消费税，以不含增值税的销售额为税基。三种方法的计算公式如下：

采用从价定率方法计算：

应纳消费税税额＝销售额×消费税税率

采用从量定额方法计算：

应纳消费税税额＝销售量×单位消费税税额

采用复合计税方法计算：

应纳消费税税额＝销售额×消费税税率＋销售量×单位消费税税额

（2）应交消费税的会计核算。企业应在"应交税费"科目下设置"应交消费税"明细科目进行核算，该科目贷方登记应缴纳的消费税，借方登记已缴纳的消费税，期末借方余额为多缴纳的消费税，期末贷方余额为尚未缴纳的消费税。

企业销售产品时应缴纳的消费税，应分别情况进行处理。

企业将生产的产品直接对外销售的，对外销售产品应缴纳的消费税，通过"营业税金及附加"科目核算；企业按规定计算出应缴的消费税，借记"营业税金及附加"科目，贷记"应交税费——应交消费税"科目。

企业用应税消费品对外投资，或用于在建工程、非生产机构等其他方面，按规定应缴纳的消费税，应计入相关的成本。例如：企业以应税消费品对外投资的，应缴的消费税计入投资的初始投资成本；企业以应税消费品用于在建工程的，计入在建工程成本。

【例7－13】ABC公司为增值税一般纳税人，本期共生产的应纳消费税产品总额为300000元，产品成本为180000元。其中用于销售的产品总额为240000元（不含税价），产品已经发出，款项尚未收到；剩余的价值60000元的产品由在建工程领用。该产品的增值税税率为17%，消费税税率为10%。应编制的会计分录如下：

①销售产品时：

应向购买者收取的增值税额＝240000×17%＝40800（元）

应缴的消费税额＝240000×10%＝24000（元）

借：应收账款 280800
　　贷：主营业务收入 240000
　　　　应交税费——应交增值税（销项税额） 40800

借：营业税金及附加 24000
　　贷：应交税费——应交消费税 24000

②在建工程领用产品时：

视同销售应纳的销项税额＝60000×17%＝10200（元）

应缴纳的消费税额＝60000×10%＝6000（元）

借：在建工程 76200
　　贷：主营业务收入 60000
　　　　应交税费——应交增值税（销项税额） 10200
　　　　　　　　——应交消费税 6000

③结转成本：

借：主营业务成本   180000

 贷：库存商品   180000

3. 应交营业税

(1) 营业税概述。营业税是指对我国境内提供应税劳务、转让无形资产或者销售不动产的单位和个人，就其取得的营业额征收的一种流转税。其中，应税劳务是指属于交通运输、建筑业、金融保险业、邮电通信业、文化体育业、娱乐业、服务业税目征收范围的劳务，不包括加工、修理修配劳务；转让无形资产，是指转让无形资产的所有权或使用权的行为；销售不动产，是指有偿转让不动产的所有权以及单位将不动产无偿赠送他人等视同销售不动产的行为。

营业税以营业额作为计税依据。营业额是指企业提供应税劳务、转让无形资产或者销售不动产向对方收取的全部价款和价外费用。价外费用包括向对方收取的手续费、基金、集资费、代收款项、代垫款项及其他各种性质的价外收费。

(2) 应交营业税的会计核算。企业应在"应交税费"科目下设置"应交营业税"明细科目进行核算，该科目贷方登记应缴纳的营业税，借方登记已缴纳的营业税，期末借方余额为多缴纳的营业税，期末贷方余额为尚未缴纳的营业税。

企业应交营业税的账务处理，根据业务不同应作不同的处理。

一般涉及营业税的事项，应按照营业额及其使用的税率，计算应缴的营业税，借记"营业税金及附加"科目，贷记"应交税费——应交营业税"科目；企业出售不动产时，计算应缴的营业税，借记"固定资产清理"科目，贷记"应交税费——应交营业税"科目；工业企业经营工业生产以外的其他业务所取得的收入，按规定应缴纳营业税的，借记"其他业务成本"科目，贷记"应交税费——应交营业税"科目。

【例7—14】某运输公司本月运营收入为350000元，营业税税率为3‰。该公司应该编制的会计分录如下：

应交营业税额=350000×3‰=10500（元）

借：营业税金及附加   10500

 贷：应交税费——应交营业税   10500

4. 应交资源税

(1) 资源税概述。资源税是国家对在我国境内开采矿产产品或者生产盐的单位和个人征收的一种税。资源税按照应税产品的课税数量和规定的单位税额计算，计算公式为：

应纳税额=课税数量×单位税额

这里的课税数量为：开采或者生产应税产品销售的，以销售数量为课税数量；开采或者生产应税产品自用的，以自用数量为课税数量。

(2) 应交资源税的会计核算。企业应在"应交税费"科目下设置"应交资源税"明细科目进行核算，该科目贷方登记应缴纳的资源税，借方登记已缴纳的或按规定允许抵扣的资源税，期末借方余额为多缴或尚未抵扣的资源税，期末贷方余额为尚未缴纳的资源税。

企业按规定计算出销售应税产品应缴纳的资源税，借记"营业税金及附加"科目，贷记"应交税费——应交资源税"科目；企业计算出自产自用的应税产品应缴纳的资源税，借记"生产成本"、"制造费用"等科目，贷记"应交税费——应交资源税"科目。

【例 7—15】 某企业将自产的煤炭 1000 吨用于销售，200 吨用于产品生产，每吨应交资源税为 5 元。应编制的会计分录如下：

①用于销售的应纳的资源税＝1000×5＝5000（元）

借：营业税金及附加   5000

    贷：应交税费——应交资源税   5000

②用于自身产品生产的应纳的资源税＝200×5＝1000（元）

借：生产成本   1000

    贷：应交税费——应交资源税   1000

5. 应交城市维护建设税和教育费附加

（1）应交城市维护建设税。城市维护建设税是以增值税、消费税、营业税为计税依据征收的一种税。其纳税人为缴纳增值税、消费税、营业税的单位和个人。计算公式为：

应纳税额＝（增值税＋消费税＋营业税）×适用税率

企业应缴纳的城市维护建设税，借记"营业税金及附加"科目，贷记"应交税费——应交城市维护建设税"科目。

（2）应交教育费附加。教育费附加是为了发展教育事业而向企业征收的附加费，企业按应缴流转税的一定比率计算缴纳的税种。企业应缴纳的教育费附加，借记"营业税金及附加"科目，贷记"应交税费——应交教育费附加"科目。

【例 7—16】 ABC 公司本期实际上缴增值税 500000 元，消费税 300000 元，营业税 200000 元。该企业适用的城建税税率为 7%，教育费附加率为 3%。应编制会计分录如下：

①计算应缴的城建税和教育费附加：

应缴的城建税＝（500000＋300000＋200000）×7%＝70000（元）

应缴的教育费附加＝（500000＋300000＋200000）×3%＝30000（元）

借：营业税金及附加   100000

    贷：应交税费——应交城市维护建设税   70000

              ——应交教育费附加   30000

②用银行存款上缴税款：

借：应交税费——应交城市维护建设税   70000

           ——应交教育费附加   30000

    贷：银行存款   100000

6. 应交房产税、土地使用税、车船税和矿产资源补偿费

房产税是国家对在城市、县城、建制镇和工矿区征收的由产权所有人缴纳的一种税。房产税依照房产原值一次减除 10%～30% 后余额计算缴纳。没有房产原值作为依据的，由房产所在地税务机关参考同类房产核定；房产出租的，以房产租金收入为房产税的计税依据。

土地使用税是国家为了合理利用城镇土地，调节土地级差收入，提高土地使用效益，加强土地管理而开征的一种税，纳税以实际占用的土地面积为计税依据，依照规定税额计算征收。

车船税由拥有并且使用车船的单位和个人缴纳。车船税按照适用税额计算缴纳。

印花税是对经济活动和经济交往中书立、使用、领受具有法律效力的凭证的单位和个人征收的一种税。印花税按一定比例或定额计征。

矿产资源补偿费是对我国领域和管辖海域开采矿产资源而征收的费用。矿产资源补偿费按照矿产品销售收入的一定比例计征，由采矿人缴纳。

企业应缴纳的房产税、土地使用税、车船税和矿产资源补偿费，借记"管理费用"科目，贷记"应交税费——应交房产税"等科目。企业缴纳印花税时，不通过"应交税费"科目，而是借记"管理费用"科目，贷记"银行存款"或"库存现金"科目。

7. 应交所得税

所得税是对企业的生产经营所得和其他所得征收的一种税。所得税的应纳税额是根据应纳税所得额和税率计算的。企业应缴纳的所得税，在"应交税费"科目下设置"应交所得税"明细科目核算；当期计入损益的所得税，作为一项费用在净收益前扣除。企业按照一定方法计算计入损益的所得税，借记"所得税费用"科目，贷记"应交税费——应交所得税"科目。

七、应付利息、应付股利和其他应付款

应付利息是指企业按照合同约定应支付的利息，包括吸收存款、分期付款到期还本的长期借款、企业债券等应支付的利息。资产负债表日，应根据所计提的利息费用，借记"利息支出"、"在建工程"、"财务费用"、"研发支出"等科目；贷记"应付利息"科目。

应付股利，是企业给予投资者的回报，企业实现的利润依法缴纳企业所得税后，税后利润可按规定程度和盈利状况进行个别项目的分配。企业根据股东大会或类似机构批准的利润分配方案，按应支付的现金股利和利润，借记"利润分配——未分配利润"科目，贷记"应付股利"科目；实际支付时，借记"应付股利"科目，贷记"银行存款"科目。

其他应付款，是指企业除了应付票据、应付账款、预收账款、应付职工薪酬、应付利息、应付股利、应交税费、长期应付款等以外的其他各项应付、暂收的款

项。企业发生的各项应付、暂收款项，应借记"管理费用"等科目，贷记"其他应付款"科目；支付的其他各项应付、暂收款项，借记"其他应付款"科目，贷记"银行存款"科目。

第三节　非流动负债

非流动负债是指偿还期在一年或超过一年的一个营业周期以上的负债。非流动负债是由过去的交易或者事项形成的现时义务，履行该义务预期会导致经济利益流出企业，主要包括长期借款、应付债券和长期应付款。

一、长期借款

1. 长期借款的概念

长期借款，是指企业从银行或其他金融机构借入的期限在一年以上（不含一年）的借款。一般用于固定资产的购建、改扩建工程、对外投资以及为了保持长期经营能力等方面。它是企业非流动负债的重要组成部分，必须加强管理和核算。

2. 长期借款的核算

企业通过"长期借款"科目核算长期借款的借入、归还等情况。该账户分别设有"本金"和"利息调整"等明细科目。企业取得长期借款时应计入该科目的贷方；偿还长期借款时则计入该科目的借方；期末贷方余额表示尚未偿还的长期借款。

（1）长期借款的取得。企业借入长期借款时，按实际收到的金额，借记"银行存款"科目，贷记"长期借款——本金"科目；如存在差额，还应借记"长期借款——利息调整"科目。

（2）长期借款利息的核算。在资产负债表日，企业应该按长期借款的摊余成本和实际利率计算确定的长期借款的利息费用，借记"在建工程"、"财务费用"、"制造费用"等科目，按借款本金和合同利率计算确定的应付未付利息，贷记"应付利息"科目，按其差额，贷记"长期借款——利息调整"科目。

（3）长期借款的归还。企业归还长期借款时，按归还的长期借款本金，借记"长期借款——本金"科目，按归还的利息，借记"应付利息"科目，按实际归还的款项，贷记"银行存款"科目。

【例7—17】2008年1月1日，华夏公司向银行借入3年期借款500000元用于基建工程，借款年利率为8%，每年计息一次，到期一次还本付息。工程于2010年12月31日竣工交付使用。会计处理如下：

①取得借款时：

借：银行存款 500000

　　贷：长期借款——本金 500000

②第一年末计息时：

利息费用＝500000×8％＝40000（元）

应予以资本化，计入在建工程成本。

借：在建工程　　　　　　　　　　　　　　　　　40000
　　贷：应付利息　　　　　　　　　　　　　　　　　　　40000

③第二年计息时：

利息费用＝500000×8％＝40000（元）

因工程已竣工交付使用，借款利息应予以费用化，记入"财务费用"。

借：财务费用　　　　　　　　　　　　　　　　　40000
　　贷：应付利息　　　　　　　　　　　　　　　　　　　40000

④第三年末计息会计处理同上一年。

⑤归还长期借款本息：

借：长期借款——本金　　　　　　　　　　　　　500000
　　应付利息　　　　　　　　　　　　　　　　　120000
　　贷：银行存款　　　　　　　　　　　　　　　　　　620000

二、应付债券

1. 债券的概念和分类

（1）公司债券的性质。债券是依照法定程序发行的、约定在一定时期内还本付息的一种有价证券。发行债券是公司制企业筹集资金的重要方式之一。

（2）公司债券的种类。

①按是否记名分类。可分为记名债券和无记名债券。在公司债券上记载持券人姓名或名称的为记名公司债券；反之为无记名公司债券。两种债券在转让上有以下差别：记名债券需由原持有人背书，并办理过户手续；而无记名债券则不需要办理过户手续，也不需要背书。

②按偿还利息的方式分类。可分为到期一次支付利息债券和分期付息债券。到期一次支付利息债券是指在到期日支付全部利息的债券；分期付息债券是指每隔一段时间支付一次利息的债券，如半年付息一次，或每年付息一次。

③按是否能转换为公司股票分类。可分为可转换债券和不可转换债券。若公司债券能转换为该公司的股票，为可转换债券；反之则为不可转换债券。

④按是否有抵押担保分类。可分为抵押债券和信用债券。抵押债券是指发行企业以特定资产作为抵押担保而发行的债券。根据抵押品的不同，可分为不动产抵押债券、动产抵押债券和证券抵押债券。有抵押的债券风险较低，利率也较低。

信用债券是指无特定资产作为抵押担保，仅凭发行企业的信用而发行的债券。这种债券风险较大，利率也较高。

2. 应付债券的会计核算

（1）公司债券的发行。根据债券的发行价格，公司债券的发行方式分为三种，即面值发行、溢价发行、折价发行。假设其他条件不变，债券的票面利率高于市场利率时，可按超过债券票面价值的价格发行，称为溢价发行，溢价是企业以后各期多付利息而事先得到的补偿。如果债券票面利率低于市场利率时，可按低于债券票面价值的价格发行，称为折价发行，折价是企业以后各期少付利息而预先给投资者的补偿。如果债券的票面利率与市场利率相同，可按票面价格发行，称为面值发行。溢价或折价是发行债券企业在债券存续期间对利息费用的一种调整。

无论是按面值发行，还是溢价发行或折价发行，均按债券面值记入"应付债券"科目的"面值"明细科目，实际收到的款项与面值的差额，记入"利息调整"明细科目。企业发行债券时，按实际收到的款项，借记"银行存款"、"库存现金"等科目，按债券票面价值，贷记"应付债券——面值"科目，按实际收到的款项与面值的差额（即折价或溢价），借记或贷记"应付债券——利息调整"科目。

【例7—18】ABC公司于2009年7月1日发行3年期，到期一次还本付息，年利率为6%，发行面值总额为10000000元的债券，该债券按面值发行。应编制的分录如下：

借：银行存款　　　　　　　　　　　　　　10000000
　　贷：应付债券——面值　　　　　　　　　　10000000

（2）利息调整的摊销。利息调整应在债券存续期间采用实际利率法进行摊销。实际利率法，是指按照应付债券的实际利率计算其摊余成本及各期利息费用的方法。实际利率是指将应付债券在存续期间的未来现金流量，折现成该债券当前账面价值所使用的利率。

资产负债表日，对于分期付息、一次还本的债券，企业应按应付债券的摊余成本和实际利率计算确定的债券利息费用，借记"在建工程"、"财务费用"等科目，按照票面利率计算确定的应付未付利息，贷记"应付利息"科目，按其差额，借记或贷记"应付债券——利息调整"科目。

对于一次还本付息的债券，应于资产负债表日按摊余成本和实际利率计算确定的债券利息费用，借记"在建工程"、"财务费用"等科目，按票面利率计算确定的应付未付利息，贷记"应付债券——应计利息"科目，按其差额，借记或贷记"应付债券——利息调整"科目。

（3）债券的偿还。企业发行的债券通常分为到期一次还本付息或一次还本、分期付息两种。采用一次还本付息方式的，企业应于债券到期支付债券本息时，借记"应付债券——面值、应计利息"科目，贷记"银行存款"科目。采用一次还本、分期付息方式的，在每一期支付利息时，借记"应付利息"科目，贷记"银行存款"科目；债券到期偿还本金并支付最后一期利息时，借记"应付债券——面值"、"在建工程"、"财务费用"等科目，贷记"银行存款"科目，按借贷双方之间的差额，借记或贷记"应付债券——利息调整"科目。

【例7—19】DEF公司于2009年1月1日发行3年期债券，债券票面金额为100万元，票面利率为10%，该公司实际收到价款106万元。该债券每年付息一次，最后一年归还本金并付最后一次利息，假设该公司按年计算利息。该公司应该编制的分录如下：

计算该债券的实际利率 r＝7.6889％

计算利息费用（实际利率法）如表 7-1 所示。

表 7-1　　　　　　　　　　　利息费用一览表　　　　　　　　　　　单位：万元

项目	支付利息	利息费用	摊销的利息调整	应付债券摊余成本
	①＝面值×票面利率	②＝上一期④×实际利率	③＝①－②	④＝上一期④－③
2009.1.1				106
2009.12.31	10	8.15	1.85	104.15
2010.12.31	10	8.01	1.99	102.16
2011.12.31	10	7.84	2.16	100
合计	30	24	6	

会计分录如下：

①2009 年 1 月 1 日发行债券时：

借：银行存款　　　　　　　　　　　　　　　　1060000

　　贷：应付债券——面值　　　　　　　　　　　　1000000

　　　　　　——利息调整　　　　　　　　　　　　　60000

②2009 年 12 月 31 日，计算应付利息和确认利息费用：

借：财务费用　　　　　　　　　　　　　　　　　81500

　　应付债券——利息调整　　　　　　　　　　　18500

　　贷：应付利息　　　　　　　　　　　　　　　　100000

借：应付利息　　　　　　　　　　　　　　　　100000

　　贷：银行存款　　　　　　　　　　　　　　　　100000

③2010 年 12 月 31 日，计算应付利息和确认利息费用：

借：财务费用　　　　　　　　　　　　　　　　　80100

　　应付债券——利息调整　　　　　　　　　　　19900

　　贷：应付利息　　　　　　　　　　　　　　　　100000

借：应付利息　　　　　　　　　　　　　　　　100000

　　贷：银行存款　　　　　　　　　　　　　　　　100000

④2011 年 12 月 31 日，计算应付利息和确认利息费用并还本：

借：财务费用　　　　　　　　　　　　　　　　　78400

　　应付债券——利息调整　　　　　　　　　　　21600

　　贷：应付利息　　　　　　　　　　　　　　　　100000

借：银行存款　　　　　　　　　　　　　　　　1100000

　　贷：应付债券——面值　　　　　　　　　　　1000000

　　　　应付利息　　　　　　　　　　　　　　　100000

三、长期应付款

长期应付款是指企业除长期借款和应付债券以外的其他各种长期应付款项，包括应付融资租入固定资产的租赁费、以分期付款方式购入的固定资产发生的应付款项等。

企业采用融资租赁方式租入的固定资产，应按《企业会计准则——租赁》的相关规定，确认长期应付款。企业延期付款购买资产，如果延期支付的购买价款超过正常信用条件，实质上具有融资性质的，所购置资产的成本应当以延期支付购买价款的现值为基础确定。实际支付的价款和购买价款的现值之间的差额，应当在信用期间采用实际利率法进行摊销，计入相关资产成本或当期损益。

思考与练习

重要概念

短期借款   应付票据   应付账款   预收账款
应付职工薪酬 增值税   消费税   营业税
长期借款   应付债券   长期应付款

思考题

1. 负债该如何确认？负债又有哪些分类？
2. 短期借款的利息核算有几种方法？分别如何核算？
3. 应付票据到期若无力清偿时，该如何处理？
4. 应付职工薪酬包括哪些内容？
5. 一般纳税人和小规模纳税人在增值税核算上有哪些区别？如何分别核算？
6. 在企业中，哪些情况可以被看做是视同销售行为？
7. 长期借款在利息核算上与短期借款有何不同？
8. 应付债券的利息费用该如何核算？

客观题

一、单项选择题

1. 短期借款利息核算不会涉及的账户是（ ）。
 A. 短期借款 B. 应付利息 C. 财务费用 D. 银行存款
2. 如果企业不设置"预收账款"账户，应将预收的货款计入（ ）。
 A. 应收账款的借方   B. 应收账款的贷方
 C. 应付账款的借方   D. 应付账款的贷方
3. 企业的应付账款确实无法支付的，经确认后作为（ ）处理。
 A. 坏账准备 B. 资本公积 C. 营业外收入 D. 其他业务收入
4. 下列有关应付票据处理的表述中，不正确的是（ ）。

A. 企业开出并承兑商业汇票时，应按票据的到期值贷记"应付票据"

B. 企业支付的银行承兑手续费，计入当期"财务费用"

C. 应付票据到期支付时，按账面余额结转

D. 企业到期无力支付的商业承兑汇票，应按票面金额转入"应付账款"

5. 甲企业因采购商品开出 3 个月期限的商业票据一张，该票据的票面价值为 400000 元，票面年利率为 10%，该应付票据到期时，企业应支付的金额为( )元。

    A. 400000   B. 440000   C. 410000   D. 415000

6. 企业从职工工资中代扣代缴的个人所得税，应借记的会计科目是( )。

    A. 其他应付款   B. 应付职工薪酬

    C. 银行存款   D. 应交税费——应交所得税

7. 企业缴纳当月的增值税，应通过的账户是( )。

    A. 应交税费——应交增值税（转出多交增值税）

    B. 应交税费——应交增值税（转出未交增值税）

    C. 应交税费——未交增值税

    D. 应交税费——应交增值税（已交税金）

8. A 公司建造办公楼领用外购原材料 10000 元，原材料购入时支付的增值税为 1700 元；因火灾毁损库存商品一批，其实际成本 20000 元，经确认损失外购材料的增值税 3400 元。则 A 公司计入"应交税费——应交增值税（进项税额转出）"科目的金额为( )元。

    A. 680   B. 1020   C. 1700   D. 5100

9. 某企业出售一项固定资产应缴纳的营业税，应借记的会计科目是( )。

    A. 其他业务成本   B. 营业税金及附加

    C. 固定资产清理   D. 营业外支出

10. 某企业将自产的资源税应税矿产品用于企业的产品生产，计算出的应交资源税，应计入( )。

    A. 营业税金及附加   B. 主营业务成本

    C. 生产成本   D. 管理费用

11. 就发行债券的企业而言，所获债券溢价收入实质是( )。

    A. 为以后少付利息而付出的代价   B. 为以后多付利息而得到的补偿

    C. 本期利息收入   D. 以后期间的利息收入

12. 甲企业 2008 年 1 月 1 日以 630 万元的价格发行 5 年期债券 600 万元。该债券到期一次还本付息，票面年利率为 5%。则甲企业 2009 年 12 月 31 日"应付债券——应计利息"科目的期末余额为( )万元。

    A. 30   B. 31.5   C. 60   D. 63

13. 下列行为，在增值税处理上需要作为视同销售处理的是( )。

    A. 将外购的一批货物无偿赠送给他人   B. 在建工程领用一批外购原材料

    C. 非常损失一批外购原材料   D. 将外购的原材料用于集体福利

14. 下列项目中，不属于"其他应付款"核算范围的是( )。

    A. 应付租入包装物租金   B. 应付经营租入固定资产租金

    C. 应付管理人员工资   D. 应付、暂收所属单位或个人的款项

二、多项选择题

1. 下列各项中，应通过"应付职工薪酬"科目核算的有( )。

A. 基本工资　　　　B. 经常性奖金　　　C. 养老保险费　　　D. 股份支付

2. 长期借款所发生的利息支出，可能借记的科目有（　　）。

A. 营业费用　　　　B. 财务费用　　　　C. 在建工程　　　　D. 长期待摊费用

3. 下列各项，应通过"应交税费——未交增值税"科目核算的有（　　）。

A. 本月上缴本月的应交增值税　　　　B. 本月上缴上期的应交未交增值税

C. 结转本月应交未交的增值税　　　　D. 结转本月多交的增值税

4. 企业发生的下列各项利息支出，可能计入"财务费用"科目的有（　　）。

A. 应付债券的利息　　　　　　　　　B. 短期借款的利息

C. 带息应付票据的利息　　　　　　　D. 筹建期间的长期借款利息

5. 企业发行公司债券的方式有（　　）。

A. 折价发行　　　　　　　　　　　　B. 溢价发行

C. 面值发行　　　　　　　　　　　　D. 在我国不能折价发行

6. 企业发行的应付债券产生的利息调整，每期摊销时可能计入的账户有（　　　）。

A. 在建工程　　　　　　　　　　　　B. 长期待摊费用

C. 财务费用　　　　　　　　　　　　D. 应收利息

7. 下列业务中，企业通常视同销售处理的有（　　）。

A. 销售货物　　　　　　　　　　　　B. 在建工程领用企业外购的库存商品

C. 企业将自产的产品用于集体福利　　D. 在建工程领用企业外购的原材料

E. 企业将委托加工的货物用于投资

8. 按照规定，可以计入到"营业税金及附加"科目的有（　　）。

A. 土地增值税　　　　B. 消费税　　　　C. 城市维护建设税

D. 土地使用税　　　　E. 营业税

三、判断题

1. 负债是指过去的交易、事项形成的现时义务，履行该义务预期会导致经济利益流出企业。
（　　）

2. 企业购入的固定资产，其专用发票上注明的增值税额应计入固定资产的价值，不得抵扣当期销项税额。
（　　）

3. 企业长期借款所发生的利息支出，应在实际支付时计入在建工程成本或计入当期损益。
（　　）

4. 不带息票据到期需要偿付的金额，就是票据的票面金额。（　　）

5. 当债券的票面利率高于市场利率时，债券一般会溢价发行。（　　）

6. 银行承兑汇票由于有了可靠的信用保证，对付款人来说，这项负债实际上已经消失。
（　　）

7. 企业提供运输劳务取得的收入，应该缴纳增值税。（　　）

8. 企业取得一项固定资产，支付价款 10000 元，发生的增值税为 1700 元，印花税 500 元，车船税 100 元，则该固定资产的入账价值为 10600 元。
（　　）

练习题

习题一

（一）资料：甲企业为增值税一般纳税人，适用的增值税税率为 17％，原材料采用实际成本进行日常核算。2009 年 3 月份，甲企业发生如下涉及增值税的经济业务或事项：

（1）购入原材料一批，增值税专用发票上注明的价款为 80000 元，增值税额为 13600 元。该批原材料已验收入库，货款已用银行存款支付。

（2）销售商品一批，增值税专用发票上注明的价款为 200000 元，增值税额为 34000 元，提货单和增值税专用发票已交购货方，并收到购货方开出并承兑的商业承兑汇票。

（3）在建工程领用生产用库存原材料 10000 元，应由该批原材料负担的增值税额为 1700 元。

（4）盘亏原材料 4000 元，应由该批原材料负担的增值税额为 680 元。

（5）用银行存款 30000 元缴纳增值税，其中包括上月未交增值税 5000 元。

（6）月末，将本月应交未交或多交增值税转入未交增值税明细科目。

（二）要求：编制上述业务的会计分录（"应交税费"科目要求写出明细科目及专栏名称）。（答案中的金额单位用元表示）

习题二

（一）资料：某企业 2009 年 1 月 1 日发行长期债券 10000000 元用于经营周转，5 年期，票面年利率 6%，发行价格为 10432700 元，一次还本、分年付息。另外，支付印刷费、手续费等 8000 元。经计算该债券的实际利率为 5%。

（二）要求：

（1）计算全年应计债券的利息。

（2）编制收到债券价款，支付手续费等的分录。

（3）编制全年应付利息和利息摊销额，以及实际支付利息的分录（采用实际利率法）。

（4）编制归还本金的分录。

习题三

（一）资料：某企业 2009 年 6 月发生下列经济业务：

（1）6 月 2 日，从 A 企业购入材料一批，增值税专用发票上注明的材料价款为 30000 元，增值税额为 5100 元，款项尚未支付，材料已经到达企业，验收入库。该企业采用实际成本核算材料业务。

（2）6 月 8 日，偿付 2 月 8 日签发的应付商业承兑汇票一张，该票据面值为 60000 元，款项已通过银行付讫。

（3）6 月 12 日，企业预收 B 公司购货款 4000 元，款项已存入银行。

（4）6 月 18 日，该企业向 B 公司发出商品，发票已经开出，增值税专用发票上注明的商品价款为 10000 元，增值税额为 1700 元，月末尚未收到。

（5）6 月 20 日，该企业转让一项专利权的所有权，收取款项 20000 元存入银行，该专利权转让时的摊余价值为 13000 元，营业税税率为 5%。

（6）6 月 23 日，企业收到 C 公司交来的出租设备的押金 5000 元，已存入银行。

（7）6 月 28 日，收到 B 公司购货款的余额 7700 元。

（8）6 月 30 日，接到银行通知，支付第二季度短期借款利息 3000 元，其中，前两个月已经分别计提了 1000 元。

（9）6 月 30 日，经确认，该企业欠 F 公司的货款 4000 元，无法支付。

（二）要求：根据上述资料，编制会计分录。

第八章　所有者权益

第一节　所有者权益概述

一、所有者权益的概念及特征

任何企业要进行生产经营活动，必须拥有一定数量的资产。资产形成的来源主要有两个：一是由投资者注入；二是由债权人提供。由于投资者、债权人都向企业提供了资产，因此，他们对企业资产都享有要求权，这种要求权在会计上称为"权益"。属于投资者的权益，称为所有者权益；属于债权人享有的权益，称为负债。

所有者权益是指企业资产扣除负债后所有者享有的剩余权益，即所有者对企业净资产的所有权，其金额可以用会计方程式"所有者权益＝资产－负债"来表示。公司的所有者权益又称为股东权益。

虽然企业的投资者和债权人都对企业资产享有要求权，但是两者在性质上有本质的区别，主要表现在：①性质不同。负债是企业在生产经营或其他事项中发生的债务，是债权人对企业资产的求偿权，是债权人的权益；而所有者权益则是企业投资者对企业净资产所享有的权利，即投资者对投入资本及其投入资本的运用所产生的盈余（或亏损）的权利。②对象不同。负债是企业对债权人承担的经济责任，而所有者权益则是企业对投资者承担的经济责任。③偿还期限不同。负债必须按规定的时间和利率支付利息，到期偿还本金；而所有者权益与企业共存亡，在企业经营期内无须偿还，一般只有在企业解散清算时，其破产财产在偿付了破产费用、债权人的债务以后，如有剩余财产，才有可能偿还给投资者。在企业持续经营的情况下，投资者一般不能收回投资。④享受的权利不同。债权人只享有债务本金和按事先约定的利息率收回利息的权利，而没有参与企业经营管理和企业收益分配的权利。企业所有者通常既具有参与企业管理的权利，也具有参与收益分配的权利。⑤风险和收益的大小不同。负债具有明确的偿还期限、约定的收益率，且一旦到期就可以收回本金和利息，因此，债权人通常承担的风险较小，获得的收益也较低。而企业的所有者将其资本投入企业后，在一般情况下，无论企业经营状况如何，均不得收回投资，因而所有者承担的风险较高，相应的收益也较高。

二、所有者权益的构成

所有者权益包括实收资本、资本公积、盈余公积和未分配利润几个部分。

1. 实收资本

实收资本是指企业的投资者实际投入企业的资本。它是所有者权益的主体和基础。实收资本按出资形式不同，可分为货币投资、实物投资和无形资产投资等；按投资者的性质不同，又可分为国家投资、法人投资、个人投资和外商投资等。

2. 资本公积

实收资本可以具体地确指投资者的权益，但是有些特殊事项引起的所有者权益，可能不便归属于具体的投资者，但又不是由盈利而形成。这种类型的所有者权益被称为资本公积，主要包括股票发行溢价、资产重估增值、接受捐赠的财产等。资本公积是所有者共同的权益。

3. 盈余公积

盈余公积是指从税后利润中提取的公积。企业提取盈余公积的目的主要有两个：一是进行资本积累；二是弥补亏损。

4. 未分配利润

未分配利润是指企业实现的利润中留于以后年度分配或待分配的部分。

第二节　实收资本

一、实收资本的概念

实收资本是指投资者按照企业章程或者合同、协议的约定，实际投入企业的资本。它是所有者权益的主体和基础，是企业注册登记的法定资本总额的来源，表明所有者对企业的基本产权关系。实收资本的构成比例即投资者的出资比例或股东的股份比例，是企业据以向投资者进行利润或股利分配的主要依据。

为了反映和监督投资者投入资本的增减变动情况，企业必须按照国家统一的会计制度的规定进行实收资本的核算，真实地反映投资者投入资本的状况，维护所有者各方在企业的利益。除股份有限公司外，其他各公司应通过"实收资本"科目进行核算，股份有限公司通过"股本"科目进行核算。

二、实收资本增加的核算

企业收到所有者投入资本后，应根据原始凭证，分别不同的出资方式进行会计处理。

1. 接受现金资产投资

（1）股份有限公司以外的企业接受现金资产投资。股份有限公司以外的企业接受现金资产投资时，应按实际收到或存入企业开户银行的金额，借记"库存现金"、"银行存款"科目，贷记"实收资本"科目。对于实际收到或者存入企业开户银行的金额超过投资者在企业注册资本中所占份额的部分，应当计入"资本公积"科目。

【例 8－1】A 公司收到国家投入的资本 2000000 元，B 公司投入的资本 1000000 元，个人 C 投入的资本 500000 元，共计 3500000 元，款项已存入银行。编制会计分录如下：

    借：银行存款   3500000
        贷：实收资本——国家   2000000
                  ——B 公司   1000000
                  ——C 个人   500000

（2）股份有限公司接受现金资产投资。股份有限公司发行股票时，既可以按面值发行股票，也可以溢价发行（我国规定不能折价发行）。股份有限公司在核定的股本总额及核定的股份总额的范围内发行股票时，应在实际收到现金资产时进行会计处理。

【例 8－2】A 公司 1 月 1 日按面值发行普通股股票 600000 股，每股面值 10 元，优先股股票 50000 股，每股面值 12 元，委托银行收到款项，账务处理如下：

    借：银行存款   6600000
        贷：股本——普通股   6000000
                ——优先股   600000

溢价发行股票时，应设置"资本公积"账户，反映溢价发行收入，"股本"仍然反映股票的面值。

仍以上例，设该公司普通股以每股 11 元出售，优先股以每股 14 元出售。委托银行收到款项时，账务处理如下：

应计入资本公积的金额＝7300000－6600000＝700000（元）

    借：银行存款   7300000
        贷：股本——普通股   6000000
                ——优先股   600000
        资本公积——股本溢价（普通股）   700000

2. 接受非现金资产投资

（1）接受投入固定资产。投资者以厂房、建筑物、机器设备等固定资产对企业进行投资时，一般可按投资合同或协议约定的固定资产价值（但投资合同或协议约定价值不公允的除外），借记"固定资产"科目，贷记"实收资本"科目。对于投资各方确认的固定资产价值超过投资者在企业注册资本中所占份额的部分，应计入"资本公积"科目。

【例 8－3】A 公司收到 B 公司作为资本投入的不需要安装的机器设备一台，双方协议约定价值为 300000 元。会计分录如下：

    借：固定资产   300000
        贷：实收资本——B 公司   300000

（2）接受存货投资。企业接受投资者投入的材料物资时，应在办理实物转移手续后，按投资合同约定价值确认的存货价值（投资合同约定价值不公允的除外），借记"原材料"、"库存商品"等科目，按增值税专用发票上注明的增值税额，借记"应交税费——应交增值税（进项税额）"科目，按其在注册资本中应拥有的价值，贷记"实收资本"科目。对于投资各方确认的存货价值超过投资者在企业注册资本中所占份额的那部分，应计入"资本公积"科目。

【例8—4】 A公司收到B公司投入的原材料一批，货款80000元，增值税13600元；工具一批，货款5000元，增值税850元，均验收入库，以价税合计作为投资额，会计分录如下：

借：原材料 80000
  低值易耗品 5000
  应交税费——应交增值税（进项税额） 14450
  贷：实收资本——B公司 99450

（3）接受无形资产投资。企业收到无形资产投资时，应按合同、协议或公司章程规定，在移交有关凭证时，按投资合同或协议约定价值确认的无形资产价值（但投资合同或协议约定价值不公允的除外），借记"无形资产"科目，贷记"实收资本"科目，对于投资各方确认的无形资产价值超过投资者在企业注册资本中所占份额的部分，应计入"资本公积"科目。

【例8—5】 A公司收到B公司作为资本投入的专利权一项，双方协议约定价值为200000元。会计分录如下：

借：无形资产——专利权 200000
  贷：实收资本——B公司 200000

三、实收资本（或股本）增减变动的核算

根据我国有关法律规定，企业资本（或股本）在经营期间除下列情况外，不得随意变动：一是符合增资条件，并经有关部门批准增加注册资本；二是按法定程序报经批准减少注册资本。当企业发生上述两种符合规定的资本（或股本）变动时，应进行相应的会计处理。

1. 企业增资的核算

企业符合增资条件，在办理增资手续后，可增加注册资本。企业增加注册资本的途径主要有：原股东追加投资和新增加的投资者投资、资本公积金转增股本、采用发放股票股利方式增资等。

企业将资本公积、盈余公积转增资本时，应注意：若为独资企业，直接结转即可；若为股份有限公司或有限责任公司，则应按其原投资者所持股份，同比例增加各股东的股权，记入"实收资本"或"股本"科目的各投资者明细科目，以保持增资后的资本结构不变；按《公司法》规定，用法定盈余公积转增资本，转增后的盈余公积不得少于注册资本的25%。

【例8—6】 A、B、C三人共同投资设立甲公司，原注册资本为4000000元，其中，A、B、C分别出资为500000元、2000000元、1500000元。为了扩大经营规

模，经批准，甲公司注册资本扩大为 5000000 元，A、B、C 按照原出资比例分别追加投资 125000 元、500000 元、375000 元。甲公司如期收到 A、B、C 三人的现金投资。会计分录如下：

借：银行存款 1000000
  贷：实收资本——A 125000
         ——B 500000
         ——C 375000

【例 8—7】接上例，因扩大经营规模需要，甲公司按原出资比例将资本公积 1000000 元转增资本，会计分录如下：

借：资本公积 1000000
  贷：实收资本——A 125000
         ——B 500000
         ——C 375000

【例 8—8】接上例，因扩大经营规模需要，甲公司按原出资比例将盈余公积 1000000 元转增资本，会计分录如下：

借：盈余公积 1000000
  贷：实收资本——A 125000
         ——B 500000
         ——C 375000

【例 8—9】甲公司 2008 年度实现净利润 1500000 元，公司董事会于 2009 年提出公司当年利润分配方案，拟分配股票股利 1000000 股，每股面值 1 元，后经股东大会批准通过。实际发放股票股利，编制会计分录如下：

借：利润分配——转作股本的股利 1000000
  贷：股本 1000000

2. 企业减资的核算

按照《公司法》规定，公司不得自行减少注册资本。企业由于生产规模缩减，资本过剩或由于发生重大亏损等原因，通过法定程序，经政府有关部门批准，股东会决议，可宣告减少注册资本。股份有限公司采用收购本公司股票方式减资，按注销股票的面值总额减少股本，收购股票支付的价款超过面值总额的部分，依次减少资本公积中的股本溢价、盈余公积和未分配利润，即借记"股本"、"资本公积"、"盈余公积"、"利润分配——未分配利润"科目；贷记"库存现金"、"银行存款"科目。购回股票支付的价款低于面值总额时，按股票面值借记"股本"科目，按支付的价款贷记"库存现金"、"银行存款"科目，按其差额，贷记"资本公积——股本溢价"科目。

【例 8—10】甲公司经批准以收购本公司股票的方式减资。该公司按每股 1.5 元的价格，收购已发行面值为 1 元的普通股股票 10000000 股。价款以银行存款支付，股票收回后立即注销。该公司原股本溢价为 1500000 元，盈余公积金充裕。编制会计分录如下：

借：股本 10000000

资本公积——股本溢价 1500000

盈余公积 3500000

贷：银行存款（10000000×1.5） 15000000

如果该公司按每股 0.9 元的价格收回，其他情况不变，编制的会计分录为：

借：股本 10000000

贷：银行存款 9000000

资本公积——股本溢价 1000000

公司收购的本公司发行在外的股票，且尚未转让或注销，这种股票称为库存股票。库存股份无表决权和收益分配权，只是股东权益的减少，也不作为资产项目。因此，在编制资产负债表时，应将其列为股东权益的减项。企业收购的尚未转让或注销的本公司股份通过"库存股"科目核算。"库存股"科目属于所有者权益类科目，借方登记企业库存股的增加，贷方登记企业库存股的减少，期末借方余额反映企业持有本公司股份的金额。

【例 8—11】甲公司根据发生的有关库存股票交易业务，编制会计分录如下：

①收购本公司每股面值 1 元的股票 50000 股，每股价格 4 元，实际支付金额 200000 元。

借：库存股（4×50000） 200000

贷：银行存款 200000

②另收购本公司股票 100000 股，每股价格 3.8 元。

借：库存股 380000

贷：银行存款 380000

③将收购的股票注销。

借：股本（100000＋50000） 150000

资本公积——资本溢价 430000

贷：库存股（200000＋380000） 580000

第三节　资本公积

一、资本公积的概念

资本公积是指企业投资者出资额超出其在注册资本或股本中所占份额的部分，以及直接计入所有者权益的利得和损失等。资本公积从形成来源上看，是企业非收益转化而形成的资本。从本质上讲，资本公积属于投入资本范畴，但它与实收资本又有所不同，实收资本一般是投资者投入的为谋求价值增值的原始投资，属于法定资本，与企业的注册资本相一致，因此，它无论是在来源上，还是在金额上，均有比较严格的限制。资本公积不仅在金额上无严格的限制，而且在来源上也较为广泛，它可以是投资者的额外收入，也可以是其他方式所形成。

根据我国《公司法》等有关法规规定，资本公积的用途主要用于转增资本（或股本）。资本公积由全体投资者共同享有，因此，资本公积在转增资本（或股本）时，应按各个投资者在实收资本中所占的投资比例计算的份额，分别转增给各个投资者。资本公积转增资本并不改变企业的所有者权益总额，但它可以改变企业投入资本的结构。

企业应设置"资本公积"科目核算企业收到投资者出资超过注册资本或股本中所占份额以及直接计入所有者权益的利得和损失等。

资本公积一般应当设置"资本（或股本）溢价"和"其他资本公积"两个明细科目，其中，"其他资本公积"包含公允价值变动差额、长期股权投资的变动等内容。

二、资本溢价（或股本溢价）的核算

1. 资本溢价

除股份有限公司外的其他类型的企业，在企业创立时，投资者认缴的出资额与注册资本一致，一般不会产生资本溢价。但在企业重组或有新的企业加入时，会出现资本溢价。因为企业在进行正常生产经营后，其资本利润率通常要高于企业初创阶段，另外，企业有内部积累，新投资者加入企业后，对这些积累也要分享，所以新加入的投资者往往要付出大于原投资者的出资额，才能取得与原投资者相同的出资比例，投资者多缴的部分就形成了资本溢价。

企业接受投资者投入的资本，借记"银行存款"、"其他应收款"、"固定资产"、"无形资产"等科目，按其在注册资本中所占份额，贷记"实收资本"科目，按其差额，贷记"资本公积——资本溢价"科目。

【例8-12】甲公司由A、B两位股东各自出资1000000元而设立，设立时的实收资本为2000000元。经过两年的经营，该企业盈余公积和未分配利润合计400000元。这时又有C投资者有意加入该企业，并表示愿意出资1200000元仅占该企业股份的1/3。甲企业已收到C投资者投入的资本，并存入开户银行。会计分录如下：

借：银行存款	1200000
贷：实收资本	1000000
资本公积——资本溢价	200000

【例8-13】甲投资者与乙公司原股东协商，投入800万元现金和一套生产流水线，双方确定生产线的价值为600万元，占注册资本的10%，计300万元。乙公司已经收到银行存款和生产线设备。会计分录如下：

借：银行存款	8000000
固定资产	6000000

| 贷：实收资本 | 3000000 |
| 资本公积——资本溢价 | 11000000 |

2. 股本溢价

股本溢价，是指股份有限公司溢价发行股票时实际收到的款项超过股票面值总额的数额。股份有限公司股票溢价的原因是多方面的，其中既有资金供求关系的原因，也有不同投资者对股票价值的评估不同的原因，还有补偿原有投资者在企业资本公积和留存收益中享有的权益以及补偿尚未确认的资本的原因等。

对于股份有限公司溢价发行股票，在收到现金等资产时，按实际收到的金额，借记"库存现金"、"银行存款"等科目，按股票面值和核定的股份总额的乘积计算的金额，贷记"股本"科目，按溢价部分，贷记"资本公积——股本溢价"科目。

对于股份有限公司发行股票时支付的相关手续费、佣金等交易费用，如果是溢价发行股票的，应从溢价收入中抵扣，冲减资本公积（股本溢价）；无溢价的或溢价不足以抵扣的部分，应将不足抵扣部分冲减盈余公积和未分配利润。

【例 8—14】甲公司委托某证券公司代理发行普通股 10000 万股，每股面值 1元，每股发行价格 7.6 元。证券公司按发行收入的 3% 收取手续费，从溢价发行收入中扣除，甲公司收到股款存入银行。会计分录如下：

①收到发行收入时：

借：银行存款	760000000
贷：股本	100000000
资本公积——股本溢价	660000000

②支付发行费用时：

| 借：资本公积——股本溢价 | 22800000 |
| 贷：银行存款 | 22800000 |

三、其他资本公积的核算

其他资本公积是指除资本溢价（或股本溢价）项目以外形成的资本公积，其中主要是直接计入所有者权益的利得和损失。企业对某被投资单位的长期股权投资采用权益法核算的，在持股比例不变的情况下，对因被投资单位除净损益以外的所有者权益的其他变动，如果是利得，则应按持股比例计算其应享有被投资企业所有者权益的增加数额，借记"长期股权投资——所有者权益其他变动"科目，贷记"资本公积——其他资本公积"科目；如果是损失，则编制相反的分录。在处置长期股权投资时，应转销与该笔投资相关的其他资本公积。

【例 8—15】甲公司于 2007 年 1 月 1 日向乙公司投资 4000000 元，拥有乙公司有表决权资本的 60%。2008 年 12 月 1 日，乙公司因增资增加资本公积 1000000元，由于甲公司持有乙公司 60% 的股份，按权益法核算，该公司将相应增加资本公积 600000 元。会计分录如下：

| 借：长期股权投资——乙公司（所有者权益变动） | 600000 |

贷：资本公积——其他资本公积　　　　　　　　　　600000

四、资本公积转增资本的核算

　　经股东大会或类似机构决议，用资本公积转增资本时，应冲减资本公积，同时按照转增前的资本（或股本）的结构或比例，将转增的金额计入"实收资本"（或"股本"）科目各所有者的明细分类账。

第四节　留存收益

　　留存收益是指企业从历年实现的净利润中提取或形成的留存于企业的内部积累，它来源于企业在生产经营活动中所实现的净利润。投资者投入企业的资金，通过企业的生产经营活动，不仅要保持原有投资的完整，而且要力求超过原有投资的价值，即盈利。企业盈利扣除按规定缴纳的所得税后，即为净利润。净利润的一部分可按协议、合同或公司章程的有关规定分配给投资者，作为投资者进行风险投资的回报；另一部分则留下来用于扩大生产经营规模，以便在今后为投资者创造更多的利润，或用于建立风险基金，弥补将来可能出现的亏损。

　　留存收益包括盈余公积和未分配利润。

一、盈余公积

　　盈余公积是指企业按规定从净利润中提取的各种积累资金，是已指定用途的留存收益。盈余公积根据其用途可分为法定盈余公积和任意盈余公积。企业盈余公积可用于弥补亏损、转增资本（或股本），符合规定条件的企业，也可用于分派现金股利。

　　企业应设置"盈余公积"账户，对盈余公积的提取、使用及结存情况进行核算和监督。该账户属于所有者权益类。其贷方登记按规定提取的盈余公积数额，借方登记已使用的盈余公积，余额在贷方，反映企业提取的盈余公积金额。在盈余公积总账下，应设置"法定盈余公积"、"任意盈余公积"等明细账。

1. 提取盈余公积的核算

【例8—16】甲公司本年实现税后利润为1000000元，分别按10％、15％的比例提取法定盈余公积、任意盈余公积。会计分录如下：

　　提取法定盈余公积＝1000000×10％＝100000（元）

　　提取任意盈余公积＝1000000×15％＝150000（元）

　　借：利润分配——提取法定盈余公积　　　　　　　100000

　　　　　　　　——提取任意盈余公积　　　　　　　150000

　　　贷：盈余公积——法定盈余公积　　　　　　　　　100000

　　　　　　　　——任意盈余公积　　　　　　　　　150000

2. 盈余公积补亏的核算

【例8—17】甲公司经研究决定用以前年度积累的法定盈余公积弥补本年度亏

损 150000 元。会计分录如下：

    借：盈余公积——法定盈余公积   150000

        贷：利润分配——盈余公积补亏   150000

3. 盈余公积转增资本

【例 8—18】甲公司本期用法定盈余公积转增资本 200000 元。会计分录如下：

    借：盈余公积——法定盈余公积   200000

        贷：实收资本   200000

4. 用盈余公积发放现金股利或利润

【例 8—19】甲公司 2008 年 12 月 31 日普通股股本为 50000000 股，每股面值 1 元，可供投资者分配的利润为 5000000 元，盈余公积 20000000 元，2009 年 4 月 1 日，股东大会批准了 2008 年利润分配方案，以 2008 年 12 月 31 日为登记日，按每股 0.2 元发放现金股利，甲公司共需要分配 10000000 元现金股利，其中可动用投资者分配的利润 5000000 元，盈余公积 5000000 元，不考虑其他因素，会计分录为：

    宣告发放股利时：

    借：利润分配——应付现金股利   5000000

          盈余公积   5000000

        贷：应付股利   10000000

    支付股利时：

    借：应付股利   10000000

        贷：银行存款   10000000

二、未分配利润

未分配利润是企业留待以后年度进行分配的结存利润，也是企业所有者权益的组成部分。未分配利润是企业实现的净利润经过弥补亏损、提取盈余公积和向投资者分配利润后留存企业的已经结存的利润。未分配利润留待以后向投资者进行分配。未分配利润相对于盈余公积讲，属于未确定用途的留存收益，企业对于未分配利润的使用分配有较大的自主权。

从数量上来说，未分配利润是指期初未分配利润加上本期实现的净利润，减去提取的各种盈余公积和分出利润后的余额。未分配利润有两层含义：一是留待以后年度处理的利润；二是未指定特定用途的利润。

企业的未分配利润是通过"利润分配——未分配利润"科目进行核算的。年度终了，企业将全年实现的利润，自"本年利润"科目转入"利润分配——未分配利润"科目。若为盈利，应借记"本年利润"科目，贷记"利润分配——未分配利润"科目；若为亏损，编制相反分录。同时，将"利润分配"账户下的其他明细账的余额转入"未分配利润"明细账。其中，"提取法定盈余公积"、"提取任意盈余公积"、"应付现金股利或利润"、"转作股本的股利"各明细账的余额转入"未分配利润"科目的借方;"盈余公积补亏"明细账余额转入"未分配利润"科目的贷方。结转后,"未分配利润"明细账若为贷方余额,表示年末未分配利润的金额;若为借方余额,表示年末未弥补亏损的金额。

【例8-20】甲公司年初未分配利润为1000000元,本年实现净利润2000000元,按10%提取法定盈余公积,根据股东大会决议,按15%提取任意盈余公积,支付普通股现金股利800000元。会计分录如下:

①按照规定分配当年实现的净利润:

借:利润分配——提取法定盈余公积(10%)　　　200000
　　　　　　——提取任意盈余公积(15%)　　　300000
　　　　　　——应付现金股利或利润　　　　　800000
　　贷:盈余公积——法定盈余公积　　　　　　　　200000
　　　　　　　　——任意盈余公积　　　　　　　　300000
　　　　应付股利　　　　　　　　　　　　　　　　800000

②结转本年实现的净利润:

借:本年利润　　　　　　　　　　　　　　　　2000000
　　贷:利润分配——未分配利润　　　　　　　　　2000000

③结转本年利润分配:

借:利润分配——未分配利润　　　　　　　　　1300000
　　贷:利润分配——提取法定盈余公积　　　　　　200000
　　　　　　　　——提取任意盈余公积　　　　　　300000
　　　　　　　　——应付现金股利或利润　　　　　800000

经过上述账务处理后,甲公司年末未分配利润为1700000元(1000000+2000000-1300000)。

思考与练习

重要概念

所有者权益　　　　实收资本　　　　资本公积　　　　盈余公积　　　　未分配利润

思考题

1. 什么是所有者权益?与负债有哪些区别?
2. 实收资本有哪些来源?
3. 资本公积有哪些来源?可用于哪些方面?应如何进行核算?
4. 盈余公积包括哪些内容?可用于哪些方面?应如何进行核算?

客观题

一、单项选择题

1. 企业实有资本比原注册资本数额增减超过( )，应申请变更登记。

    A. 10%　　　　　　B. 20%　　　　　　C. 30%　　　　　　D. 50%

2. 溢价发行股票的溢价额应计入( )科目。

    A. 股本　　　　　B. 实收资本　　　　C. 资本公积　　　　D. 盈余公积

3. ( )一般按净利润的10%提取，但如果数额已达注册资本的50%时可不再提取。

    A. 法定盈余公积　　　　　　　　　　B. 任意盈余公积

    C. 公益金　　　　　　　　　　　　　D. 一般盈余公积

4. 某权益类账户期初贷方余额为2000元，本期贷方发生额为10000元，期末余额为8000元，则本期借方发生额为( )元。

    A. 0　　　　　　　B. 16000　　　　　C. 4000　　　　　D. −4000

5. 盈余公积转增资本后，转增后留存的盈余公积的数额不得少于注册资本的( )。

    A. 25%　　　　　　B. 15%　　　　　　C. 30%　　　　　　D. 50%

6. "利润分配——未分配利润"科目的贷方余额反映的是( )。

    A. 本年未分配的利润额　　　　　　　B. 本年亏损额

    C. 历年积累的未分配利润额　　　　　D. 历年积累的亏损额

7. 下列会计事项中，会引起企业所有者权益总额发生变化的是( )。

    A. 从净利润中提取盈余公积　　　　　B. 用盈余公积弥补亏损

    C. 用盈余公积转增资本　　　　　　　D. 股东大会向投资者宣告分派现金股利

8. 甲股份有限公司以每股4元的价格回购股票1000万股，每股价值1元，共支付回购款4050万元。回购时，公司的股本为11000万元，资本公积溢价3000万元（均为该股票产生），盈余公积为450万元，未分配利润为550万元，回购股票后甲公司的所有者权益总额为( )万元。

    A. 15000　　　　　B. 14000　　　　　C. 11950　　　　　D. 10950

9. 企业当年实现的利润弥补亏损时，应作的会计处理是( )。

    A. 借记"本年利润"科目，贷记"利润分配——未分配利润"科目

    B. 借记"利润分配——未分配利润"科目，贷记"本年利润"科目

    C. 借记"利润分配——未分配利润"科目，贷记"利润分配——未分配利润"科目

    D. 无须专门作会计处理

10. 某企业年初未分配利润为100万元，本年净利润为1000万元，按10%计提法定盈余公积，按10%计提任意盈余公积，宣告发放现金股利为300万元，该企业期末未分配利润为( )万元。

    A. 600　　　　　　B. 500　　　　　　C. 1000　　　　　D. 900

11. 下列各项中，能够导致企业留存收益发生减少的是( )。

    A. 宣告派发现金股利　　　　　　　　B. 以资本公积转增资本

    C. 提取盈余公积　　　　　　　　　　D. 以盈余公积弥补亏损

12. 某上市公司发行普通股2000万股，每股面值1元，每股发行价格4.5元，支付手续费18万元，支付咨询费20万元。该公司发行普通股计入本的金额为( )万元。

A. 2000   B. 9000   C. 1962   D. 3462

13. 采用权益法核算长期股权投资时，对于被投资企业因交易性金融资产公允价值变动影响损益，期末因该事项投资企业应按所拥有的表决权资本的比例计算应享有的金额将其计入（　　）。

A. 资本公积   B. 投资收益   C. 其他业务收入   D. 营业外收入

14. 某企业 2008 年成立（所得税率为 25%），当年发生亏损 80 万元，2009 年实现利润总额为 100 万元，税后提 10% 盈余公积，则 2009 年底，该企业"利润分配——未分配利润"科目的借方余额为（　　）万元。

A. 20   B. 20.2   C. 12.50   D. 75

15. 企业增资扩股时，投资者实际缴纳的出资额大于其按约定比例计算的其在注册资本中所占的份额部分，应作为（　　）。

A. 资本公积   B. 实收资本   C. 盈余公积   D. 营业外收入

二、多项选择题

1. 下列属于所有者权益的科目是（　　）。

A. 股本   B. 应付股利   C. 库存股   D. 盈余公积

2. 股份有限公司的"股本"账户应当登记的内容包括（　　）。

A. 股本总额   B. 股份总额
C. 每股面值   D. 股东单位或姓名

3. 盈余公积的主要用途为（　　）。

A. 弥补亏损   B. 转增资本   C. 发放股利   D. 购买原材料

4. 投入资本包括（　　）。

A. 国家投资   B. 其他单位投资   C. 个人投资   D. 向银行借入

5. 资本公积主要包括（　　）。

A. 资本溢价   B. 股本溢价   C. 其他资本公积   D. 投入资本

6. 下列项目中，能同时引起资产和利润减少的项目有（　　）。

A. 计提短期借款的利息   B. 计提行政管理部门固定资产折旧
C. 计提坏账准备   D. 无形资产摊销

7. 下列各项，能够影响企业资本公积的是（　　）。

A. 划转无法支付的应付账款
B. 接受固定资产捐赠
C. 盘盈形成的固定资产
D. 权益法下被投资方净损益之外的所有者权益增加

8. 下列各项中，应通过"资本公积"账户核算的有（　　）。

A. 资本或股本溢价   B. 拨款转入
C. 接受捐赠非现金资产   D. 按净利润一定比例提取的盈余公积

9. 下列项目中，能引起盈余公积发生增减变动的有（　　）。

A. 提取任意盈余公积   B. 以盈余公积转增资本
C. 用任意盈余公积弥补亏损   D. 用盈余公积派送新股

10. 下列各项中，属于所有者权益的有（　　）。

A. 坏账准备   B. 资本溢价   C. 应付账款   D. 任意盈余公积

11. 下列各项中，不能引起企业留存收益总额发生变动的有（　　）。
    A. 提取法定盈余公积　　　　　　　　B. 向投资者宣告分配现金股利
    C. 用公益金建造职工浴室　　　　　　D. 本年度实现的净利润

12. 下列项目中，影响企业可供分配的利润有（　　）。
    A. 年初未分配利润　　　　　　　　　B. 当年实现的净利润
    C. 用盈余公积弥补亏损　　　　　　　D. 应付普通股股利

13. 按照资本公积的类别分别设置（　　）明细科目，进行明细分类核算。
    A. 其他资本公积　　　　　　　　　　B. 关联交易差价
    C. 资本溢价　　　　　　　　　　　　D. 股本溢价

14. 下列各项，构成企业留存收益的有（　　）。
    A. 资本溢价　　　　　　　　　　　　B. 未分配利润
    C. 任意盈余公积　　　　　　　　　　D. 法定盈余公积

三、判断题

1. 所有者权益是指企业资产扣除负债后由所有者享有的剩余权益。即所有者对企业净资产的所有权，其金额为负债减去资产后的余额。　　　　　　　　　　　　　　　（　　）

2. 实收资本一般情况下不得随意增减，如有必要增减，必须具备一定的条件。（　　）

3. 留存收益全部归投资人所有，投资人可以自由使用。　　　　　　　　　（　　）

4. 企业提取的盈余公积主要用途是为了弥补亏损、转增资本、分配股利。　（　　）

5. "利润分配——未分配利润"明细科目的借方余额，反映的是历年累积的未分配利润。
　　　　　　　　　　　　　　　　　　　　　　　　　　　　　　　　　（　　）

6. 企业实现的净利润可以全部分配给投资者。　　　　　　　　　　　　　（　　）

7. 公司发行股票支付的手续费等发行费用，应当全额计入当期财务费用。（　　）

8. 企业用利润弥补亏损时，应编制相应的会计分录。　　　　　　　　　　（　　）

9. 企业年末资产负债表中的未分配利润的金额应等于"利润分配"科目的年末余额。
　　　　　　　　　　　　　　　　　　　　　　　　　　　　　　　　　（　　）

10. 企业以盈余公积向投资者分配利润，会引起所有者权益总额的变动。　（　　）

11. 企业接受投资者以非现金资产投资时，应按该资产的账面价值入账。　（　　）

12. 企业接受的投资者以原材料投资，其增值税额不能计入实收资本。　　（　　）

13. 企业计提法定盈余公积是按当年实现的净利润作为基数计提的，该基数不应包括企业年初未分配利润。

14. 用盈余公积转增资本不影响所有者权益总额的变化，但会使企业净资产减少。（　　）

练习题

习题一

（一）资料：甲公司2009年初未分配利润为400万元，盈余公积为300万元。本年实现净利润为1000万元。本年提取法定盈余公积100万元，提取任意盈余公积100万元，支付现金股利300万元。因扩大经营规模的需要，经批准，甲公司决定将资本公积150万元和盈余公积150万元转增资本。

（二）要求：

（1）编制甲公司上述业务的会计分录。

（2）计算甲公司 2009 年末未分配利润、年末盈余公积以及年末留存收益的金额。

习题二

（一）资料：甲公司 2009 年发生有关经济业务如下：

（1）甲公司按照规定办理增资手续后，将资本公积 90000 元转增注册资本。该公司原有注册资本 2910000 元，其中 A、B、C 三家公司各占 1/3。

（2）甲公司用盈余公积 75000 元弥补以前年度亏损。

（3）甲公司从税后利润中提取盈余公积 38000 元。

（4）甲公司接受乙公司加入联营，经投资各方协议，乙公司实际出资额中 1000000 元作为新增注册资本，使各方投资者在注册资本总额中均占 1/4。乙公司以银行存款 1100000 元缴付出资额。

（二）要求：根据上述经济业务编制联营公司的有关会计分录。

习题三

（一）资料：甲公司原由投资者 A 和 B 共同出资成立，每人出资 200000 元，各占 50％的股份。经营两年后，投资者 A 和 B 决定增加公司资本，此时有一新的投资者 C 要求加入该公司。经有关部门批准后，甲公司实施增资，将实收资本增加到 900000 元。经三方协商，一致同意，完成下述投入后，三方投资者各拥有甲公司 300000 元实收资本，并各占甲公司 1/3 的股份。各投资者的出资情况如下：

（1）投资者 A 以一台设备投入甲公司作为增资，该设备原价 180000 元，已提折旧 95000 元，投资合同中约定的价值为 126000 元。

（2）投资者 B 以一批原材料投入甲公司作为增资，该批材料账面价值 105000 元，合同约定价值 110000 元，税务部门认定应交增值税税额为 18700 元。投资者 B 已开具了增值税专用发票。

（3）投资者 C 以银行存款投入甲公司 390000 元。

（二）要求：根据以上资料，分别编制甲公司接受 A、B、C 初次投资时的会计分录。

第九章 收入和费用

第一节 收 入

一、收入的概念和特征

收入（Income）是指企业在日常活动中形成的、会导致所有者权益增加的、与所有者投入资本无关的经济利益的总流入。收入的特征如下：

1. 收入是企业在日常活动中形成的经济利益的总流入

日常活动，是指为完成其经营目标所从事的经常性活动以及与之相关的活动。工业企业销售产品、商业企业销售商品、咨询公司提供咨询服务、软件开发企业为客户开发软件、安装公司提供安装服务、商业银行对外贷款、租赁公司出租资产等活动，均属于企业为完成其经营目标所从事的经常性活动，由此形成的经济利益的总流入构成收入。工业企业对外出售不需用的原材料、对外转让无形资产使用权、对外进行权益性投资（取得现金股利）或债权性投资（取得利息）等活动，虽不属于企业的经常性活动，但属于企业为完成其经营目标所从事的与经常性活动相关的活动，由此形成的经济利益的总流入也构成收入。

收入形成与企业日常活动的特征使其与产生于非日常活动的利得相区别。企业所从事或发生的某些活动也能为企业带来经济利益，但不属于企业为完成其经营目标所从事的经常性活动，也不属于与经常性活动相关的活动，例如，工业企业处置固定资产、无形资产、因其他企业违约收取罚款等，这些活动形成的经济利益的总流入属于企业的利得而不是收入。利得通常不经过经营过程就能取得或属于企业不曾期望获得的收益。

2. 收入会导致企业所有者权益的增加

收入形成的经济利益总流入的形式多种多样，既可能表现为资产的增加，如增加银行存款、应收账款；也可能表现为负债的减少，如减少预收账款；还可能表现为二者的组合，如销售实现时，部分冲减预收账款，部分增加银行存款。收入形成的经济利益总流入能增加资产或减少负债或两者兼而有之，根据"资产－负债＝所有者权益"的会计等式，收入一定能增加企业的所有者权益。这里所说的收入能增加所有者权益，仅指收入本身的影响，而收入扣除与之相配比的费用后的净额，既可能增加所有者权益，也可能减少所有者权益。

企业为第三方或客户代收的款项，如企业代国家收取的增值税等，一方面增加企业的资产；另一方面增加企业的负债，并不增加企业的所有者权益，因此，不构成企业的收入。

3. 收入与所有者投入资本无关

所有者投入资本主要是为谋求享有企业资产的剩余权益，由此形成的经济利益的总流入不构成收入，而应确认为企业所有者权益的组成部分。

二、收入的分类

1. 按日常活动的性质分类

收入按企业从事日常活动的性质不同，分为销售商品收入、提供劳务收入和让渡资产使用权收入。

（1）销售商品收入。销售商品收入是指企业通过销售商品实现的收入。这里的商品包括企业为销售而生产的产品和为转售而购进的商品。企业销售的其他存货如原材料、包装物等也视同商品。

（2）提供劳务收入。提供劳务收入是指企业通过提供劳务实现的收入。比如，企业通过提供旅游、运输、咨询、代理、培训、产品安装等劳务所实现的收入。

（3）让渡资产使用权收入。让渡资产使用权收入是指企业通过让渡资产使用权实现的收入。让渡资产使用权收入包括利息收入和使用费收入。利息收入主要是指金融企业对外贷款形成的利息收入，以及同业之间发生往来形成的利息收入等。使用费收入主要是指企业转让无形资产（如商标权、专利权、专营权、版权）等资产的使用权形成的使用费收入。企业对外出租固定资产收取的租金、进行债权投资收取的利息、进行股权投资取得的现金股利等，也构成让渡资产使用权收入。

2. 按经营业务的主次不同分类

收入按企业经营业务的主次不同，分为主营业务收入和其他业务收入。

（1）主营业务收入。主营业务收入是指企业为完成其经营目标所从事的经常性活动实现的收入。主营业务收入一般占企业总收入的较大比重，对企业的经济效益产生较大影响。不同行业企业的主营业务收入所包括的内容不同，比如，工业企业的主营业务收入主要包括销售商品、自制半成品、代制品、代修品，提供工业性劳务等实现的收入；商业企业的主营业务收入主要包括销售商品实现的收入；咨询公司的主营业务收入主要包括提供咨询服务实现的收入；安装公司的主营业务收入主要包括提供安装服务实现的收入。

企业实现的主营业务收入通过"主营业务收入"科目核算，并通过"主营业务成本"科目核算为取得主营业务收入发生的相关成本。

（2）其他业务收入。其他业务收入是指企业为完成其经营目标所从事的与经常性活动相关的活动实现的收入。其他业务收入属于企业日常活动中次要交易实现的收入，一般占企业总收入的比重较小。不同行业企业的其他业务收入所包括的内容不同，比如，工业企业的其他业务收入主要包括对外销售材料，对外出租包装物、商品或固定资产，对外转让无形资产使用权，对外进行权益性投资（取得现金股利）或债权性投资（取得利息），提供非工业性劳务等实现的收入。

企业实现的原材料销售收入、包装物租金收入、固定资产租金收入、无形资产使用费收入等，通过"其他业务收入"科目核算，企业进行权益性投资或债权性投资取得的现金股利收入和利息收入，通过"投资收益"科目核算。通过"其他业务收入"科目核算的其他业务收入，需通过"其他业务成本"科目核算为取得其他业务收入发生的相关成本。

三、销售商品收入的确认条件

销售商品收入同时满足下列条件的，才能予以确认：

第一，企业已将商品所有权上的主要风险和报酬转移给购货方。

企业已将商品所有权上的主要风险和报酬转移给购货方，是指与商品所有权有关的主要风险和报酬同时转移。与商品所有权有关的风险，是指商品可能发生减值或毁损等形成的损失；与商品所有权有关的报酬，是指商品价值增值或通过使用商品等形成的经济利益。企业已将商品上的主要风险和报酬转移给购货方，构成确认销售商品收入的重要条件。

判断企业是否已将商品所有权上的主要风险和报酬转移给购货方，应当关注交易的实质，并结合所有权凭证的转移进行。如果与商品所有权有关的任何损失均不需要销货方承担，与商品所有权有关的任何经济利益也不归销货方所有，就意味着商品所有权上的主要风险和报酬转移给了购货方。

通常情况下，转移商品所有权凭证并交付实物后，商品所有权上的所有风险和报酬随之转移，如大多数商品零售、预收款销售商品等。对于商品零售交易，销货方在售出商品时将商品交付给购货方，同时收到购货方支付的货款，这一交付行为发生后，购货方一般不能退货，售出商品发生的任何损失均不再需要销货方承担，售出商品带来的经济利益也不再归销货方所有，因此可以认为该售出商品所有权上的风险和报酬已转移给了购货方。

某些情况下，转移商品所有权凭证但未交付实物，商品所有权上的主要风险和报酬随之转移，企业只保留商品所有权上的次要风险和报酬，如交款提货方式销售商品。有时，已交付实物但未转移商品所有权凭证，商品所有权上的主要风险和报酬未随之转移，如采用支付手续费方式委托代销商品。

第二，企业既没有保留通常与所有权相联系的继续管理权，也没有对已售出的商品实施控制。

通常情况下，企业售出商品后不再保留与商品所有权相联系的继续管理权，也不再对售出商品实施有效控制，商品所有权上的主要风险和报酬已经转移给购货方，通常应在发出商品时确认收入。如果企业在商品销售后保留了与商品所有权相联系的继续管理权，或能够继续对其实施有效控制，说明商品所有权上的主要风险和报酬没有转移，销售交易不能成立，不应确认收入，如售后租回。

第三，相关的经济利益很可能流入企业。

在销售商品的交易中，与交易相关的经济利益主要表现为销售商品的价款。相关的经济利益很可能流入企业，是指销售商品价款收回的可能性大于不能收回的可能性，即收回的可能性超过50％。企业在销售商品时，如估计销售价款不是很可能收回，即使收入确认的其他条件均已满足，也不应当确认收入。

企业在确定销售商品价款收回的可能性时，应当结合以前和买方交往的直接经验、政府有关政策、其他方面取得信息等因素进行分析。企业销售的商品符合合同或协议要求，已将发票账单交付买方，买方承诺付款，通常表明相关的经济利益很可能流入企业。如果企业判断销售商品收入满足确认条件而予以确认同时确认了一笔应收账款，以后由于购货方资金周转困难无法收回该债权时，不应调整原会计处理，而应对该债权计提坏账准备、确认坏账损失。如果企业根据以前与买方交往的直接经验判断买方信誉较差，或销售时得知买方在另一项交易中发生了巨额亏损、资金周转十分困难，或在出口商品时不能肯定进口企业所在国政府是否允许将款项汇出等，就可能会出现与销售商品相关的经济利益不能流入企业的情况，不应确认收入。

第四，收入的金额能够可靠地计量。

收入的金额能够可靠地计量，是指收入的金额能够合理地估计。收入金额能否合理地估计是确认收入的基本前提，如果收入的金额不能合理地估计，就无法确认收入。企业在销售商品时，商品销售价格通常已经确定。但是，由于销售商品过程中某些不确定因素的影响，也有可能存在商品销售价格发生变动的情况。在这种情况下，新的商品销售价格未确定前通常不应确认销售商品收入。

第五，相关的已发生或将发生的成本能够可靠地计量。

根据收入与费用配比原则，与同一项销售有关的收入和费用应在同一会计期间予以确认，即企业应在确认收入的同时或同一会计期间结转相关的成本。因此，如果成本不能可靠计量，相关的收入就不能确认。

相关的已发生或将发生的成本能够可靠地计量，是指与销售商品有关的已发生或将发生的成本能够合理地估计。通常情况下，销售商品相关的已发生或将发生的成本能够合理地估计，如库存商品的成本、商品运输费用等。如果库存商品是本企业生产的，其相关成本能够可靠计量；如果是外购的，购买成本能够可靠计量。有时，与销售商品相关的已发生或将发生的成本不能够合理地估计，此时企业不应确认收入，若已收到价款，应将已收到的价款确认为负债。

熟悉销售商品收入的确认条件，是销售商品收入核算的一个关键点。本节销售商品收入会计处理部分所提到的具体收入确认原则依据的都是上述五个条件。

四、销售商品收入的会计处理

销售商品收入的会计处理主要涉及一般销售商品业务、已经发出商品但不符合收入确认条件的销售业务、销售折让、销售退回、采用预收款方式销售商品、采用支付手续费方式委托代销商品、销售材料等存货的处理等情况。

1. 一般销售商品业务

一般销售商品业务进行会计处理时，首先要考虑销售商品收入是否符合收入确认条件。符合上述收入准则所规定的五项确认条件的，企业应及时确认收入并结转相关销售成本。通常情况下，销售商品采用托收承付方式的，在办妥托收承付手续时确认收入；交款提货销售商品的，在开出发票账单收到货款时确认收入。

【例9—1】A公司采用托收承付结算方式销售一批商品，开出的增值税专用发票上注明售价为500000元，增值税税额为85000元；商品已经发出，并已向银行办妥托收手续；该批商品的成本为320000元。会计分录如下：

①借：应收账款	585000
贷：主营业务收入	500000
应交税费——应交增值税（销项税额）	85000
②借：主营业务成本	320000
贷：库存商品	320000

【例9—2】A公司向B公司销售一批商品，开出的增值税专用发票上注明售价为300000元，增值税税额为51000元；A公司已收到B公司支付的货款351000元，并将提货单送交B公司；该批商品成本为240000元。A公司会计分录如下：

①借：银行存款	351000
贷：主营业务收入	300000
应交税费——应交增值税（销项税额）	51000
②借：主营业务成本	240000
贷：库存商品	240000

以上举例是采用交款提货方式销售商品。交款提货销售商品，是指购买方已根据企业开出的发票账单支付货款并取得提货单的销售方式。这种方式下，购货方支付货款取得提货单，企业尚未交付商品，销售方保留的是商品所有权上的次要风险和报酬，商品所有权上的主要风险和报酬已经转移给购货方，通常应在开出发票账单收到货款时确认收入。

在本例中，A公司已经完成销售手续并确认销售收入，若B公司在月末未提走所购商品，A公司应将该批售出商品作为代管商品，单独设置"代管商品"备查簿进行登记。

【例9—3】A公司向B公司销售商品一批，开出的增值税发票上注明售价为600000元，增值税额为102000元；A公司收到B公司开出的不带息银行承兑汇票一张，票面金额为702000元，期限为60天；该批商品已经发出，A公司以银行存款代垫运杂费3000元；该批商品成本为400000元。A公司会计分录如下：

①借：应收票据	702000
应收账款	3000
贷：主营业务收入	600000
应交税费——应交增值税（销项税额）	102000

银行存款		3000
②借：主营业务成本	400000	
贷：库存商品		400000

2. 已经发出但不符合销售商品收入确认条件的商品的处理

如果企业售出商品不符合销售商品收入确认的五项条件中的任何一条，均不应确认收入。为了单独反映已经发出但尚未确认销售收入的商品成本，企业应增设"发出商品"等科目。"发出商品"科目核算一般销售方式下，已经发出但尚未确认销售收入的商品成本。

发出商品不符合收入确认条件时，如果销售该商品的纳税义务已经发生，比如已经开出增值税专用发票，则应确认应交的增值税销项税额。借记"应收账款"等科目，贷记"应交税费——应交增值税（销项税额）"科目。如果纳税义务没有发生，则不需进行上述处理。

【例9—4】A公司于2009年5月3日采用托收承付结算方式向B公司销售一批商品，开出的增值税专用发票标明的售价为100000元，增值税税额为17000元；该批商品成本为60000元。A公司在销售该批商品时已得知B公司资金流转发生暂时困难，但为了减少存货积压，同时也为了维持与B公司长期以来建立的商业关系，A公司仍将商品发出，并办妥托收手续。假定A公司销售该批商品的纳税义务已经发生。

本例中，由于B公司现金流转存在暂时困难，A公司不是很可能收回销售货款。根据销售商品收入的确认条件，A公司在发出商品时不能确认收入。为此，A公司应将已发出的商品成本通过"发出商品"科目反映。A公司会计分录如下：

发出商品时：

借：发出商品	60000	
贷：库存商品		60000

同时，因A公司销售该批商品的纳税义务已经发生，应确认增值税销项税额：

借：应收账款	17000	
贷：应交税费——应交增值税（销项税额）		17000

如果销售该批商品的纳税义务尚未发生，则不作这笔分录，待纳税义务发生时再作应交增值税的分录。

假定2009年11月，A公司得知B公司经营情况逐渐好转，B公司承诺近期付款，A公司应在B公司承诺付款时确认收入，会计分录如下：

借：应收账款	100000	
贷：主营业务收入		100000

同时结转成本：

借：主营业务成本	60000	
贷：发出商品		60000

假定A公司于2009年12月6日收到B公司支付的货款，应作如下会计分录：

借：银行存款   117000

 贷：应收账款   117000

3. 商业折扣、现金折扣和销售折让

销售商品收入的金额，通常是按照从购货方已收或应收的合同或协议价款确定的。在确定销售商品收入的金额时，应注意区分现金折扣、商业折扣和销售折让及其不同账务处理方法。总体来讲，确定销售商品收入的金额时，不应考虑预计可能发生的现金折扣、销售折让，即应按总价确认，但应是扣除商业折扣后的净额。

（1）商业折扣。商业折扣是指企业为促进商品销售而在商品标价上给予的价格扣除。例如，为鼓励客户多买商品，企业规定的"购买10件以上商品的客户可得10%的折扣"，或"每买10件送1件"等。此外，企业为了尽快出售一些残次、陈旧的商品，也可能降价销售。

商业折扣在销售时即已发生，并不构成最终成交价格的一部分。企业销售商品涉及商业折扣的，应按照扣除商业折扣后的金额确定销售商品收入金额。

（2）现金折扣。现金折扣是指债权人为鼓励债务人在规定的期限内付款而向债务人提供的债务扣除。现金折扣一般用符号"折扣率/付款期限"表示，例如，"2/10，1/20，N/30"即表示：如果客户在10天内付款，可按商品售价给予2%的折扣；如果客户在10天至20天内付款，可按商品售价给予1%的折扣；如果客户在21天至30天内付款，将不能享受现金折扣。销货方允许的客户最长的付款期限为30天。

现金折扣发生在企业销售商品之后，销售商品后现金折扣是否发生以及发生多少要视买方的付款情况而定，在确认销售商品收入时不能确定现金折扣金额。因此，企业销售商品涉及现金折扣的，应当按照扣除现金折扣前的金额确定销售商品收入金额。现金折扣实际上是企业为了尽快回笼资金而发生的理财费用，应在实际发生时计入当期财务费用。

计算现金折扣时，还应注意销售方是按不包含增值税的价款提供现金折扣，还是按包含增值税的价款提供现金折扣，两种情况下购买方享有的折扣金额不同。例如，价格为1000元的商品，增值税税额为170元，购买方享有的现金折扣为1%。如果购销双方约定计算现金折扣时不考虑增值税，则购买方应享有的现金折扣金额为10元；如果购销双方约定计算现金折扣时一并考虑增值税，则购买方应享有的现金折扣金额为11.7元。

【例9—5】A公司为增值税一般纳税企业，2009年5月1日销售商品10000件，每件商品的标价为25元（不含增值税），每件商品的实际成本为15元，商品适用的增值税税率为17%；由于是成批销售，公司给予购货方10%的商业折扣，并在销售合同中规定现金折扣条件为2/10，1/20，N/30；商品已于5月1日发出，购货方于5月9日付款（假定双方约定在计算现金折扣时考虑增值税）。

这是涉及商业折扣和现金折扣的问题，需要首先计算并确定销售商品收入的金额。根据规定，销售商品收入的金额应是未扣除现金折扣但扣除商业折扣后的金额，现金折扣应在实际发生时计入当期财务费用。因此，公司应确认的销售商品收入金额为 225000（25×10000－25×10000×10％）元，增值税销项税额为 38250（225000×17％）元。购货方于销售实现后的 10 日内付款，享有的现金折扣为 5265［（225000＋38250）×2％］元。会计分录为：

①5 月 1 日销售实现时：

借：应收账款　　　　　　　　　　　　　　　　263250
　　贷：主营业务收入　　　　　　　　　　　　　　225000
　　　　应交税费——应交增值税（销项税额）　　38250
借：主营业务成本（15×10000）　　　　　　　　150000
　　贷：库存商品　　　　　　　　　　　　　　　　150000

②5 月 9 日收到货款时：

借：银行存款　　　　　　　　　　　　　　　　257985
　　财务费用　　　　　　　　　　　　　　　　　5265
　　贷：应收账款　　　　　　　　　　　　　　　　263250

5265 元为考虑增值税时的现金折扣。若本例假设计算现金折扣时不考虑增值税，则 A 公司给予购货方的现金折扣为 225000×2％＝4500（元）。

本例中，若购货方于 5 月 19 日付款，则享有的现金折扣为 2632.5（263250×1％）元。A 公司在收到货款时的会计分录为：

借：银行存款　　　　　　　　　　　　　　　　260617.5
　　财务费用　　　　　　　　　　　　　　　　　2632.5
　　贷：应收账款　　　　　　　　　　　　　　　　263250

如果购货方于 3 月底才付款，则应按全额付款。此时，A 公司收到货款时的会计分录为：

借：银行存款　　　　　　　　　　　　　　　　263250
　　贷：应收账款　　　　　　　　　　　　　　　　263250

（3）销售折让。销售折让，是指企业因售出商品的质量不合格等原因而在售价上给予的减让。企业将商品销售给买方后，如买方发现商品在质量、规格等方面不符合要求，可要求卖方在价格上给予一定的减让。

销售折让如发生在确认销售收入之前，应在确认销售收入时直接按扣除销售折让后的金额确认；已确认销售收入的售出商品发生销售折让，且不属于资产负债表日后事项的，应在发生时冲减当期销售商品收入，如按规定允许扣减增值税额的，还应冲减已确认的应交增值税销项税额。

【例 9－6】A 公司销售一批商品给 B 公司，开出的增值税专用发票上注明的售价为 100000 元，增值税税额为 17000 元。该批商品的成本为 70000 元。货到后 B 公司发现商品质量不合格，要求在价格上给予 6％的折让。B 公司提出的销售折让要求符合原合同的约定，A 公司同意并办妥了相关手续，开具了增值税专用发票（红字）。假定此前 A 公司已确认该批商品的销售收入，销售款项尚未收到，发生的销售折让允许扣减当期增值税销项税额。A公司会计处理如下：

①销售实现时：

借：应收账款 117000

    贷：主营业务收入 100000

        应交税费——应交增值税（销项税额） 17000

借：主营业务成本 70000

    贷：库存商品 70000

②发生销售折让时：

借：主营业务收入（100000×6％） 6000

    应交税费——应交增值税（销项税额） 1020

        贷：应收账款 7020

③实际收到款项时：

借：银行存款 109980

    贷：应收账款 109980

假定本例发生销售折让前，因该项销售在货款收回上存在不确定性，A公司未确认该批商品的销售收入，纳税义务也未发生；发生销售折让后2个月，B公司承诺近期付款。则A公司会计处理如下：

①发出商品时：

借：发出商品 70000

    贷：库存商品 70000

②B公司承诺付款，A公司确认销售收入时：

借：应收账款 109980

    贷：主营业务收入（100000－100000×6％） 94000

        应交税费——应交增值税（销项税额） 15980

借：主营业务成本 70000

    贷：发出商品 70000

③实际收到款项时：

借：银行存款 109980

    贷：应收账款 109980

4. 销售退回的处理

企业售出的商品由于质量、品种不符合要求等原因而发生的销售退回，应分别不同情况进行会计处理：

（1）尚未确认销售商品收入的售出商品发生销售退回。此时，应将已记入"发出商品"科目的商品成本金额转入"库存商品"科目，借记"库存商品"科目，贷记"发出商品"科目。

（2）已确认销售商品收入的售出商品发生销售退回。这种情况下，除属于资产负债表日后事项外，一般应在发生时冲减当期销售商品收入，同时冲减当期销售商品成本，如按规定允许扣减增值税额的，应同时冲减已确认的应交增值税销项税额。如该项销售退回已发生现金折扣的，应同时调整相关财务费用的金额。

已确认收入的售出商品发生销售退回时，按应冲减的销售商品收入金额，借记"主营业务收入"科目，按专用发票上注明的应冲减的增值税销项税额，借记"应交税费——应交增值税（销项税额）"科目，按实际支付或应退还的价款，贷记"银行存款"、"应收账款"等科目，如已发生现金折扣的，还应按相关财务费用的调整金额，贷记"财务费用"科目；同时，按退回的商品成本，借记"库存商品"科目，贷记"主营业务成本"科目。

【例9—7】A公司2009年8月5日收到B公司因质量问题而退回的商品10件，每件商品成本为200元。该批商品系A公司2009年6月2日出售给B公司，每件商品售价为300元，适用的增值税税率为17%，货款尚未收到，A公司尚未确认销售商品收入。因B公司提出的退货要求符合销售合同约定，A公司同意退货，并按规定向B公司开具了增值税专用发票（红字）。A公司应在验收退货入库时作如下会计分录：

借：库存商品（200×10）　　　　　　　　　　　　　2000
　　贷：发出商品　　　　　　　　　　　　　　　　　　　　2000

【例9—8】A公司2009年3月20日销售商品一批，增值税专用发票上注明售价为400000元，增值税税额为68000元；该批商品成本为200000元。商品于2009年3月20日发出，购货方于3月27日付款。A公司对该项销售确认了销售收入。2009年8月15日，该批商品质量出现了严重问题，购货方将该批商品全部退回给公司，A公司同意退货，于退货当日支付了退货款，并按规定向购货方开具了增值税发票（红字）。会计处理如下：

①销售实现时：
借：应收账款　　　　　　　　　　　　　　　　　　468000
　　贷：主营业务收入　　　　　　　　　　　　　　　　　400000
　　　　应交税费——应交增值税（销项税额）　　　　　68000
借：主营业务成本　　　　　　　　　　　　　　　　200000
　　贷：库存商品　　　　　　　　　　　　　　　　　　200000
②收到货款时：
借：银行存款　　　　　　　　　　　　　　　　　　468000
　　贷：应收账款　　　　　　　　　　　　　　　　　　468000
③销售退回时：
借：主营业务收入　　　　　　　　　　　　　　　　400000
　　应交税费——应交增值税（销项税额）　　　　　　68000
　　贷：银行存款　　　　　　　　　　　　　　　　　　468000
借：库存商品　　　　　　　　　　　　　　　　　　200000
　　贷：主营业务成本　　　　　　　　　　　　　　　　200000

【例 9—9】A 公司在 2009 年 3 月 18 日向 B 公司销售一批商品，开出的增值税专用发票上注明的售价为 50000 元，增值税税额为 8500 元。该批商品成本为 26000 元。为及早收回货款，双方约定的现金折扣条件为：2/10，1/20，N/30。B 公司在 2009 年 3 月 27 日支付货款。2009 年 7 月 5 日，该批商品因质量问题被 B 公司退回，A 公司当日支付有关退货款。假定计算现金折扣时不考虑增值税。A 公司的会计处理如下：

①2009 年 3 月 18 日销售实现时：

借：应收账款 58500
　　贷：主营业务收入 50000
　　　　应交税费——应交增值税（销项税额） 8500
借：主营业务成本 26000
　　贷：库存商品 26000

②2009 年 3 月 27 日收到货款时，发生现金折扣 1000（50000×2%）元，实际收款 57500（58500－1000）元：

借：银行存款 57500
　　财务费用 1000
　　贷：应收账款 58500

③2009 年 7 月 5 日发生销售退回时：

借：主营业务收入 50000
　　应交税费——应交增值税（销项税额） 8500
　　贷：银行存款 57500
　　　　财务费用 1000
借：库存商品 26000
　　贷：主营业务成本 26000

5. 采用预收款方式销售商品的处理

预收款销售商品，是指购买方在商品尚未收到前按合同或协议约定分期付款，销售方在收到最后一笔款项时才交货的销售方式。预收款销售方式下，销售方直到收到最后一笔款项才将商品交付购货方，表明商品所有权上的主要风险和报酬只有在收到最后一笔款项时才转移给购货方，销售方通常应在发出商品时确认收入，在此之前预收的货款应确认为预收账款。

预收款方式销售商品账务处理，如图 9—1 所示。

【例 9—10】A 公司与 B 公司签订协议，采用预收款方式向 B 公司销售一批商品。该批商品实际成本为 500000 元。协议约定，该批商品销售价格为 750000 元，增值税额为 127500 元；B 公司应在协议签订时预付 60% 的货款（按销售价格计算），剩余货款于 2 个月后支付。A 公司的会计处理如下：

①收到 60% 货款时：

借：银行存款 450000

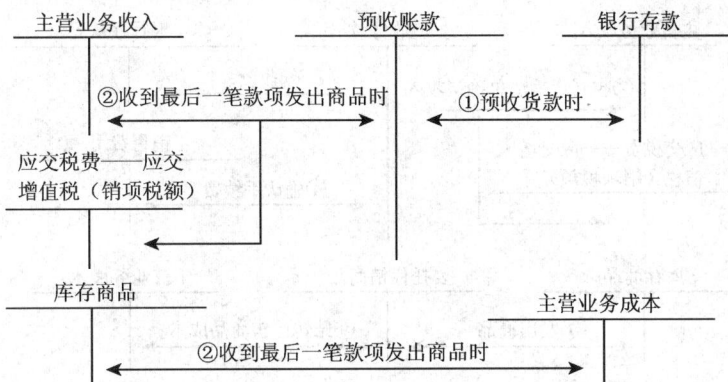

图 9-1 预收款方式销售商品账务处理图

  贷：预收账款   450000

②收到剩余货款及增值税税款时：

借：预收账款   450000

  银行存款   427500

  贷：主营业务收入   750000

   应交税费——应交增值税（销项税额） 127500

借：主营业务成本   500000

  贷：库存商品   500000

6. 采用支付手续费方式委托代销商品的处理

  采用支付手续费方式委托代销商品，是指委托方和受托方签订合同或协议，委托方根据合同或协议约定向受托方计算支付代销手续费，受托方按照合同或协议规定的价格销售代销商品的销售方式。在这种销售方式下，委托方在发出商品时，通常不应确认销售商品收入，而应在收到受托方开出的代销清单时确认销售商品收入，同时将应支付的代销手续费计入销售费用；受托方应在代销商品销售后，按合同或协议约定的方法计算确定代销手续费，确认劳务收入。

  受托方可通过"受托代销商品"、"受托代销商品款"等科目，对受托代销商品进行核算。确认代销手续费收入时，借记"受托代销商品款"科目，贷记"其他业务收入"等科目。

  （1）委托方账务处理，如图 9-2 所示。

  （2）受托方账务处理，如图 9-3 所示。

  【例 9-11】 A 公司委托丙公司销售商品 300 件，商品已经发出，每件成本为 70 元。合同约定丙公司应按每件 120 元对外销售，A 公司按售价的 10％向丙公司支付手续费。丙公司对外实际销售 200 件，开出的增值税专用发票上注明的销售价格为 24000 元，增值税税额为 4080 元，款项已经收到。A 公司收到丙公司开具的代销清单时，向丙公司开具一张相同金额的增值税专用发票。假定：A 公司发出商品时纳税义务尚未发生；A 公司采用实际成本核算，丙公司采用进价核

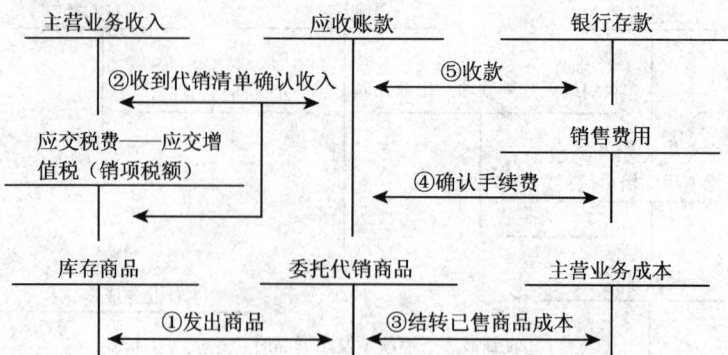

图 9—2 委托方账务处理图

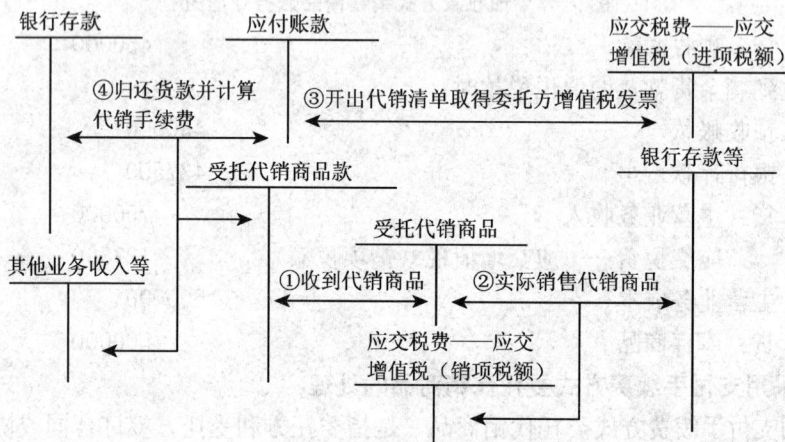

图 9—3 受托方账务处理图

算代销商品。

A公司的会计处理如下：

①发出商品时：

借：委托代销商品　　　　　　　　　　　　　　21000

　　贷：库存商品　　　　　　　　　　　　　　　　　21000

②收到代销清单时：

借：应收账款　　　　　　　　　　　　　　　　28080

　　贷：主营业务收入（120×200）　　　　　　　　24000

　　　　应交税费——应交增值税（销项税额）　　　　4080

借：主营业务成本（70×200）　　　　　　　　14000

　　贷：委托代销商品　　　　　　　　　　　　　　　14000

借：销售费用　　　　　　　　　　　　　　　　2400

　　贷：应收账款　　　　　　　　　　　　　　　　　2400

代销手续费金额＝24000×10％＝2400（元）

③收到丙公司支付的货款时：

借：银行存款（28080－2400）   25680

  贷：应收账款   25680

丙公司的会计处理如下：

①收到商品时：

借：受托代销商品（120×300）   36000

  贷：受托代销商品款   36000

②对外销售时：

借：银行存款   28080

  贷：受托代销商品（120×200）   24000

    应交税费——应交增值税（销项税额） 4080

③收到增值税专用发票时：

借：应交税费——应交增值税（进项税额）   4080

  贷：应付账款（24000×17％）   4080

④支付货款并计算代销手续费时：

借：受托代销商品款   24000

  应付账款   4080

  贷：银行存款   25680

    其他业务收入   2400

7. 销售材料等存货的处理

企业在日常活动中还可能发生对外销售不需用的原材料、随同商品对外销售单独计价的包装物等业务。企业销售原材料、包装物等存货也视同商品销售，其收入确认和计量原则比照商品销售处理。企业销售原材料、包装物等存货实现的收入以及结转的相关成本，通过"其他业务收入"、"其他业务成本"科目核算。

"其他业务收入"科目核算企业除主营业务活动以外的其他经营活动实现的收入，包括销售材料、出租包装物和商品、出租固定资产、出租无形资产等实现的收入。该科目贷方登记企业实现的各项其他业务收入，借方登记期末结转入"本年利润"科目的其他业务收入，结转后该科目应无余额。

"其他业务成本"科目核算企业除主营业务活动以外的其他经营活动所发生的成本，包括销售材料的成本、出租固定资产的折旧额、出租无形资产的摊销额、出租包装物的成本或摊销额。该科目借方登记企业结转或发生的其他业务成本，贷方登记期末结转入"本年利润"科目的其他业务成本，结转后该科目无余额。

【例9－12】A公司销售一批原材料，开出的增值税专用发票上注明的售价为20000元，增值税税额为3400元，款项已由银行收妥。该批原材料的实际成本为16000元。会计处理如下：

①取得原材料销售收入时：

借：银行存款   23400

贷：其他业务收入　　　　　　　　　　　　　　　　20000
　　　　应交税费——应交增值税（销项税额）　　　　3400

②结转已销原材料的实际成本：

借：其他业务成本　　　　　　　　　　　　　　　　16000

　　贷：原材料　　　　　　　　　　　　　　　　　　16000

五、劳务完成时间不同等情况下提供劳务收入

　　企业对外提供劳务所实现的收入以及结转的相关成本，如果属于主营业务，应通过"主营业务收入"、"主营业务成本"等科目核算；如果属于主营业务以外的其他经营活动，应通过"其他业务收入"、"其他业务成本"等科目核算。企业对外提供劳务发生的支出一般先通过"劳务成本"科目予以归集，待确认为费用时，再由"劳务成本"科目转入"主营业务成本"或"其他业务成本"科目。

　　企业提供劳务收入，要注意因劳务完成时间的不同，确认原则不同。

1. 在同一会计期间内开始并完成的劳务

　　对于一次就能完成的劳务，或在同一会计期间内开始并完成的劳务，应在提供劳务交易完成时确认收入，确认的金额通常为从接受劳务方已收或应收的合同或协议价款，确认原则可参照销售商品收入的确认原则，如图9—4所示。

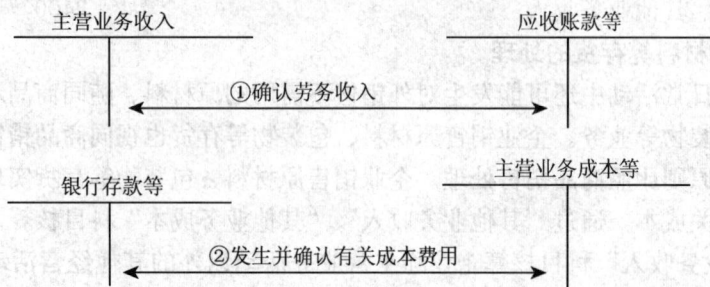

图9—4　同一会计期间内开始并完成的劳务的确认

　　对于持续一段时间但在同一会计期间内开始并完成的劳务，企业应在为提供劳务发生相关支出时，借记"劳务成本"科目，贷记"银行存款"、"应付职工薪酬"、"原材料"等科目。劳务完成确认劳务收入时，按确定的收入金额，借记"应收账款"、"银行存款"等科目，贷记"主营业务收入"等科目；同时，结转相关劳务成本，借记"主营业务成本"等科目，贷记"劳务成本"科目。其账务处理，如图9—5所示。

　　【例9—13】A公司于2009年3月10日接受一项设备安装任务，该安装任务可一次完成，合同总价款10000元，实际发生安装成本6500元。假定安装业务属于A公司的主营业务。在安装完成时作如下会计分录：

借：应收账款（或银行存款）　　　　　　　　　　　10000

　　贷：主营业务收入　　　　　　　　　　　　　　　10000

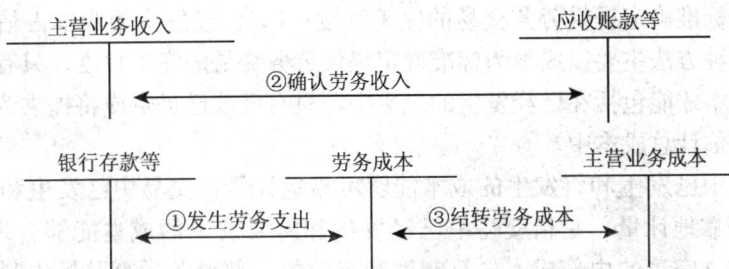

图9—5 持续一段时间但在同一会计期间内开始并完成的劳务的确认

借：主营业务成本   6500

    贷：银行存款等   6500

若上述安装任务需花费一段时间（不超过本会计期间）才能完成，则应在为提供劳务发生有关支出时，借记"劳务成本"科目，贷记"银行存款"等科目。

待安装完成确认所提供劳务的收入并结转该项劳务总成本时：

借：应收账款（或银行存款）   10000

    贷：主营业务收入   10000

借：主营业务成本   6500

    贷：劳务成本   6500

2. 劳务的开始和完成分属不同的会计期间

(1) 提供劳务交易结果能够可靠估计。如劳务的开始和完成分属不同的会计期间，且企业在资产负债表日提供劳务交易的结果能够可靠估计的，应采用完工百分比法确认提供劳务收入。同时满足下列条件的，提供劳务交易的结果能够可靠估计：

①收入的金额能够可靠地计量。收入的金额能够可靠地计量，是指提供劳务收入的总额能够合理地估计。通常情况下，企业应当按照从接受劳务方已收或应收的合同或协议条款来确定提供的劳务收入总额。随着劳务的不断提供，可能会根据实际情况增加或减少已收或应收的合同或协议价款，此时，企业应及时调整提供劳务收入总额。

②相关的经济利益很可能流入企业。相关的经济利益很可能流入企业，是指销售商品价款收回的可能性大于不能收回的可能性。企业在确定提供劳务收入总额能否收回时，应结合接受方的信誉、以前的经验以及双方就结算方式和期限达成的合同或协议条款等因素，综合进行判断。通常情况下，企业提供的劳务符合合同或协议要求，接受方承诺付款，就表明提供劳务收入总额收回的可能性大于不能收回的可能性。

③交易的完工进度能够可靠地确定。企业可以根据提供劳务的特点，选用下列方法确定提供劳务交易的完工进度：A. 已完工作的测量，这是一种比较专业的测量方法，由专业测量师对已经提供的劳务进行测量，并按一定方法计算确定提供劳务交易的完工程度；B. 已经提供的劳务占应提供劳务总量的比例，这种方法主要

以劳务量为标准确定提供劳务交易的完工程度；C. 已经发生的成本占估计总成本的比例，这种方法主要以成本为标准确定提供劳务交易的完工程度。只有反映已提供劳务的成本才能包括在已经发生的成本中，只有反映已提供或将提供劳务的成本才能包括在估计总成本中。

④交易中已发生和将发生的成本能够可靠地计量。交易中已发生和将发生的成本能够可靠地计量，是指交易中已经发生和将要发生的成本能够合理地估计。企业应当建立完善的内部成本核算制度和有效的内部财务预算及报告制度，准确地提供每期发生的成本，并对完成剩余劳务将要发生的成本作出科学、合理地估计。同时应随着劳务的不断提供或外部情况的不断变化，随时对将要发生的成本进行修订。

（2）提供劳务交易结果不能可靠估计。如劳务的开始和完成分属不同的会计期间，且企业在资产负债表日提供劳务交易结果不能可靠估计的，即不能同时满足上述四个条件，不能采用完工百分比法确认提供劳务收入。此时，企业应当正确预计已经发生的劳务成本能否得到补偿，分别下列情况处理：

1）已经发生的劳务成本预计全部能够得到补偿的，应按已收或预计能够收回的金额确认提供劳务收入，并结转已经发生的劳务成本。

2）已经发生的劳务成本预计部分能够得到补偿的，应按能够得到补偿的劳务成本金额确认提供劳务收入，并结转已经发生的劳务成本。

【例9—14】A公司于2008年12月20日接受B公司委托，为其培训一批学员，培训期为6个月，2009年1月1日开学。协议约定，B公司应向A公司支付培训费总额为30000元，分三次等额支付，第一次在开学时预付，第二次在2009年3月1日支付，第三次在培训结束时支付。

2009年1月1日，B公司预付第一次培训费。至2009年2月28日，A公司发生培训成本15000元（假定均为培训人员薪酬）。2009年3月1日，A公司得知B公司经营发生困难，后两次培训费能否收回难以确定。A公司的会计处理如下：

①2009年1月1日，收到B公司预付的培训费：

借：银行存款   10000
　　贷：预收账款   10000

②实际发生培训成本15000元：

借：劳务成本   15000
　　贷：应付职工薪酬   15000

③2009年2月28日，确认提供劳务收入并结转劳务成本：

借：预收账款   10000
　　贷：主营业务收入   10000
借：主营业务成本   15000
　　贷：劳务成本   15000

上例中，A公司已经发生的劳务成本15000元预计只能部分得到补偿，即只能按预收款项得到补偿，应按预收账款 10000 元确认劳务收入，应将已经发生的劳务成本 15000 元结转入当期损益。

3）已经发生的劳务成本预计全部不能得到补偿的，应将已经发生的劳务成本计入当期损益（主营业务成本或其他业务成本），不能确认提供劳务收入。

六、采用完工百分比法确认提供劳务收入的会计处理

完工百分比法是指按照提供劳务交易的完工进度确认收入与费用的方法。采用完工百分比法时，企业应当在资产负债表日按照提供劳务收入总额乘以完工进度扣除以前会计期间已确认提供劳务收入后的金额，确认当期提供劳务收入；同时，按照提供劳务估计总成本乘以完工进度扣除以前会计期间累计已确认劳务成本后的金额，结转当期劳务成本。用公式表示如下：

本期确认的收入＝劳务总收入×本期末止劳务的完工进度－以前期间已确认的收入

本期确认的费用＝劳务总成本×本期末止劳务的完工进度－以前期间已确认的费用

上述公式中的劳务总收入通常按照从接受劳务方已收或应收的合同或协议价款确定。在劳务总收入和总成本能够可靠计量的情况下，关键是确定劳务的完工进度。企业应根据所提供劳务的特点，选择确定劳务完工进度的方法。其账务处理，如图 9－6 所示。

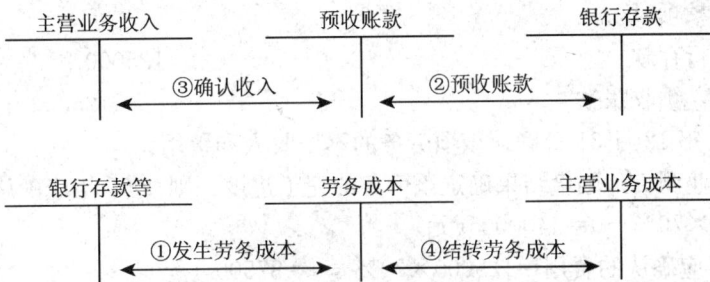

图9－6　完工百分比法确认提供劳务收入的会计处理

【例 9－15】A 公司于 2009 年 12 月 1 日接受 B 公司的一项设备安装任务，预计安装期 3 个月，合同总收入 400000 元，至年底已预收安装费 240000 元，实际发生安装费用 180000 元（假定均为安装人员工资薪酬），估计完成安装任务还需发生安装费用 60000 元，假定 A 公司可按实际发生的成本占估计总成本的比例确定劳务的完工进度。A 公司会计处理如下：

实际发生的成本占估计总成本的比例＝180000÷（180000＋60000）＝75%

2009 年 12 月 31 日确认的劳务收入＝400000×75%－0＝300000（元）

2009 年 12 月 31 日确认的费用＝（180000＋60000）×75%－0＝180000（元）

①实际发生劳务成本时：

借：劳务成本　　　　　　　　　　　　　　　180000

　　　　贷：应付职工薪酬　　　　　　　　　　　　　　180000
　　②预收劳务款时：
　　借：银行存款　　　　　　　　　　　　　　　240000
　　　　贷：预收账款　　　　　　　　　　　　　　240000
　　③2009 年 12 月 31 日，确认提供劳务收入并结转劳务成本：
　　借：预收账款　　　　　　　　　　　　　　　240000
　　　　银行存款　　　　　　　　　　　　　　　　60000
　　　　贷：主营业务收入　　　　　　　　　　　　300000
　　借：主营业务成本　　　　　　　　　　　　　180000
　　　　贷：劳务成本　　　　　　　　　　　　　　180000

　　【例 9—16】A 公司于 2009 年 9 月 1 日为 B 公司研制设计一项管理软件，合同规定的研制开发期为 6 个月，合同总收入为 200000 元，至 2009 年 12 月 31 日已发生成本 90000 元，预收账款 125000 元。预计开发完成该项软件的总成本为 125000 元。2009 年 12 月 31 日，经专业测量师测量，软件的完工进度为 70%。假定合同总收入很可能收回，研制开发软件属于 A 公司的主营业务。A 公司应作如下会计处理：

　　①发生成本时：
　　借：劳务成本　　　　　　　　　　　　　　　90000
　　　　贷：银行存款（应付职工薪酬等）　　　　　90000
　　②预收款项时：
　　借：银行存款　　　　　　　　　　　　　　　125000
　　　　贷：预收账款　　　　　　　　　　　　　　125000
　　③2009 年 12 月 31 日确认该项劳务的本期收入和费用：
　　若按专业测量师测量结果确定该劳务的完工进度，则 2009 年应确认的收入为：
　　200000×70%－0＝140000（元）
　　2009 年应确认的费用＝125000×70%－0＝87500（元）
　　借：预收账款　　　　　　　　　　　　　　　140000
　　　　贷：主营业务收入　　　　　　　　　　　　140000
　　借：主营业务成本　　　　　　　　　　　　　87500
　　　　贷：劳务成本　　　　　　　　　　　　　　87500
　　若按已提供的劳务占应提供劳务总量的比例确定该劳务的完工进度（假定研制开发期内劳务量均衡发生），至 2009 年 12 月 31 日，该劳务的完工进度为 60%（该项软件研制开发已完成的工作时间为 4 个月，占完成此项劳务所需总工作时间 6 个月的 67%）。
　　2009 年应确认的收入＝200000×67%－0＝134000（元）
　　2009 年应确认的费用＝125000×67%－0＝83750（元）
　　借：预收账款　　　　　　　　　　　　　　　134000

  贷：主营业务收入   134000

 借：主营业务成本   83750

  贷：劳务成本   83750

  若按已发生成本占估计总成本的比例确定该劳务的完工进度，则至 2009 年 12 月 31 日，该劳务的完工进度为 72%（90000÷125000）。

  2009 年应确认的收入＝200000×72%－0＝144000（元）

  2009 年应确认的费用＝125000×72%－0＝90000（元）

 借：预收账款   144000

  贷：主营业务收入   144000

 借：主营业务成本   90000

  贷：劳务成本   90000

  【例 9—17】某咨询公司于 2007 年 7 月 1 日与客户签订一项咨询合同。合同规定，咨询期为两年，咨询费为 300000 元，客户分三次等额支付，第一次在项目开始时支付，第二次在项目中期支付，第三次在项目结束时支付。估计总成本为 200000 元（假定均为咨询人员薪酬），其中，2007 年发生成本 40000 元，2008 年发生成本 100000 元，2009 年发生成本 60000 元。假定成本估计十分准确，咨询费也很可能收回，该公司按照已提供的劳务占应提供劳务总量的比例（按时间比例）确定该项劳务的完工程度，该公司按年度编制财务报表。该公司应作如下会计处理：

  ①2007 年实际发生成本时：

 借：劳务成本   40000

  贷：应付职工薪酬   40000

  预收账款时：

 借：银行存款   100000

  贷：预收账款   100000

  2007 年 12 月 31 日，按完工百分比法确认收入和费用：

  劳务的完工进度＝6÷24＝25%

  应确认的收入＝300000×25%－0＝75000（元）

  应确认的费用＝200000×25%－0＝50000（元）

 借：预收账款   75000

  贷：主营业务收入   75000

 借：主营业务成本   50000

  贷：劳务成本   50000

  ②2008 年实际发生成本时：

 借：劳务成本   100000

  贷：应付职工薪酬   100000

  预收账款时：

借：银行存款　　　　　　　　　　　　　　　100000
　　贷：预收账款　　　　　　　　　　　　　　　100000

2008年12月31日，按完工百分比法确认收入和费用：

劳务的完工进度＝18÷24＝75％

应确认的收入＝300000×75％－75000＝150000（元）

应确认的费用＝200000×75％－50000＝100000（元）

借：预收账款　　　　　　　　　　　　　　　150000
　　贷：主营业务收入　　　　　　　　　　　　　150000

借：主营业务成本　　　　　　　　　　　　　100000
　　贷：劳务成本　　　　　　　　　　　　　　　100000

③2009年实际发生成本时：

借：劳务成本　　　　　　　　　　　　　　　60000
　　贷：应付职工薪酬　　　　　　　　　　　　　60000

预收账款时：

借：银行存款　　　　　　　　　　　　　　　100000
　　贷：预收账款　　　　　　　　　　　　　　　100000

2009年7月1日完工时，确认剩余收入和费用：

借：预收账款　　　　　　　　　　　　　　　75000
　　贷：主营业务收入　　　　　　　　　　　　　75000

借：主营业务成本　　　　　　　　　　　　　50000
　　贷：劳务成本　　　　　　　　　　　　　　　50000

七、让渡资产使用权的使用费收入的核算

让渡资产使用权的使用费收入主要是指企业转让无形资产等资产的使用权形成的使用费收入。出租固定资产取得的租金、进行债权投资收取的利息、进行股权投资取得的现金股利等，也构成让渡资产使用权的使用费收入。本章主要涉及让渡无形资产等资产使用权的使用费收入的核算。

1. 让渡资产使用权的使用费收入的确认和计量原则

让渡资产使用权的使用费收入同时满足下列条件的，才能予以确认：①相关的经济利益很可能流入企业。②收入的金额能够可靠地计量。

让渡资产使用权的使用费收入金额，应按照有关合同或协议约定的收费时间和方法计算确定。不同的使用费收入，收费时间和办法各不相同。有一次性收取一笔固定金额的，如一次收取10年的场地使用费；有在合同或协议规定的有效期内分期等额收取的，如合同或协议规定在使用期内分期等额收取的，如合同或协议规定在使用期内每期收取一笔固定的金额；也有分期不等额收取的，如合同或协议规定按资产使用方每期销售额的百分比收取使用费等。

如果合同或协议规定一次性收取使用费，且不提供后续服务的，应当视同销售

该项资产一次性确认收入，提供后续服务的，应在合同或协议规定的有效期内分期确认收入。如果合同或协议规定分期收取使用费的，应按合同或协议规定的收款时间和金额或规定的收费方法计算确定的金额分期确认收入。

2. 让渡资产使用权的使用费收入的会计处理

企业让渡资产使用权的使用费收入，一般通过"其他业务收入"科目核算；所让渡资产计提的摊销额等，一般通过"其他业务成本"科目核算。

企业确认让渡资产使用权的使用费收入时，按确定的收入金额，借记"银行存款"、"应收账款"等科目，贷记"其他业务收入"科目。企业对所让渡资产计提摊销以及所发生的与让渡资产有关的支出等，借记"其他业务成本"科目，贷记"累计摊销"等科目。

【例9－18】A公司向B公司转让其软件的使用权，一次性收取使用费80000元，不提供后续服务，款项已经收到。A公司确认使用费收入的会计分录如下：

借：银行存款　　　　　　　　　　　　　　　　80000

　　贷：其他业务收入　　　　　　　　　　　　　　　　80000

【例9－19】A公司于2009年1月1日向丙公司转让某专利权的使用权，协议约定转让期为5年，每年末收取使用费200000元。2009年该专利权计提的摊销额为120000元，每月计提金额为10000元。假定不考虑其他因素。A公司会计处理如下：

①2009年末，确认使用费收入：

借：应收账款（或银行存款）　　　　　　　　　　200000

　　贷：其他业务收入　　　　　　　　　　　　　　　　200000

②2009年每月计提专利权摊销额：

借：其他业务成本　　　　　　　　　　　　　　　10000

　　贷：累计摊销　　　　　　　　　　　　　　　　　　10000

【例9－20】A公司向丁公司转让某商品的商标使用权，约定丁公司每年年末按年销售收入的10％支付使用费，使用期10年。第一年，丁公司实现销售收入2000000元；第二年，丁公司实现销售收入2400000元。假定A公司均于每年年末收到使用费。A公司确认使用费收入的会计处理如下：

①第一年末确认使用费收入：

应确认的使用费收入＝2000000×10％＝200000（元）

借：银行存款　　　　　　　　　　　　　　　　200000

　　贷：其他业务收入　　　　　　　　　　　　　　　　200000

②第二年末确认使用费收入：

应确认的使用费收入＝2400000×10％＝240000（元）

借：银行存款　　　　　　　　　　　　　　　　240000

　　贷：其他业务收入　　　　　　　　　　　　　　　　240000

第二节 费 用

一、费用的概念和特征

费用是指企业在日常活动中发生的、会导致所有者权益减少的、与向所有者分配利润无关的经济利益的总流出。费用具有以下特点：

1. 费用是企业在日常活动中发生的经济利益的总流出

日常活动，是指为完成其经营目标所从事的经常性活动以及与之相关的其他活动。工业企业制造并销售产品、商业企业购买并销售商品、咨询公司提供咨询服务、软件开发企业为客户开发软件、安装公司提供安装服务、租赁公司出租资产等活动中发生的经济利益的总流出构成费用。工业企业对外出售不需用的原材料结转的材料成本等，也构成费用。费用形成于企业日常活动的特征使其与产生于非日常活动的损失相区别。企业所从事或发生的某些活动或事项也能导致经济利益流出企业，但不属于企业的日常活动。例如，对外捐赠，因自然灾害等非正常原因造成财产毁损等，这些活动或事项形成的经济利益的总流出属于企业的损失而不是费用。

2. 费用会导致企业所有者权益的减少

费用既可表现为资产的减少，如银行存款、库存商品等；也可能表现为负债的增加，如增加应付职工薪酬、应交税费（应交营业税、消费税等）等。根据"资产－负债＝所有者权益"的会计等式，费用会导致所有者权益的减少。

企业经营管理中的某些支出并不减少企业的所有者权益，也就不构成费用。例如，企业以银行存款偿还一项负债，只是一项资产和一项负债的等额减少，对所有者权益没有影响，因此，不构成企业的费用。

3. 费用与向所有者分配利润无关

向所有者分配利润或股利属于企业利润分配的内容，不构成企业的费用。

二、费用的主要内容及其核算

企业的费用主要包括主营业务成本、其他业务成本、营业税金及附加、销售费用、管理费用和财务费用等。

1. 主营业务成本

主营业务成本是指企业确认销售商品、提供劳务等主营业务收入时应结转的成本。企业一般在确认销售商品、提供劳务等主营业务收入时，或在月末，将已销售商品、已提供劳务的成本结转入主营业务成本。

2. 其他业务成本

其他业务成本是指企业确认的除主营业务活动以外的其他经营活动所发生的成本，包括销售材料的成本、出租固定资产的折旧额、出租无形资产的摊销额、出租包装物的成本或摊销额等。

3. 营业税金及附加

营业税金及附加是指企业经营活动应负担的相关税费，包括营业税、消费税、城市维护建设税、资源税和教育费附加等。

4. 销售费用

销售费用是指企业在销售商品和材料、提供劳务过程中发生的各项费用，包括企业在商品销售过程中发生的包装费、保险费、展览费和广告费、商品维修费、预计产品质量保证损失、运输费、装卸费等费用，以及为销售本企业商品而专设的销售机构（含销售网点、售后服务网点等）的职工薪酬、业务费、折旧费等经营费用。企业发生的与专设销售机构相关的固定资产修理费用等后续支出，应在发生时计入销售费用。

企业应通过"销售费用"科目，核算销售费用的发生和结转情况。该科目的借方登记企业发生的各项销售费用，贷方登记期末结转入本年利润的销售费用。结转后该科目应无余额，该科目应按销售费用的费用项目进行明细核算。

【例 9—21】 A 公司为宣传本企业产品支付广告费 60000 元，已用银行存款支付。会计分录如下：

借：销售费用　　　　　　　　　　　　　　60000
　　贷：银行存款　　　　　　　　　　　　　　　　60000

【例 9—22】 A 公司销售部本月发生费用 240000 元，其中：销售人员薪酬100000 元，销售部专用办公设备折旧费 70000 元，业务费 70000 元，均用银行存款支付。会计分录如下：

借：销售费用　　　　　　　　　　　　　　240000
　　贷：应付职工薪酬　　　　　　　　　　　　　　100000
　　　　累计折旧　　　　　　　　　　　　　　　　70000
　　　　银行存款　　　　　　　　　　　　　　　　70000

【例 9—23】 A 公司销售一批产品，销售过程中发生运输费 6000 元、装卸费2000 元，用银行存款支付。会计分录如下：

借：销售费用　　　　　　　　　　　　　　8000
　　贷：银行存款　　　　　　　　　　　　　　　　8000

5. 管理费用

管理费用是指企业为组织和管理生产经营活动而发生的各种费用，包括企业在筹建期间发生的开办费、董事会和行政管理部门在企业的经营管理中发生的或者应由企业统一负担的公司经费（包括行政管理部门职工薪酬、物料消耗、低值易耗品摊销、办公费和差旅费等）、工会经费、董事会费（包括董事会成员津贴、会议费和差旅费等）、聘请中介机构费、咨询费（含顾问费）、诉讼费、业务招待费、房产税、车船税、土地使用税、印花税、技术转让费、矿产资源补偿费、研究费用、排污费等以及企业生产车间（部门）和行政管理部门发生的固定资产修理费等，应在发生时计入管理费用。

核算管理费用的发生和结转情况，应通过"管理费用"科目。借方登记企业发生的各项管理费用，贷方登记期末结转入本年利润的管理费用。结转后，该科目应无余额。"管理费用"科目应按费用项目进行明细核算。

【例9—24】T公司筹建期间发生办公费、差旅费等开办费25000元，均用银行存款支付。会计分录如下：

借：管理费用 25000
　　贷：银行存款 25000

【例9—25】D公司拓展产品销售市场，发生业务招待费50000元，用银行存款支付。会计分录如下：

借：管理费用 50000
　　贷：银行存款 50000

【例9—26】D公司就某一管理问题产品咨询有关专家，以现金支付咨询费30000元。会计分录如下：

借：管理费用 30000
　　贷：库存现金 30000

【例9—27】D公司行政部门本月份共发生费用240000元，其中：行政人员薪酬100000元，行政部门专用办公设备折旧费40000元，报销行政人员差旅费50000元（假定报销人均未预借差旅费），其他办公、水电费50000元，办公、水电费用用银行存款支付。会计分录如下：

借：管理费用 240000
　　贷：应付职工薪酬 100000
　　　　累计折旧 40000
　　　　库存现金 50000
　　　　银行存款 50000

【例9—28】D公司本月按规定计算确定的应缴纳房产税4000元、车船税2000元、土地使用税4000元。会计分录如下：

借：管理费用 10000
　　贷：应交税费——应交房产税 4000
　　　　　　　　——应交车船税 2000
　　　　　　　　——应交土地使用税 4000

【例9—29】D公司本月生产车间发生设备大修理费用50000元，以银行存款支付。行政管理部门发生设备日常修理费用8000元，以现金支付，这两项费用均不满足固定资产的确认条件。会计分录如下：

借：管理费用 58000
　　贷：银行存款 50000
　　　　库存现金 8000

6. 财务费用

财务费用是指企业为筹集生产经营所需资金等而发生的筹资费用，包括利息支出（减利息收入）、汇兑差额以及相关的手续费、企业发生或收到的现金折扣等。

企业应通过"财务费用"科目，核算财务费用的发生和结转情况。该科目的借方登记企业发生的各项财务费用，贷方登记期末结转入本年利润的财务费用。结转后该科目应无余额。该科目应按财务费用的费用项目进行明细核算。

【例9—30】 A公司于1月1日向银行借入生产经营用短期借款400000元，期限6个月，年利率6%，该借款本金到期后一次归还，利息分月预提，按季支付。假定所有利息均不符合利息资本化条件。有关利息支出的会计处理如下：

每月末，预提当月应计利息：

$400000 \times 6\% \div 12 = 2000$（元）

借：财务费用   2000
　　贷：应付利息   2000

【例9—31】 A企业于1月1日向银行借入生产经营用短期借款400000元，期限6个月，年利率6%，该借款本金到期后一次归还，利息分月预提，按季支付。假定1月份其中的120000元暂时作为闲置资金存入银行，并获得利息收入400元。假定所有利息均不符合利息资本化条件。1月末相关利息的会计处理如下：

预提当月应计利息$=400000 \times 6\% \div 12 = 2000$（元）

借：财务费用   2000
　　贷：应付利息   2000

当月取得的利息收入400元应作为冲减财务费用处理：

借：银行存款   400
　　贷：财务费用   400

【例9—32】 A公司于2008年1月1日平价发行公司债券，面值100000000元，期限两年，年利率6%，到期后本息一次归还。在债券发行过程中，支付手续费500000元。手续费的会计处理如下：

借：财务费用   500000
　　贷：银行存款   500000

思 考 与 练 习

重 要 概 念

主营业务收入	其他业务收入	商业折扣	现金折扣
商业折让	主营业务成本	其他业务成本	

思考题

1. 收入有哪些特征？收入与利得的主要不同点在哪儿？企业中哪些收入归属于主营业务收入，哪些归属于其他业务收入？

2. 怎样确认销售商品收入的实现？一般销售商品收入的会计处理应如何？

3. 已发出商品但不符合收入确认条件的销售业务、销售折让、销售退回的会计账务处理应怎样进行？

4. 在采用预收款方式销售商品和支付手续费方式销售商品时，何时确认相关收入？确认的金额应如何计量？如何进行会计处理？

5. 在什么情况下采用完工百分比法确认劳务收入的实现？怎样确定交易的完工进度？怎样采用完工百分比法进行会计业务的处理？

6. 费用有哪些特征？费用与损失不同何在？哪些费用归属于主营业务成本，哪些是其他业务成本？

7. 简述各项期间费用的具体内容。

客观题

一、单项选择题

1. 下列各项中，符合会计要素收入定义的是（　　）。
   A. 销售商品的收入　　　　　　　　B. 出售无形资产净收益
   C. 转让固定资产净收益　　　　　　D. 向购货方收取的增值税销项税额

2. 在采用收取手续费方式委托代销商品时，委托方确认商品销售收入的时点为（　　）。
   A. 委托方发出商品时　　　　　　　B. 受托方销售商品时
   C. 委托方收到受托方开具的代销清单时　D. 受托方收到受托代销商品的销售货款时

3. 下列各项中，不应计入管理费用的是（　　）。
   A. 企业生产车间发生的固定资产修理费用等后续支出
   B. 企业行政管理部门发生的固定资产修理费用等后续支出
   C. 企业发生的与专设销售机构相关的固定资产修理费用等后续支出
   D. 企业行政部门的职工薪酬

4. 甲企业于 2008 年 7 月 1 日以 50000 元的价格购入一项摊销期限为 5 年的专利权。2009 年 7 月 1 日，甲企业将其转让，取得收入 70000 元，缴纳营业税 3500 元。则转让该项专利权应记入"营业外收入"科目的金额为（　　）元。
   A. 16500　　　　　B. 20000　　　　　C. 26500　　　　　D. 28500

5. 下列各项，可采用完工百分比法确认收入的是（　　）。
   A. 分期收款销售商品　　　　　　　B. 委托代销商品
   C. 在同一会计年度开始并完成的劳务　D. 跨越一个会计年度才能完成的劳务

6. 企业发生的违约金支出应计入（　　）。
   A. 管理费用　　　B. 营业外支出　　　C. 财务费用　　　D. 其他业务成本

7. 下列项目中，属于工业企业其他业务收入的是（　　）。
   A. 罚款收入　　　　　　　　　　　B. 出售固定资产收入
   C. 材料销售收入　　　　　　　　　D. 出售无形资产收入

8. A公司本年度委托B商店代销一批零配件，代销款300万元。本年度收到B商店交来的代销清单列明已销售代销零配件的60％，A公司收到代销清单时B商店开具增值税发票。B商店按代销价款的5％收取手续费。该批零件的实际成本为180万元。则A公司本年度应确认的销售收入为（　　）万元。

    A. 180   B. 165   C. 300   D. 68.4

9. 管理费用、营业费用和财务费用属于（　　）。

    A. 生产成本   B. 直接费用   C. 间接费用   D. 期间费用

10. 一定期间生产产品所发生的直接费用和制造费用的总和为（　　）。

    A. 生产成本   B. 直接费用   C. 间接费用   D. 期间费用

11. 企业发生的直接人工、直接材料应（　　）。

    A. 借记"生产成本"科目   B. 贷记"生产成本"科目

    C. 借记"制造费用"科目   D. 贷记"制造费用"科目

12. 企业发生的其他间接费用，应先归集在（　　）科目。

    A. 营业费用   B. 制造费用

    C. 生产成本   D. 营业成本

13. 以下各项中，核算时应计入财务费用的是（　　）。

    A. 商业折扣   B. 现金折扣   C. 销售折让   D. 销售退回

二、多项选择题

1. 下列各项收入中，应计入其他业务收入的有（　　）。

    A. 提供运输劳务所取得的收入   B. 提供加工装配劳务所取得的收入

    C. 转让无形资产使用权所取得的收入   D. 销售材料产生的收入

2. 收入的特征表现为（　　）。

    A. 收入从日常活动中产生，而不是从偶发的交易或事项中产生

    B. 收入可能表现为资产的增加

    C. 收入可能表现为所有者权益的增加

    D. 收入包括代收的增值税

3. 按我国《企业会计准则》规定，下列各项收入中不应确认为收入的有（　　）。

    A. 销售商品收取的增值税

    B. 出售飞机票时代收的保险费

    C. 旅行社代客户购买景点门票收取的款项

    D. 销售商品代垫的运杂费

4. 下列各项收入中属于营业外支出的有（　　）。

    A. 固定资产盘亏   B. 出售无形资产损失

    C. 水灾损失   D. 捐赠设备支出

5. 收入包括（　　）。

    A. 销售产品所得收入   B. 提供劳务所得收入

    C. 转让资产所得收入   D. 投资所得股利

6. 费用按经济用途，可以分为（　　）。

    A. 生产成本   B. 期间费用   C. 人工费用   D. 材料费用

7. 生产成本包括（　　）。

A. 直接材料   B. 直接人工

C. 其他直接费用   D. 制造费用

8. 财务费用包括(　　)。

     A. 利息净支出   B. 汇兑净损失

     C. 金融机构手续费   D. 筹集生产经营资金的费用

9. 其他业务收支主要包括(　　)。

     A. 原材料销售   B. 包装物出租

     C. 用固定资产对外投资   D. 转让无形资产

10. 营业外支出主要包括(　　)。

     A. 固定资产盘亏   B. 非常损失

     C. 原材料销售成本   D. 资产评估减值

11. 下列各项中，应计入销售费用的有(　　)。

     A. 随同商品出售不单独计价的包装物成本

     B. 随同商品出售单独计价的包装物成本

     C. 已分期摊销的出租包装物成本

     D. 分期摊销的出借包装物成本

12. 下列各项费用，应通过"管理费用"科目核算的有(　　)。

     A. 诉讼费   B. 差旅费用

     C. 业务招待费   D. 日常经营活动聘请中介机构费

13. 下列各项，属于期间费用的有(　　)。

     A. 董事会费   B. 劳动保险费   C. 销售人员工资   D. 制造费用

三、判断题

1. 企业出售原材料取得的款项扣除其成本及相关费用后的净额，应当计入营业外收入或营业外支出。   (　　)

2. 企业劳务的开始和完成分属不同的会计期间，且在资产负债表日提供劳务交易的结果能够可靠估计的，应采用完工百分比法确认劳务收入。   (　　)

3. 收入能够导致企业所有者权益增加，但导致所有者权益的增加的不一定都是收入。

      (　　)

4. 对于先征后返的增值税，企业应在实际收到时，确认为"营业外收入"。   (　　)

5. 现金折扣和销售折让，均应在实际发生时冲减当期主营业务收入。   (　　)

6. 企业发生收入往往表现为货币资产的流入，但是并非所有货币资产的流入都是企业的收入。   (　　)

7. 如果企业保留与商品所有权相联系的继续管理权，则在发出商品时确认该项商品销售收入。   (　　)

8. 如果劳务的开始和完成分属于不同会计期间，则必须采用完工百分比法确认收入。

      (　　)

9. 企业在销售收入确认之后发生的销售折让，应在实际发生时冲减发生当期的收入。

      (　　)

10. 收入一定表现为企业资产的增加。   (　　)

11. 按企业会计准则规定，企业发生的销售折让应作为财务费用处理。   (　　)

12. 在采用完工百分比法确认劳务收入时，其相关的销售成本应以实际发生的全部成本确认。（ ）

13. 期间费用是本期发生应从本期和以后各期的收入中得到补偿的费用。（ ）

14. 如果劳务的开始和完成分属不同的会计年度，应按完工百分比法确认收入和相关费用。（ ）

15. 其他业务利润是营业外收入减去营业外支出之差额。（ ）

练习题

习题一

（一）资料：A、B两公司均为增值税一般纳税人，增值税税率均为17％。2009年3月6日，A公司与B公司签订代销协议，A委托B销售某商品500件，商品的单位成本为每件350元。代销协议规定，B公司应按每件商品585元（含增值税）的价格销售给顾客，A公司按不含增值税的售价的10％向B公司支付手续费。4月1日，A公司收到B公司交来的代销清单，代销清单中注明：实际销售商品400件，商品售价为200000元，增值税额为34000元。当日A公司向B公司开具金额相同的增值税专用发票。4月6日，A公司收到B公司支付的已扣除手续费的商品代销款。

（二）要求：根据上述资料，编制A公司如下会计分录：

（1）发出商品的会计分录。

（2）收到代销清单时确认销售收入、增值税、手续费支出，以及结转销售成本的会计分录。

（3）收到商品代销款的会计分录。

（"应交税费"科目要求写出明细科目及专栏名称，答案中的金额单位用元表示。）

习题二

（一）资料：甲上市公司为增值税一般纳税人，库存商品采用实际成本核算，商品售价不含增值税，商品销售成本随销售同时结转。2009年3月1日，W商品账面余额为230万元。本月发生的有关采购与销售业务如下：

（1）3月3日，从A公司采购W商品一批，收到的增值税专用发票上注明的货款为80万元，增值税为13.6万元。W商品已验收入库，款项尚未支付。

（2）3月8日，向B公司销售W商品一批，开出的增值税专用发票上注明的售价为150万元，增值税为25.5万元，该批W商品实际成本为120万元，款项尚未收到。

（3）销售给B公司的部分W商品由于存在质量问题，3月20日B公司要求退回3月8日所购W商品的50％。经过协商，甲上市公司同意了B公司的退货要求，并按规定向B公司开具了增值税专用发票（红字），发生的销售退回允许扣减当期增值税销项税额，该批退回的W商品已验收入库。

（4）3月31日，经过减值测试，W商品的可变现净值为230万元。

（二）要求：

（1）编制甲上市公司上述（1）、（2）、（3）项业务的会计分录。

（2）计算甲上市公司2009年3月31日W商品的账面余额。

（3）计算甲上市公司2009年3月31日W商品应确认的存货跌价准备并编制会计分录。

（"应交税费"科目要求写出明细科目和专栏名称，答案中的金额单位用万元表示。）

习题三

（一）资料：A股份有限公司（以下简称A公司）系增值税一般纳税人，适用的增值税税率为 17%，所得税税率为 25%。销售单价除标明为含税价格外，均为不含增值税价格。

A 公司 2009 年 12 月发生如下业务：

(1) 12 月 2 日，向 B 公司赊销产品 10 件，单价为 2000 元，单位销售成本为 1000 元，约定的付款条件为：2/10，N/20。

(2) 12 月 8 日，B 公司收到产品后，发现有少量残次品，经双方协商，A 公司同意折让 5%。余款 B 公司于 12 月 8 日偿还。假定计算现金折扣时，不考虑增值税。

(3) 采用视同买断代销方式委托东方企业销售产品 100 件，协议价为每件 2000 元，该产品每件成本为 1000 元，商品已发出，符合销售商品收入确认条件，A 公司尚未收到款项。

(4) 接受神舟公司的委托，代其销售 E 产品 1000 件，按售价的 10% 收取手续费。E 产品双方的协议价为每件 200 元，A 公司已将受托的 E 产品按每件 200 元全部售出并同时收到款项。向神舟公司开出代销清单并收到神舟公司开具的增值税专用发票。A 公司扣除手续费后将剩余款项归还给神舟公司。

(5) 12 月 15 日，向戊企业销售材料一批，价款为 20000 元，该材料发出成本为 16000 元。当日收取面值为 23400 元的银行承兑汇票一张。

(6) 12 月 18 日，B 公司要求退回本年 11 月 20 日购买的 10 件产品。该产品销售单价为 2000 元，单位销售成本为 1000 元，其销售收入 20000 元已确认入账，价款尚未收取。经查明退货原因系发货错误，同意 B 公司退货，并办理退货手续和开具红字增值税专用发票。A 公司收到退回的货物。

(7) 12 月 20 日，收到外单位租用本公司办公用房下一年度租金 100000 元，款项已收存银行。

(二) 要求：编制相关会计分录。

第十章 政府补助和利润

第一节 政府补助

一、政府补助的概念和特征

政府补助，是指企业从政府无偿取得货币性资产或非货币性资产，但不包括政府作为企业所有者投入的资本。其中，"政府"包括各级人民政府以及政府组成部门（如财政、卫生部门）、政府直属机构（如税务、环保部门）等。联合国、世界银行等国际类似组织，也视同为政府。

政府补助的特征有：

1. 政府补助是无偿的

政府向企业提供补助属于非互惠交易，政府并不因此而享有企业的所有权，企业未来也不需要以提供服务、转让资产等方式偿还。无偿性是政府补助的基本特征。

"政府"兼具多个角色，既是市场的宏观调控和管理者，也可以是企业的所有者，或者是市场经济活动的参与者。政府补助的无偿性，将其与政府资本投入、政府采购等政府与企业之间双向、互惠的正常商业行为区分开来。

2. 政府补助通常附有条件

政府补助通常附有一定的条件，主要包括政策条件和使用条件。

（1）政策条件。政府补助是政府为了鼓励或扶持某个行业、区域或领域的发展而给予企业的一种财政支持，具有很强的政策性。因此，政府补助的政策条件是不可缺少的。企业只有符合政府相关补助政策的规定，才有资格申报政府补助。符合政策规定的，不一定都能够取得政府补助；不符合政策规定、不具备申报政府补助资格的，不能取得政府补助。

（2）使用条件。企业已获批准取得政府补助的，应当按照政府相关文件等规定的用途使用政府补助。否则，政府有权按规定责令其改正、终止资金拨付，甚至收回已拨付的资金。

3. 政府补助不包括政府资本性投入

政府以企业所有者身份向企业投入资本，享有企业所有权，企业有义务向投资者分配利润，政府和企业之间是投资者与被投资者的关系，属于互惠交易。这与其他单位或个人对企业的投资在性质上是一致的。财政拨入的投资补助等专项拨款中，相关政策明确规定作为"资本公积"处理的部分，也属于资本性投入的性质。政府的资本性投入无论采用何种形式，均不属于政府补助的范畴。

此外，政府代第三方支付给企业的款项，对于收款企业而言不属于政府补助，因为这项收入不是企业无偿取得的。例如，政府代表农民交付供货企业的农机具购买资金，属于供货企业的产品收入，不属于政府补助。

二、政府补助的主要形式

政府补助表现为政府向企业转移资产，包括货币性资产或非货币性资产，通常为货币性资产，但也存在非货币性资产的情况。

1. 财政拨款

财政拨款是政府无偿拨付企业的资金。为了体现财政拨款的政策引导作用，这类拨款通常具有严格的政策条件，只有符合申报条件的企业才能申请拨款；同时附有明确的使用条件，政府在批准拨款时就规定了资金的具体用途。

比如，政府拨给企业用于购建固定资产或进行技术改造工程的专项资金，政府鼓励企业安置职工就业而给予的奖励款项，政府拨付企业的粮食定额补贴，政府拨付企业开展研发活动的研发拨款等。

2. 财政贴息

财政贴息是政府为支持特定领域或区域发展，根据国家宏观经济形势和政策目标，对承贷企业的银行贷款利息给予的补贴。财政贴息的补贴对象通常是符合申报条件的某类项目，例如农业产业化项目、中小企业技术创新项目等。贴息项目通常是综合性项目，包括设备购置、人员培训、研发费用、人员开支、购买服务等；也可以是单项的，比如仅限于固定资产贷款项目。

财政贴息主要有两种方式：一是财政将贴息资金直接拨付给受益企业；二是财政将贴息资金拨付给贷款银行，由贷款银行以政策性优惠利率向企业提供贷款，受益企业按照实际发生的利率计算和确认利息费用。

3. 税收返还

税收返还是政府向企业返还的税款，属于以税收优惠形式给予的一种政府补助，增值税出口退税不属于政府补助。税收返还主要包括先征后返的所得税和先征后退、即征即退的流转税，其中，流转税包括增值税、消费税和营业税等。实务中，还存在税收奖励的情况，若采用先据实征收、再以现金返还的方式，在本质上也属于税收返还。

除税收返还外，税收优惠还包括直接减征、免征、增加计税抵扣额、抵免部分税额等形式。这类税收优惠体现了政策导向，政府并未直接向企业无偿提供资产，不作为政府补助处理。

三、与资产相关的政府补助

与资产相关的政府补助，是指企业取得的、用于购建或以其他方式形成长期资产的政府补助。

这类补助一般以银行转账的方式拨付，如政府拨付的用以企业购买无形资产的财政拨款、政府对企业用于建造固定资产的相关贷款给予的财政贴息等，应当在实际收到款项时按照到账的实际金额确认和计量。在很少情况下，这类补助也可能表现为政府向企业无偿划拨长期非货币性资产，应当在实际取得资产并办妥相关受让手续时按照其公允价值确认和计量，公允价值不能可靠计量的，按照名义金额（即1元人民币）计量。

与资产相关的政府补助，应当确认为递延收益，并在相关资产使用寿命内平均分配，计入当期损益（营业外收入）。需要说明两点：①分配的起点是"相关资产可供使用时"，对于应计提折旧或摊销的长期资产，即为资产开始折旧或摊销的时点。②分配的终点是"资产使用寿命结束或资产被处置时（孰早）"。相关资产在使用寿命结束前被出售、转让、报废或发生毁损的，应将尚未分配的递延收益余额一次性转入资产处置当期的损益（营业外收入）。

按照名义金额计量的政府补助，直接计入当期损益（营业外收入）。

【例10—1】2001年1月1日，政府拨付A企业500万元财政拨款（同日到账），要求用于购买大型科研设备1台；并规定若有结余，留归企业自行支配。2001年2月1日，A企业购入大型设备（假设不需安装），实际成本为480万元，使用寿命为10年。2009年2月1日，A企业出售了这台设备。A企业的会计处理如下：

①2001年1月1日实际收到财政拨款，确认政府补助：

借：银行存款   5000000

    贷：递延收益   5000000

②2001年2月1日购入设备：

借：固定资产   4800000

    贷：银行存款   4800000

③在该项固定资产的使用期间，每个月计提折旧和分配递延收益：

借：研发支出   40000

    贷：营业外收入   40000

借：递延收益（5000000÷10÷12）   41667

    贷：累计折旧   41667

④2009年2月1日出售该设备：

借：固定资产清理   960000

    累计折旧   3840000

    贷：固定资产   4800000

借：递延收益   1000000

    贷：营业外收入   1000000

【例10—2】2008年1月1日，B企业为建造一项环保工程向银行贷款500万元，期限两年，年利率6%。当年12月31日，B企业向当地政府提出财政贴息申请。经审核，当地政府批准按照实际贷款额500万元给予B企业年利率3%的财政贴息，共计30万元，分两次支付。2009年1月15日，第一笔财政贴息资金12万元到账。2009年7月1日，工程完工，第二笔财政贴息资金18万元到账，该工程预计使用寿命10年。B企业的会计处理如下：

①2009年1月15日实际收到财政贴息，确认政府补助：

借：银行存款　　　　　　　　　　　　　　　　120000

　　贷：递延收益　　　　　　　　　　　　　　　　120000

②2009年7月1日实际收到财政贴息，确认政府补助：

借：银行存款　　　　　　　　　　　　　　　　180000

　　贷：递延收益　　　　　　　　　　　　　　　　180000

③2009年7月1日工程完工，开始分配递延收益，自2009年7月1日起，每个资产负债表日（月末）：

借：递延收益　　　　　　　　　　　　　　　　2500

　　贷：营业外收入　　　　　　　　　　　　　　2500

四、与收益相关的政府补助

与收益相关的政府补助，是指除与资产相关的政府补助之外的政府补助。

这类补助通常以银行转账的方式拨付，应当在实际收到款项时按照到账的实际金额确认和计量。比如，按照有关规定对企业先征后返的增值税，企业应当在实际收到返还的增值税税款时将其确认为收益，而不应当在确认应付增值税时确认应收税收返还款。只有在确凿证据表明该项补助是按照固定的定额标准拨付的，才可以在这项补助成为应收款时予以确认并按照应收的金额计量。

与收益相关的政府补助，应当分别下列情况处理：

第一，用于补偿企业以后期间的相关费用或损失的，在取得时先确认为递延收益，然后在确认相关费用的期间，计入当期损益（营业外收入）。

第二，用于补偿企业已发生的相关费用或损失的，直接计入当期损益（营业外收入）。

第三，有些情况下，企业可能不容易分清与收益相关的政府补助是用于补偿已发生费用，还是用于补偿以后将发生的费用。根据重要性原则，企业通常可以将与收益相关的政府补助直接计入当期营业外收入，对于金额较大的补助，可以分期计入营业外收入。

【例10-3】甲企业生产一种先进的模具产品，按照国家相关规定，该企业的这种产品适用增值税先征后返政策，即先按规定征收增值税，然后按实际缴纳的增值税税额返还70%。2009年1月，该企业实际缴纳增值税税额200万元。2009年2月，该企业实际收到返还的增值税税额140万元。甲企业实际收到返还的增值税税额的会计分录如下：

借：银行存款   1400000

  贷：营业外收入   1400000

【例10—4】乙企业为一家储备粮食企业，2009年实际粮食储备1亿斤。根据国家有关规定，财政部门按照企业的实际储备量给予0.039元/斤的粮食保管费补贴，于每个季度初支付。乙企业的会计处理如下：

①2009年1月，乙企业收到财政拨付的补贴款时：

借：银行存款   3900000

  贷：递延收益   3900000

②2009年1月，将补偿1月份保管费的补贴计入当期收益：

借：递延收益   1300000

  贷：营业外收入   1300000

（2009年2月和3月的会计分录同上）

【例10—5】按照相关规定，粮食储备企业需要根据有关主管部门每季度下达的轮换计划出售陈粮，同时购入新粮。为弥补粮食储备企业发生的轮换费用，财政部门按照轮换计划中心规定的轮换量支付给企业0.03元/斤的轮换费补贴。假设按照轮换计划，丙企业需要在2009年第一季度轮换储备粮1.2亿斤，款项尚未收到。丙企业的会计处理如下：

①2009年1月按照轮换量1.2亿斤和国家规定的补贴定额0.03元/斤，计算和确认其他应收款360万元：

借：其他应收款   3600000

  贷：递延收益   3600000

②2009年1月，将补偿1月份保管费的补贴计入当期收益：

借：递延收益   1200000

  贷：营业外收入   1200000

（2009年2月和3月的会计分录同上）

【例10—6】2009年3月，丁粮食企业为购买储备粮从国家农业发展银行贷款2000万元，同期银行贷款利率6%。自2009年4月开始，财政部门于每季度初，按照丁企业的实际贷款额和贷款利率拨付丁企业贷款利息，丁企业收到财政部门拨付的利息后再支付给银行。丁企业的会计处理如下：

①2009年4月，实际收到财政贴息30万元时：

借：银行存款   300000

  贷：递延收益   300000

②将补偿2009年4月份利息费用的补贴计入当期收益：

借：递延收益   100000

  贷：营业外收入   100000

（2009年5月和6月的会计分录同上）

五、与资产和收益均相关的政府补助

政府补助的对象常常是综合性项目，可能既包括设备等长期资产的购置，也包括人工费、购买服务费、管理费等费用化支出的补偿，这种政府补助与资产和收益均相关。

企业取得这类政府补助时，需要将其分解为与资产相关的部分和与收益相关的部分分别进行会计处理。在实务中，政府常常只补贴整个项目开支的一部分，企业可能确实难以区分某项政府补助中哪些与资产相关、哪些与收益相关，或者对其进行划分不符合重要性原则或成本效益原则。如不能区分，企业可以将整项政府补助归类为与收益相关的政府补助。视情况不同计入当期损益，或者在项目期内分期确认为当期收益。

【例 10—7】A 公司 2008 年 12 月申请某国家级研发补贴。申报书中的有关内容如下：本公司于 2008 年 1 月启动数字印刷技术开发项目，预计总投资 360 万元、为期 3 年，已投入资金 120 万元。项目还需新增投资 240 万元（其中，购置固定资产 80 万元、场地租赁费 40 万元、人员费 100 万元、市场营销 20 万元），计划自筹资金 120 万元、申请财政拨款 120 万元。

2009 年 1 月 1 日，主管部门批准了 A 公司的申报，签订的补贴协议规定：批准 A 公司补贴申请，共补贴款项 120 万元，分两次拨付。合同签订日拨付 60 万元，结项验收时支付 60 万元（如果不能通过验收，则不支付第二笔款项）。A 公司的会计处理如下：

①2009 年 1 月 1 日，实际收到拨款 60 万元：

借：银行存款　　　　　　　　　　　　600000
　　贷：递延收益　　　　　　　　　　　　　600000

②自 2009 年 1 月 1 日至 2011 年 1 月 1 日，每个资产负债表日，分配递延收益（假设按年分配）：

借：递延收益　　　　　　　　　　　　200000
　　贷：营业外收入　　　　　　　　　　　　200000

③2011 年项目完工，假设通过验收，于 5 月 1 日实际收到拨款 60 万元：

借：银行存款　　　　　　　　　　　　600000
　　贷：营业外收入　　　　　　　　　　　　600000

【例 10—8】按照有关规定，2009 年 9 月甲企业为其自主创新的某高科技技术项目申报政府财政贴息，申报材料中表明该项目已于 2009 年 3 月启动，预计共需投入资金 2000 万元，项目期 2.5 年，已投入资金 600 万元。项目尚需新增投资 1400 万元，其中计划贷款 800 万元，已与银行签订贷款协议，协议规定贷款年利率 6%，贷款期两年。

经审核，2009 年 11 月政府批准拨付甲企业贴息资金 70 万元，分别在 2009 年 11 月和 2010 年 11 月支付 30 万元和 40 万元。甲企业的会计处理如下：

①2009 年 11 月实际收到贴息资金 30 万元：

借：银行存款   300000

  贷：递延收益   300000

②2009 年 11 月起，在项目期内分配递延收益（假设按月分配）：

借：递延收益（300000÷12）   25000

  贷：营业外收入   25000

③2010 年 11 月实际收到贴息资金 40 万元：

借：银行存款   400000

  贷：营业外收入   400000

分配递延收益如分录②。

第二节 利　润

一、利润的构成

利润是指企业在一定会计期间的经营成果。利润包括收入减去费用后的净额、直接计入当期利润的利得和损失等。

直接计入当期利润的利得和损失，是指应当计入当期损益、会导致所有者权益发生增减变动的、与所有者投入资本或者向所有者分配利润无关的利得或者损失。

利润相关计算公式如下：

1. 营业利润

营业利润＝营业收入－营业成本－营业税金及附加－销售费用－管理费用－财务费用－资产减值损失＋公允价值变动收益（－公允价值变动损失）＋投资收益（－投资损失）

其中，营业收入是指企业经营业务所确认的收入总额，包括主营业务收入和其他业务收入。

营业成本是指企业经营业务所发生的实际成本总额，包括主营业务成本和其他业务成本。

资产减值损失是指企业计提各项资产减值准备所形成的损失。

公允价值变动收益（或损失）是指企业交易性金融资产等公允价值变动形成的应计入当期损益的利得（或损失）。

投资收益（或损失）是指企业以各种方式对外投资所取得的收益（或发生的损失）。

2. 利润总额

利润总额＝营业利润＋营业外收入－营业外支出

其中，营业外收入是指企业发生的与其日常活动无直接关系的各项利得；营业外支出是指企业发生的与其日常活动无直接关系的各项损失。

3. 净利润

净利润＝利润总额－所得税费用

其中，所得税费用是指企业确认的应从当期利润总额中扣除的所得税费用。

二、营业外收入和营业外支出的核算

1. 营业外收入

（1）营业外收入核算的内容。营业外收入是指企业发生的与其日常活动无直接关系的各项利得，主要包括非流动资产处置利得、盘盈利得、罚没利得、捐赠利得、确实无法支付而按规定程序经批准后转作营业外收入的应付款项等。

其中，非流动资产处置利得包括固定资产处置利得和无形资产出售利得。固定资产处置利得，指企业出售固定资产所取得价款或报废固定资产的材料价值和变价收入等，扣除处置固定资产的账面价值、清理费用、处置相关税费后的净收益；无形资产出售利得，指企业出售无形资产所取得价款，扣除出售无形资产的账面价值、出售相关税费后的净收益。

盘盈利得，主要指对于现金等清查盘点中盘盈的现金，报经批准后计入营业外收入的金额。

罚没利得，指企业取得的各种罚款，在弥补由于对违反合同或协议而造成的经济损失后的罚款净收益。

捐赠利得，指企业接受捐赠产生的利得。

（2）营业外收入的会计处理。企业应通过"营业外收入"科目，核算营业外收入的取得及结转情况。该科目贷方登记企业确认的各项营业外收入，借方登记期末结转入本年利润的营业外收入。结转后该科目应无余额。该科目应按照营业外收入的项目进行明细核算。

【例 10—9】 某企业将固定资产报废清理的净收益 10000 元转作营业外收入。会计分录如下：

    借：固定资产清理   10000
      贷：营业外收入   10000

【例 10—10】 某企业本期营业外收入总额为 200000 元，期末结转本年利润。会计分录如下：

    借：营业外收入   200000
      贷：本年利润   200000

2. 营业外支出

（1）营业外支出核算的内容。营业外支出是指企业发生的与其日常活动无直接关系的各项损失，主要包括非流动资产处置损失、盘亏损失、罚没支出、公益性捐赠支出、非常损失等。

其中，非流动资产处置损失包括固定资产处置损失和无形资产出售损失。固定资产处置损失，指企业出售固定资产所取得价款或报废固定资产的材料价值和变价收入等，不足以抵补处置固定资产的账面价值、清理费用、处置相关税费所发生的净损失；无形资产出售损失，指企业出售无形资产所取得价款，不足以抵补出售无形资产的账面价值、出售相关税费后所发生的净损失。

盘亏损失，主要指对于固定资产清查盘点中盘亏的固定资产，在查明原因处理时按确定的损失计入营业外支出的金额。

罚没支出，指企业由于违反税收法规、经济合同等而支付的各种滞纳金和罚款。

公益性捐赠支出，指企业对外进行公益性捐赠发生的支出。

非常损失，指企业对于因客观因素（如自然灾害等）造成的损失，在扣除保险公司赔偿后应计入营业外支出的净损失。

（2）营业外支出的会计处理。企业应通过"营业外支出"科目，核算营业外支出的发生及结转情况。该科目借方登记企业发生的各项营业外支出，贷方登记期末结转入本年利润的营业外支出。结转后该科目应无余额。该科目应按照营业外支出的项目进行明细核算。

【例10—11】某企业将已经发生的原材料意外灾害损失300000元转作营业外支出。会计分录如下：

借：营业外支出	300000	
贷：待处理财产损溢		300000

【例10—12】某企业用银行存款支付税款滞纳金30000元。会计分录如下：

借：营业外支出	30000	
贷：银行存款		30000

【例10—13】某公司拥有的一项非专利技术出售，取得价款800000元，应缴纳的营业税为40000元。该非专利技术的账面余额为1000000元，累计摊销额为100000元，未计提减值准备。会计分录如下：

借：银行存款	800000	
累计摊销	100000	
营业外支出	140000	
贷：无形资产		1000000
应交税费——应交营业税		40000

【例10—14】某企业本期营业外支出总额为840000元，期末结转至本年利润。会计分录如下：

借：本年利润	840000	
贷：营业外支出		840000

三、所得税费用的核算

所得税是根据企业应纳税所得额的一定比例上缴的一种税金。企业在计算确定当期所得税以及递延所得税费用（或收益）的基础上，应将两者之和确认为利润表中的所得税费用（或收益）。

所得税费用（或收益）＝当期所得税＋递延所得税费用（－递延所得税收益）

递延所得税费用＝递延所得税负债增加额＋递延所得税资产减少额

递延所得税收益＝递延所得税负债减少额＋递延所得税资产增加额

1. 当期所得税的计算

当期所得税即为本期应交所得税。

应纳税所得额是在企业税前会计利润（即利润总额）的基础上调整确定的，计算公式为：

应纳税所得额＝税前会计利润＋纳税调整增加额－纳税调整减少额

纳税调整增加额主要包括税法规定允许扣除项目中，企业已计入当期费用但超过税法规定扣除标准的金额（如超过税法规定标准的业务招待费支出），以及企业已计入当期损失但税法规定不允许扣除项目的金额（如税收滞纳金、罚款、罚金）。

纳税调整减少额主要包括按税法规定允许弥补的亏损和准予免税的项目，如前五年内的未弥补亏损和国债利息收入等。

企业应交所得税的计算公式为：

应交所得税＝应纳税所得额×所得税税率

【例10－15】甲公司本年度按企业会计准则计算的税前会计利润为19700000元，所得税税率为25％。当年按税法核定的全年计税工资为2000000元，甲公司全年实发工资为2200000元；经查，甲公司当年营业外支出中有100000元为税款滞纳罚金。假定甲公司全年无其他纳税调整因素。

本例中，甲公司有两项纳税调整因素，一是已计入当期费用但超过税法规定标准的工资支出；二是已计入当期营业外支出但按税法规定不允许扣除的税款滞纳金，这两个因素均应调整增加应纳税所得额。甲公司当期所得税的计算如下：

纳税调整数＝2200000－2000000＋100000＝300000（元）

应纳税所得额＝19700000＋300000＝20000000（元）

当期应交所得税额＝20000000×25％＝5000000（元）

【例10－16】甲公司本年度按企业会计准则计算的税前会计利润为10000000元，所得税税率为25％。当年按税法核定的全年计税工资为2000000元，甲公司全年实发工资为1800000元。假定甲公司全年无其他纳税调整因素。

企业实际支付的工资总额超过计税工资时，超出的部分不得作为纳税扣除项目，应调整增加应纳税所得额。但企业实际支付的工资总额低于计税工资时，应按实际支付的工资总额作为纳税扣除项目，即企业实际支付的工资总额低于计税工资的部分不调整应纳税所得额。本例中，甲公司实际支付的工资总额低于计税工资，不属于纳税调整因素，甲公司又无其他纳税调整因素，因此，甲公司2008年度计算的税前会计利润即为应纳税所得额。甲公司当期所得税的计算如下：

当期应交所得税额＝10000000×25％＝2500000（元）

【例10－17】甲公司本年全年利润总额（即税前会计利润）为10300000元，

其中包括本年收到的国库券利息收入 300000 元，所得税税率为 25%。假定甲公司本年无其他纳税调整因素。

按照税法的有关规定，企业购买国库券的利息收入免交所得税，即在计算纳税所得时可将其扣除。甲公司当期所得税的计算如下：

应纳税所得额＝10300000－300000＝10000000（元）

当期应交所得税额＝10000000×25%＝2500000（元）

2. 递延所得税的计算

递延所得税费用＝（递延所得税负债期末余额－递延所得税负债期初余额）－（递延所得税资产期末余额－递延所得税资产期初余额）

3. 所得税费用的会计处理

所得税费用＝当期所得税＋递延所得税

所得税费用的会计处理，如图 10—1 所示。

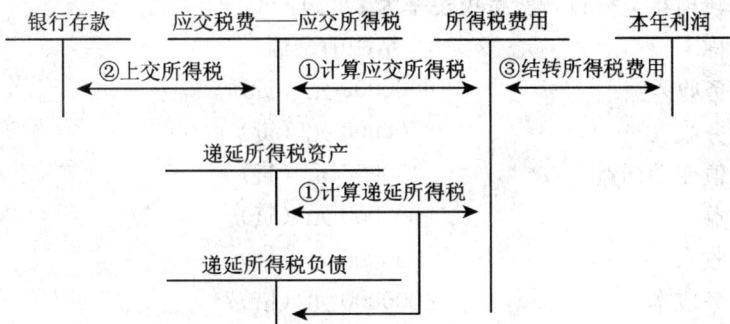

图 10—1　所得税费用的会计处理

注：递延所得税资产和递延所得税负债的发生额可能在借方。

【例 10—18】承【例 10—16】甲公司递延所得税负债年初数为 500000 元，年末数为 600000 元，递延所得税资产年初数为 250000 元，年末数为 200000 元。甲公司的会计处理如下：

甲公司所得税费用的计算如下：

递延所得税费用＝（600000－500000）＋（250000－200000）＝150000（元）

所得税费用＝2500000＋150000＝2650000（元）

甲公司会计分录如下：

借：所得税费用　　　　　　　　　　　　　　　2650000

　　贷：应交税费——应交所得税　　　　　　　　2500000

　　　　递延所得税负债　　　　　　　　　　　　100000

　　　　递延所得税资产　　　　　　　　　　　　　50000

四、本年利润的会计处理

1. 结转本年利润的方法

会计期末结转本年利润的方法有表结法和账结法两种。

2. 结转本年利润的会计处理

结转本年利润的会计处理，如图 10—2 所示。

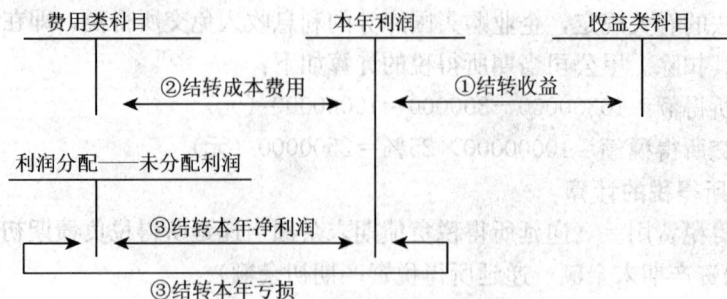

图 10—2　结转本年利润的会计处理

【例 10—19】 乙公司本年有关损益类科目的年末余额如下（该企业采用表结法年末一次结转损益类科目，所得税税率为 25%）：

科目名称	结账前余额
主营业务收入	6000000 元（贷）
其他业务收入	700000 元（贷）
公允价值变动损益	150000 元（贷）
投资收益	600000 元（贷）
营业外收入	50000 元（贷）
主营业务成本	4000000 元（借）
其他业务成本	400000 元（借）
营业税金及附加	80000 元（借）
销售费用	500000 元（借）
管理费用	770000 元（借）
财务费用	200000 元（借）
资产减值损失	100000 元（借）
营业外支出	250000 元（借）

乙公司年末结转本年利润的会计分录如下：

（1）将各损益类科目年末余额结转入"本年利润"科目：

①结转各项收入、利得类科目：

借：主营业务收入	6000000
其他业务收入	700000
公允价值变动损益	150000
投资收益	600000
营业外收入	50000
贷：本年利润	7500000

②结转各项费用、损失类科目：

借：本年利润 6300000
　　贷：主营业务成本 4000000
　　　其他业务成本 400000
　　　营业税金及附加 80000
　　　销售费用 500000
　　　管理费用 770000
　　　财务费用 200000
　　　资产减值损失 100000
　　　营业外支出 250000

（2）经过上述结转后，"本年利润"科目的贷方发生额合计 7500000 元减去借方发生额合计 6300000 元即为税前会计利润 1200000 元。假设将该税前会计利润进行纳税调整后，应纳税所得额为 1000000 元，则应交所得税额＝1000000×25％＝250000（元）。假定将该应交所得税按照会计准则进行调整后计算确认的所得税费用为 300000 元。

①确认所得税费用，会计分录略。

②将所得税费用结转入"本年利润"科目：

借：本年利润 300000
　　贷：所得税费用 300000

（3）将"本年利润"科目年末余额 900000（7500000－6300000－300000）元转入"利润分配——未分配利润"科目：

借：本年利润 900000
　　贷：利润分配——未分配利润 900000

思考与练习

重要概念

政府补助　　　　营业利润　　　　利润总额　　　　净利润
当期所得税费用　　递延所得税费用

思考题

1. 政府补助的形式有哪些？与资产相关的政府补助，与收益相关的政府补助怎样区分？如何进行会计处理？

2. 营业利润、利润总额怎样核算？当期所得税、递延所得税如何核算？

一、单项选择题

1. 与收益相关的政府补助，用于补偿企业以后期间的相关费用或损失的，收到补助时确认为（ ）。

    A. 递延收益　　　　B. 营业外收入　　　　C. 营业外支出　　　　D. 管理费用

2. 企业取得与收益相关的政府补助，用于补偿已发生相关费用的，直接计入补偿当期的是（ ）。

    A. 资本公积　　　　　　　　　　B. 营业外收入

    C. 其他业务收入　　　　　　　　D. 主营业务收入

3. 关于与资产相关的政府补助的确认，下列说法中正确的是（ ）。

    A. 企业取得与资产相关的政府补助，应当确认为递延收益

    B. 企业取得与资产相关的政府补助，应当直接确认为当期损益

    C. 企业取得与资产相关的政府补助，应当确认为资本公积

    D. 企业取得与资产相关的政府补助，应当确认为补贴收入

4. 下列项目中，属于与收益相关的政府补助的是（ ）。

    A. 政府拨付的用于企业购买无形资产的财政拨款

    B. 政府向企业无偿划拨长期非货币性资产

    C. 政府对企业用于建造固定资产的相关贷款给予的财政补贴

    D. 企业收到的先征后返的增值税

5. 企业取得与资产相关的政府补助，不能直接确认为当期损益，应当确认为（ ）。

    A. 营业外收入　　　　　　　　　B. 其他业务收入

    C. 主营业务收入　　　　　　　　D. 递延收益

6. 下列不属于政府补助准则规范的政府补助是（ ）。

    A. 财政拨款　　　　　　　　　　B. 财政贴息

    C. 政府与企业间的债务豁免　　　D. 无偿划拨非货币性资产

7. 企业收到的财政拨款，属于资本性投入的通过（ ）科目核算。

    A. 营业外收入　　　B. 专项应付款　　　C. 资本公积　　　D. 递延收益

8. 某企业 2007 年 2 月主营业务收入为 100 万元，主营业务成本为 80 万元，管理费用为 5 万元，资产减值损失为 2 万元，投资收益为 10 万元。假定不考虑其他因素，该企业当月的营业利润为（ ）万元。

    A. 13　　　　　　　B. 15　　　　　　　C. 18　　　　　　　D. 23

9. 下列各项中，经批准计入营业外支出的是（ ）。

    A. 计算差错造成的存货盘亏　　　B. 管理不善造成的存货盘亏

    C. 固定资产盘亏　　　　　　　　D. 出售原材料结转的成本

10. 下列交易或事项，不应确认为营业外支出的是（ ）。

    A. 公益性捐赠支出　　　　　　　B. 无形资产出售损失

    C. 固定资产盘亏损失　　　　　　D. 固定资产减值损失

11. 某企业 2009 年度利润总额为 315 万元，其中国债利息收入为 15 万元，当年按税法核定的全年计税工资为 250 万元，实际分配并发放工资为 230 万元。假定该企业无其他纳税

调整项目，适用的所得税税率为 25%。该企业 2009 年所得税费用为（ ）万元。

    A. 92.4   B. 75   C. 105.6   D. 181.5

12. 某企业 2008 年发生亏损 100 万元，2009 年实现税前会计利润 600 万元，其中包括国债利息收入 50 万元；在营业外支出中有税收滞纳金罚款 70 万元；所得税税率 25%，不考虑其他因素。则企业 2009 年的所得税费用为（ ）万元。

    A. 130   B. 171.6   C. 155   D. 520

13. 按照名义金额计量的政府补助，直接计入当期损益，通过（ ）科目核算。

    A. 其他业务收入   B. 财务费用

    C. 本年利润   D. 营业外收入

14. 某企业年初未分配利润贷方余额为 200 万元，本年利润总额为 1000 万元，该企业适用的所得税税率为 25%，不考虑纳税调整事项，按净利润的 10% 提取法定盈余公积，提取任意盈余公积 50 万元，向投资者分配利润 50 万元。该企业年末未分配利润贷方余额为（ ）万元。

    A. 875   B. 925   C. 775   D. 750

二、多项选择题

1. 关于政府补助，下列说法中正确的有（ ）。

    A. 增值税出口退税不属于政府补助

    B. 政府资本性投入不属于政府补助

    C. 不涉及资产直接转移的经济支持不属于政府补助准则规范的政府补助

    D. 政府对企业的债务豁免属于政府补助

    E. 政府免征企业所得税属于政府补助

2. 与收益相关的政府补助的确认，下列说法中正确的有（ ）。

    A. 用于补偿企业以后期间的相关费用或损失的，确认为递延收益，并在确认相关费用的期间，计入当期损益

    B. 用于补偿企业已发生的相关费用或损失的，直接计入当期损益

    C. 用于补偿企业已发生的相关费用或损失的，应当调整期初留存收益

    D. 用于补偿企业以后期间的相关费用或损失的，应当计入当期损益

    E. 收到与收益相关的政府补助，一定直接计入当期损益

3. 企业销售商品交纳的下列各项税费，计入"营业税金及附加"科目的有（ ）。

    A. 消费税   B. 增值税

    C. 教育费附加   D. 城市维护建设税

4. 下列各项，影响当期利润表中利润总额的有（ ）。

    A. 固定资产盘盈   B. 确认所得税费用

    C. 对外捐赠固定资产   D. 无形资产出售利得

5. 下列各科目的余额，期末应结转到"本年利润"科目的有（ ）。

    A. 营业外收入   B. 营业外支出

    C. 投资收益   D. 以前年度损益调整

6. 下列各项，影响企业营业利润的有（ ）。

    A. 管理费用   B. 营业税金及附加

    C. 所得税费用   D. 投资收益

7. 企业在( )情况下，可以将与资产和收益均相关的政府补助归类为与收益相关的政府补助。

    A. 确实难以区分政策补助中哪些与资产相关，哪些与收益相关

    B. 将政府补助区分为与资产相关的部分和与收益相关的部分不符合重要性原则

    C. 将政府补助区分为与资产相关的部分和与收益相关的部分比较麻烦

    D. 将政府补助区分为与资产相关的部分和与收益相关的部分不符合成本效益原则

三、判断题

1. 可供分配的利润就是当年实现的净利润。   ( )

2. 财政补助收入是指事业单位直接从财政部门取得的或通过主管部门从财政部门取得的各类事业经费，包括正常经费和专项资金及财政对事业单位的基本建设投资。 ( )

3. 政府与非营利组织会计和企业会计一样都应该采用权责发生制进行会计核算。 ( )

练习题

习题一

（一）资料：某企业 2009 年发生下列政府补助业务：

（1）2009 年 1 月 1 日，收到一笔用于补偿企业以后 5 年期间的因与治理环境相关的费用 500 万元。

（2）2009 年 6 月 10 日，收到一笔于补偿企业已发生的相关费用 200 万元。

（3）2009 年 6 月 15 日，收到国家 1200 万元的政府补助用于购买一台医疗设备；6 月 20 日，企业用 1200 万元购买了一台医疗设备。假定该设备按 5 年、采用直线法计提折旧，无残值，设备预计使用年限为 5 年。

（4）2009 年 12 月 31 日，收到增值税返还 100 万元。

（二）要求：根据资料，编制该企业 2009 年度与政府补助有关的会计分录；编制 2009 年固定资产计提折旧的会计分录。

习题二

（一）资料：甲企业 2009 年度利润总额为 900 万元，应纳税所得额为 1000 万元，所得税税率为 25%。企业递延所得税资产年初数为 200 万元，年末数为 300 万元；递延所得税负债年初数为 100 万元，年末数为 300 万元。

（二）要求：

（1）计算甲企业 2009 年度应交所得税额。

（2）计算甲企业 2009 年度递延所得税。

（3）计算甲企业 2009 年度所得税费用。

（4）编制甲企业 2009 年度所得税的会计分录。

（5）计算甲企业 2009 年度实现的净利润。

（6）编制甲企业年末结平"所得税费用"科目的会计分录（答案中的金额单位保留至万元）。

习题三

（一）资料：A 储备粮企业（以下简称 A 企业），2009 年实际粮食储备量 1.5 亿斤。根据国家有关规定，财政部门按照企业的实际储备量给予每斤 0.039 元的粮食保管费补贴，于每个季度初支付。2009 年 1 月 10 日，A 企业收到财政拨付的补贴款。

（二）要求：根据资料，作出 A 企业的账务处理。

习题四

（一）资料：2001年2月，甲企业需购置一台环保设备，预计价款为500万元，因资金不足，按相关规定向有关部门提出补助210万元的申请。2001年3月1日，政府批准了甲企业的申请并拨付甲企业210万元财政拨款（同日到账）。2001年4月30日，甲企业购入不需安装环保设备，实际成本为480万元，使用寿命10年，采用直线法计提折旧（假设无残值）。2009年4月，甲企业出售了这台设备，取得价款120万元。不考虑其他因素。

（二）要求：进行甲企业的账务处理。

第十一章 财务报表

第一节 财务报表概述

一、财务报表及其目标

财务报表是对企业财务状况、经营成果和现金流量的结构性表述。

企业编制财务报表的目标，是向财务报表使用者提供与企业财务状况、经营成果和现金流量等有关的会计信息，反映企业管理层受托责任的履行情况，有助于财务报表使用者作出经济决策。财务报表使用者通常包括投资者、债权人、政府及其有关部门和社会公众等。

二、财务报表的组成和分类

1. 财务报表的组成

财务报表是对企业财务状况、经营成果和现金流量的结构性表述。一套完整的财务报表至少应当包括下列组成部分：①资产负债表。②利润表。③现金流量表。④所有者权益（或股东权益，下同）变动表。⑤附注。

资产负债表、利润表和现金流量表分别从不同角度反映企业的财务状况、经营成果和现金流量。资产负债表反映企业在某一特定日期所拥有的资产、需偿还的债务以及股东（投资者）拥有的净资产情况；利润表反映企业在一定会计期间的经营成果，即利润或亏损的情况，表明企业运用所拥有的资产的获利能力；现金流量表反映企业在一定会计期间现金和现金等价物流入和流出的情况。

所有者权益变动表反映构成所有者权益的各组成部分当期的增减变动情况。企业的净利润及其分配情况是所有者权益变动的组成部分，相关信息已经在所有者权益变动表及其附注中反映，企业不需要再单独编制利润分配表。

附注是财务报表不可或缺的组成部分，是对在资产负债表、利润表、现金流量表和所有者权益变动表等报表中列示项目的文字描述或明细资料，以及对未能在这些报表中列示项目的说明等。

2. 财务报表的分类

财务报表可以按照不同的标准进行分类。

（1）按反映的经济内容分类。

①反映财务状况及现金流量的财务会计报告。指用来反映企业在一定会计期末

财务状况的报表（如资产负债表），反映企业在一定会计报表期内现金流量（流入与流出）及原因的会计报表（如现金流量表）。

②反映经营成果的财务会计报告。指用来反映企业在一定会计报表期内收入、费用和最终经营成果的报表，如利润表。

③反映所有者权益变动的财务会计报告，如所有者权益变动表。

（2）按编报报表的时间分类。

①月报。指每月末编制的报表。

②季报。指每季末编制的报表。

③半年报。指每半年末编制的财务会计报表。

④年报。指每年末编制的财务会计报告，即从每年的 1 月 1 日至 12 月 31 日一个完整会计期间编制的报表。

月报、季报、半年报，其时间均短于一个完整的会计年度的会计报表期间，因此，均可称为中期财务报告；年报则是以一个完整的会计年度的报告期间为基础编制的财务报告。因此，年报的报表种类比较齐全。

（3）按财务报表的编报主体分类。

①个别财务报表。由企业在自身跨级核算基础上对账簿记录进行加工而编制的财务报表，它主要用以反映企业自身的财务状况、经营成果和现金流量情况。

②合并财务报表。以母公司和子公司组成的企业集团为会计主体，根据母公司和所属子公司的财务报表，由母公司编制的综合反映企业集团财务状况、经营成果及现金流量的财务报表。

（4）按反映资金运动的状态分类。

①静态报表。指反映资金运动处于相对静止状态时的会计报表，它用来反映某一时点企业经营中资产与负债的分布与来源的状况。资产负债表是典型的静态报表。

②动态报表。指反映资金运动显著变动状态的会计报表，它用来反映某一时期资金的投入与退出，以及资金在企业内部周转运动的情况。利润表、现金流量表等都是动态报表。

目前国际上较为流行的报表分类方法，是将报表反映的经济内容和资金运动情况结合起来，将主要报表分为资产负债表、利润表、现金流量表、股东权益变动表等，我国现行会计准则也这样分类。

第二节　资产负债表

一、资产负债表概述

1. 资产负债表的概念

资产负债表是反映企业在某一特定日期（如月末、季末、半年末、年末等）财务状况的会计报表。它是根据"资产=负债+所有者权益"这一会计等式，依照一定的分类标准和顺序，将企业在一定日期的全部资产、负债和所有者权益项目进行适当分类、汇总、排列后编制而成的。

资产负债表是企业基本会计报表之一，是所有独立核算企业或非营利组织都必须对外报送的会计报表。资产负债表的内容主要反映以下三个方面：

（1）资产，反映由过去的交易、事项形成并由企业在某一特定日期所拥有或控制的、预期会给企业带来经济利益的资源。资产一般按照流动资产、非流动资产分类并进一步分项列示。

流动资产是指预计在一个正常营业周期中变现、出售或耗用；主要为交易目的而持有；预计在资产负债表日起一年内（含一年，下同）变现；自资产负债表日起一年内，交换其他资产或清偿负债的能力不受限制的现金或现金等价物。

资产负债表中列示的流动资产项目通常包括：货币资金、交易性金融资产、应收票据、应收账款、其他应收款、预付账款、应收利息、应收股利、存货、待摊费用和一年内到期的长期债权投资等。

非流动资产是指流动资产以外的资产，并应按其性质分类列示。资产负债表中列示的非流动资产项目通常包括：长期股权投资、固定资产、无形资产、开发支出、长期待摊费用以及其他非流动资产等。其中，固定资产项目又包括固定资产原价、累计折旧、固定资产净值、固定资产减值准备、固定资产净额、工程物资、在建工程和固定资产清理等项目。

（2）负债，反映在某一特定日期企业所承担的、预期会导致经济利益流出企业的现时义务。负债应当按照流动负债和非流动负债在资产负债表中进行列示。

流动负债是指预计在一个正常营业周期中清偿，或者主要为交易目的而持有，或者自资产负债表日起一年内（含一年，下同）到期应予以清偿，或者企业无权自主地将清偿推迟至资产负债表日后一年以上的负债。

资产负债表中列示的流动负债项目包括：短期借款、应付票据、应付账款、预收账款、应付职工薪酬、应交税费、应付利息、应付股利、其他应付款、一年内到期的非流动负债和其他流动负债等。

非流动负债是指流动负债以外的负债，并应按其性质分类列示。非流动负债或称长期负债，是指偿还期在一年或者超过一年的一个营业周期以上的负债。非流动负债项目通常包括：长期借款、应付债券、长期应付款、专项应付款和其他非流动负债等。

（3）所有者权益，是企业资产扣除负债后的剩余权益，反映企业在某一特定日期股东（或投资者）拥有的净资产的总额。它一般按照实收资本、资本公积、盈余公积和未分配利润分项列示。所有者权益的来源包括所有者投入的资本、直接计入所有者权益的利得和损失、留存收益等。

2. 资产负债表的意义

资产负债表可以反映企业某一特定时点（一般是期末）的财务状况，即资产、负债和所有者权益的全貌。

通过编制资产负债表，可以反映企业资产的构成及其状况，分析企业在某一日期所拥有的经济资源及其分布情况；可以反映企业某一日期的负债总额及其结构，分析企业目前与未来的需要支付的债务数额；可以反映企业所有者权益的情况，了解企业现有的投资者在企业资产总额中所占的份额。通过对资产负债表项目金额及其相关比率的分析，可以帮助报表使用者全面了解企业的资产状况、盈利能力，分析企业的债务偿还能力，从而为未来的经济决策提供信息。例如，通过资产负债表可以计算流动比率、速动比率，以了解企业的短期偿债能力；又如，通过资产负债表可以计算资产负债率，以了解企业偿付到期长期债务的能力。

二、资产负债表的结构

资产负债表的格式主要有账户式和报告式两种。我国企业的资产负债表采用账户式结构。

账户式资产负债表分左右两方，左方为资产项目，按资产的流动性大小顺序排列：流动性大的资产如"货币资金"、"交易性金融资产"、"应收票据"、"应收账款"等排在前面，流动性小的资产如"长期投资"、"固定资产"、"无形资产"等则排在后面；右方为负债及所有者权益项目，一般按求偿权先后顺序排列："短期借款"、"交易性金融负债"、"应付票据"、"应付账款"等需要在一年内或者长于一年的一个营业周期内偿还的流动负债排在前面，"长期借款"、"应付债券"等在一年以上或者长于一年的一个营业周期以上才需偿还的长期负债排在中间，在企业清算之前不需要偿还的所有者权益项目排在最后。

账户式资产负债表中资产各项目的合计等于负债和所有者权益各项目的合计，即资产负债表左方合计和右方合计平衡。因此，通过账户式资产负债表，可以反映企业资产、负债、所有者权益之间的内在关系，即"资产＝负债＋所有者权益"。资产负债表的基本格式，如表 11－1 所示。

表 11－1 　　　　　　　　　　　资产负债表

会企 01 表

编制单位：　　　　　　　　　　___年___月___日　　　　　　　　　　单位：元

资　产	期末余额	年初余额	负债和所有者权益 （或股东权益）	期末余额	年初余额
流动资产：			流动负债：		
货币资金			短期借款		
交易性金融资产			交易性金融负债		
应收票据			应付票据		
应收账款			应付账款		
预付账款			预收账款		
应收利息			应付职工薪酬		

资产	期末余额	年初余额	负债和所有者权益 （或股东权益）	期末余额	年初余额
应收股利			应交税费		
其他应收款			应付利息		
存货			应付股利		
一年内到期的非流动资产			其他应付款		
其他流动资产			一年内到期的非流动负债		
流动资产合计			其他流动负债		
非流动资产：			流动负债合计		
可供出售金融资产			非流动负债：		
持有至到期投资			长期借款		
长期应收款			应付债券		
长期股权投资			长期应付款		
投资性房地产			专项应付款		
固定资产			预计负债		
在建工程			递延所得税负债		
工程物资			其他非流动负债		
固定资产清理			非流动负债合计		
生产性生物资产			负债合计		
油气资产			所有者权益（或股东权益）：		
无形资产			实收资本（或股本）		
开发支出			资本公积		
商誉			减：库存股		
长期待摊费用			盈余公积		
递延所得税资产			未分配利润		
其他非流动资产					
非流动资产合计			所有者权益（或股东权益）合计		
资产总计			负债和所有者（或股东权益）总计		

三、资产负债表的编制

资产负债表各项目均需填列"年初余额"和"期末余额"两栏。其中"年初余额"栏内各数字应根据上年末资产负债表"期末余额"栏内所列数字填列。"期末余额"栏主要有以下几种填列方法：

1. 直接填列

资产负债表中的一些项目（尤其是右方项目）可以直接填列，如"短期借款"、

"应付票据"、"应付股利"、"应付账款"、"实收资本"、"资本公积"、"盈余公积"、"应付职工薪酬"、"应交税费"、"固定资产"、"累计折旧"等项目，可以根据相应账户借方或贷方期末余额直接填列。

2. 分析填列

有些项目（尤其是左方大部分项目）需要根据有关账户的余额进行分析计算后填列。

（1）根据若干总分类账期末余额汇总计算填列。如"货币资金"，反映企业库存现金、银行结算户存款以及银行本票存款、银行汇票存款等其他货币资金的，应根据"库存现金"、"银行存款"、"其他货币资金"科目的期末余额合计填列。如"存货"，反映企业期末在库、在途和在加工中的各项存货的实际成本，包括库存材料、包装物、低值易耗品、自制半成品、产成品、分期收款发出商品等，应根据"材料采购"、"原材料"、"包装物及低值易耗品"、"材料成本差异"、"委托加工材料"、"自制半成品"、"产成品"、"分期收款发出商品"、"生产成本"等科目的期末借贷方余额相抵后的差额，减去已提取的资产减值准备后的余额填列。还有"未分配利润"，它反映企业期末尚未分配的利润，应根据"本年利润"科目和"利润分配"科目的余额计算填列。未弥补的亏损在本项目内以"－"号反映。

（2）根据有关账户或明细分类账户期末余额汇总计算填列。如"应付账款"，反映企业购买原材料或接受劳务供应而应付给供应单位的款项，应根据"应付账款"科目所属各明细科目的期末贷方余额分析填列。又如"预收账款"，反映企业预收购买单位的货款，应根据"预收账款"科目的期末余额填列。如"预收账款"科目所属有关明细科目有借方余额的，应在资产负债表"应收账款"科目内填列；如"应收账款"科目所属明细科目有贷方余额的，也应包括在本项目内。

第三节　利润表

一、利润表概述

1. 利润表的概念

利润表是反映企业在一定会计期间的经营成果的会计报表。利润表中的净利润，是根据会计核算的配比原则，通过一定时期内的收入和相对应的成本费用多次配比而得出的。由于它反映的是某一期间的情况，所以又称为动态报表。有时利润表也称为损益表、收益表。

2. 利润表的意义

通过利润表可以从总体上了解企业收入、成本和费用及净利润（或亏损）的实现及构成情况；同时，通过利润表提供的不同时期的比较数字（本月数、本年累计数、上年数），可以分析企业的获利能力及利润的未来发展趋势，了解投资者投入资本的保值增值情况。由于利润既是企业经营业绩的综合体现，又是企业进行利润分配的主要依据，因此，利润表是会计报表中的一张基本报表。

编制利润表的目的，是把企业的有关盈利能力的财务信息提供给报表使用者，对于投资人来说，可以根据利润表提供的信息，比较、分析企业不同时期获利能力的变化，据此来判断应否投资或再投资；对于债权人来说，可以预测、评价企业的债务偿还能力，决定是否维持、增加或收缩对企业的信贷，以及再次放贷的条件。

利润表提供的盈利能力的信息，还可以帮助企业管理层通过分析得到企业各项投入、费用、利润之间的相互消长趋势，发现企业在经营管理中存在的问题，揭露矛盾，找出差距，以便改善经营管理，作出合理的决策。

二、利润表的结构

利润表的格式主要有多步式利润表和单步式利润表两种。我国企业的利润表采用多步式。利润计算公式为：

营业利润＝营业收入－营业成本－营业税费－销售费用－管理费用－财务费用－资产减值损失＋投资净收益

利润总额＝营业利润＋营业外收入－营业外支出

净利润＝利润总额－所得税费用

多步式利润表的结构与格式，如表 11－2 所示。

表 11－2   利润表

会企 02 表

编制单位：   ___年___月   单位：元

项 目	本期金额	上期金额
一、营业收入		
减：营业成本		
营业税金及附加		
销售费用		
管理费用		
财务费用		
资产减值损失		
加：公允价值变动收益（损失以"－"号填列）		
投资收益（损失以"－"号填列）		
其中：对联营企业和合营企业的投资收益		
二、营业利润（亏损以"－"号填列）		
加：营业外收入		
减：营业外支出		
其中：非流动资产处置损失		
三、利润总额（亏损总额以"－"号填列）		

项　目	本期金额	上期金额
减：所得税费用		
四、净利润（净亏损以"－"号填列）		
五、每股收益：		
（一）基本每股收益		
（二）稀释每股收益		

三、利润表的编制

我国企业利润表的主要编制步骤和内容如下：

第一步，以营业收入（销售收入、主营业务收入或营运收入等）为基础，减去营业成本（销售成本、主营业务成本、营运成本等）、营业税金及附加、销售费用、管理费用、财务费用、资产减值损失、加上或减去公允价值变动收益（损失）、投资收益（损失）等，计算出营业利润。

第二步，以营业利润为基础，加上营业外收入，减去营业外支出，计算出利润总额。

第三步，以利润总额为基础，减去所得税费用，计算出净利润（或亏损）。

普通股或潜在普通股已公开交易的企业，以及正处于公开发行普通股或潜在普通股过程中的企业，还应当在利润表中列示每股收益信息。

利润表各项目均需填列"本期金额"和"上期金额"两栏。其中"上期金额"栏内各项数字，应根据上年该期利润表的"本期金额"栏内所列数字填列。"本期金额"栏内各期数字，除"基本每股收益"和"稀释每股收益"项目外，应当按照相关科目的发生额分析填列。

"营业收入"反映企业主要经营业务所取得的收入总额，应根据"主营业务收入"科目发生额分析填列。

"营业成本"反映企业经营主要业务发生的实际成本，应根据"主营业务成本"科目发生额分析填列。

"营业税金及附加"反映企业经营主要业务应负担的营业税、消费税、城市维护建设税、资源税、土地增值税和教育费附加，应根据"营业税金及附加"科目的发生额分析填列。

"其他业务利润"反映企业除主营业务外的其他业务收入减去所发生的相关成本、费用，以及相关税金及附加等的支出后的净额（如为亏损应以"－"号表示），应根据"其他业务收入"和"其他业务支出"科目的发生额分析计算填列。

"销售费用"反映企业在销售商品和商品流通企业在购入商品等过程中发生的费用，应根据"销售费用"科目发生额分析填列。

"管理费用"反映企业发生的管理费用，应根据"管理费用"科目发生额分析填列。

"财务费用"反映企业发生的财务费用，应根据"财务费用"科目的发生额分析填列。

"投资收益"反映企业以各种方式对外投资所取得的收益。其中包括分得的投资利润、债券投资的利息收入、认购股票应得的股利以及收回投资时发生的收益等。应根据"投资收益"科目发生额分析填列。如为投资损失，以"一"号填列。

"营业外收入"和"营业外支出"反映企业发生的与其生产经营无直接关系的各项收入和支出。这两个项目分别根据"营业外收入"和"营业外支出"科目发生额分析填列。

"利润总额"反映企业实现的利润。如为亏损，则以"一"号填列。

"所得税费用"反映企业按规定从本期损益中减去的所得税。应根据"所得税费用"科目的发生额分析填列。

"净利润"反映企业扣除应交所得税后的净利润。如为亏损，以"一"号填列。

第四节 现金流量表

一、现金流量表概述

现金流量表是指反映企业在一定会计期间现金和现金等价物流入和流出的会计报表。现金流量表在评价企业经营业绩，衡量企业财务资源和财务风险，以及预测企业未来前景方面有着十分重要的作用。

现金流量是指企业现金和现金等价物的流入和流出。现金流量表应当分别按经营活动、投资活动和筹资活动列报现金流量。此外，除特殊项目外，现金流量一般应当分别按照现金流入和现金流出总额列报。

现金流量表中的现金，是指企业库存现金以及可以随时用于支付的存款，包括库存现金、银行存款和其他货币资金（如外埠存款、银行汇票存款、银行本票存款等）等。不能随时用于支付的存款不属于现金。

现金等价物是指企业持有的期限短、流动性强、易于转换为已知金额现金、价值变动风险很小的投资。期限短，一般是指从购买日起三个月内到期。现金等价物通常包括三个月内到期的债券投资等。权益性投资变现的金额通常不确定，因而不属于现金等价物。企业应当根据情况，确定现金等价物的范围，一经确定，不得随意变更。

二、现金流量表的结构

现金流量表包括以下内容：

1. 经营活动产生的现金流量

经营活动是指企业投资活动和筹资活动以外的所有交易和事项。也就是说，除归属于企业投资活动和筹资活动以外的所有交易和事项，都可归属于经营活动。对于工商企业而言，经营活动主要包括：销售商品、提供劳务、购买商品、接受劳务、支付税费等。

2. 投资活动产生的现金流量

投资活动是指企业长期资产的购建和不包括在现金等价物范围内的投资及其处置活动。投资活动包括实物资产的投资，也包括金融资产投资。

3. 筹资活动产生的现金流量

筹资活动是指导致企业资本及债务规模和构成发生变化的活动。这里所说的资本，包括实收资本（股本），也包括资本溢价（股本溢价）；这里所说的债务，指对外举债，包括向银行借款、发行债券等。应付账款、应付票据等商业应付款属于经营活动，不属于筹资活动。

我国企业现金流量表采用报告式结构，分类反映经营活动产生的现金流量、投资活动产生的现金流量和筹资活动产生的现金流量，最后汇总反映企业某一期间现金及现金等价物的净增加额。

我国企业现金流量表的格式，如表 11—3 所示。

表 11—3　　　　　　　　　　　　　**现金流量表**

会企 03 表

编制单位：　　　　　　　　　　＿＿年＿＿月　　　　　　　　　　单位：元

项　目	本期金额	上期金额
一、经营活动产生的现金流量：		
销售商品、提供劳务收到的现金		
收到的税费返还		
收到其他与经营活动有关的现金		
经营活动现金流入小计		
购买商品、接受劳务支付的现金		
支付给职工以及为职工支付的现金		
支付的各项税费		
支付其他与经营活动有关的现金		
经营活动现金流出小计		
经营活动产生的现金流量净额		
二、投资活动产生的现金流量：		
收回投资收到的现金		
取得投资收益收到的现金		
处置固定资产、无形资产和其他长期资产收回的现金净额		
处置子公司及其他营业单位收到的现金净额		
收到其他与投资活动有关的现金		
投资活动现金流入小计		

项　目	本期金额	上期金额
购建固定资产、无形资产和其他长期资产支付的现金		
投资支付的现金		
取得子公司及其他营业单位支付的现金净额		
支付其他与投资活动有关的现金		
投资活动现金流出小计		
投资活动产生的现金流量净额		
三、筹资活动产生的现金流量：		
吸收投资收到的现金		
取得借款收到的现金		
收到其他与筹资活动有关的现金		
筹资活动现金流入小计		
偿还债务支付的现金		
分配股利、利润或偿付利息支付的现金		
支付其他与筹资活动有关的现金		
筹资活动现金流出小计		
筹资活动产生的现金流量净额		
四、汇率变动对现金及现金等价物的影响		
五、现金及现金等价物净增加额		
加：期初现金及现金等价物余额		
六、期末现金及现金等价物余额		

三、现金流量表的编制

现金流量表的编制方法有两种，即直接法和间接法。直接法是指按现金收入和支出的主要类别直接反映经营活动的现金流量。采用直接法编制经营活动的现金流量时，一般以利润表中的营业收入为起点，调整与经营活动有关的项目的增减变动，然后计算出经营活动的现金流量。如销售商品、提供劳务所收到的现金，收到的增值税，即按照现金流入的来源直接反映。间接法是根据利润表中的净利润调整为经营活动现金流量，即从净利润中加上未支付现金的支出，如折旧、摊销等，再减去未收到现金的销货应收款等项目，得出实际的经营活动现金流量。

我国的现金流量表准则规定，企业应当采用直接法列示经营活动产生的现金流量，并在现金流量表附注中披露将净利润调节为经营活动现金流量的信息。采用直接法具体编制现金流量表时，可以采用工作底稿法或 T 形账户法，也可以根据有关科目记录分析填列。

1. 工作底稿法

工作底稿法是以工作底稿为工具，以利润表和资产负债表数据为基础，结合有关科目的记录，对现金流量表的每一项目进行分析并编制调整分录，编制现金流量表的一种方法。

采用工作底稿法编制现金流量表的具体步骤是：

（1）设计工作底稿。将资产负债表的年初余额和期末余额，过入工作底稿的年初余额栏和期末余额栏。

（2）编制调整分录。这是编制现金流量表的重要步骤，即对当期业务进行分析并编制调整分录。调整分录大体有这样几类：

第一类：涉及利润表中的收入、成本和费用项目以及资产负债表中的资产、负债及所有者权益项目，通过调整，将权责发生制下的收入、费用转换为现金基础。

第二类：涉及资产负债表和现金流量表中的投资、筹资项目，反映投资和筹资活动的现金流量。

第三类：涉及利润表和现金流量表中的投资和筹资项目，目的是将利润表中有关投资和筹资方面的收入和费用，列入到现金流量表投资、筹资现金流量中去。

此外，还有一些调整分录并不涉及现金收支，只是为了核对资产负债表项目的期末年初变动。

在调整分录中，有关现金和现金等价物的事项，并不直接借记或贷记现金，而是分别记入"经营活动产生的现金流量"、"投资活动产生的现金流量"、"筹资活动产生的现金流量"有关科目，借记表明现金流入，贷记表明现金流出。

（3）过入工作底稿。将调整分录过入工作底稿中的相应部分。

（4）在工作底稿中计算。核对调整分录，借贷合计应当相等，资产负债表项目年初余额加减调整分录中的借贷金额以后，应当等于期末余额。

（5）正式编表。根据工作底稿中的现金流量表项目部分，编制正式的现金流量表。

2. T形账户法

T形账户法是以利润表和资产负债表为基础，结合有关科目的记录，对现金流量表的每一项目进行分析并编制调整分录，通过"T形账户"编制出现金流量表的一种方法。T形账户法的具体步骤是：

（1）为所有的非现金项目（包括资产负债表项目和利润表项目）分别开设T形账户，并将各自的期初变动数过入各该账户。

（2）开设一个大的"现金及现金等价物"T形账户，每边分为经营活动、投资活动和筹资活动三个部分，左边记现金流入，右边记现金流出。与其他账户一样，过入期初变动数。

（3）以利润表项目为基础，结合资产负债表分析每一个非现金项目的增减变动，并据此编制调整分录。

（4）将调整分录过入各T形账户，并进行核对，该账户借贷相抵后的余额与原先过入的期初变动数应当一致。

（5）根据大的"现金及现金等价物"T形账户编制正式的现金流量表。

3. 分析计算法

分析计算法是直接根据资产负债表、利润表和有关会计科目明细账的记录，分析计算出现金流量表各项目的金额，并据以编制现金流量表的一种方法。

第五节 所有者权益变动表

一、所有者权益变动表的概念和意义

所有者权益变动表是反映构成所有者权益各组成部分当期的增减变动情况的报表。该表应当全面反映企业一定时期所有者权益变动的情况，不仅包括所有者权益总量的增减变动，而且包括所有者权益增减变动的结构性信息，尤其是要反映直接计入所有者权益的利得或损失，使报表使用者全面了解影响所有者权益增减变动的因素及其影响程度。

在一定程度上，所有者权益变动表体现了企业的综合收益。综合收益，是指企业在某一特定期间与所有者之外的其他方面进行交易或发生其他事项所引起的企业净资产的变动。在美国，综合收益还被列为一个独立的会计要素。一般来说，综合收益由两部分构成：净利润与直接计入所有者权益的利得和损失。其中，净利润是企业已实现并已确认的收益，利得和损失是企业未实现但根据会计准则的规定已确认的收益（损失）。用公式表示为：

综合收益＝净利润＋直接计入所有者权益的利得和损失

其中，净利润＝收入－费用

通过所有者权益变动表，信息使用者可以获得企业本期所有者权益变动的数量信息，而且可以获得企业所有者权益变动的质量信息，即究竟哪些因素是影响企业净资产变动的重要因素，为信息使用者提供决策依据。

二、所有者权益变动表的格式

为了清晰地表明所有者权益各个组成部分当期的增减变动情况，所有者权益变动表采用矩阵形式列示。一方面，列示导致所有者权益变动的交易或事项，从而可以反映影响所有者权益变动的业务类型以及影响程度大小；另一方面，按照所有者权益的各个组成部分（实收资本、资本公积、盈余公积、未分配利润和库存股）及其总额列示交易或事项对所有者权益的影响。

所有者权益变动表还应将各项目再区分为"本年金额"和"上年金额"两栏分别填列，以提供所有者权益变动的比较信息。

"所有者权益变动表"的格式如表11－4所示。

表 11-4 　　　　　　　　　　　　**所有者权益变动表**

会企 04 表

编制单位：　　　　　　　　　　　　　年度　　　　　　　　　　　　　　　　　　单位：元

项　目	本年金额						上年金额					
	实收资本（股本）	资本公积	减：库存股	盈余公积	未分配利润	所有者权益合计	实收资本（股本）	资本公积	减：库存股	盈余公积	未分配利润	所有者权益合计
一、上年年末余额												
加：会计政策变更												
前期差错更正												
二、本年年初余额												
三、本年增减变动数（减少以"—"号填列）												
1. 本年净利润转入												
2. 本年利润分配												
3. 资本公积转增资本												
4. 盈余公积转增资本												
5. 盈余公积弥补亏损												
6. 所有者本期投入资本												
7. 本年购回库存股												
8. 与计入所有者权益项目相关的所得税影响												
9. 股份支付计入所有者权益的金额												
10. 可供出售金融资产公允价值变动净额												
（1）计入所有者权益的金额												
（2）转入当期损益的金额												
11. 现金流量套期工具公允价值变动净额												
（1）计入所有者权益的金额												
（2）转入当期损益的金额												
（3）计入被套期项目初始确认金额中的金额												
12. 其他												
四、本年年末余额												

第六节 综合举例

例如，甲公司是上市公司，为增值税一般纳税人，税率17%。2007年12月31日的科目余额表如表11-5所示。

表 11-5 科目余额表

2007 年 12 月 31 日 单位：元

科目名称	借方余额	科目名称	贷方余额
库存现金	2000	短期借款	300000
银行存款	1280000	应付票据	200000
其他货币资金	8000	应付账款	108000
交易性金融资产	215000	其他应付款	50000
应收票据	245000	应付利息	1000
应收账款	300000	应付职工薪酬	110000
坏账准备	-1000	应交税费	30000
预付账款	100000		
其他应收款	5000		
材料采购	25000		
原材料	50000	长期借款	800000
周转材料	85000	其中：一年内到期的长期负债	
库存商品	630000	专项应付款	100000
材料成本差异	5000		
长期股权投资	250000		
固定资产	1500000	股本	4000000
累计折旧	-400000	盈余公积	50000
在建工程	1000000	利润分配（未分配利润）	50000
无形资产	500000		
合计	5799000	合计	5799000

甲公司据表11-5编制2007年12月31日资产负债表（年初余额略），如表11-6所示。

表 11-6 资产负债表

会企 01 表

编制单位：甲公司 2007 年 12 月 31 日 单位：元

资产	期末余额	年初余额	负债与所有者权益	期末余额	年初余额
流动资产：			流动负债：		
货币资金	1290000		短期借款	300000	

资　产	期末余额	年初余额	负债与所有者权益	期末余额	年初余额
交易性金融资产	215000		交易性金融负债		
应收票据	245000		应付票据	200000	
应收账款	299000		应付账款	108000	
预付账款	100000		预收账款		
应收利息			应付职工薪酬	110000	
应收股利			应交税费	30000	
其他应收款	5000		应付利息	1000	
存货	795000		应付股利		
一年内到期的非流动资产			其他应付款	50000	
其他流动资产			一年内到期的非流动负债		
流动资产合计	2949000		其他流动负债		
非流动资产：			流动负债合计	799000	
可供出售金融资产			非流动负债：		
持有至到期投资			长期借款	800000	
长期应收款			应付债券		
长期股权投资	250000		长期应付款		
投资性房地产			专项应付款	100000	
固定资产	1100000		预计负债		
在建工程	1000000		递延所得税负债		
工程物资			其他非流动负债		
固定资产清理			非流动负债合计	900000	
无形资产	500000		负债合计	1699000	
开发支出			股东权益：		
商誉			股本	4000000	
长期待摊费用			资本公积		
递延所得税资产			盈余公积	50000	
其他非流动资产			未分配利润	50000	
非流动资产合计	2850000		股东权益合计	4100000	
资产总计	5799000		负债与所有者权益合计	5799000	

假设甲公司 2008 年发生以下业务：

(1) 接银行通知，用银行存款支付到期的商业承兑汇票 100000 元。

(2) 购入原材料一批，收到的增值税专用发票上注明的原材料价款为 150000 元，增值税进项税额为 25500 元，款项已通过银行转账支付，材料未验收入库。

(3) 向乙公司销售产品一批，开出的增值税专用发票上注明的销售价款为

300000 元，增值税销项税额为 51000 元，货款尚未收到。该批产品实际成本 180000 元，产品已发出。

(4) 甲公司将持有的 A 公司（上市公司）股票 15000 元兑现，收回本金 15000 元，投资收益 1500 元，均已存入银行。

(5) 购入不需安装的设备 1 台，收到的增值税专用发票上注明的设备价款为 80000 元，增值税进项税额为 13600 元，支付包装费、运费 1000 元，以银行存款支付。设备已交付使用。

(6) 一项工程完工，交付生产使用，已办理竣工手续，固定资产价值 1000000 元。

(7) 将已到期的一张面值为 200000 元的银行承兑汇票（无息），连同解讫通知和进账单交银行办理转账。收到银行盖章退回的进账单一联。款项银行已收妥。

(8) 出售不需用设备一台，收到价款 300000 元，该设备原价 400000 元，已提折旧 150000 元。该项设备已由购入单位运走。

(9) 收到前丙公司所欠账款 45000 元，存入银行。

(10) 以银行存款支付职工工资 500000 元（转至职工个人工资卡）。

(11) 分配应支付的职工工资 500000 元。其中，生产产品人员工资 275000 元，车间管理人员工资 10000 元，行政管理部门人员工资 15000 元。其余 200000 元为在建工程应负担的工资。

(12) 计提无形资产累计摊销 60000 元。用银行存款支付咨询费 10000 元、支付基本生产车间固定资产修理费 90000 元。

(13) 计算并结转本期制造费用。

(14) 结转本期完工产品成本。本期没有期初在产品，生产的产品已经全部完工入库。

(15) 公司本期产品销售应缴纳的教育费附加为 2000 元。

(16) 用银行存款缴纳增值税 25000 元、教育费附加 2000 元。

(17) 将各损益类科目结转。结转本年利润。

在以上经济业务基础上，甲公司 2008 年度进行账务处理时的会计分录如下（分录编号与以上经济业务编号一致）：

(1) 借：应付票据 100000
　　　贷：银行存款 100000
(2) 借：材料采购 150000
　　　应交税费——应交增值税（进项税额） 25500
　　　贷：银行存款 175500
(3) 借：应收账款 351000
　　　贷：主营业务收入 300000
　　　应交税费——应交增值税（销项税额） 51000
　　借：主营业务成本 180000

　　　　　贷：库存商品　　　　　　　　　　　　　　　180000
（4）借：银行存款　　　　　　　　　　　　　　　16500
　　　　　贷：交易性金融资产　　　　　　　　　　15000
　　　　　　　投资收益　　　　　　　　　　　　　1500
（5）借：固定资产　　　　　　　　　　　　　　　94600
　　　　　贷：银行存款　　　　　　　　　　　　　94600
（6）借：固定资产　　　　　　　　　　　　　　　1000000
　　　　　贷：在建工程　　　　　　　　　　　　　1000000
（7）借：银行存款　　　　　　　　　　　　　　　200000
　　　　　贷：应收票据　　　　　　　　　　　　　200000
（8）借：固定资产清理　　　　　　　　　　　　　250000
　　　　　累计折旧　　　　　　　　　　　　　　　150000
　　　　　贷：固定资产　　　　　　　　　　　　　400000
　　　借：银行存款　　　　　　　　　　　　　　　300000
　　　　　贷：固定资产清理　　　　　　　　　　　300000
　　　借：固定资产清理　　　　　　　　　　　　　50000
　　　　　贷：营业外收入——处置非流动资产净利得　50000
（9）借：银行存款　　　　　　　　　　　　　　　45000
　　　　　贷：应收账款　　　　　　　　　　　　　45000
（10）借：应付职工薪酬　　　　　　　　　　　　500000
　　　　　贷：银行存款　　　　　　　　　　　　　500000
（11）借：生产成本　　　　　　　　　　　　　　275000
　　　　　制造费用　　　　　　　　　　　　　　　10000
　　　　　管理费用　　　　　　　　　　　　　　　15000
　　　　　在建工程　　　　　　　　　　　　　　　200000
　　　　　贷：应付职工薪酬　　　　　　　　　　　500000
（12）借：管理费用——无形资产摊销　　　　　　60000
　　　　　贷：累计摊销　　　　　　　　　　　　　60000
　　　借：管理费用——咨询费　　　　　　　　　　10000
　　　　　制造费用——固定资产修理费　　　　　　90000
　　　　　贷：银行存款　　　　　　　　　　　　　100000
（13）借：生产成本　　　　　　　　　　　　　　100000
　　　　　贷：制造费用　　　　　　　　　　　　　100000
（14）借：库存商品　　　　　　　　　　　　　　375000
　　　　　贷：生产成本　　　　　　　　　　　　　375000
（15）借：营业税金及附加　　　　　　　　　　　2000
　　　　　贷：应交税费——应交教育费附加　　　　2000

（16）借：应交税费——应交增值税　　　　　　25000
　　　　　　　　　——应交教育费附加　　　　2000
　　　　贷：银行存款　　　　　　　　　　　　　27000
（17）借：主营业务收入　　　　　　　　　　300000
　　　　营业外收入　　　　　　　　　　　　50000
　　　　投资收益　　　　　　　　　　　　　1500
　　　　贷：本年利润　　　　　　　　　　　　351500
　　借：本年利润　　　　　　　　　　　　267000
　　　　贷：主营业务成本　　　　　　　　　　180000
　　　　营业税金及附加　　　　　　　　　　2000
　　　　管理费用　　　　　　　　　　　　　85000
　　借：本年利润　　　　　　　　　　　　84500
　　　　贷：利润分配——未分配利润　　　　　　84500

据以上分录，登记甲公司总分类账、明细分类账，并结出各账户年末余额如表 11-7 所示。

表 11-7　　　　　　　　　　　**科目余额表**

2008 年 12 月 31 日　　　　　　　　　　　　　单位：元

科目名称	借方余额	科目名称	贷方余额
库存现金	2000	短期借款	300000
银行存款	844400	应付票据	100000
其他货币资金	8000	应付账款	108000
交易性金融资产	200000	其他应付款	50000
应收票据	45000	应付职工薪酬	110000
应收账款	606000	应交税费	30500
坏账准备	-1000	应付利息	1000
预付账款	100000	应付股利	
其他应收款	5000	一年内到期的非流动负债	
材料采购	175000	长期借款	800000
原材料	50000	专项应付款	100000
周转材料	85000		
库存商品	825000		
材料成本差异	5000	股本	4000000
其他流动资产		盈余公积	50000
长期股权投资	250000	利润分配（未分配利润）	134500
固定资产	2194600		
累计折旧	-250000		

科目名称	借方余额	科目名称	贷方余额
固定资产减值准备			
工程物资			
在建工程	200000		
无形资产	500000		
累计摊销	－60000		
递延所得税资产			
其他非流动资产			
合计	5784000	合计	5784000

根据 2008 年 12 月 31 日的科目余额表，编制甲公司 2008 年 12 月 31 日的资产负债表，如表 11－8 所示。

表 11－8   **资产负债表**

编制单位：甲公司   2008 年 12 月 31 日   会企 01 表   单位：元

资　产	期末余额	年初余额	负债与所有者权益	期末余额	年初余额
流动资产：			流动负债：		
货币资金	854400	1290000	短期借款	300000	300000
交易性金融资产	200000	215000	交易性金融负债		
应收票据	45000	245000	应付票据	100000	200000
应收账款	605000	299000	应付账款	108000	108000
预付账款	100000	100000	预收账款		
应收利息			应付职工薪酬	110000	110000
应收股利			应交税费	30500	30000
其他应收款	5000	5000	应付利息	1000	1000
存货	1140000	795000	应付股利		
一年内到期的非流动资产			其他应付款	50000	50000
其他流动资产			一年内到期的非流动负债		
流动资产合计	2949400	2949000	其他流动负债		
非流动资产：			流动负债合计	699500	799000
可供出售金融资产			非流动负债：		
持有至到期投资			长期借款	800000	800000
长期应收款			应付债券		
长期股权投资	250000	250000	长期应付款		
投资性房地产			专项应付款	100000	100000
固定资产	1944600	1100000	预计负债		

资　产	期末余额	年初余额	负债与所有者权益	期末余额	年初余额
在建工程	200000	1000000	递延所得税负债		
工程物资			其他非流动负债		
固定资产清理			非流动负债合计	900000	900000
无形资产	440000	500000	负债合计	1599500	1699000
开发支出			股东权益：		
商誉			股本	4000000	4000000
长期待摊费用			资本公积		
递延所得税资产			盈余公积	50000	50000
其他非流动资产			未分配利润	134500	50000
非流动资产合计	2834600	2850000	股东权益合计	4184500	4100000
资产总计	5784000	5799000	负债与所有者权益合计	5784000	5799000

上述甲公司 2008 年 12 月 31 日的损益类科目本年累计发生额如下：

主营业务收入（贷）　　　　　　300000 元

主营业务成本（借）　　　　　　180000 元

营业税金及附加（借）　　　　　　2000 元

管理费用（借）　　　　　　　　85000 元

投资收益（贷）　　　　　　　　1500 元

营业外收入（贷）　　　　　　　50000 元

编制甲公司 2008 年的利润表，如表 11—9 所示。

表 11—9　　　　　　　　　　　　**利润表**

会工 02 表

编制单位：甲公司　　　　　　　　　2008 年度　　　　　　　　　　　　单位：元

项　目	本期金额	上期金额（略）
一、营业收入	300000	
减：营业成本	180000	
营业税金及附加	2000	
销售费用		
管理费用	85000	
财务费用		
加：公允价值变动净收益		
投资收益	1500	
二、营业利润	34500	
加：营业外收入	50000	
减：营业外支出		

项　目	本期金额	上期金额（略）
三、利润总额	84500	
减：所得税费用		
四、净利润	84500	
五、每股收益		

思考与练习

重要概念

财务报表　　　　　资产负债表　　　　　利润表　　　　　现金流量表
所有者权益变动表　流动资产　　　　　　非流动资产　　　流动负债
非流动负债

思考题

1. 一套完整的财务报表至少应当包括哪几部分？

2. 财务报表按不同标准如何进行分类？

3. 编制资产负债表的意义是什么？

4. 从结构来看，我国资产负债表是哪种格式？资产、负债以及所有者权益项目在资产负债表中如何列示？按怎样的顺序列示？

5. 编制利润表的意义是什么？

6. 利润表中的利润计算关系是怎样的？

7. 现金流量表中的现金和现金等价物包括什么？

8. 现金流量表主要包括哪几方面的内容？现金流量表各活动的含义分别是什么？

9. 所有者权益的内涵是什么？所有者权益项目主要有哪些？

10. 一套完整的财务报表中各个报表之间的关系如何？

客观题

一、单项选择题

1. 会计报表是根据（　　）定期进行归集、加工和汇总而编制的。

　　A. 原始凭证　　　　　　　　　　　　B. 记账凭证

　　C. 会计凭证　　　　　　　　　　　　D. 会计账簿记录

2. 最关注投资的内在风险和投资报酬的会计报表使用者是（　　）。

　　A. 投资者　　　　B. 债权人　　　　C. 企业管理人员　　　　D. 政府

3. 2009 年 8 月 1 日，某企业开始研究开发一项新技术，当月共发生研发支出 800 万元。其中，费用化的金额 650 万元，符合资本化条件的金额 150 万元。8 月末，研发活动尚未完成。该企业 2009 年 8 月应计入当期利润总额的研发支出为（　　）万元。

A. 0   B. 150   C. 650   D. 800

4. 支付的在建工程人员的工资属于（   ）产生的现金流量。

    A. 筹资活动　　　　B. 经营活动　　　　C. 汇率变动　　　　D. 投资活动

5. （   ）是反映企业经营成果的会计报表。

    A. 资产负债表　　　　　　　　　　B. 利润表

    C. 现金流量表　　　　　　　　　　D. 会计报表附注

6. "预付账款"科目明细账中若有贷方余额，应将其计入资产负债表中的（   ）项目。

    A. 应收账款　　　B. 预收账款　　　C. 应付账款　　　D. 其他应付款

7. 某企业 2007 年度共发生财务费用 30000 元，其中，29000 元为短期借款利息，1000 元为票据贴现息。则现金流量表补充资料中的"财务费用"项目应填列的金额为（   ）元。

    A. 29000　　　　B. 30000　　　　C. −29000　　　　D. −30000

8. 编制资产负债表所依据的会计等式是（   ）。

    A. 收入−费用＝利润

    B. 资产＝负债＋所有者权益

    C. 借方发生额＝贷方发生额

    D. 期初余额＋本期借方发生额−本期贷方发生额＝期末余额

9. 以下报表中反映企业特定日期财务状况的报表是（   ）。

    A. 资产负债表　　　　　　　　　　B. 利润表

    C. 现金流量表　　　　　　　　　　D. 利润分配表

10. 某企业年初所有者权益 160 万元，本年度实现净利润 300 万元，以资本公积转增资本 50 万元，提取盈余公积 30 万元，向投资者分配现金股利 20 万元。假设不考虑其他因素，该企业年末所有者权益为（   ）万元。

    A. 360　　　　B. 410　　　　C. 440　　　　D. 460

二、多项选择题

1. 企业财务会计报告的使用者通常包括（   ）。

    A. 投资者　　　　　　　　　　　　B. 债权人

    C. 企业管理人员　　　　　　　　　D. 政府及相关机构

2. 会计报表包括（   ）。

    A. 资产负债表　　　　　　　　　　B. 利润表

    C. 现金流量表　　　　　　　　　　D. 所有者权益变动表

3. 下列交易或事项中产生的现金流量，属于投资活动产生的现金流量的有（   ）。

    A. 为购建固定资产支付的耕地占用税

    B. 为购建固定资产支付的已资本化的利息费用

    C. 因火灾造成的资产损失而收到的保险赔偿

    D. 最后一次支付分期付款购入固定资产的价款

4. 中期财务会计报告包括（   ）。

    A. 月度财务会计报告　　　　　　　B. 半年度财务会计报告

    C. 季度财务会计报告　　　　　　　D. 年度财务会计报告

5. 财务会计报告可以提供企业（   ）的信息。

    A. 财务状况　　　B. 经营成果　　　C. 资源消耗　　　D. 现金流量

6. 下列各项中，应作为现金流量表中经营活动产生的现金流量的有（   ）。
    A. 销售商品收到的现金   B. 取得短期借款收到的现金
    C. 采购原材料支付的增值税   D. 取得长期股权投资支付的手续费
7. 下列各项中，不应确认为财务费用的有（   ）。
    A. 企业筹建期间的借款费用   B. 资本化的借款利息支出
    C. 销售商品发生的商业折扣   D. 支付的银行承兑汇票手续费
8. 按照我国会计准则的规定，在资产负债表中应作为"存货"项目列示的有（   ）。
    A. 生产成本   B. 制造费用
    C. 未确认融资费用   D. 发出商品

三、判断题

1. 财务会计报告是企业会计核算的最终成果。   （   ）
2. 由于财务会计报告是对外提供，所以其所提供的信息对企业管理者和职工没有用处。
                                                                                （   ）
3. 年度终了，除"未分配利润"明细科目外，"利润分配"科目下的其他明细科目应当无
    余额。   （   ）
4. 企业出售固定资产应缴的营业税，应列入利润表的"营业税金及附加"科目。   （   ）
5. 企业会计报表各项目的数据在同一企业不同时期应当口径一致、相互可比，在不同的企
    业之间则不一定要相互可比。   （   ）
6. 企业对重要的事项，应当按照要求在会计报表附注中进行说明。   （   ）
7. 会计报表的便于理解的要求是建立在会计报表使用者具有一定的会计报表阅读能力的基
    础上的。   （   ）

练习题

习题一

（一）资料：

1. A 企业为增值税一般纳税人，税率 17%。2008 年 12 月 31 日的有关资料如下：

科目余额表

编制单位：A 企业　　　　　　　　2008 年 12 月 31 日　　　　　　　　单位：元

科目名称	借方余额	贷方余额
库存现金	10000	
银行存款	57000	
应收票据	60000	
应收账款	80000	
坏账准备		5000
预付账款	30000	
原材料	70000	
低值易耗品	10000	
材料成本差异		55000
在产品	90000	

科目名称	借方余额	贷方余额
库存商品	100000	
固定资产	800000	
累计折旧		300000
在建工程	40000	
无形资产	150000	
短期借款		10000
应付账款		70000
预收账款		10000
应付职工薪酬	4000	
应交税费		11000
长期借款		80000
实收资本		500000
盈余公积		200000
未分配利润		200000

2. 2009 年，该企业共发生如下业务：

(1) 购入原材料一批，收到的增值税专用发票上注明的原材料价款为 30000 元，增值税进项税额为 5100 元，款项已通过银行转账支付，材料已验收入库。

(2) 向 B 企业销售产品一批，开出的增值税专用发票上注明的销售价款为 200000 元，增值税销项税额为 34000 元，货款尚未收到。该批产品实际成本 65000 元，产品已发出。

(3) 购入不需安装的设备 1 台，收到的增值税专用发票上注明的设备价款为 50000 元，增值税进项税额为 8500 元，支付包装费、运费 1500 元。设备已交付使用，款项已经电汇至对方账户。

(4) 一项工程完工，交付生产使用，已办理竣工手续，固定资产价值 40000 元。

(5) 收到前 C 企业所欠账款 120000 元，存入银行。

(6) 归还银行短期借款 10000 元。

(7) 从银行借入长期借款 60000 元。

(8) 以银行存款支付职工工资 50000 元（转至职工个人工资卡）。

(9) 为生产部门职工发放非货币性福利 50000 元，为管理部门职工发放非货币性福利 20000 元。

(10) 车间计提本年折旧额 50000 元。

(11) 结合本期制造费用，结转本期完工产品成本。本期没有期初在产品，生产的产品已经全部完工入库。

(12) 将各损益类科目结转，并结转本年利润。

3. 根据上述资料编制各业务会计分录。

4. 根据资料编制 2009 年 12 月 31 日资产负债表。

(二) 要求：根据资料编制 2009 年 12 月利润表（不计算所得税）。

习题二

（一）资料：A企业2009年12月份有关损益类账户的发生额，如下表所示。

A企业损益类账户发生额表   单位：元

会计科目	借方发生额	贷方发生额
主营业务收入		7611620
其他业务收入		928000
投资收益		600000
营业外收入		645380
主营业务成本	5683200	
其他业务成本	698300	
销售费用	352000	
管理费用	543000	
财务费用	86000	
营业税金及附加	50000	
营业外支出	314500	

（二）要求：

（1）将收入、成本费用类账户结转到"本年利润"账户。

（2）确认所得税费用（税率25%），将所得税费用转入"本年利润"账户。

（3）将"本年利润"转入利润分配。

（4）根据以上项目编制利润表。

第十二章　成本核算

第一节　成本核算概述

一、成本核算的一般要求

1. 严格执行《企业会计准则》规定的成本计量要求

成本是企业为生产产品、提供劳务而发生的各种经济资源的耗费。生产经营过程同时也是资产的耗费过程。例如，为生产产品需要耗费材料、磨损固定资产、用现金向职工支付工资薪酬等。材料、固定资产和现金等资产的耗费，在企业生产经营中表现为由一种资产转变为另一种资产，是资产内部的相互转变，不会导致企业所有者权益的减少，因此，不是经济利益流出企业，也不是企业的费用。

2. 正确划分各种成本耗费的界限

（1）正确划分存货成本与期间费用的界限。成本是在购买材料、生产产品或提供劳务过程中发生的、由产品或劳务负担的耗费。

期间费用指企业当期发生的、必须从当期收入得到补偿的经济利益的总流出。期间费用包括管理费用、销售费用、财务费用，这些费用不应由产品或劳务负担。因此，期间费用不计入产品或劳务成本，需要直接计入当期损益。

（2）正确划分各期的成本界限。正确划分各期产品成本的依据是权责发生制和受益原则，一项耗费是否应计入本月存货成本以及应计入多少，取决于是否应由本月负担以及受益量的大小。某项耗费是否应计入本月产品成本，不取决于成本金额的大小，而决定于本月产品是否受益，只要是本月产品受益的耗费，就应计入本期产品成本；只要是由本月与以后各月共同受益的耗费，就应在相关期内采用适当方法进行合理计量。

（3）正确划分各种产品的成本界限。在企业已经发生的各种生产成本中，还必须划清应由哪种产品负担。划分的依据是受益原则，哪种产品受益，就由哪种产品负担。凡是能直接确定应由某种产品负担的直接耗费，就应直接计入该种产品的成本。凡是能确定由几种产品共同负担的耗费，应采用适当分配方法，合理地分配计入相关产品成本。

（4）正确划分完工产品和在产品的成本界限。月末，如果某产品已经全部完工，则本月发生的生产成本全部计入该完工产品；如果该产品全部尚未完工，则本月发生的生产成本全部计入未完工产品。如果某种产品既有完工产品又有在产品，就需要采用适当的分配方法，将产品应负担的成本在完工产品和在产品之间进行分配，分别计算出完工产品应负担的成本和在产品应负担的成本。上月末尚未完工的在产品，转入本月继续加工，其上月末分配负担的成本即为本月初在产品成本。

月初在产品成本、本月生产成本、本月完工产品成本和月末在产品成本之间的关系如下：

月初在产品成本＋本月生产成本＝本月完工产品成本＋月末在产品成本

式中，本月完工产品应负担的成本，即本月完工产品成本。为了划清这一成本界限，要正确计算完工产品和在产品的数量，并在此基础上进行成本的分配。

3. 做好成本核算的基础工作

成本核算的基础工作是进行成本审核、控制，正确计算产品成本的必要条件，基础工作有以下方面：

（1）定额的制定和修订。企业应制定（并经常修订）先进而又可行的原材料、燃料、动力和工时等项消耗定额，并据以审核各项耗费是否合理，是否节约，借以控制耗费，降低成本。

（2）材料物资的计量、收发、领退和盘点。成本管理和成本核算工作中，还必须对材料物资的收发、领退和结存进行计量，建立和健全材料物资的计量、收发、领退和盘点制度。

（3）原始记录。原始记录是指对于生产过程中工时和动力的耗费，在产品和半成品的内部转移，以及产品质量的检验结果等，均应做出真实、完整的记录。

（4）厂内计划价格的制定和修订。为了分清企业内部各单位的经济责任，便于分析和考核内部各单位成本计划的完成情况，还应对材料、半成品和厂内各车间提供的劳务（如运输、修理等）制定厂内计划价格，作为内部结算和考核的依据。厂内计划价格应尽可能接近实际并相对稳定，年度内一般不作变更。

4. 选择适当的成本计算方法

企业在进行成本核算时，应根据本企业的具体情况，选择适合本企业特点的成本计算方法进行成本核算。成本计算方法的选择，应同时考虑企业生产类型的特点和管理的要求两个方面。企业可以采用一种成本计算方法，也可以采用多种成本计算方法，即多种成本计算方法同时使用或多种成本计算方法结合使用。成本计算方法一经确定，一般不得随意变更。

二、成本核算的主要科目

为了按照用途归集各项成本，划清有关成本的界限，正确计算产品成本，应当设置"生产成本"、"制造费用"科目，必要时，还可增设"待摊费用"和"预提费用"等科目。

1. "生产成本"科目

"生产成本"科目核算企业进行工业性生产发生的各项生产成本，包括生产各种产品（产成品、自制半成品等）、自制材料、自制工具、自制设备等。

"生产成本"科目可按基本生产成本和辅助生产成本进行明细核算。基本生产成本应当分别按照基本生产车间和成本核算对象（产品的品种、类别、订单、批别、生产阶段等）设置明细账（或成本计算单，下同），并按照规定的成本项目设置专栏。

企业发生的各项直接生产成本、各生产车间应负担的制造费用、辅助生产车间为基本生产车间、管理部门和其他部门提供的劳务和产品，期（月）末，按照一定分配标准分配给受益对象时，计入本科目的借方；企业已经生产完成并已验收入库的产成品以及入库的自制半成品，应于期（月）末计入本科目的贷方；本科目的期末借方余额，反映企业尚未加工完成的在产品成本。

2. "制造费用"科目

"制造费用"科目核算企业生产车间（部门）为生产产品和提供劳务而发生的各项费用。该科目可按不同的生产车间、部门和费用项目进行明细核算。生产车间发生的机物料消耗、管理人员的工资等职工薪酬、计提的固定资产折旧、支付的办公费、水电费、发生的季节性停工损失等，应计入本科目的借方；将制造费用分配计入有关的成本核算对象时，计入本科目的贷方。季节性生产企业制造费用全年实际发生额与分配额的差额，除其中属于为下一年开工生产做准备的可留待下一年分配外，其余部分实际发生额与分配额的差额计入生产成本。除季节性的生产性企业外，本科目期末应无余额。

3. "待摊费用"科目

待摊费用核算企业已经支付但应由本期和以后各期共同负担的、分摊期限在一年以内的各项费用，如低值易耗品摊销、出租出借包装物摊销、预付保险费、预付报纸杂志费等。该科目应按费用种类设置明细账进行明细核算。企业发生待摊费用时计入本科目及所属明细账的借方；分期摊销的费用计入本科目及所属明细账的贷方。本科目借方的期末余额表示尚未摊销的费用。

4. "预提费用"科目

预提费用核算企业按照规定从成本、费用中预提但尚未支付的各项费用，如预提的租金、保险费、借款利息、修理费用等。该科目应按费用的种类设置明细账进行明细核算。企业预提各项费用时，计入本科目及所属明细账的贷方；实际支付预提的各项费用时，计入本科目及所属明细账的借方。本科目的贷方期末余额表示已预提但尚未支付的费用。如果实际支付的预提费用数额大于已预提数额，则本科目会出现借方余额，应视同待摊费用处理，分期摊入有关的成本、费用账户中。

三、产品生产成本项目和核算程序

1. 产品生产成本项目

根据生产特点和管理要求，企业一般可以设立以下几个成本项目：

（1）直接材料。直接材料是指企业在生产产品和提供劳务过程中所消耗的直接用于产品生产并构成产品实体的原料、主要材料、外购半成品以及有助于产品形成的辅助材料等。

（2）直接人工。直接人工是指企业在生产产品和提供劳务过程中，直接参加产品生产的工人工资以及其他各种形式的职工薪酬。

（3）制造费用。制造费用是指企业为生产产品和提供劳务而发生的各项间接费用，管理人员的工资等职工薪酬、折旧费、办公费、水电费、机物料消耗、保费、季节性和修理期间的停工损失等。

2. 成本核算的一般程序

（1）区分应计入产品成本的成本和不应计入产品成本的费用。

（2）将应计入产品成本的各项成本，区分为应当计入本月的产品成本与应当由其他月份产品负担的成本。

（3）将应计入本月产品成本的各项成本在各种产品之间进行归集和分配，计算出各种产品的成本。

（4）对既有完工产品又有在产品的产品，采用一定的方法在完工产品和期末在产品之间进行分配，计算出该种完工产品的总成本和单位成本。

成本计算的各账户的关系及一般程序，如图 12-1 所示。

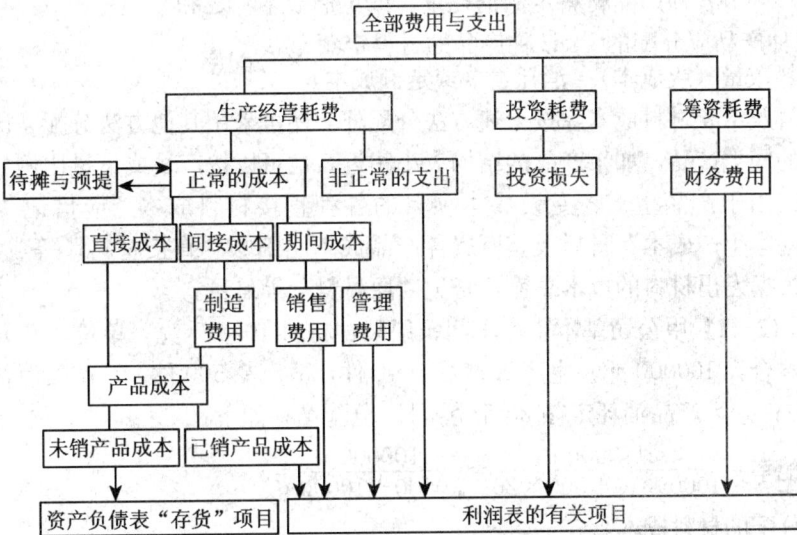

图 12-1　成本计算各账户关系及程序图

第二节　生产成本的核算

基本生产车间发生的各项成本，最终都要计入产品生产成本，即记入各种产品成本明细账。基本生产车间发生的直接用于产品生产、但没有专门设立成本项目的成本，以及间接用于产品生产的成本，应先记入"制造费用"科目及其他相应明细账；月末，再将归集的全部制造成本转入"生产成本——基本生产成本"科目。

企业通过对生产成本的归集和分配，在"生产成本——基本生产成本"科目和所属各种产品成本明细账的各个成本项目中，就归集了应由本月基本生产车间的各种产品负担的全部生产成本。将这些成本加上月初在产品成本，在完工产品和月末在产品之间进行分配，就可算出各种完工产品和月末在产品的成本。

辅助生产车间发生的各项生产成本的分配方法，与基本生产车间基本相同。

一、基本生产成本的核算

1. 直接材料成本的核算

基本生产车间发生的直接用于产品生产的直接材料成本，包括直接用于产品生产的燃料和动力成本，应设置"直接材料"等成本项目。这些原料和主要材料一般分产品领用，应根据领料凭证直接计入某种产品成本的"直接材料"项目。但如果是几种产品共同耗用的材料成本，应采用适当的分配方法，分配计入各有关产品成本的"直接材料"成本项目。在消耗定额比较稳定、准确的情况下，通常采用材料定额消耗量比例或材料定额成本的比例进行分配，公式如下：

$$分配率 = \frac{材料实际总消耗量（或实际成本）}{各种产品材料定额消耗量（或定额成本）之和}$$

$$某种产品应分配的材料数量（或成本） = 该种产品的材料定额消耗量（或定额成本） \times 分配率$$

原料及主要材料成本除按上述方法分配外，还可采用其他方法分配。比如，不同规格的同类产品，如果产品的结构大小相近，也可以按产量或重量比例分配。

直接用于产品生产、专设成本项目的各种直接材料成本，应借记"生产成本——基本生产成本"科目及其所属各产品成本明细账"直接材料"等成本项目。企业应根据发出材料的成本总额，贷记"原材料"等科目。

【例 12—1】甲公司基本生产车间领用某种材料 1000 千克，单价 100 元/千克，材料成本合计 100000 元，生产 X 产品 1000 件，Y 产品 500 件。X 产品消耗定额为 10 千克/件，Y 产品消耗定额 20 千克/件。分配结果如下：

$$分配率 = \frac{100000}{1000 \times 10 + 500 \times 20} = \frac{100000}{10000 + 10000} = 5$$

应分配的材料成本：

X 产品：10000×5＝50000（元）

Y 产品：10000×5＝50000（元）

合计＝100000（元）

实际工作中，材料成本的分配一般是通过"材料成本分配表"进行的。分配表应按材料的用途和材料类别，根据归类后的领料凭证编制。其格式内容如表 12—1 所示。

表 12—1   材料成本分配表

应借项目			共同耗用原材料的分配					直接领用的原材料（元）	耗用原材料总额（元）
总账及二级科目	明细科目	成本项目	产量（件）	单位消耗定额（千克）	定额消耗用量（千克）	分配率	应分配材料费（元）		
生产成本——基本生产成本	X产品	直接材料	1000	10	10000		50000	408000	458000
	Y产品	直接材料	500	20	10000		50000	32000	82000
	小计				20000	5	100000	440000	540000
生产成本——辅助生产成本	锅炉车间	直接材料						125000	125000
	供电车间	直接材料						75000	75000
	小计							200000	200000
制造费用	基本车间	机物料消耗						60000	60000
合　计							100000	700000	800000

根据"材料成本分配表"，应作如下会计处理：

借：生产成本——基本生产成本——X产品——直接材料

458000

——Y产品——直接材料

82000

——辅助生产成本　　　200000

制造费用——基本车间　　　60000

贷：原材料——某材料　　　　　800000

2. 直接人工成本的核算

直接进行产品生产、设有"直接人工"成本项目的生产工人工资、福利费等职工薪酬，应单独计入"生产成本——基本生产成本"科目和所属产品成本明细账的借方（在明细账中计入"直接人工"成本项目），同时，贷记"应付职工薪酬"科目。

如果生产车间同时生产几种产品，则其发生的直接人工成本，包括工人工资、福利费用等职工薪酬，应采用一定方法分配计入各产品成本中。由于工资形成的方式不同，直接人工的分配方法也不同。比如，按计时工资分配直接人工成本、按计件工资分配直接人工成本。

（1）按计时工资分配直接人工成本。计时工资一般是根据生产工人出勤记录和月标准工资计算，不能反映生产工人工资的用途。所以，计时生产工人工资一般以按出勤时间计算的计时工资为基数，以产品生产耗用的生产工时为分配标准。计算公式如下：

$$直接人工成本分配率 = \frac{本期发生的直接人工成本}{各产品耗用的实际工时（或定额成本）之和}$$

$$某种产品应负担的直接人工成本 = \frac{该产品耗用的实际}{工时（或定额工时）数} \times 直接人工成本分配率$$

（2）按计件工资分配直接人工成本。计件工资下，直接人工成本的分配可根据产量和每件人工费率，分产品进行汇总，计算出每种产品应负担的直接人工成本。

为了按工资的用途和发生地点归集并分配工资，月末应分生产部门根据工资结算单和有关的生产工时记录编制"工资成本分配表"，生产车间工人除工资以外的其他职工薪酬的归集和分配方法，与工资基本相同。"工资成本分配表"如表12-2所示。

表 12-2　　　　　　　　　　　工资成本分配汇总表　　　　　　　　　　金额单位：元

应借科目		工资			
总账及二级科目	明细科目	分配标准（工时）	直接生产人员（0.5）	管理人员工资	工资合计
生产成本——基本生产成本	A产品	500000	250000		250000
	B产品	400000	200000		200000
	小计	900000	450000		450000
生产成本——辅助生产成本	锅炉车间				60000
	供电车间				100000
	小计				160000
制造费用	基本车间			5000	5000
	锅炉车间			4000	4000
	供电车间			3500	3500
	小计			12500	12500
合计		450000		12500	622500

【例12-2】甲公司根据表12-2即可登记总账和有关的明细账。会计分录如下：

借：生产成本——基本生产成本　　　　　　　　　450000
　　　　　　——辅助生产成本　　　　　　　　　160000
　　制造费用——基本车间　　　　　　　　　　　5000
　　　　　　——锅炉车间　　　　　　　　　　　4000
　　　　　　——供电车间　　　　　　　　　　　3500
　　贷：应付职工薪酬　　　　　　　　　　　　　622500

二、辅助生产成本的核算

辅助生产是指为基本生产服务而进行的产品生产和劳务供应。辅助生产有的只生产一种产品或提供一种劳务，有的则生产多种产品或提供多种劳务。辅助生产成本是指辅助生产车间发生的成本。

归集在"生产成本——辅助生产成本"科目及其明细账借方的辅助生产成本，由于所生产的产品和提供的劳务不同。其所发生的成本分配转出的程序方法也不一样。提供水、电、气和运输、修理等劳务所发生的辅助生产成本，通常按受益单位耗用的劳务数量在各单位之间进行分配，分配时，借记"制造费用"或在结算辅助生产明细账之前，还应将各辅助车间的制造费用分配转入各辅助生产明细账，归集辅助生产成本。制造工具、模型、备件等产品所发生的成本。应计入完工工具、模型、备件等产品的成本。完工时，作为自制工具或材料入库，由"生产成本——辅助生产成本"科目及其明细账的贷方转入"周转材料——低值易耗品"或"原材料"等科目的借方。

辅助生产车间提供的产品和劳务，主要是为基本生产车间和管理部门使用和服务的，但在某些辅助生产车间之间也有相互提供产品和劳务的情况。例如，锅炉车间为供电车间供汽取暖，供电车间也为锅炉车间提供电力。这样，为了计算供汽成本，就要确定供电成本；为了计算供电成本，又要确定供汽成本。这里就存在一个辅助生产成本在各辅助生产车间交互分配的问题。辅助生产成本的分配，应通过"辅助生产成本分配表"进行。分配辅助生产成本的方法主要有直接分配法、交互分配法和按计划成本分配法等。这里主要介绍分配辅助生产成本的直接分配法和交互分配法。

1. 直接分配法

直接分配法是不考虑辅助生产内部相互提供的劳务量，即不经过辅助生产成本的交互分配，直接将各辅助生产车间发生的成本分配给辅助生产以外的各个受益单位或产品。计算公式如下：

$$辅助生产的单位成本=\frac{辅助生产成本总额}{辅助生产的产品或劳务总量（不包括对各辅助生产车间提供的产品或劳务量）}$$

各受益车间、产品或各部门应分配的成本＝辅助生产的单位成本×该车间、产品或部门的耗用量

【例 12－3】乙公司辅助生产车间的制造费用不通过"制造费用"科目核算。该公司锅炉和机修两个辅助车间之间相互提供产品和劳务。锅炉车间的成本按供汽量比例分配，修理费用按修理工时比例进行分配。该公司 2009 年 7 月有关辅助生产成本的资料如表 12－3 所示。

表 12－3　　　　　　　　　　　　有关辅助生产成本的资料

辅助生产车间名称		机修车间	锅炉车间
待分配成本		240000 元	90000 元
供应劳务、产品数量		80000 小时	20000 立方米
耗用劳务、产品数量	锅炉车间	5000 小时	
	机修车间		2000 立方米
	生产一车间	40000 小时	10200 立方米
	生产二车间	35000 小时	7800 立方米

根据以上资料，编制直接分配法的辅助生产成本分配表如表 12－4 所示。

表 12—4 　　　　　　　**辅助生产成本分配表（直接分配法）**

2009 年 7 月

辅助生产车间名称			机修车间	锅炉车间	合计
待分配成本			240000 元	90000 元	330000 元
对外供应劳务量			75000 小时	18000 立方米	
单位成本（分配率）			3.2	5	
基本生产车间	一车间	耗用数量	40000 小时	10200 立方米	
		分配金额	128000 元	51000 元	179000 元
	二车间	耗用数量	35000 小时	7800 立方米	
		分配金额	112000 元	39000 元	151000 元
金额合计（元）			240000 元	90000 元	330000 元

对外供应劳务、产品数量：

机修车间＝80000－5000＝75000（小时）

锅炉车间＝20000－2000＝18000（立方米）

会计处理如下：

借：制造费用——一车间　　　　　　　　　　179000

　　　　　　——二车间　　　　　　　　　　151000

　　贷：生产成本——辅助生产成本（机修车间）　　240000

　　　　　　　　——辅助生产成本（锅炉车间）　　90000

2. 交互分配法

交互分配法与直接分配法不同，采用这种方法分配辅助生产成本，应先根据各辅助生产内部相互供应的数量和交互分配前的成本分配率（单位成本），进行了一次交互分配；然后再将各辅助生产车间交互分配后的实际成本（即交互分配前的成本加上交互分配转入的成本，减去交互分配转出的成本），按对外提供劳务的数量，在辅助生产以外的各个受益单位或产品之间进行分配。

【例 12—4】承**【例 12—3】**编制交互分配法的辅助生产成本分配表如表 12—5 所示。

表 12—5 　　　　　　　**辅助生产成本分配表（交互分配法）**

2009 年 7 月

分配方向	交互分配			对外分配		
辅助生产车间名称	机修	锅炉	合计	机修	锅炉	合计
待分配成本（元）	240000	90000	330000	182250	147750	330000
供应劳务量	80000	20000		75000	18000	
单位成本（分配率）	3	4.5		2.43	8.2083	

分配方向		交互分配			对外分配		
辅助生产车间名称		机修	锅炉	合计	机修	锅炉	合计
辅助车间	机修 耗用数量		500				
	机修 分配金额		2250	2250			
	锅炉 耗用数量	20000					
	锅炉 分配金额	60000		60000			
	金额小计	60000	2250	62250			
基本车间	一车间 耗用数量				40000	10200	
	一车间 分配金额				97200	83724.66	180924.66
	二车间 耗用数量				35000	7800	
	二车间 分配金额				85050	64025.34	149075.34
	分配金额小计（元）				182250	147750	330000

分配率的小数保留四位，尾差计入二车间生产成本。

对外分配的辅助生产成本：

机修车间＝240000＋2250－60000＝182250（元）

锅炉车间＝90000＋60000－2250＝147750（元）

会计处理如下：

（1）交互分配：

借：生产成本——辅助生产成本（机修车间）　　　　2250

　　　　　——辅助生产成本（锅炉车间）　　　　60000

　　贷：生产成本——辅助生产成本（机修车间）　　　　60000

　　　　　——辅助生产成本（锅炉车间）　　　　2250

（2）对外分配：

借：制造费用——一车间　　　　180924.66

　　　　　——二车间　　　　149075.34

　　贷：生产成本——辅助生产成本（机修车间）　　　　182250

　　　　　——辅助生产成本（锅炉车间）　　　　147750

三、制造费用的核算

制造费用，是指企业为生产产品和提供劳务而发生的各项间接费用，包括生产车间发生的机物料消耗、管理人员的工资、福利费等职工薪酬、折旧费、办公费、水电费、季节性的停工损失等。制造费用属于应计入产品成本但不专设成本项目的各项成本。

制造费用归集和分配应当通过"制造费用"科目进行。该科目应当根据有关付款凭证、转账凭证和前述各种成本分配表登记；还应按不同的车间设立明细账，账内按照成本项目设立专栏，分别反映各车间各项制造费用的发生情况和分配转出情况。

基本生产车间和辅助生产车间发生的直接用于生产、但没有专设成本项目的各种材料成本及用于组织和管理生产活动的各种材料成本，应借记"制造费用"及其明细账（基本生产车间和辅助生产车间）的相关成本项目，贷记"原材料"等科目；基本生产车间和辅助生产车间管理人员的工资、福利费等职工薪酬，记入"制造费用"和所属明细账的借方，同时，贷记"应付职工薪酬"科目。

在生产一种产品的车间中，制造费用可直接计入其产品成本。在生产多种产品的车间中，就要采用合理的分配方法，将制造费用分配计入各种产品成本。企业应根据制造费用的性质、产品的性质以及生产方式，结合自身的实际情况，对正常生产活动发生的制造费用，合理选择分配方法。由于企业各个生产车间或部门的生产任务、技术装备程度、管理水平和费用水准各不相同，因此，制造费用的分配一般应按生产车间或部门进行。

企业应当根据制造费用的性质，合理选择分配方法。也就是说，企业所选择的制造费用分配方法，必须与制造费用的发生具有较密切的相关性，并且使分配到每种产品上的制造费用金额基本合理，同时还应当适当考虑计算手续的简便。在各种产品之间分配制造费用的方法，通常有：生产工人工时比例法、生产工人工资比例法、机器工时比例法、耗用原材料的数量或成本比例法、直接成本（材料、生产工人工资等职工薪酬之和）比例法和产成品产量比例法等。企业具体选用哪种分配方法，由企业自行决定。分配方法一经确定，不得随意变更。如需变更，应当在附注中予以说明。

1. 生产工人工时比例法

即按照各种产品所用生产工人实际工时数的比例分配制造费用。计算公式如下：

$$制造费用分配率 = \frac{制造费用总额}{车间生产工人实际工时总数}$$

某产品应负担的制造费用 = 该产品的生产工人实际工时数 × 制造费用分配率

2. 生产工人工资比例法

即按照计入各种产品成本的生产工人实际工资的比例分配制造费用的方法。由于工资成本分配表可以直接提供生产工人工资资料，因而采用这种分配方法，核算工作比较简便。计算公式如下：

$$制造费用分配率 = \frac{制造费用总额}{车间生产工人实际工资总额}$$

某产品应负担的制造费用 = 该产品的生产工人实际工资额 × 制造费用分配率

3. 机器工时比例法

即按照生产各种产品所用机器设备运转时间的比例分配制造费用的方法。这种方法适用于产品生产的机械化程度较高的车间。采用这种方法，必须具备各种产品所用机器工时的原始记录。计算公式如下：

$$制造费用分配率=\frac{制造费用总额}{机器运转总时数}$$

某产品应负担的制造费用＝该产品的机器运转时数×制造费用分配率

4. 耗用原材料的数量或成本比例法

即按照各种产品所耗用的原材料的数量或成本的比例分配制造费用的方法。计算公式如下：

$$制造费用分配率=\frac{制造费用总额}{耗用原材料的数量（或成本）总数}$$

某产品应负担的制造费用＝该产品所耗用的原材料的数量（或成本）×制造费用分配率

5. 直接成本（材料、生产工人工资等职工薪酬之和）比例法

即按照计入各种成本的直接成本（材料、生产工人工资等职工薪酬之和）的比例分配制造费用的方法。计算公式如下：

$$制造费用分配率=\frac{制造费用总额}{各种产品的直接成本总额}$$

某产品应负担的制造费用＝该产品的直接成本×制造费用分配率

6. 产成品产量比例法

即按各种产品的实际产量（或标准产量）的比例分配制造费用的方法。其中某种产品的标准产量，是通过将该产品的实际产量乘以换算标准产量的系数而求得的。计算公式如下：

$$制造费用分配率=\frac{制造费用总额}{各种产品的实际产量（或标准产量）}$$

某产品应负担的制造费用＝该产品的实际产量（或标准产量）×制造费用分配率

以上各种分配方法，是对各月生产车间或部门的制造费用实际发生额进行分配的。为简化核算，也可以采用年度计划分配率法进行分配。

年度计划分配率法的计算公式如下：

$$年度计划分配率=\frac{年度制造费用计划总额}{年度各种产品计划产量的定额工时总数}$$

某月某产品应负担的制造费用＝该月该产品实际产量的定额工时数×年度计划分配率

采用这一方法时，全年各月实际生产数与已分配数之间的差额，除其中属于为次年开工生产做准备的可留待明年分配外，其余的都应当在年度终了时调整本年度的产品成本。

【例12-5】丙公司基本生产车间A产品机器工时为20000小时，B产品机器工时为10000小时，本月发生制造费用900000元。

要求：在A、B产品之间分配制造费用，并编制会计分录。

制造费用分配率＝$\frac{900000}{20000+10000}$＝30（元/工时）

A产品应负担的制造费用＝20000×30＝600000（元）

B产品应负担的制造费用＝10000×30＝300000（元）

按机器工时比例法编制制造费用分配表，如表12—6所示。

表 12—6 **制造费用分配表** 金额单位：元

借方科目	机器工时	分配金额（分配率：30元/工时）
生产成本——基本生产成本		
——A产品	20000	600000
——B产品	10000	300000
合　计	30000	900000

会计处理如下：

借：生产成本——基本生产成本——A产品　　600000

　　　　　　　　　　　　　——B产品　　300000

　　贷：制造费用　　　　　　　　　　　　　900000

通过以上各种成本的分配和归集，应计入本月产品成本的各种成本都已计入"生产成本——基本生产成本"科目的借方，并已在各种产品之间划分清楚，而且按成本项目分别登记在各自的产品成本计算单（基本生产成本明细账）中了。

第三节　生产成本在完工产品和在产品之间的分配

通过上述各项生产成本的归集和分配，基本生产车间在生产过程中发生的各项成本，已经集中反映在"生产成本——基本生产成本"科目及其明细账的借方，这些成本都是本月发生的生产成本，并不是本月完工产品的成本。要计算出本月完工产品的成本，还要将本月发生的生产成本，加上月初在产品成本，然后再将其在本月完工产品和月末在产品之间进行分配，以求得本月完工产品成本。

本月发生的生产成本和月初、月末在产品及本月完工产品成本四项成本的关系可用下列公式表达：

月初在产品成本＋本月发生生产成本＝本月完工产品成本＋月末在产品成本

或者：

月初在产品成本＋本月发生生产成本－月末在产品成本＝本月完工产品成本

由于公式中前两项是已知数，所以，在完工产品和月末在产品之间分配成本的方法有两种：一是将前两项之和按一定比例在后两项之间进行分配，从而求得完工产品和月末在产品的成本；二是先确定月末在产品成本，再计算求得完工产品的成本。但无论采用哪一类方法，都必须取得在产品数量的核算资料。

一、在产品数量的核算

在产品是指没有完成全部生产过程、不能作为商品销售的在产品，包括正在车间加工中的在产品、已经完成一个或几个生产步骤但还需继续加工的半成品两部分。对外销售的自制半成品属于商品产品，验收入库后不应列入在产品之内。

产品结存的数量，同其他材料物资结存的数量一样，应同时具备账面核算资料和实际盘点资料。企业一方面要做好在产品收发结存的日常核算工作，另一方面要做好在产品的清查工作。车间产品收发结存的日常核算，通常是通过在产品收发结存账进行的。

在实务工作中，即建立在产品台账，应分车间并按照产品的品种和在产品名称设立，以便用来反映车间各种在产品的转入、转出和结存的数量。各车间应认真做好在产品的计量、验收和交接工作，并在此基础上根据领料凭证、在产品内部转移凭证、产成品检验凭证和产品交库凭证，及时完整登记在产品收发结存账。该账簿由车间核算人员登记。做好这两项工作，既可以从账面上随时掌握在产品的动态，又可以清查在产品的实际数量。

为了核实在产品的数量，企业必须认真做好产品的清查工作，可以定期进行清查，也可以不定期轮流清查。有的车间没有建立在产品的日常收发核算，则每月月末都必须清查一次在产品，以便取得在产品的实际盘存资料。清查后，应根据盘点结果和账面资料编制在产品盘点表，填明在产品的账面数、实存数和盘存盈亏数，以及盈亏的原因和处理意见，对于报废和毁损的在产品，还要登记残值。

在产品发生盘盈时，盘盈在产品的成本，借记"生产成本"科目，并记入相应的生产成本明细账各成本项目，贷记"待处理财产损溢"科目；按管理权限报经批准进行处理时，借记"待处理财产损溢"科目，贷记"管理费用"科目。在产品发生盘亏和毁损时，借记"待处理财产损溢"科目，贷记"生产成本"科目，并从相应的生产成本明细账各成本项目中转出，冲减在产品成本；毁损在产品的残值，借记"原材料"科目，贷记"待处理财产损溢"科目；按管理权限报经批准进行处理时，应借记"待处理财产损溢"科目，贷记"管理费用"、"其他应收款"等有关科目。

二、生产成本在完工产品和在产品之间分配的方法

每月月末，当月生产成本明细账中按照成本项目归集了该种产品的本月生产成本以后，如果产品已经全部完工，生产成本明细账中归集的月初在产品生产成本与本月发生的生产成本之和，就是该种完工产品的成本。如果产品全部没有完工，生产成本明细账中归集的月初在产品生产成本与本月发生的生产成本之和，就是该种在产品的成本。如果既有完工产品又有在产品，生产成本明细账中归集的月初在产品生产成本与本月发生的生产成本之和，则应当在完工产品和月末在产品之间，采用适当的分配方法进行分配和归集，以计算完工产品和月末在产品的成本。

企业应当根据在产品数量的多少、各月在产品数量变化的大小、各项成本比重的大小，以及定额管理基础的好坏等具体条件，采用适当的分配方法将生产成本在完工产品和在产品之间进行分配。常用的分配方法有：不计算在产品成本法、在产品按固定成本计价法、在产品按所耗直接材料成本计价法、约当产量比例法、在产品按定额成本计价法、定额比例法等。

1. 不计算在产品成本法

采用不计算在产品成本法时，虽然有月末在产品，但不计算其成本。也就是说，这种产品每月发生的成本，全部由完工产品数量负担，其每月发生的成本之和即为每月完工产品成本。这种方法适用于月末在产品数量很少的产品。

2. 在产品按固定成本计价法

采用在产品按固定成本计价法，各月末在产品成本固定不变。某种产品本月发生的生产成本就是本月完工产品的成本。但在年末，在产品成本不应再按固定不变的金额计价，否则会使按固定金额计价的在产品成本与实际成本有较大差异，影响产品成本计算的正确性。因而在年末，应当根据实际盘点的在产品数量，具体计算在产品成本，据以计算12月份产品成本。这种方法适用于月末在产品数量较多，但各月变化不大的产品或月末在产品数量很少的产品。

3. 在产品按所耗直接材料成本计价法

采用在产品按所耗直接材料成本计价法，月末在产品只计算其所耗直接材料成本，不计算直接人工等加工成本。也就是说，产品的直接材料成本（月初在产品的直接材料成本与本月发生的直接材料成本之和）需要在完工产品和月末在产品之间进行分配，而生产产品本月发生的加工成本全部由完工产品成本负担。这种方法适用于各月月末在产品数量较多、各月在产品数量变化也较大，直接材料成本在生产成本中所占比重较大且材料在生产开始时一次就全部投入的产品。

4. 约当产量比例法

采用约当产量比例法，应将月末在产品数量按照完工程度折算为相当于完工产品的产量，即约当产量，然后将产品应负担的全部成本按照完工产品产量和各月末在产品约当产量的比例分配计算完工产品成本和月末在产品成本。这种方法适用于月末在产品数量较多，各月在产品数量变化也较大，且生产成本中直接材料成本和直接人工等加工成本的比重相差不大的产品。计算公式如下：

在产品约当产量＝在产品数量×完工程度

$$单位成本＝\frac{月初在产品成本＋本月发生生产成本}{产成品产量＋月末在产品约当产量}$$

产成品成本＝单位成本×产成品产量

【例12—6】甲公司的X产品本月完工470台，在产品100台。平均完工程度为30％，发生生产成本合计为2000000元。分配结果如下：

$$单位成本＝\frac{2000000}{470＋100×30\%}＝4000（元/台）$$

完工产品成本＝470×4000＝1880000（元）

在产品成本＝100×30％×4000＝120000（元）

【例12—7】甲公司 Y 产品单位工时定额 1000 小时，经两道工序制成。各工序单位工时定额为：第一道工序 350 小时，第二道工序 650 小时。为简化核算，假定各工序内在产品完工程度平均为 50％。则在产品完工程度计算结果如下：

第一道工序：$\dfrac{350×50％}{1000}×100％＝17.5％$

第二道工序：$\dfrac{350+650×50％}{1000}×100％＝67.5％$

有了各工序在产品完工程度和各工序在产品盘存数量，即可求得在产品的约当产量。各工序产品的完工程度可事先制定，产品工时定额不变时可长期使用。如果各工序在产品数量和单位工时定额都相差不多，在产品的完工程度也可按 50％计算。

应当指出，在很多加工生产中，材料是在生产开始时一次投入的。这时，在产品无论完工程度如何，都应和完工产品负担同样材料成本。如果材料是随着生产过程陆续投入的，则应按照各工序投入的材料成本在全部材料成本中所占的比例计算在产品的约当产量。

【例12—8】甲公司 Z 产品本月完工产品产量 6000 个，在产品数量 600 个，完工程度按平均 50％计算；材料在开始生产时一次投入，其他成本按约当产量比例分配。Z 产品本月月初在产品和本月耗用直接材料成本共计 1480000 元，直接人工成本 480000 元，制造费用 860000 元。

Z 产品各项成本的分配计算如下：

由于材料在开始生产时一次投入，因此应按完工产品和在产品的实际数量比例进行分配。不必计算约当产量。

（1）直接材料成本的分配：

完工产品应负担的直接材料成本＝$\dfrac{1480000}{6000+600}×6000＝1345455$（元）

在产品应负担的直接材料成本＝$\dfrac{1480000}{6000+600}×600＝134545$（元）

直接人工成本和制造费用均应按约当产量进行分配，在产品 600 个折合约当产量 300 个（600×50％）。

（2）直接人工成本的分配：

完工产品应负担的直接人工成本＝$\dfrac{480000}{6000+300}×6000＝457143$（元）

在产品应负担的直接人工成本＝$\dfrac{480000}{6000+300}×300＝22857$（元）

（3）制造费用的分配：

完工产品应负担的制造费用＝$\dfrac{860000}{6000+300}×6000＝819048$（元）

在产品应负担的制造费用 $=\dfrac{860000}{6000+300}\times300=40952$（元）

汇总 Z 产品完工产品成本和在产品成本：

Z 产品本月完工产品成本 $=1345455+457143+819048=2621646$（元）

Z 产品本月在产品成本 $=134545+22857+40952=198354$（元）

根据 Z 产品完工产品总成本编制完工产品入库的会计分录如下：

借：库存商品——Z 产品　　　　　　　　　　　　2621646

　　贷：生产成本——基本生产成本　　　　　　　　　　2621646

5. 在产品按定额成本计价法

采用在产品按定额成本计价法。月末在产品成本按定额成本计算，该种产品的全部成本（如果有月初在产品，包括月初在产品成本在内）减去按定额成本计算的月末在产品成本，余额作为完工产品成本；每月生产成本脱离定额的节约差异或超支差异全部计入当月完工产品成本。这种方法是事先经过调查研究、技术测定或按定额资料，对各个加工阶段上的在产品，直接确定一个单位定额成本。这种方法适用于各项消耗定额或成本定额比较准确、稳定，而且各月末在产品数量变化不是很大的产品。

计算公式如下：

月末在产品成本＝月末在产品数量×在产品单位定额成本

完工产品总成本＝（月初在产品成本＋本月发生生产成本）－月末在产品成本

完工产品单位成本 $=\dfrac{\text{完工产品总成本}}{\text{产成品产量}}$

【例 12—9】 承【例 12—8】甲公司 Z 产品本月完工产品产量 6000 个，在产品数量 600 个；在产品单位定额成本为：直接材料 300 元，直接人工 100 元，制造费用 150 元。Z 产品本月月初在产品和本月耗用直接材料成本共计 1480000 元，直接人工成本 480000 元，制造费用 860000 元。按定额成本计算在产品成本及完工产品成本。计算结果如表 12—7 所示。

表 12—7　　　　　　　在产品成本及完工产品成本资料　　　　　　金额单位：元

项　目	在产品定额成本	完工产品成本
直接材料	600×300＝180000	1480000－180000＝1300000
直接人工	600×100＝60000	480000－60000＝420000
制造费用	600×150＝90000	860000－90000＝770000
合计	330000	2490000

根据 Z 产品完工产品总成本编制完工产品入库的会计分录如下：

借：库存商品——Z 产品　　　　　　　　　　　　2490000

　　贷：生产成本——基本生产成本　　　　　　　　　　2490000

6. 定额比例法

采用定额比例法，产品的生产成本在完工产品和月末在产品之间按照两者的定额消耗量或定额成本比例分配。其中直接材料成本，按直接材料的定额消耗量或定额成本比例分配。直接人工等加工成本，可以按各该定额成本的比例分配，也可按定额工时比例分配。这种方法适用于各项消耗定额或成本定额比较准确、稳定，但各月末在产品数量变动较大的产品。

这种方法的计算公式如下（以按定额成本比例为例）：

$$\frac{直接材料}{成本分配率}=\frac{月初在产品实际材料成本＋本月投入的实际材料成本}{完工产品定额材料成本＋月末在产品定额材料成本}$$

完工产品应负担的直接材料成本＝完工产品定额材料成本×直接材料成本分配率

月末在产品应负担的直接材料成本＝月末在产品定额材料成本×直接材料成本分配率

$$\frac{直接人工}{成本分配率}=\frac{月初在产品实际人工成本＋本月投入的实际人工成本}{完工产品定额工时＋月末在产品定额工时}$$

完工产品应负担的直接人工成本＝完工产品定额工时×直接人工成本分配率

月末在产品应负担的直接人工成本＝月末在产品定额工时×直接人工成本分配率

【例 12—10】甲公司 M 产品本月完工产品产量 150 个，在产品数量 20 个；单位产品定额消耗为：材料 200 千克/个，50 小时/个。单位在产品材料定额 200 千克，工时定额 25 小时。有关成本资料如表 12—8 所示。

要求：按定额比例法计算在产品成本及完工产品成本。

表 12—8　　　　　　　　　　　　　有关成本资料　　　　　　　　　　　单位：元

项　目	直接材料	直接人工	制造费用	合　计
期初在产品成本	200000	20000	30000	250000
本期发生成本	480000	300000	450000	1230000
合　计	680000	320000	480000	1480000

按完工产品定额与在产品定额各占总定额的比例分配成本：

(1) 完工产品直接材料定额消耗＝200×150＝30000（千克）

完工产品直接人工定额消耗＝50×150＝7500（小时）

完工产品制造费用定额消耗＝50×150＝7500（小时）

(2) 在产品直接材料定额消耗＝200×20＝4000（千克）

在产品直接人工定额消耗＝25×20＝500（小时）

在产品制造费用定额消耗＝25×20＝500（小时）

(3) 计算定额比例：

$$在产品直接材料定额消耗比例=\frac{8000}{60000+8000}×100\%≈11.76\%$$

$$在产品直接人工定额消耗比例=\frac{1000}{15000+1000}×100\%≈6.25\%$$

$$在产品制造费用定额消耗比例=\frac{1000}{15000+1000}\times100\%\approx6.25\%$$

$$完工产品直接材料定额消耗比例=\frac{60000}{60000+8000}\times100\%\approx88.24\%$$

$$完工产品直接人工定额消耗比例=\frac{15000}{15000+1000}\times100\%\approx93.75\%$$

$$完工产品制造费用定额消耗比例=\frac{15000}{15000+1000}\times100\%\approx93.75\%$$

（4）分配成本：

完工产品应负担的直接材料成本＝680000×88.24％＝600032（元）

在产品应负担的直接材料成本＝680000×11.76％＝79968（元）

完工产品应负担的直接人工成本＝320000×93.75％＝300000（元）

在产品应负担的直接人工成本＝320000×6.25％＝20000（元）

完工产品应负担的制造费用＝480000×93.75％＝450000（元）

在产品应负担的制造费用＝480000×6.25％＝30000（元）

通过以上按定额比例法分配计算的结果，可以汇总 M 产品完工产品成本和在产品成本。

M 产品本月完工产品成本＝600032＋300000＋450000＝1350032（元）

M 产品本月在产品成本＝79968＋20000＋30000＝129968（元）

根据 M 产品完工产品总成本编制完工产品入库的会计分录如下：

借：库存商品——M 产品　　　　　　　　　　　　1350032

　　贷：生产成本——基本生产成本　　　　　　　　　1350032

三、联产品和副产品的成本分配

1. 联产品成本的分配

联产品，是指适用同种原料，经过同一生产过程同时生产出来的两种或两种以上的主要产品。联产品的特点是：在生产开始时，各产品尚未分离，统一加工过程中对联产品的联合加工。当生产过程进行到一定生产步骤，产品才会分离。在分离以前发生的生产成本，称为联合成本。"分离点"是指在联合生产中，投入相同原料，经过同一生产过程，分离为各种联产品的时点。分离后的联产品，有的可以直接销售，有的还需进一步加工才可供销售，联产品成本的计算，通常分为两个阶段进行：一是联产品分离前发生的生产成本即联合成本，可按一个成本核算对象设置一个成本明细账进行归集，然后将其总额按一定分配方法如售价法、实物数量法等，在各联产品之间进行分配；二是分离后按各种产品分别设置明细账，归集其分离后所发生的加工成本。联产品成本计算的一般程序为：

（1）将联产品作为成本核算对象，设置成本明细账。联产品的特点决定了联产品在分离之前，不可能按各种产品分别计算成本，只能按联产品作为成本核算对象。

（2）归集联产品成本，计算联合成本。联产品发生的成本为联合成本。联产品的在产品一般比较稳定，可不计算期初、期末在产品成本，本期发生的生产成本全部为联产品的完工产品成本。

（3）计算各种产品的成本。联产品的联合成本在分离点后，可按一定分配方法如：售价法、实物数量法等，在各联产品之间进行分配，分别确定各种产品的成本。

①售价法。在售价法下，联合成本是按分离点上每种产品的销售价格比例进行分配的。采用这种方法，要求每种产品在分离点时的销售价格能可靠地计量。

如果联产品在分离点上即可供销售，则可采用销售价格进行分配。如果这些产品尚需要进一步加工后才可供销售，则需要对分离点上的销售价格进行估计。此时，也可采用可变现净值法进行分配。

【例 12－11】甲公司生产 A 产品和 B 产品，A 产品和 B 产品为联产品。3 月份发生加工成本 10000000 元。A 产品和 B 产品在分离点上的销售价格总额为 12000000 元，其中 A 产品的销售价格总额为 7000000 元，B 产品的销售价格总额为 5000000 元。

采用售价分配联合成本：

A 产品生产成本＝10000000÷（7000000＋5000000）×7000000
　　　　　　　＝5833333（元）

B 产品生产成本＝10000000÷（7000000＋5000000）×5000000
　　　　　　　＝4166667（元）

②实物数量法。采用实物数量法时，联合成本是以产品的实物数量为基础分配的。这里的"实物数量"可以是数量、重量。实物数量法通常适用于所生产的产品价格很不稳定或无法直接确定。

$$单位数量（或重量）成本＝\frac{联合成本}{各联合产品的总数量（总重量）}$$

【例 12－12】承【例 12－11】同时假定 A 产品为 800 个，B 产品为 500 个。采用实物数量法分配联合成本：

A 产品生产成本＝10000000÷（800＋500）×800＝6153846（元）

B 产品生产成本＝10000000÷（800＋500）×500＝3846154（元）

（4）计算联产品分离后的加工成本。联产品分离后继续加工的，应按各种产品分别设置明细账归集分离后发生的加工成本。

2. 副产品成本的分配

副产品，是指在同一生产过程中，使用同种原料，在生产主要产品的同时附带生产出来的非主要产品。它的产量取决于主产品的产量，随主产品产量的变动而变动。由于副产品价值相对较低，而且在全部产品生产中的比重较小，因而可以采用简化的方法确定其成本，将副产品和主产品作为一个成本核算对象，从总成本中扣除副产品的成本，其余额就是主产品的成本。如副产品可以按预先规定的固定单价确定成本。

在分配主产品和副产品的生产成本时，通常先确定副产品的生产成本，然后确定主产品的生产成本。

【例12-13】甲公司在生产主要产品的同时，还生产了某种副产品。该种副产品可直接对外出售，公司规定的售价为每千克100元。某月主产品和副产品发生的生产成本总额为360000元，副产品的产量为1000千克。假定该公司按预先规定的副产品的售价确定副产品的成本。

副产品的成本＝100×1000＝100000（元）

主产品应负担的成本＝360000-100000＝260000（元）

四、完工产品成本的结转

企业完工产品经产成品仓库验收入库后，其成本应从"生产成本——基本生产成本"科目所属产品成本明细账的贷方转出。转入"库存商品"科目的借方。"生产成本——基本生产成本"科目的月末余额，就是基本生产在产品的成本，也就是占用在基本生产过程中的生产资金，应与所属各种产品成本明细账中月末在产品成本之和核对相符。

第四节 产品成本计算方法

生产成本归集分配完毕后，应按成本核算对象编制成本计算单，并选择一定的成本计算方法，计算各种产品的总成本和单位成本。企业在进行成本计算时，应当根据其生产经营特点、生产经营组织类型和成本管理要求，确定成本计算方法。成本计算的基本方法有品种法、分批法和分步法三种。

一、品种法

品种法，是指以产品品种作为成本核算对象，归集和分配生产成本，计算产品成本的一种方法。这种方法一般适用于单步骤、大量生产的企业。在这种类型的生产中，产品的生产技术过程不能从技术上划分为步骤，比如，企业或车间的规模较小，或者车间是封闭式的。也就是从材料投入到产品产出的全部生产过程都是在一个车间内进行的、或者生产按流水线组织，管理上不要求按照生产步骤计算产品成本，都可以按照品种法计算产品成本。

1. 品种法的特点

品种法计算成本的主要特点：

（1）成本核算对象是产品品种。如果企业只生产一种产品，全部生产成本都是直接成本，可直接计入该产品生产成本明细账的有关成本项目中，不存在在各种成本核算对象之间分配成本的问题。如果生产多种产品，间接生产成本则要采用适当的方法，在各成本核算对象之间进行分配。

（2）品种法下一般定期（每月月末）计算产品成本。

（3）如果企业月末有在产品，要将生产成本在完工产品和在产品之间进行分配。

2. 品种法举例

根据产品成本计算单（基本生产成本明细账），编制完工产品入库的会计分录：借记"库存商品——×产品、××产品"科目，贷记"生产成本——基本生产成本——×产品"科目、"生产成本——基本生产成本——××产品"等科目。

【例12－14】甲公司C产品和D产品的成本计算单如表12－9和表12－10所示。

表12－9 　　　　　　　　　　　　　产品成本计算单

产品名称：C产品　　　　　　　　　　　2009年3月　　　　　　　　　　产成品数量：600台

成本项目	月初在产品成本	本月生产成本	生产成本合计	产成品成本		月末在产品成本
				总成本	单位成本	
直接材料成本	34175	122000	156175	139500	232.5	16675
直接人工成本	7758	30800	38558	35592	59.32	2966
制造费用	6290	22960	29250	27000	45	2250
合　计	48223	175760	223983	202092	336.82	21891

表12－10 　　　　　　　　　　　　　产品成本计算单

产品名称：D产品　　　　　　　　　　　2009年3月　　　　　　　　　　产成品数量：1000台

成本项目	月初在产品成本	本月生产成本	生产成本合计	产成品成本		月末在产品成本
				总成本	单位成本	
直接材料成本	55200	285200	340400	284000	284	56400
直接人工成本	7600	69600	77200	69280	69.28	7920
制造费用	4800	52480	57280	48040	48.04	9240
合　计	67600	407280	474880	401320	401.32	73560

根据上列成本计算单（亦称基本生产成本明细账）编制完工产品入库的会计分录如下：

借：库存商品——C产品　　　　　　　　　　　　202092
　　　　　　　——D产品　　　　　　　　　　　　401320
　　贷：生产成本——基本生产成本——C产品　　　202092
　　　　　　　　　——基本生产成本——D产品　　　401320

二、分批法

分批法，是指以产品的批别作为产品成本核算对象，归集和分配生产成本，计算产品成本的一种方法。这种方法主要适用于单件、小批生产的企业，也可用于一般企业中的新产品试制或试验的生产、在建工程以及设备修理作业等。

1. 分批法的特点

分批法计算成本的主要特点：

（1）成本核算对象是产品的批别。由于产品的批别大多是根据销货订单确定的，因此，这种方法又称订单法。成本核算对象是购买者事先订货或企业规定的产品批别。

（2）成本计算期与产品周期基本一致，但与财务报告期不一致。产品成本的计算是与生产任务通知单的签发和结束紧密配合的，产品成本计算是不定期的，与产品周期基本一致，但与财务报告期不一致。

（3）不存在完工产品和在产品之间分配成本的问题。由于成本计算期与产品的生产周期基本一致，因此在计算月末在产品成本时，一般不存在完工产品和在产品之间分配成本的问题。

2. 分批法举例

【例 12－15】某公司按照购货单位的要求，小批生产 E 产品，采用分批法计算产品成本。该厂 7 月份投产 E 产品 25 件，批号为 01，8 月份全部完工；8 月份投产 F 产品 20 件，批号为 02，当月完工 15 件，并已交货，还有 5 件尚未完工。01批和 02 批产品成本计算单如表 12－11 和表 12－12 所示。各种成本的归集和分配过程略。

表 12－11　　　　　　　　　　　产品成本计算单

批号：01　　　　　　　　产品名称：E 产品　　　　　　　　开工日期：7 月 15 日
委托单位：××公司　　　　批量：25 件　　　　　　　　　　完工日期：8 月 15 日

项　目	直接材料成本	直接人工成本	制造费用	合计
7 月末成本余额	27000	2025	7650	36675
8 月份发生生产成本				
据材料成本分配表	10350			10350
据工资成本分配表		3825		3825
据制造费用分配表			18000	18000
合　计	37350	5850	25650	68850
结转产成品（50 件）成本	37350	5850	25650	68850
单位成本	747	117	513	1377

表 12－12　　　　　　　　　　　产品成本计算单

批号：02　　　　　　　　产品名称：F 产品　　　　　　　　开工日期：8 月 1 日
委托单位：××公司　　　　批量：20 件　　　　　　　　　　完工日期：

项　目	直接材料成本	直接人工成本	制造费用	合计
8 月份发生生产成本				
据材料成本分配表	180000			180000
据工资成本分配表		17500		17500

项 目	直接材料成本	直接人工成本	制造费用	合计
据制造费用分配表			45500	45500
合 计	180000	17500	45500	243000
结转产成品（30件）成本	135000	15000	39000·	189000
单位成本	4500	500	1300	6300
月末在产品成本	45000	2500	6500	54000

在本例中，01 批产品 8 月份全部完工，所以 8 月初生产成本和 8 月份发生的产品生产成本合计即为 8 月份完工产品的成本。02 批产品 8 月末部分完工，应采用适当的方法将产品生产成本在完工产品和在产品之间进行分配。本例由于材料在生产开始时一次投入，所以材料成本按完工产品和在产品的实际数量比例进行分配，而其他成本则按约当产量法进行分配。

（1）材料成本按完工产品产量和在产品数量作为比例进行分配。

$$完工产品应负担的材料成本 = \frac{180000}{15+5} \times 15 = 135000（元）$$

$$在产品应负担的材料成本 = \frac{180000}{15+5} \times 5 = 45000（元）$$

（2）其他生产成本按约当产量比例进行分配。

①计算 02 批 F 产品在产品约当产量，如表 12—13 所示。

表 12—13　　　　　　　　　　F 产品约当产量计算表

工 序	完工程度	在产品（件）		完工产品（件）	产量合计（件）
	①	②	③=①×②	④	⑤=③+④
1	15%	1	0.15		
2	25%	1	0.25		
3	70%	3	2.1		
合 计	—	5	2.5	15	17.5

②直接人工成本按约当产量法分配：

$$完工产品应负担的直接人工成本 = \frac{17500}{15+2.5} \times 15 = 15000（元）$$

$$在产品应负担的直接人工成本 = \frac{17500}{15+2.5} \times 2.5 = 2500（元）$$

③制造费用按约当产量法分配：

$$完工产品应负担的制造费用 = \frac{45500}{15+2.5} \times 15 = 39000（元）$$

$$在产品应负担的制造费用 = \frac{45500}{15+2.5} \times 2.5 = 6500（元）$$

将各项成本分配结果计入 02 批 F 产品成本计算单（表 12—12）即可计算出 F 产品的产品成本和月末在产品成本。

三、分步法

分步法，是指按照生产过程中各个加工步骤（分品种）为成本核算对象，归集和分配生产成本，计算各步骤半成品和最后产成品成本的一种方法。这种方法适用于大批量的多步骤生产。在这类企业中，产品生产可以分为若干个生产步骤的成本管理，通常不仅要求按照产品品种计算成本，而且还要求按照生产步骤计算成本，以便为考核和分析各种产品及各生产步骤的成本计划的执行情况提供资料。

1. 分步法计算成本的主要特点

（1）成本核算对象是各种产品的生产步骤。

（2）月末为计算完工产品成本，还需要将归集在生产成本明细中的生产成本在完工产品和在产品之间进行分配。

（3）除了按品种计算和结转产品成本外，还需要计算和结转产品的各步骤成本。其成本核算对象，是各种产品及其所经过的各个加工步骤。如果企业只生产一种产品，则成本核算对象就是该种产品及其所经过的各个生产步骤。其成本计算期是固定的，与产品的生产周期不一致。

2. 分步法成本计算程序

在实际工作中根据成本管理对各生产步骤成本资料的不同要求（如是否要求计算半成品成本）和简化核算的要求，各生产步骤成本的计算和结转，一般采用逐步结转和平行结转两种方法，称为逐步结转分步法和平行结转分步法。

（1）逐步结转分步法。逐步结转分步法是为了分步计算半成品成本而采用的一种分步法，也称作计算半成品成本分步法。它是按照产品加工的顺序，逐步计算并结转半成品成本，直到最后加工步骤完成才能计算产成品成本的一种方法。逐步结转分步法按照产品加工顺序先计算第一个加工步骤的半成品成本，然后结转给第二个加工步骤，第二步骤把第一步骤结转来的半成品成本加上本步骤耗用的材料成本和加工成本，即为第二个加工步骤的半成品成本。

逐步结转分步法适用于大量大批连续式复杂生产的企业。适用于有的不仅将产成品作为商品对外销售，而且生产步骤所产半成品也经常作为商品对外销售的企业或产品。

逐步结转分步法在完工产品和在产品之间分配生产成本，即在各步骤完工产品和在产品之间进行分配。优点是：能提供各个生产步骤的半成品成本资料；为各生产步骤的在产品实物管理及资金管理提供资料；能够全面地反映各生产步骤的生产耗费水平，更好地满足各生产步骤成本管理的要求。缺点是：成本结转工作量较大，各生产步骤的半成品成本如果采用逐步综合结转方法，还要进行成本还原，增加了核算的工作量。

按照成本在下一步骤成本计算单中的反映方式，逐步结转分步法分为综合结转和分项结转两种方法（这里仅介绍综合结转的方法和步骤）。

综合结转法，是指上一步骤转入下一步骤的半成品成本，以"直接材料"或专设"半成品"项目综合列入下一步骤的成本计算单中。如果半成品通过半成品库收发，由于各月所生产的半成品的单位成本不同，因而，所耗半成品的单位成本可以如同材料核算一样，采用先进先出法或加权平均方法计算。

【例 12—16】甲公司 G 产品的生产分两个步骤在两个生产车间内进行，第一生产车间为第二生产车间提供半成品，半成品收发通过半成品库进行。两个生产车间的月末在产品均按定额成本计价。成本计算的程序是：

①根据各种成本分配表、半成品产量月报和第一生产车间在产品定额成本资料（这些成本的归集分配同品种法，下同），登记 G 产品第一生产车间（半成品）成本计算单，如表 12—14 所示。

表 12—14　　　　　　　　　G 产品（半成品）成本计算单

第一生产车间　　　　　　　　　　　　2009 年 9 月　　　　　　　　　　金额单位：元

项　　目	产量（件）	直接材料成本	直接人工成本	制造费用	合　　计
月初在产品成本（定额成本）		488000	56000	43200	587200
本月生产成本		716000	100000	100000	916000
合　　计		1204000	156000	143200	1503200
完工半成品转出	800	960000	128000	121600	1209600
月末在产品定额或成本		244000	28000	21600	293600

根据第一生产车间 G 产品（半成品）成本计算单表（表 12—14）和半成品入库单，编制会计分录如下：

借：自制半成品　　　　　　　　　　　　　1209600
　　贷：生产成本——基本生产成本——第一生产车间（G 产品）
　　　　　　　　　　　　　　　　　　　　1209600

②根据第一生产车间产品（半成品）成本计算单、半成品入库单，以及第二生产车间领用半成品的领用单，登记半成品明细账，如表 12—15 所示。

表 12—15　　　　　　　　　　　　半成品明细账　　　　　　　　　　金额单位：元

月份	月初余额		本月增加		合　　计			本月减少	
	数量（件）	实际成本	数量（件）	实际成本	数量（件）	实际成本	单位成本	数量（件）	实际成本
9	200	534800	800	1209600	1000	1744400	1744.4	600	1046640
10	400	697760							

根据半成品明细账所列半成品单位成本资料、第二生产车间半成品领用单等凭证，编制会计分录如下：

借：生产成本——基本生产成本——第二生产车间（G 产品）
　　　　　　　　　　　　　　　　　　　　1046640
　　贷：自制半成品　　　　　　　　　　　　1046640

③根据各种成本分配表、半成品领用单、产成品产量月报，以及第二生产车间

在产品定额成本资料，登记第二生产车间（产成品）成本计算单，如表12—16所示。

表12—16　　　　　　G产品（产成品）成本计算单

第二生产车间　　　　　　　　　　　　2009年9月　　　　　　　　　金额单位：元

项　目	产量（件）	直接材料成本	直接人工成本	制造费用	合　计
月初在产品成本（定额成本）		299200	8000	8800	316000
本月生产成本		1353400	158750	251350	1763500
合　计		1652600	166750	260150	2079500
产成品转出	750	1503000	162750	255750	1921500
单位成本		4008	434	682	5124
月末在产品（定额成本）		149600	4000	4400	158000

根据第二生产车间G产品（产成品）成本计算单和产成品入库单编制会计分录如下：

借：库存商品——G产品　　　　　　　　　　　　　1921500
　　贷：生产成本——基本生产成本——第二生产车间（G产品）
　　　　　　　　　　　　　　　　　　　　　　　　　1921500

（2）平行结转分步法。平行结转分步法也称不计算半成品成本分步法。它是指在计算各步骤成本时，不计算各步骤所产半成品的成本，也不计算各步骤所耗上一步骤的半成品成本，而只计算本步骤发生的各项其他成本，以及这些成本中应计入产成品的份额，将相同产品的各步骤成本明细账中的这些份额平行结转、汇总，即可计算出该种产品的产成品成本。

①成本核算对象。采用平行结转分步法的成本核算对象是各种产成品及其经过的各生产步骤中的成本份额。而各步骤的产品生产成本并不伴随着半成品实物的转移而结转。

②产品生产成本在完工产品和在产品之间的分配。采用平行结转分步法，每一生产步骤的生产成本也要在其完工产品与月末在产品之间进行分配。但是完工产品是指企业最后完工的产成品；在产品是指各步骤尚未加工完成的在产品和各步骤已完工但尚未最终完成的产品。

这种方法的优点是：各步骤可以同时计算产品成本，平行汇总计入产成品成本，不必逐步结转半成品成本；能够直接提供按原始成本项目反映的产成品成本资料，不必进行成本还原，因而能够简化和加速成本计算工作。缺点是：不能提供各个步骤的半成品成本资料；在产品的费用在产品最后完成以前，不随实物转出而转出，即不按其所在的地点登记，而按其发生的地点登记，因而不能为各个生产步骤在产品的实物和资金管理提供资料；部分生产步骤的产品成本不包括所耗半成品费用，不能全面地反映该步骤产品的生产耗费水平，不能更好地满足这些步骤成本管理的要求。

第五节 产品生产成本分析

一、产品生产成本表的编制

产品生产成本表是反映企业在报告期内生产的全部产品的总成本的报表。该表一般分为两种，一种按成本项目反映，另一种按产品种类反映。

1. 按成本项目反映的产品生产成本表的编制

按成本项目反映的产品生产成本表是按成本项目汇总反映企业在报告期内发生的全部生产成本以及产品生产成本合计额的报表。

在按成本项目反映的产品生产成本表中，上年实际数应根据上年12月份本表的本年累计实际数填列；本年计划数应根据成本计划有关资料填列；本年累计实际数应根据本月实际数加上上月份本表的本年累计实际数计算填列。

【例12-17】甲公司按成本项目编制的产品生产成本表如表12-17所示。

表12-17　　　　　　　　　　产品生产成本表（按成本项目反映）

单位：甲公司　　　　　　　　　　　　　2009年12月　　　　　　　　　　　金额单位：元

项　目	上年实际	本年实际	本月实际	本年累计实际
直接材料成本	423760	411310	41440	421270
直接人工成本	323088	288070	26980	294608
制造费用	174550	193840	16070	182410
生产成本合计	921398	893220	84490	898288
加：在产品、自制半成品期初余额	46360	47920	4510	38498
减：在产品、自制半成品期末余额	38498	39860	6330	50230
产品生产成本合计	929260	901280	82670	886556

2. 按产品种类反映的产品生产成本表的编制

按产品种类反映的产品生产成本表的编制是按产品种类汇总反映企业在报告期内生产的全部产品的单位成本和总成本的报表。

【例12-18】甲公司按产品种类编制的产品生产成本表如表12-18所示。

表12-18　　　　　　　　　　产品生产成本表（按产品种类反映）

单位：甲公司　　　　　　　　　　　　　2009年12月　　　　　　　　　　　金额单位：元

产品名称	计量单位	实际产量		单位成本				本月总成本			本年累计总成本		
		本月	本年累计	上年实际平均	本年计划	本月实际	本年累计实际平均	按上年实际平均单位成本计算	按本年计划单位成本计算	本月实际	按上年实际平均单位成本计算	按本年计划单位成本计算	本年实际
H	个	100	1100	81.55	81.15	80.75	81.25	8155	8115	8075	89705	89265	89375
I	台	200	2450	67.1	67.5	68.4	67.95	13420	13500	13680	164395	165375	166477.5
合计		×	×	×	×	×	×	21575	21615	21755	254100	254640	255852.5

在按产品种类反映的产品生产成本表中，各种产品的本月实际产量，应根据相应的产品成本明细账填列。

本年累计实际产量：根据本月实际产量，加上上月本表的本年累计实际产量计算填列。

上年实际平均单位成本：根据上年度本表所列全部累计实际平均单位成本填列。

本年计划单位成本：根据本年度成本计划填列。

本月实际单位成本：根据表中本月实际总成本除以本月实际产量计算填列。

如果在产品成本明细账或产成品成本汇总表中有着现成的本月产品实际的产量、总成本和单位成本，表中这些项目都可以根据产品成本明细账或产成品成本汇总表填列。

产品生产成本表中本年累计实际平均单位成本，应根据表中本年累计实际总成本除以本年累计实际产量计算填列。

按上年实际平均单位成本计算的本月总成本和本年累计总成本，应根据本月实际产量和本年累计实际产量，乘以上年实际平均单位成本计算填列。按本年计划单位成本计算的本月总成本和本年累计总成本，应根据本月实际产量和本年累计实际产量，乘以本年计划单位成本计算填列。本月实际总成本，应根据产品成本明细账或产成品成本汇总表填列。

本年累计实际总成本，应根据产品成本明细账或产成品成本汇总表本年各月产成品成本计算填列。如果有不合格品，应单列一行，并注明"不合格品"字样，不应与合格产品合并填列。

可比产品，如果企业规定有本年成本比上年成本的降低额或降低率的计划指标，还应根据产品生产成本表资料计算成本的实际降低额或降低率，作为该表的补充资料填列在表的下端。如果本年可比产品成本比上年不是降低，而是升高，上列成本的降低额和降低率应用负数填列；如果企业可比产品品种不多，其成本降低额和降低率，也可以按产品品种分别计划和计算。可比产品成本的降低额或降低率的计算公式如下：

可比产品成本降低额＝可比产品按上年实际平均单位成本计算的本年累计总成本－本年累计实际总成本

$$\frac{可比产品}{成本降低率}=\frac{可比产品成本降低率}{可比产品按上年实际平均单位成本计算的本年累计总成本}\times100\%$$

【例12-19】承【例12-18】若该公司所产 H、I 产品都是主要产品，且都是可比产品。根据上列计算公式和产品生产成本表（表12-18）所列的有关资料，该公司全部可比产品的成本降低额和降低率计算如下：

可比产品成本比上年降低额＝254100－255852.5＝－1752.5（元）

可比产品成本比上年降低率＝－1752.5÷254100×100％＝－0.69％

二、产品总成本分析

1. 按成本项目反映的产品生产成本表的分析

按成本项目反映的产品生产成本表，一般可以采用对比分析法、构成比率分析法和相关指标比率分析法进行分析。

（1）对比分析法。对比分析法（亦称比较分析法）是通过实际数与基数的对比来揭示实际数与基数之间的差异，分析经济活动的绩效和问题的方法。

对比的基数由于分析的目的不同而有所不同，可用计划数、定额数、前期实际数、以往年度同期实际数以及本企业历史先进水平和国内外同行业的先进水平等进行对比。

对比分析法只适用于同质指标的数量对比。采用对比分析法，应注意比较指标的可比性。即用于对比的各项指标在经济内容、计算方法、计算期和影响指标形成的客观条件等方面，应有可比的共同基础。如果相比的指标之间有不可比因素，应先按可比的口径进行调整，再进行对比。

（2）构成比率分析法。构成比率分析法（也称比重分析法），是通过计算某项指标的各个组成部分占总体的比重，即部分与全部的比率，进行数量分析的方法。通过构成比率分析，可以反映产品成本的构成是否合理。

产品成本构成比率的计算公式如下：

$$直接材料成本比率 = \frac{直接材料成本}{产品成本} \times 100\%$$

$$直接人工成本比率 = \frac{直接人工成本}{产品成本} \times 100\%$$

$$控制费用比率 = \frac{制造费用}{产品成本} \times 100\%$$

（3）相关指标比率分析法。相关指标比率分析法，是计算两个性质不同而又相关的指标的比率，进行数量分析的方法。实际工作中，由于企业规模不同等原因，单纯地对比产值、销售收入或利润等绝对数多少，不能说明各个企业经济效益好坏，因此，计算成本与产值、销售收入或利润相比的相对数，即产值成本率、销售收入成本率或成本利润率，就可反映企业经济效益的好坏。

产值成本率、销售收入成本率和成本利润率的计算公式如下：

$$产值成本率 = \frac{成本}{产值} \times 100\%$$

$$销售收入成本率 = \frac{成本}{销售收入} \times 100\%$$

$$成本利润率 = \frac{利润}{成本} \times 100\%$$

可见，产值成本率和销售收入成本率高的企业经济效益差；这两种比率低的企业经济效益好。而成本利润率则与之相反，成本利润率高的企业经济效益好；成本利润率低的企业经济效益差。

2. 按产品种类反映的产品生产成本表的分析

按种类反映的产品生产成本表的分析，一般从两个方面进行：一是本期实际成本与计划成本的对比分析；二是本期实际成本与上年实际成本的对比分析。

（1）本期实际成本与计划成本的对比分析。根据表 12—18 中所列全部产品和各种主要产品的本月实际总成本和本年累计实际总成本，分别与其本月计划总成本和本年累计计划总成本进行比较，确定全部产品和各种主要产品实际成本与计划成本的差异，了解成本计划的执行结果。

【例 12—20】 承【例 12—18】表 12—18 是该公司 12 月份按产品品种反映的产品生产成本表，全部产品本年累计实际总成本 255852.5 元，高于计划成本 254640元。总体来看，成本计划执行结果是不好的。但按产品品种来看，各种产品成本计划的执行结果并不相同。H 产品的本月实际总成本（8075 元）低于本月计划总成本（8155 元）；H 产品的本年累计实际总成本、I 产品的本月实际总成本和本年累计总成本，则均高于计划。

由此可见，I 产品的成本计划完成得不好；H 产品的成本计划从全年来看，完成得也不够好。应当进一步分析 I 产品和 H 产品成本计划完成得不好和不够好的原因，以便巩固成绩，克服缺点，更好地完成成本计划。

（2）本期实际成本与上年实际成本的对比分析。对于可比产品，还可进行这一方面的成本对比，分析可比产品成本本期比上年的升降情况。如果企业规定有可比产品成本降低计划，即成本的计划降低率或降低额，还应进行可比产品成本降低计划执行结果的分析。但是，应注意可比产品与不可比产品的划分是否正确。

①可比产品成本升降情况的分析。可按产品品种进行，也可按全部可比产品进行。可比产品成本的降低计划一般按全部可比产品综合规定，因而，可比产品成本降低计划执行结果的分析一般按全部可比产品综合进行。

可比产品成本升降情况的分析，应当根据产品生产成本表中所列全部可比产品和各种可比产品的本月实际总成本和本年累计实际总成本，分别与其本月按上年实际平均单位成本计算的总成本和本年按上年实际平均单位成本计算的累计总成本进行比较，确定全部可比产品和各种可比产品本期实际成本与上年实际成本的差异，了解成本升降的情况。

【例 12—21】 承【例 12—18】若该公司所产 H、I 产品均为可比产品。在该公司 12 月份按产品种类反映的产品生产成本表（表 12—18）中，按产品品种来看，H 产品成本本年实际总成本 89375 元，低于上年 89705 元。但是，全部可比产品本月实际总成本 21755 元和本年累计实际总成本 255852.5 元，都高于上年 21575 元和 254100 元。

可见，该公司可比产品成本总体是上升的。企业应当进一步分析产品本年成本高于上年成本的原因（尤其是 I 产品）以便克服缺点，进一步降低可比产品成本。

②可比产品成本降低计划执行结果的分析。可比产品成本的计划降低额是根据

各种产品的计划产量确定的，实际降低额是根据实际产量计算的。在产品品种比重和产品单位成本不变的情况下，产量增减会使成本降低额发生同比例的增减，但由于按上年实际平均单位成本计算的本年累计总成本也发生了同比例的增减，因而不会使成本降低率发生变动（成本降低率计算式的分子和分母发生同比例变动，其结果不变）。产品单位成本的变动，则会影响成本降低额和降低率同时发生变动。产品单位成本降低使成本降低额和降低率增加；反之，则会减少。由于各种产品的成本降低程度不同，产品品种比重的变动，也会影响成本降低额和降低率同时发生变动。

成本降低程度大的产品比重增加，会使成本降低额和降低率增加；反之，则会减少。因此，影响可比产品成本降低率变动的因素有两个：产品品种比重变动和产品单位成本变动。影响可比产品成本降低额变动的因素有三个：产品产量变动、产品品种比重变动和产品单位成本变动。

三、产品单位成本分析

主要产品单位成本表，是反映企业在报告期内生产的各种主要产品单位成本构成情况的报表。该表应当按照主要产品分别编制，是对按产品种类反映的产品生产成本表中某些主要产品成本的进一步反映。

主要产品单位成本表的分析，应当选择成本超支或节约较多的产品有重点地进行，以更有效地降低产品的单位成本。进行分析时，企业可以根据表中本期实际的生产成本（即本期实际的单位成本合计数）与其他各种生产成本进行对比，对产品单位成本进行一般的分析；然后按其成本项目（包括直接材料成本、直接人工成本、制造费用等）进行具体的分析。分析的方法主要采用对比分析法和趋势分析法等。

1. 产品单位成本的一般分析

【例12—22】现以表12—19中所列J产品的单位成本为例，来说明分析的一般方法。该产品的本年累计实际平均成本和本月实际成本不仅均高于本年计划成本，而且还高于上年实际平均成本和历史先进水平，可见成本超支的情况是比较严重的。

表 12—19　　　　　　　　　　主要产品单位成本表

甲公司　　　　　　　　　　　　　2009 年 12 月

产品名称：J　　　　　　　　　　　　　　　　　　　　产品销售单价：6800 元

产品规格：＊　　　　　　　　　　　　　　　　　　　本月实际产量：6 台

计量单位：台　　　　　　　　　　　　　　　　　　本年累计实际产量：80 台

成本项目	历史先进水平	上年实际平均	本年计划	本月实际	本年累计实际平均
直接材料成本	3650	3680	3645	3700	3645
直接人工成本	1750	1750	1800	1780	1810
制造费用	2250	2250	2300	2350	2320

成本项目	历史先进水平	上年实际平均	本年计划	本月实际	本年累计实际平均
生产成本合计	7650	7680	7745	7830	7775
主要技术经济指标	用量	用量	用量	用量	用量
1. 主要材料（千克）	280	270	260	220	230
2. ××××	……	……	……	……	……

从上年实际平均成本高于历史先进水平可以看出，该产品的实际成本不是逐年降低，而是逐年提高的。从本年计划成本高于上年实际平均成本可以看出，在制订本年度的成本计划时就已预见到成本不断提高的趋势。此外，从本月（12月份）实际成本高于本年累计实际平均成本还可以看出，即使是在本年度内，其成本也可能是逐月提高的。因此，确定该产品作为重点进行单位成本分析是完全正确的。

【例12—23】下面通过最近5年的单位成本资料，对J产品的成本进行趋势分析。5年的实际平均单位成本分别为：2005年（假定为历史先进水平年份）7650元，2006年7680元，2007年7700元，2008年7660元，2009年（即本年）7750元。现以2005年为基期，7650元为基数，规定为100%，计算其他各年与之相比的比率如下（保留小数点后两位小数）：

2006年：$\dfrac{7680}{7650} \times 100\% = 100.39\%$

2007年：$\dfrac{7700}{7650} \times 100\% = 100.65\%$

2008年：$\dfrac{7660}{7650} \times 100\% = 100.13\%$

2009年：$\dfrac{7750}{7650} \times 100\% = 101.31\%$

再以上年为基数，计算各年环比的比率如下：

2006年比2005年：$\dfrac{7680}{7650} \times 100\% = 100.39\%$

2007年比2006年：$\dfrac{7700}{7680} \times 100\% = 100.26\%$

2008年比2007年：$\dfrac{7660}{7700} \times 100\% = 99.48\%$

2009年比2008年：$\dfrac{7750}{7660} \times 100\% = 101.17\%$

可以看出，J产品的单位成本，如果以2005年为基期，以后4年均高于2005年，只是提高的程度各不相同，2009年提高得最多，2008年提高得最少；如果以上一年为基期逐年进行环比，2009年比2008年提高得最多。而2008年比2007年则是降低的。由此可见，这种产品成本的变动趋势还不是逐年递增，而是在总体提高的情况下，存在着一个上升—下降的过程。应当进一步查明这些变动的具体原因，是由于物价上涨而引起材料成本增加等客观原因，还是由于成本管理工作弱化或强化等主观原因。为了查明单位成本变动的具体原因，企业还应当按照成本项目进行成本分析。

2. 各主要项目分析

（1）直接材料成本的分析。直接材料实际成本与计划成本之间的差额构成了直接材料成本差异。形成该差异的基本原因：一是用量偏离标准；二是价格偏离标准。前者按计划价格计算；后者按实际用量计算，称为价格差异。

材料消耗量变动的影响＝（实际数量－计划数量）×计划价格

材料价格变动的影响＝实际数量×（实际价格－计划价格）

从表12－19中J产品的各项成本来看，直接材料成本占产品单位成本的一半左右，比重较大，而且本月实际材料成本不仅超过本年计划、上年实际平均、历史先进水平，还超过了本年累计实际平均数，应当作为重点成本项目进行分析。

【例12－24】假定J产品2009年的成本计划和12月份实际发生的材料消耗量和材料单价如表12－20所示。

表12－20 　　　　　　　　 **直接材料计划与实际成本对比表**

2009年12月

项　目	材料消耗数量（千克）	材料价格（元/千克）	直接材料成本（元）
本年计划	300	12.15	3645
本月实际	250	14.8	3700
直接材料成本差异			＋55

从前述J产品单位成本表（表12－19）和直接材料计划与实际成本对比表（表12－20）可以看出，该产品单位成本中的直接材料成本本月实际比本年计划超支55元。单位产品材料成本是材料消耗数量与材料价格的乘积，影响因素主要在于材料消耗数量差异（量差）和材料价格差异（价差）两个方面。

用差额计算分析法计算这两个方面因素变动时直接材料成本超支的影响：

材料消耗数量变动的影响＝（250－300）×12.15＝－607.5（元）

材料价格变动的影响＝250×（14.8－12.15）＝662.5（元）

两因素影响程度合计＝－607.5＋662.5＝55（元）

通过计算可以看出，J产品的直接材料成本虽然只超支55元，差异不大，但分析结果表明，由于材料消耗量节约（由300千克降为250千克）使材料成本降低607.5元；由于材料价格的提高（由12.15元提为14.8元）则使材料成本超支662.5元。两者相抵，净超支55元。由此可见，J产品材料消耗的节约掩盖了绝大部分材料价格提高所引起的材料成本超支。材料消耗节约只要不是偷工减料的结果，一般都是生产车间改革生产工艺、加强成本管理的成绩。材料价格的提高，则要看是由于市场价格上涨等客观原因引起的，还是由于材料采购人员不得力，致使材料买价偏高或材料运杂费增加的结果。

与此相联系，J产品的本年累计实际平均材料成本与本年计划持平（均为3645元），低于本月实际、上年实际平均和历史先进水平，也不一定是成本管理工作的成绩，也应比照上述方法进行量差和价差的分析。

（2）直接人工成本的分析。直接人工实际成本与计划成本之间的差额构成了直接人工成本差异。形成该差异的基本原因：一是量差，指实际工时偏离计划工时，其差额按计划每小时工资成本计算确定的金额，称为单位产品所耗工时变动的影响；二是价差，指实际每小时工资成本偏离计划每小时工资成本，其差额按实际工时计算确定的金额，称为每小时工资成本变动的影响。

单位产品所耗工时变动的影响＝（实际工时－计划工时）×计划每小时工资成本

每小时工资成本变动的影响＝实际工时×（实际每小时工资成本－计划每小时工资成本）

上述分析中，J产品单位成本的直接人工成本中，本年累计实际平均数高于本年计划数，但本月实际数不仅低于本年累计实际平均数，而且还低于本年计划数（虽然仍高于上年实际平均数和历史先进水平），说明情况已明显好转。如果该公司实行计件工资制度，这些变动则主要是由于计件单价变动引起的，应该查明J产品计件单价变动的原因。如果是计时工资制度，单位成本中的直接人工成本是根据单位产品所耗工时数和每小时的工资成本分配计入的，可以比照直接材料成本采用差额计算分析法进行分析（单位产品所耗工时数相当于单位产品的材料消耗数量，每小时的工资成本相当于材料单价），计算产品所耗工时数变动（量差）和每小时工资成本变动（价差）对直接人工成本变动的影响。

【例12—25】承【例12—22】若该公司实行计时工资制度。J产品每台所耗工时数和每小时工资成本的计划数和实际数如表12—21所示。

表12—21　　　　　　　　直接人工成本计划与实际对比表　　　　　　　　金额单位：元

项　　目	单位产品所耗工时	每小时工资成本	直接人工成本
本年计划	20	90	1800
本月实际	16	111.25	1780
直接人工成本差异	−4	＋21.25	−20

从J产品单位成本表（表12—19）和直接人工成本计划与实际对比表（表12—21）可以看出，J产品单位成本中的直接人工成本本月实际比本年计划降低20元。采用差额计算分析法计算各因素的影响程度如下：

单位产品所耗工时变动的影响＝（16−20）×90＝（−4）×90＝−360（元）

每小时工资成本变动的影响＝16×（111.25−90）＝16×21.25＝340（元）

两因素影响程度合计＝−360＋340＝−20（元）

分析计算表明：J产品直接人工成本节约20元，是由于工时消耗大幅度节约的结果，而每小时工资成本则是超支的，它抵消了绝大部分由于工时消耗节约所产生的直接人工成本的降低额。企业应当进一步查明单位产品工时消耗节约和每小时工资成本超支的原因。

单位产品所耗工时的节约，一般是生产工人提高了劳动的熟练程度，从而提高了劳动生产率的结果；但也不排除是由于偷工减料造成的。应查明节约工时以后是否影响了产品的质量。通过降低产品质量来节约工时，是不被允许的。

每小时工资成本是以生产工资总额除以生产工时总额计算求出的。工资总额控制得很好，生产工资总额减少，会使每小时工资成本节约，否则会使每小时工资成本超支。对生产工资总额变动的分析，可以与前述按成本项目反映的产品生产成本表（表12—17）中直接人工成本的分析结合起来进行。

在工时总额固定的情况下，非生产工时控制得好，减少非生产工时，增加生产工时总额会使每小时工资成本节约；否则会使每小时工资成本超支。因而，要查明每小时工资成本变动的具体原因，还应对生产工时的利用情况进行调查研究。

（3）制造费用的分析。制造费用属于间接生产成本，产品成本中的制造费用一般是根据生产工时等分配标准分配计入的。因此，产品单位成本中制造费用的分析，通常与计时工资制度下直接人工成本的分析相类似，先要分析单位产品所耗工时变动和每小时制造费用变动两因素对制造费用变动的影响，然后查明这两个因素变动的具体原因。如果在进行直接人工成本分析时，已经查明了单位产品所耗工时变动和生产工时利用好坏的具体原因，只需要联系前述按成本项目反映的产品生产成本表（表12—17）中制造费用总额变动的分析，并结合制造费用明细表（表12—22）中各成本项目具体变动的分析，就可以了解产品单位成本中制造费用变动的种种原因。

"制造费用明细表"的格式，如表12—22所示。

表 12—22　　　　　　　　　　　　制造费用明细表

单位：甲公司　　　　　　　　　　　　2009 年 12 月

成本项目	本年计划数	上年同期实际数	本月实际数	本年累计实际数
机物料消耗				
职工薪酬				
折旧费				
办公费				
水电费				
停工损失				
其　他				
合　计				

表中，本年计划数应根据本年制造费用计划填列；上年同期实际数应根据上年同期本表的本月实际数填列；本月实际数应根据"制造费用"总账科目所属各基本生产车间制造费用明细账的本月合计数汇总计算填列；本年累计实际数应根据这些制造费用明细账本月末的累计数汇总计算填列。如果需要，也可以根据制造费用的分月计划，在表中加列本月计划数。

对制造费用项目的分析，可以采用对比分析法和构成比率分析法等进行。

采用对比分析法进行分析时，通常先将本月实际数与上年同期实际数进行对比，揭示本月实际与上年同期实际之间的增减变化。在表中列有本月计划数的情况下，则先应进行这两者的对比，以便分析和考核制造费用月份计划的执行结果。在将本年累计实际数与本年计划数进行对比时，如果该表不是 12 月份的报表，这两者的差异只是反映年度内计划执行的情况，可以据此发出信号，提醒人们应该注意的问题。

例如，如果该表是本年 7 月份报表，而本年累计实际数已经接近、达到甚至超过本年计划的半数时，就应注意节约（控制）以后各月的成本，以免全年的实际数超过计划数。如果该表是 12 月份报表，则本年累计实际数与本年计划数的差异，就是全年制造费用计划执行的结果。为了具体分析制造费用增减变动和计划执行好坏情况和原因，对比分析还应当按照成本项目进行。由于制造费用的项目很多，分析时应选择超支或节约数额较大或者成本比重较大的项目有重点地进行。

一般地，各项制造费用的性质和用途不同，评价各项目成本超支或节约时应联系成本的性质和用途具体分析，不能简单地将一切超支都看成是不合理的、不利的，也不能简单地将一切节约都看成是合理的、有利的。另外，在分项目进行制造费用分析时，还应特别注意"停工损失"项目的分析，其发生额是生产管理不良的结果。

采用构成比率法进行制造费用分析时，可计算某项成本占制造费用合计数的构成比率，也可以将制造费用分为"与机器设备使用有关的成本（例如机器设备的折旧费、机物料消耗等，如果动力成本不专设成本项目，还应包括动力成本）"、"与机器设备使用无关的成本（例如车间管理人员职工薪酬、办公费等）"，以及"非生产性损失"等项目。分别计算其占制造费用合计数的构成比率。将这些构成比率与企业或车间的生产、技术的特点联系起来，分析其构成是否合理；也可将本月实际和本年累计实际的构成比率与本年计划的构成比率和上年同期实际的构成比率进行对比，揭示其差异和与上年同期的增减变化，分析差异和增减变化的合理性。

思 考 与 练 习

重要概念

成本核算	直接材料	直接人工	制造费用
直接分配法	交互分配法	完工产品	在产品
联产品	副产品	品种法	分批法
分步法	产品生产成本分析		

思 考 题

1. 简述企业发生的直接材料成本和直接人工成本进行分配的方法和程序。

2. 简述辅助生产成本的直接分配法和交互分配法的应用程序。

3. 制造费用应如何进行分配？

4. 生产成本在完工产品和在产品之间进行分配的方法有哪几种？如何分配？

5. 产品成本计算的方法有哪几种？各种方法的特点和适用范围是什么？

6. 应当如何进行产品总生产成本和单位成本的分析？

客观题

一、单项选择题

1. 按经济内容分类，下列各项中，属于工业制造企业费用要素的是( )。

   A. 直接人工　　　B. 制造费用　　　C. 管理费用　　　D. 利息支出

2. 下列各项中，不属于辅助生产费用分配方法的是( )。

   A. 交互分配法　　　　　　　　B. 约当产量比例法

   C. 直接分配法　　　　　　　　D. 按计划成本分配法

3. 生产车间发生的制造费用分配后，一般应计入( )科目。

   A. 主营业务成本　　　　　　　B. 库存商品

   C. 其他业务成本　　　　　　　D. 生产成本

4. 分批法适用于( )。

   A. 小批单件生产　　　　　　　B. 大批大量生产

   C. 大量大批多步骤生产　　　　D. 大量大批单步骤生产

5. 下列有关成本分析方法的说法中，不正确的是( )。

   A. 在采用对比分析法时，应当注意对比指标的可比性

   B. 产值成本率越高，表明企业经济效益越好

   C. 销售收入成本率越高，表明企业经济效益越差

   D. 成本利润率越高，表明企业经济效益越好

6. 如果企业月末在产品数量较大，各月末在产品数量变化也较大，产品成本中原材料费用和工资等其他费用所占比重相差不大，月末可采用的在产品和完工产品之间分配的方法是( )。

   A. 不计算在产品成本　　　　　B. 约当产量法

   C. 在产品成本按年初数固定计算　　D. 在产品成本按其所耗的原材料费用计算

7. 企业的制造费用采用生产工人工时比例法进行分配。企业当月生产甲、乙两种产品，共发生制造费用 30000 元。当月生产甲、乙两种产品共耗用 10000 工时，其中，甲产品耗用 8000 工时，乙产品耗用 2000 工时。则甲产品应分配的制造费用为( )元。

   A. 30000　　　B. 16000　　　C. 24000　　　D. 20000

8. 某企业"生产成本"科目的期初余额为 20 万元，本期为生产产品发生直接材料费用 50 万元，直接人工费用 10 万元，制造费用 20 万元，企业行政管理费用 10 万元，本期结转完工产品成本为 85 万元。假定该企业只生产一种产品，期末"生产成本"科目的余额为( )万元。

   A. 25　　　B. 15　　　C. 5　　　D. 35

9. 某产品本月完工 60 件，月末在产品 80 件，在产品平均完工程度为 40%，累计发生产品费用 92000 元，采用约当产量比例法计算在产品成本时，本月完工产品的成本是( )元。

A. 55000   B. 39429   C. 60000   D. 65255

10. 乙企业 2008 年成本为 1780 万元，利润总额为 712 万元。则该企业的成本利润率为（   ）。

     A. 250%   B. 166%   C. 60%   D. 40%

二、多项选择题

1. 下列各项中，应该计入"制造费用"的有（   ）。

     A. 生产车间的管理人员的工资   B. 厂部管理人员的工资

     C. 生产车间的办公费   D. 厂部的办公费

2. 辅助生产费用的分配方法主要包括（   ）。

     A. 直接分配法   B. 按计划成本分配法

     C. 交互分配法   D. 一次摊销法

3. 下列各种方法中适用于生产成本在完工产品和在产品之间分配的有（   ）。

     A. 交互分配法   B. 定额比例法

     C. 在产品按固定成本计价法   D. 在产品按定额成本计价法

4. 下列各项中，最终会归集到生产成本中的有（   ）。

     A. 生产工人的待业保险费   B. 车间管理人员的工资

     C. 生产工人的劳动保护费   D. 生产车间经营租赁租入设备的租金

5. 常用的产品成本分析方法有（   ）。

     A. 对比分析法   B. 回归分析法

     C. 相关指标比率分析法   D. 构成比率分析法

三、判断题

1. 在只生产一种产品的工业企业中，直接生产成本和间接生产成本都可以直接计入该种产品成本。   （   ）

2. 采用约当产量比例法时，计算分配原材料费用与分配加工费用所用的分配率都是一致的。   （   ）

3. 如果企业生产的产品属于大量大批且多步骤，则应采用品种法计算产品成本。   （   ）

4. 甲企业 2008 年的销售收入成本率为 60%，较 2007 年 56% 的销售收入成本率增加了 4 个百分点，这表明企业的经济效益进一步提高。   （   ）

5. 采用对比分析法可以揭示产品成本产生差异的因素和各因素的影响程度。   （   ）

6. 企业按照客户订单组织产品生产的情况下，应当采用分批法计算产品成本。   （   ）

7. 由于产品成本中有一部分是变动费用，所以，产量变动会影响产品单位成本。   （   ）

8. 企业采用平行结转分步法时，需要进行成本还原。   （   ）

9. 只有产品产量和产品单位成本能够影响可比产品成本的降低额。   （   ）

10. 约当产量是指将月末在产品数量按照完工程度折算成的相当于完工产品的产量。   （   ）

练习题

习题一

（一）资料：X 公司生产的 A 产品 2009 年计划成本和 12 月实际发生的材料消耗量及材料单价如下：

项　目	材料消耗数量（千克）	材料价格（元/千克）
本年计划	100	18
本月实际	110	15

（二）要求：计算直接材料成本差异；计算材料消耗数量变动对成本的影响和材料价格变动的影响。

习题二

（一）资料：甲企业 A 产品经过两道工序加工完成。A 产品耗用的原材料在开始生产时一次投入。生产成本在完工产成品和在产品之间分配采用约当产量比例法。2009 年 2 月 A 产品有关的资料如下：

（1）本月完工产品 2600 件。月末在产品数量及完工程度为：第一道工序 1000 件，本工序在产品完工程度相当于完工产成品的 30％；第二道工序 400 件，本工序在产品完工程度相当于完工产成品的 80％。见下表。

各工序约当产量计算表

工　序	月末在产品数量（件）	在产品完工程度
1	1000	30％
2	400	80％
合　计	1400	—

（2）产品成本计算单有关资料，见下表。

产品成本计算单

成本项目	月初在产品成本（元）	本月生产成本（元）	生产成本合计（元）
直接材料	60000	120000	180000
直接人工	74000	183600	257600
制造费用	20000	44400	64400
合计	154000	348000	502000

（二）要求：

（1）编制本月 A 产品各工序约当产量计算表（不需列出计算过程）。

（2）编制本月 A 产品的成本计算单（不需列出计算过程）。

（3）编制完工 A 产品入库的会计分录（金额单位用元表示）。

附录

习题参考答案

第一章

客观题

一、单项选择题

1. A 2. D 3. C 4. C 5. A 6. A 7. A 8. D 9. B 10. C 11. B 12. C 13. B 14. D 15. B 16. A 17. D 18. C

二、多项选择题

1. ABCD 2. ABCD 3. ABD 4. ABC 5. ABCD 6. ABCD 7. AB 8. ABCD 9. ACD 10. BCD 11. ABCDEFG 12. ACD 13. ABCD 14. ABCD 15. ABCD

三、判断题

1. √ 2. × 3. √ 4. × 5. √ 6. × 7. √ 8. √ 9. × 10. × 11. √ 12. × 13. √ 14. √ 15. ×

第二章

客观题

一、单项选择题

1. A 2. B 3. B 4. C 5. A 6. A 7. D 8. C 9. C 10. B 11. D 12. B 13. A 14. B 15. C 16. D 17. A 18. A 19. B 20. A 21. C 22. A 23. B

二、多项选择题

1. ABD 2. ABCDEF 3. AB 4. ABCDEF 5. ABCD 6. ABCD 7. ABC 8. BC 9. AB 10. ABC 11. ABCD 12. AB 13. ABCD

三、判断题

1. √ 2. √ 3. × 4. × 5. √ 6. × 7. × 8. √ 9. √ 10. √ 11. √ 12. × 13. √ 14. × 15. √ 16. × 17. × 18. √ 19. √ 20. ×

练习题

习题一

答：业务（1），涉及银行存款（＋）和实收资本（＋）

业务（2），涉及无形资产（＋）和银行存款（－）

业务（3），涉及固定资产（＋）和银行存款（－）

业务（4），涉及短期借款（－）和银行存款（－）

业务（5），涉及库存现金（＋）和银行存款（一）

业务（6），涉及库存现金（一）和管理费用（＋）

业务（7），涉及原材料（＋）和应付账款（＋）

业务（8），涉及主营业务收入（＋）和应收账款（＋）

业务（9），涉及银行存款（＋）和应收账款（一）

业务（10），涉及库存现金（＋）和银行存款（一）

业务（11），涉及库存现金（一）和应付职工薪酬（一）

业务（12），涉及原材料（＋）和银行存款（一）

业务（13），涉及应付账款（一）和银行存款（一）

业务（14），涉及管理费用（＋）和银行存款（一）

业务（15），涉及销售费用（＋）和银行存款（一）

习题二

答：A 公司 2009 年 8 月 31 日各账户资料填齐如下：

账　户	期初余额	本期借方发生额	本期贷方发生额	期末余额
银行存款	600000	800000	380000	1020000
原材料	—	30000	—	30000
固定资产	1000000	200000	—	1200000
短期借款	200000	40000	—	160000
应付账款	160000	160000	10000	10000
应付票据	—	—	40000	40000
实收资本	1000000		960000	1960000
资本公积	240000	160000	—	80000

习题三

答：S 公司 2009 年 3 月底各账户数字填齐如下：

账　户	期初余额		本期发生额		期末余额	
	借方	贷方	借方	贷方	借方	贷方
固定资产	200000		10000	—	210000	
原材料	25000		6000	7000	24000	
生产成本	36000		7000	—	43000	
产成品	59000		—	—	59000	
库存现金	3000		300	—	3300	
银行存款	70000		1000	24100	46900	
应收账款	7000		—	1200	5800	
实收资本		300000	—	10000		310000
累计折旧		20000	—	—		20000
短期借款		60000	20000	—		40000
应付账款		14000	4000	6000		16000
应交税费		6000	—	—		6000
合计	400000	400000	48300	48300	392000	392000

习题四

答：按要求列该企业 2009 年 8 月各账户资料如下：

账　户	期初余额		本期发生额		期末余额	
	借方	贷方	借方	贷方	借方	贷方
银行存款	600000		800000	380000	1020000	
原材料			30000		30000	
固定资产	1000000		200000		1200000	
短期借款		200000	40000			160000
应付账款		160000	160000	10000		10000
应付票据				40000		40000
实收资本		1000000		960000		1960000
资本公积		240000	160000			80000
合　计	1600000	1600000	1390000	1390000	2250000	2250000

习题五

答：1. 各账户丁字账如下：

固定资产

借方		贷方	
期初余额	2000000		
(1)	1200000		
(7)	300000		
本期合计	1500000	本期合计	0
期末余额	3500000		

实收资本

借方		贷方	
		初期余额	3000000
		(1)	1200000
本期合计	0	本期合计	1200000
		期末余额	4200000

原材料

借方		贷方	
期初余额	460000	(4)	40000
(2)	240000		
(14)	20000		
本期合计	260000	本期合计	40000
期末余额	680000		

长期借款

借方		贷方	
		期初余额	360000
		(15)	100000
本期合计	0	本期合计	100000
		期末余额	460000

生产成本

借方		贷方	
期初余额	260000	(6)	140000
(4)	40000		
本期合计	40000	本期合计	140000
期末余额	160000		

应付职工薪酬

借方		贷方	
		期初余额	310000
本期合计	0	本期合计	0
		期末余额	310000

产成品

借方		贷方	
期初余额	450000		
(6)	140000		
本期合计	140000	本期合计	0
期末余额	590000		

短期借款

借方		贷方	
(12)	240000	期初余额	120000
		(8)	240000
本期合计	240000	本期合计	240000
		期末余额	120000

库存现金

借方		贷方	
期初余额	5000	(5)	2000
(10)	500		
(13)	10000		
本期合计	10500	本期合计	2000
期末余额	13500		

其他应付款

借方		贷方	
		期初余额	30000
本期合计	0	本期合计	0
		期末余额	30000

银行存款

借方		贷方	
期初余额	350000	(3)	100000
		(7)	300000
(11)	390000	(9)	50000
(15)	100000	(12)	240000
		(13)	10000
		(14)	20000
本期合计	490000	本期合计	720000
期末余额	120000		

应付账款

借方		贷方	
(8)	240000	期初余额	180000
(9)	50000	(2)	240000
本期合计	290000	本期合计	240000
		期末余额	130000

应收账款

借方		贷方	
期初余额	420000	(11)	390000
本期合计	0	本期合计	390000
期末余额	30000		

其他应收款

借方		贷方	
期初余额	55000	(10)	2000
(5)	2000		
本期合计	2000	本期合计	2000
期末余额	55000		

管理费用

借方		贷方	
期初余额	0		
(10)	1500		
本期合计	1500	本期合计	0
期末余额	1500		

无形资产

借方		贷方	
期初余额	0		
(3)	100000		
本期合计	100000	本期合计	0
期末余额	100000		

2. 会计分录：

(1) 借：固定资产——机器设备　　　　　　　　1200000

　　　贷：实收资本　　　　　　　　　　　　　　1200000

（2）借：原材料　　　　　　　　　　　　　　240000

　　　　贷：应付账款——A公司　　　　　　　　　240000

（3）借：无形资产　　　　　　　　　　　　　100000

　　　　贷：银行存款　　　　　　　　　　　　　100000

（4）借：生产成本　　　　　　　　　　　　　40000

　　　　贷：原材料　　　　　　　　　　　　　　40000

（5）借：其他应收款——张明　　　　　　　2000

　　　　贷：库存现金　　　　　　　　　　　　　2000

（6）借：产成品　　　　　　　　　　　　　140000

　　　　贷：生产成本　　　　　　　　　　　　140000

（7）借：固定资产　　　　　　　　　　　　300000

　　　　贷：银行存款　　　　　　　　　　　　300000

（8）借：应付账款——A公司　　　　　　　240000

　　　　贷：短期借款　　　　　　　　　　　　240000

（9）借：应付账款——B公司　　　　　　　50000

　　　　贷：银行存款　　　　　　　　　　　　　50000

（10）借：管理费用　　　　　　　　　　　　1500

　　　　库存现金　　　　　　　　　　　　　500

　　　　　贷：其他应收款——张明　　　　　　　2000

（11）借：银行存款　　　　　　　　　　　　390000

　　　　贷：应收账款——C公司　　　　　　　390000

（12）借：短期借款　　　　　　　　　　　　240000

　　　　贷：银行存款　　　　　　　　　　　　240000

（13）借：库存现金　　　　　　　　　　　　10000

　　　　贷：银行存款　　　　　　　　　　　　　10000

（14）借：原材料　　　　　　　　　　　　　20000

　　　　贷：银行存款　　　　　　　　　　　　　20000

（15）借：银行存款　　　　　　　　　　　　100000

　　　　贷：长期借款　　　　　　　　　　　　100000

3. 见各丁字账。

4. 该企业"总分类账户本期发生额及余额表"如下：

总分类账户本期发生额及余额表

账　户	期初余额		本期发生额		期末余额	
	借方	贷方	借方	贷方	借方	贷方
固定资产	2000000		1500000		3500000	
无形资产	0		100000		100000	
原材料	460000		260000	40000	680000	
生产成本	260000		40000	140000	160000	
产成品	450000		140000		590000	
库存现金	5000		10500	2000	13500	
银行存款	350000		490000	720000	120000	
应收账款	420000			390000	30000	

账 户	期初余额		本期发生额		期末余额	
	借方	贷方	借方	贷方	借方	贷方
其他应收款	55000		2000	2000	55000	
管理费用			1500		1500	
实收资本		3000000		1200000		4200000
长期借款		360000		100000		460000
应付职工薪酬		310000				310000
短期借款		120000	240000	240000		120000
其他应付款		30000				30000
应付账款		180000	290000	240000		130000
合计	4000000	4000000	3074000	3074000	5250000	5250000

习题六

答：1. "原材料"和"应付账款"总账如下：

总分类账户

会计科目：原材料

凭证号数	摘 要	借方	贷方	借或贷	余额
	期初余额			借	1500000
(1)	购入原材料	60000		借	1560000
(2)	购入原材料	670000		借	2230000
(3)	生产用料		1030000	借	1200000
(4)	购入原材料	120000		借	1320000
(5)	生产用料		520000	借	800000
(7)	购入原材料	650000		借	1450000
	本期发生额及余额	1500000	1550000	借	1450000

总分类账户

会计科目：应付账款

凭证号数	摘 要	借方	贷方	借或贷	余额
	期初余额			贷	80000
(1)	应付购料款		60000	贷	140000
(4)	应付购料款		120000	贷	260000
(6)	偿还账款	30000		贷	230000
(8)	用借款归还账款	90000		贷	140000
	本期发生额及余额	120000	180000	贷	140000

2. 各明细账如下：

原材料明细分类账户

明细科目：A材料　　　　　　　　　　　　　　　　　　　　　　　材料计量单位：吨

凭证号数	摘要	收入			发出			结存		
		数量	单价	金额	数量	单价	金额	数量	单价	金额
	期初余额							200	5000	1000000
(1)	购入原材料	12	5000	60000				212	5000	1060000
(2)	购入原材料	80	5000	400000				292	5000	1460000
(3)	生产用料				120	5000	600000	172	5000	860000
(4)	购入原材料	10	5000	50000				182	5000	910000
(5)	生产用料				60	5000	300000	122	5000	610000
(7)	购入原材料	30	5000	150000				152	5000	760000
	本期发生额	132	5000	660000	180	5000	900000	152	5000	760000

原材料明细分类账户

明细科目：B材料　　　　　　　　　　　　　　　　　　　　　　　材料计量单位：千克

凭证号数	摘要	收入			发出			结存		
		数量	单价	金额	数量	单价	金额	数量	单价	金额
	期初余额							1000	300	300000
(2)	购入原材料	500	300	150000				1500	300	450000
(3)	生产用料				900	300	270000	600	300	180000
(5)	生产用料				400	300	120000	200	300	60000
(7)	购入原材料	1200	300	360000				1400	300	420000
	本期发生额	1700	300	510000	1300	300	390000	1400	300	420000

原材料明细分类账户

明细科目：C材料　　　　　　　　　　　　　　　　　　　　　　　材料计量单位：千克

凭证号数	摘要	收入			发出			结存		
		数量	单价	金额	数量	单价	金额	数量	单价	金额
	期初余额							5000	40	200000
(2)	购入原材料	3000	40	120000				8000	40	320000
(3)	生产用料				4000	40	160000	4000	40	160000
(4)	购入原材料	1750	40	70000				5750	40	230000
(5)	生产用料				2500	40	100000	3250	40	130000
(7)	购入原材料	3500	40	140000				6750	40	270000
	本期发生额	8250	40	330000	6500	40	260000	6750	40	270000

应付账款明细分类账户

明细科目：大明公司 单位：元

年		凭证		摘　要	借方	贷方	借或贷	余额
月	日	种类	号数					
6	1			期初余额			贷	50000
	3		(1)	应付购料款		60000	贷	110000
	12		(4)	应付购料款		50000	贷	160000
	18		(6)	偿还账款	20000		贷	140000
	29		(8)	偿还账款	54000		贷	86000
	31			本期发生额	74000	110000	贷	86000

应付账款明细分类账户

明细科目：星光公司 单位：元

年		凭证		摘　要	借方	贷方	借或贷	余额
月	日	种类	号数					
6	1			期初余额			贷	30000
	12		(4)	应付购料款		70000	贷	100000
	18		(6)	偿还账款	10000		贷	90000
	28		(8)	偿还账款	36000		贷	54000
	31			本期发生额	46000	70000	贷	54000

3. 会计分录如下：

(1) 借：原材料　　　　　　　　　　　　　　　60000
　　　贷：应付账款　　　　　　　　　　　　　　　　60000

(2) 借：原材料　　　　　　　　　　　　　　　670000
　　　贷：银行存款　　　　　　　　　　　　　　　　670000

(3) 借：生产成本　　　　　　　　　　　　　1030000
　　　贷：原材料　　　　　　　　　　　　　　　　1030000

(4) 借：原材料　　　　　　　　　　　　　　　120000
　　　贷：应付账款　　　　　　　　　　　　　　　120000

(5) 借：生产成本　　　　　　　　　　　　　　520000
　　　贷：原材料　　　　　　　　　　　　　　　　520000

(6) 借：应付账款　　　　　　　　　　　　　　30000
　　　贷：银行存款　　　　　　　　　　　　　　　30000

(7) 借：原材料　　　　　　　　　　　　　　　650000
　　　贷：银行存款　　　　　　　　　　　　　　　650000

(8) 借：应付账款　　　　　　　　　　　　　　90000
　　　贷：短期借款　　　　　　　　　　　　　　　90000

以上分录在有关账户中登记见前设的总账和明细账。

4. 结账见前面开设的各总账和明细账，"试算表"如下：

明细账户名称	单位	单价	期初余额		本期发生额				期末余额	
					收入		发出			
			数量	金额	数量	金额	数量	金额	数量	金额
A材料	吨	5000	200	1000000	132	660000	180	900000	152	760000
B材料	吨	300	1000	300000	1700	510000	1300	390000	1400	420000
C材料	千克	40	5000	200000	8250	330000	6500	260000	6750	270000
合计	—	—	—	1500000	—	1500000	—	1550000	—	1450000

应付账款明细分类账试算表

明细账户名称	期初余额		本期发生额		期末余额	
	借方	贷方	借方	贷方	借方	贷方
大明公司		50000	74000	110000		86000
星光公司		30000	46000	70000		54000
合计		80000	120000	180000		140000

第三章

客观题

一、单项选择题

1. B 2. D 3. A 4. D 5. A 6. B 7. A 8. C 9. A 10. C 11. C 12. D 13. A

二、多项选择题

1. BD 2. ABCD 3. ABCD 4. ABC 5. ABC 6. AC 7. BC 8. ABD 9. ABCD 10. ABC

三、判断题

1. √ 2. × 3. × 4. √ 5. × 6. × 7. √ 8. × 9. √ 10. × 11. ×

练习题

习题一

答：会计分录如下：

(1) 借：银行存款 550000
　　贷：长期借款 550000
(2) 借：管理费用 38000
　　贷：银行存款 38000
(3) 借：原材料 200000
　　贷：应付账款——A公司 200000
(4) 借：银行存款 800000
　　贷：实收资本 800000
(5) 借：银行存款 550000
　　应收账款 350000
　　贷：主营业务收入 900000

（6）借：库存现金　　　　　　　　　　　　　　　　　5000

　　　　贷：银行存款　　　　　　　　　　　　　　　　　　　5000

（7）借：原材料　　　　　　　　　　　　　　　　　1400000

　　　　贷：银行存款　　　　　　　　　　　　　　　　　　400000

　　　　　　短期借款　　　　　　　　　　　　　　　　　1000000

（8）借：库存现金　　　　　　　　　　　　　　　　　120000

　　　　贷：银行存款　　　　　　　　　　　　　　　　　　120000

（9）借：应付职工薪酬　　　　　　　　　　　　　　　120000

　　　　贷：库存现金　　　　　　　　　　　　　　　　　　120000

（10）借：短期借款　　　　　　　　　　　　　　　　700000

　　　　　　财务费用　　　　　　　　　　　　　　　　　16000

　　　　贷：银行存款　　　　　　　　　　　　　　　　　　716000

（11）借：管理费用　　　　　　　　　　　　　　　　　70000

　　　　贷：银行存款　　　　　　　　　　　　　　　　　　70000

（12）借：管理费用　　　　　　　　　　　　　　　　　12000

　　　　贷：银行存款　　　　　　　　　　　　　　　　　　12000

（13）借：管理费用　　　　　　　　　　　　　　　　　　4000

　　　　贷：库存现金　　　　　　　　　　　　　　　　　　　4000

（14）借：生产成本——A产品　　　　　　　　　　　480000

　　　　贷：原材料　　　　　　　　　　　　　　　　　　480000

（15）借：应付账款——×单位　　　　　　　　　　　200000

　　　　贷：银行存款　　　　　　　　　　　　　　　　　　200000

（16）借：销售费用　　　　　　　　　　　　　　　　100000

　　　　贷：银行存款　　　　　　　　　　　　　　　　　　100000

习题二

答：1. 各总账与明细账如下：

原材料（总账）

借方		贷方	
期初余额	158000	（3）	212000
（1）	280000	（6）	40000
（4）	82000		
本期合计	362000	本期合计	252000
期末余额	268000		

原材料——甲材料

借方		贷方	
期初余额	90000	（3）	144000
（1）	180000		
（4）	18000		
本期合计	198000	本期合计	144000
期末余额	144000		

原材料——乙材料

借方		贷方	
期初余额	48000	（3）	48000
（1）	60000		
（4）	24000		
本期合计	84000	本期合计	48000
期末余额	84000		

原材料——丙材料

借方		贷方	
期初余额	20000	（3）	20000
（1）	40000	（6）	40000
（4）	40000		
本期合计	80000	本期合计	60000
期末余额	40000		

应付账款（总账）

借方		贷方	
		期初余额	29000
(2)	10000	(1)	280000
(5)	280000	(4)	82000
本期合计	290000	本期合计	362000
		期末余额	101000

应付账款——A公司

借方		贷方	
		期初余额	10000
(5)	240000	(1)	240000
		(4)	42000
本期合计	240000	本期合计	282000
		期末余额	52000

应付账款——B公司

借方		贷方	
		期初余额	19000
(2)	10000	(1)	40000
(5)	40000	(4)	40000
本期合计	50000	本期合计	80000
		期末余额	49000

2. 各项业务应作的会计分录如下：

(1) 借：原材料——甲材料　　　　　　　　　180000

　　　　　——乙材料　　　　　　　　　　60000

　　　　　——丙材料　　　　　　　　　　40000

　　　贷：应付账款——A公司　　　　　　　　　　240000

　　　　　　　　——B公司　　　　　　　　　　　40000

(2) 借：应付账款——B公司　　　　　　　　10000

　　　贷：银行存款　　　　　　　　　　　　　　10000

(3) 借：生产成本　　　　　　　　　　　　212000

　　　贷：原材料——甲材料　　　　　　　　　　144000

　　　　　　　——乙材料　　　　　　　　　　　48000

　　　　　　　——丙材料　　　　　　　　　　　20000

(4) 借：原材料——甲材料　　　　　　　　　18000

　　　　　——乙材料　　　　　　　　　　24000

　　　　　——丙材料　　　　　　　　　　40000

　　　贷：应付账款——A公司　　　　　　　　　　42000

　　　　　　　　——B公司　　　　　　　　　　　40000

(5) 借：应付账款——A公司　　　　　　　　240000

　　　　　　　　——B公司　　　　　　　　40000

　　　贷：短期借款　　　　　　　　　　　　　　280000

(6) 借：生产成本——A产品　　　　　　　　40000

　　　贷：原材料——丙材料　　　　　　　　　　　40000

以上各分录在有关总账和明细账的登记见前面账户，结账情况也见前面账户。

3. 各总账与所属明细账的余额已核对相符：

(1) "原材料"总账余额为 268000 元，其中：甲材料 144000 元，乙材料 84000 元，丙材料 40000 元。

(2) "应付账款"总账余额为 101000 元，其中：A公司 52000 元，B公司 49000 元。

第四章

客观题

一、单项选择题

1. B 2. B 3. C 4. B 5. A 6. C 7. B 8. D 9. A 10. D 11. D 12. B 13. A 14. D 15. D 16. B 17. C 18. B 19. A 20. B

二、多项选择题

1. BC 2. ABD 3. ABCD 4. BCD 5. AC 6. ABCD 7. ABCD 8. ABCD 9. ABCD 10. ABCD

三、判断题

1. × 2. √ 3. × 4. √ 5. × 6. √ 7. √ 8. × 9. √ 10. √ 11. √ 12. × 13. × 14. √ 15. √ 16. √ 17. × 18. × 19. ×

第五章

客观题

一、单项选择题

1. B 2. B 3. C 4. B 5. A 6. B 7. B 8. B 9. B 10. B 11. B 12. A 13. D 14. A 15. C

二、多项选择题

1. ABC 2. ABC 3. ACD 4. ABC 5. ABC 6. ACD 7. ABCD 8. ACD 9. ABCD 10. ACD

三、判断题

1. × 2. × 3. × 4. × 5. √ 6. × 7. × 8. √ 9. × 10. √

练习题

习题一

答：（1）2008年1月1日，购入债券：

借：交易性金融资产——成本	2000000	
应收利息	40000	
投资收益	40000	
贷：银行存款		2080000

2008年1月5日，收到该债券2007年下半年利息：

借：银行存款	40000	
贷：应收利息		40000

（2）2008年6月30日，确认债券公允价值变动和投资收益：

借：交易性金融资产——公允价值变动损益	300000	
贷：公允价值变动损益		300000
借：应收利息	40000	
贷：投资收益		40000

（3）2008 年 7 月 5 日，收到该债券半年利息：

借：银行存款　　　　　　　　　　　　　　　　　40000
　　贷：应收利息　　　　　　　　　　　　　　　　　　　40000

（4）2008 年 12 月 31 日，确认债券公允价值变动和投资收益：

借：公允价值变动损益　　　　　　　　　　　　　100000
　　贷：交易性金融资产——公允价值变动损益　　　　　100000

借：应收利息　　　　　　　　　　　　　　　　　40000
　　贷：投资收益　　　　　　　　　　　　　　　　　　40000

（5）2009 年 1 月 5 日，收到该债券 2008 年下半年利息：

借：银行存款　　　　　　　　　　　　　　　　　40000
　　贷：应收利息　　　　　　　　　　　　　　　　　　40000

（6）2009 年 3 月 31 日，将该债券予以出售：

借：银行存款　　　　　　　　　　　　　　　　2360000
　　公允价值变动损益　　　　　　　　　　　　　200000
　　贷：交易性金融资产——成本　　　　　　　　　2000000
　　　　　　　　　　　——公允价值变动损益　　　　200000
　　　　投资收益　　　　　　　　　　　　　　　　360000

习题二

答：（1）4 月 5 日发出时：

借：委托加工物资（100×10）　　　　　　　　　　1000
　　贷：原材料　　　　　　　　　　　　　　　　　　1000

借：委托加工物资（500÷40000×1000）　　　　　　12.5
　　贷：材料成本差异　　　　　　　　　　　　　　　12.5

（2）4 月 15 日从外地购入材料时：

借：材料采购　　　　　　　　　　　　　　　　　61000
　　应交税费——应交增值税（进项税额）　　　　　10370
　　贷：银行存款　　　　　　　　　　　　　　　　　71370

（3）4 月 20 日收到 4 月 15 日购入的材料时：

借：原材料（5980×10）　　　　　　　　　　　　59800
　　材料成本差异　　　　　　　　　　　　　　　1200
　　贷：材料采购　　　　　　　　　　　　　　　　　61000

（4）4 月 30 日计算材料成本差异率和发出材料应负担的材料成本差异额，编制相关会计分录：

材料成本差异率＝（500－12.5＋1200）÷（40000－1000＋59800）＝1.71%

发出材料应负担的材料成本差异＝50000×1.71%＝855（元）

借：生产成本　　　　　　　　　　　　　　　　　50000
　　贷：原材料　　　　　　　　　　　　　　　　　　50000

借：生产成本　　　　　　　　　　　　　　　　　855
　　贷：材料成本差异　　　　　　　　　　　　　　　855

（5）月末结存材料的实际成本＝（40000－1000＋59800－50000）＋（500－12.5＋1200－855）＝49632.5（元）

习题三

答：发出 A 材料单位成本＝（20000－2000＋2200＋37000＋51500＋600）÷（2000＋2950＋5000＋50）＝109300÷10000＝10.93（元/千克）

第六章

客观题

一、单项选择题

1. C 2. D 3. A 4. C 5. A 6. A 7. C 8. B 9. A 10. D 11. C

二、多项选择题

1. ABC 2. AB 3. ABC 4. ACD 5. AD 6. ABC 7. BD 8. ABCD 9. AC

三、判断题

1. × 2. × 3. × 4. × 5. √ 6. × 7. × 8. √

练习题

答：（1）借：长期股权投资　　　　　　　　　　　　5020

　　　　　贷：银行存款　　　　　　　　　　　　　　5020

　　（2）借：应收股利　　　　　　　　　　　　　　200

　　　　　贷：长期股权投资　　　　　　　　　　　　200

　　（3）借：银行存款　　　　　　　　　　　　　　200

　　　　　贷：应收股利　　　　　　　　　　　　　　200

　　（4）无分录。

　　（5）借：银行存款　　　　　　　　　　　　　　4800

　　　　　　　投资收益　　　　　　　　　　　　　　20

　　　　　贷：长期股权投资　　　　　　　　　　　　4820

第七章

客观题

一、单项选择题

1. A 2. B 3. C 4. A 5. C 6. B 7. D 8. D 9. C 10. C 11. B 12. C 13. A 14. C

二、多项选择题

1. ABCD 2. BCD 3. BCD 4. ABC 5. ABC 6. AC 7. ACE 8. BCE

三、判断题

1. √ 2. √ 3. × 4. √ 5. √ 6. × 7. × 8. ×

练习题

习题一

答：（1）购入原材料：

借：原材料　　　　　　　　　　　　　　　　80000

応交税費——应交增值税（进项税额） 13600
　　贷：银行存款 93600
（2）销售商品：
　借：应收票据 234000
　　　贷：主营业务收入 200000
　　　　应交税费——应交增值税（销项税额） 34000
（3）在建工程领用生产用库存原材料：
　借：在建工程 11700
　　贷：原材料 10000
　　　应交税费——应交增值税（进项税额转出） 1700
（4）盘亏原材料：
　借：待处理财产损溢 4680
　　贷：原材料 4000
　　　应交税费——应交增值税（进项税额转出） 680
（5）缴纳增值税：
　借：应交税费——未交增值税 5000
　　应交税费——应交增值税（已交税金） 25000
　　　贷：银行存款 30000
（6）月末，将本月应交未交或多交增值税转入未交增值税明细科目：
　借：应交税费——未交增值税 2220
　　　贷：应交税费——应交增值税（转出多交增值税） 2220

习题二

答：（1）计算：应付债券全年应计利息＝10000000×6％＝600000（元）
（2）收到价款及手续费时：
　借：银行存款 10432700
　　贷：应付债券——面值 10000000
　　　应付债券——利息调整 432700
　借：财务费用 8000
　　贷：银行存款 8000
（3）利息费用的计算表如下：

利息费用一览表 单位：元

项目	支付利息	利息费用	摊销的利息调整	应付债券摊余成本
	①＝面值×票面利率	②＝上期④×实际利率	③＝①－②	④＝上期④－③
2009.1.1				10432700.00
2009.12.31	600000	521635.00	78365.00	10354335.00
2010.12.31	600000	517716.75	82283.25	10272051.75
2011.12.31	600000	513602.59	86397.41	10185654.34
2012.12.31	600000	509282.72	90717.28	10094937.06
2013.12.31	600000	505062.94	94937.06	10000000.00

2009 年 12 月 31 日计算利息费用时：

借：财务费用		521635
应付债券——利息调整		78365
贷：应付利息		600000

2010、2011、2012 年末确认利息费用的会计处理同 2009 年。

（4）2013 年末，归还本金及最后一期利息时：

借：财务费用		505062.94
应付债券——面值		10000000
——利息调整		94937.06
贷：银行存款		10600000

习题三

答：（1）借：原材料 30000

　　　　　应交税费——应交增值税（进项税额） 5100

　　　　　　贷：应付账款 35100

（2）借：应付票据 60000

　　　　　贷：银行存款 60000

（3）借：银行存款 4000

　　　　　贷：预收账款 4000

（4）借：应收账款 11700

　　　　　贷：主营业务收入 10000

　　　　　　应交税费——应交增值税（销项税额） 1700

（5）借：银行存款 20000

　　　　　贷：无形资产——专利权 13000

　　　　　　其他业务收入 7000

应交营业税＝7000×5％＝350（元）

　　　　借：应交税费——应交营业税 350

　　　　　贷：银行存款 350

（6）借：银行存款 5000

　　　　　贷：其他应付款——C 公司 5000

（7）借：银行存款 7700

　　　　　预收账款 4000

　　　　　贷：应收账款 11700

（8）借：应付利息 2000

　　　　　财务费用 1000

　　　　　贷：银行存款 3000

（9）借：应付账款——F 公司 4000

　　　　　贷：营业外收入 4000

第八章

客观题

一、单项选择题

1. B 2. C 3. A 4. C 5. A 6. C 7. D 8. D 9. D 10. A 11. A 12. A 13. B 14. C 15. A

二、多项选择题

1. ACD 2. ABCD 3. ABC 4. ABC 5. ABC 6. BCD 7. BD 8. AC 9. ABCD 10. BD 11. AC 12. ABC 13. ACD 14. BCD

三、判断题

1. × 2. √ 3. × 4. √ 5. × 6. × 7. × 8. × 9. √ 10. × 11. × 12. × 13. √ 14. ×

练习题

习题一

答：（1）借：本年利润　　　　　　　　　　　　　　　　　　1000 万元

　　　　贷：利润分配——未分配利润　　　　　　　　　　　1000 万元

　　借：利润分配——提取法定盈余公积　　　　　　　　　　100 万元

　　　　　　　　　——提取任意盈余公积　　　　　　　　　100 万元

　　　　　　　　　——应付现金股利　　　　　　　　　　　300 万元

　　　　贷：盈余公积——法定盈余公积　　　　　　　　　　100 万元

　　　　　　　　　　——任意盈余公积　　　　　　　　　　100 万元

　　　　　　应付股利　　　　　　　　　　　　　　　　　　300 万元

　　借：利润分配——未分配利润　　　　　　　　　　　　　500 万元

　　　　贷：利润分配——提取法定盈余公积　　　　　　　　100 万元

　　　　　　　　　　——提取任意盈余公积　　　　　　　　100 万元

　　　　　　　　　　——应付现金股利　　　　　　　　　　300 万元

　　借：资本公积　　　　　　　　　　　　　　　　　　　　150 万元

　　　　盈余公积　　　　　　　　　　　　　　　　　　　　150 万元

　　　　贷：实收资本　　　　　　　　　　　　　　　　　　300 万元

（2）甲公司 2009 年末未分配利润＝400＋1000－100－100－300＝900（万元）

　　　年末盈余公积的余额＝300＋100＋100－150＝350（万元）

　　　年末留存收益的金额＝900＋350＝1250（万元）

习题二

答：（1）借：资本公积　　　　　　　　　　　　　　　　　　90000

　　　　　贷：实收资本——A公司　　　　　　　　　　　　30000

　　　　　　　　　　　——B公司　　　　　　　　　　　　30000

　　　　　　　　　　　——C公司　　　　　　　　　　　　30000

（2）借：盈余公积　　　　　　　　　　　　　　　　　　　75000

　　　　贷：利润分配——盈余公积补亏　　　　　　　　　　75000

（3）借：利润分配——提取盈余公积　　　　　　　　38000

　　　　贷：盈余公积　　　　　　　　　　　　　　　　38000

（4）借：银行存款　　　　　　　　　　　　　　1100000

　　　　贷：实收资本　　　　　　　　　　　　　　　1000000

　　　　　　资本公积　　　　　　　　　　　　　　　100000

习题三

答：（1）借：固定资产　　　　　　　　　　　　126000

　　　　　贷：实收资本——A　　　　　　　　　　　100000

　　　　　　　资本公积　　　　　　　　　　　　　　26000

（2）借：原材料　　　　　　　　　　　　　　　110000

　　　　应交税费——应交增值税（进项税额）　　18700

　　　　贷：实收资本——B　　　　　　　　　　　100000

　　　　　　资本公积　　　　　　　　　　　　　　28700

（3）借：银行存款　　　　　　　　　　　　　　390000

　　　　贷：实收资本——C　　　　　　　　　　　300000

　　　　　　资本公积　　　　　　　　　　　　　　90000

第九章

客观题

一、单项选择题

1. A　2. C　3. C　4. C　5. D　6. B　7. C　8. A　9. D　10. A　11. A　12. B　13. B

二、多项选择题

1. ACD　2. ABC　3. ABCD　4. ABCD　5. ABC　6. AB　7. ABCD　8. ABCD　9. ABD
10. ABD　11. AD　12. ABCD　13. ABC

三、判断题

1. ×　2. √　3. √　4. √　5. ×　6. √　7. ×　8. ×　9. √　10. ×　11. ×　12. ×　13. ×
14. ×　15. ×

练习题

习题一

答：（1）借：委托代销商品　　　　　　　　　　175000

　　　　　贷：库存商品　　　　　　　　　　　　　　175000

（2）借：应收账款　　　　　　　　　　　　　　234000

　　　　贷：主营业务收入（400×500）　　　　　200000

　　　　　　应交税费——应交增值税（销项税额）　34000

　　借：销售费用（400×500×10％）　　　　　　20000

　　　　贷：应收账款　　　　　　　　　　　　　　　20000

　　借：主营业务成本　　　　　　　　　　　　　140000

　　　　贷：委托代销商品（350×400）　　　　　　140000

（3）借：银行存款　　　　　　　　　　　　　　214000

	贷：应收账款	214000

习题二

答：(1) ①借：库存商品　　　　　　　　　　　　　80万元

　　　　应交税费——应交增值税（进项税额）　　13.6万元

　　　　　贷：应付账款　　　　　　　　　　　　93.6万元

　　②借：应收账款　　　　　　　　　　　　　175.5万元

　　　　　贷：主营业务收入　　　　　　　　　　150万元

　　　　　　　应交税费——应交增值税（销项税额）　25.5万元

　　　借：主营业务成本　　　　　　　　　　　　120万元

　　　　　贷：库存商品　　　　　　　　　　　　120万元

　　③借：主营业务收入　　　　　　　　　　　　75万元

　　　　　应交税费——应交增值税（销项税额）　12.75万元

　　　　　贷：应收账款　　　　　　　　　　　　87.75万元

　　　借：库存商品　　　　　　　　　　　　　　60万元

　　　　　贷：主营业务成本　　　　　　　　　　60万元

(2) 2009年3月31日W商品账面余额＝230＋80－120＋60＝250（万元）

(3) 2009年3月31日W商品应确认的跌价准备＝250－230＝20（万元）

借：资产减值损失　　　　　　　　　　　　　　20万元

　　贷：存货跌价准备　　　　　　　　　　　　　20万元

习题三

答：(1) 12月2日，向B公司赊销产品10件：

借：应收账款　　　　　　　　　　　　　　　23400

　　贷：主营业务收入　　　　　　　　　　　　20000

　　　　应交税费——应交增值税（销项税额）　3400

借：主营业务成本　　　　　　　　　　　　　10000

　　贷：库存商品　　　　　　　　　　　　　　10000

(2) 借：主营业务收入　　　　　　　　　　　　1000

　　　　应交税费——应交增值税（销项税额）　170

　　　　贷：应收账款　　　　　　　　　　　　1170

　　借：银行存款　　　　　　　　　　　　　21850

　　　　财务费用　　　　　　　　　　　　　　380

　　　　贷：应收账款　　　　　　　　　　　　22230

(3) 借：应收账款　　　　　　　　　　　　　234000

　　　　贷：主营业务收入　　　　　　　　　　200000

　　　　　　应交税费——应交增值税（销项税额）　34000

结转成本：

　　借：主营业务成本　　　　　　　　　　　100000

　　　　贷：库存商品　　　　　　　　　　　100000

(4) 收到E产品：

借：受托代销商品　　　　　　　　　　　　200000

贷：受托代销商品款		200000

实际销售 E 产品：

借：银行存款		234000
贷：受托代销商品		200000
应交税费——应交增值税（销项税额）		34000

收到神舟公司增值税发票：

借：应交税费——应交增值税（进项税额）		34000
贷：应付账款		34000

计算代销手续费等收入：

借：受托代销商品款		20000
贷：其他业务收入		20000

结清代销商品款时：

借：受托代销商品款		180000
应付账款		34000
贷：银行存款		214000
（5）借：应收票据		23400
贷：其他业务收入		20000
应交税费——应交增值税（销项税额）		3400
借：其他业务成本		16000
贷：原材料		16000
（6）借：主营业务收入		20000
应交税费——应交增值税（销项税额）		3400
贷：应收账款		23400
借：库存商品		10000
贷：主营业务成本		10000
（7）借：银行存款		100000
贷：预收账款		100000

第十章

客观题

一、单项选择题

1. A　2. B　3. A　4. D　5. D　6. C　7. C　8. D　9. C　10. D　11. B　12. A　13. D　14. C

二、多项选择题

1. ABC　2. AB　3. ACD　4. ACD　5. ABC　6. ABD　7. ABD

三、判断题

1. ×　2. ×　3. ×

练习题

习题一

答：（1）1月1日：

借：银行存款　　　　　　　　　　　　　　500万元

　　贷：递延收益　　　　　　　　　　　　　　　　500万元

借：递延收益（500万元÷5）　　　　　　　100万元

　　贷：营业外收入　　　　　　　　　　　　　　　100万元

（2）6月10日：

借：银行存款　　　　　　　　　　　　　　200万元

　　贷：营业外收入　　　　　　　　　　　　　　　200万元

（3）6月15日：

借：银行存款　　　　　　　　　　　　　　1200万元

　　贷：递延收益　　　　　　　　　　　　　　　　1200万元

6月20日：

借：固定资产　　　　　　　　　　　　　　1200万元

　　贷：银行存款　　　　　　　　　　　　　　　　1200万元

借：制造费用（1200万元÷5×6/12）　　　120万元

　　贷：累计折旧　　　　　　　　　　　　　　　　120万元

借：递延收益　　　　　　　　　　　　　　120万元

　　贷：营业外收入　　　　　　　　　　　　　　　120万元

（4）12月31日：

借：银行存款　　　　　　　　　　　　　　100万元

　　贷：营业外收入　　　　　　　　　　　　　　　100万元

习题二

答：（1）甲企业2009年度应交所得税额＝1000×25％＝250（万元）

（2）甲企业2009年度递延所得税＝（300－100）－（300－200）＝100（万元）

（3）甲企业2009年度所得税费用＝250＋100＝350（万元）

（4）借：所得税费用　　　　　　　　　　　350万元

　　　　递延所得税资产　　　　　　　　　100万元

　　　　贷：应交税费——应交所得税　　　　　　　250万元

　　　　　　递延所得税负债　　　　　　　　　　　200万元

（5）甲企业2009年度实现的净利润＝900－350＝550（万元）

（6）借：本年利润　　　　　　　　　　　　350万元

　　　　贷：所得税费用　　　　　　　　　　　　　350万元

习题三

答：（1）2009年1月1日，A企业确认应收的财政补贴款：

借：其他应收款　　　　　　　　　　　　　5850000

　　贷：递延收益　　　　　　　　　　　　　　　　5850000

（2）2009年1月10日，A企业实际收到财政补贴款：

借：银行存款　　　　　　　　　　　　　　5850000

　　贷：其他应收款　　　　　　　　　　　　　　　5850000

（3）2009年1月，将补偿1月份保管费的补贴计入当期收益：

借：递延收益　　　　　　　　　　　　　　1950000

　　　　贷：营业外收入 　　　　　　　　　　　　　　　　　　　　1950000

2009年2月和3月的分录同上。

　　习题四

　　答：(1) 2001年3月1日实际收到财政拨款，确认政府补助：

借：银行存款 　　　　　　　　　　　　　　　　　　　　2100000

　　贷：递延收益 　　　　　　　　　　　　　　　　　　　　2100000

　　(2) 2001年4月30日购入设备：

借：固定资产 　　　　　　　　　　　　　　　　　　　　4800000

　　贷：银行存款 　　　　　　　　　　　　　　　　　　　　4800000

　　(3) 自2001年5月起每个资产负债表日（月末）计提折旧，同时分摊递延收益：

①计提折旧：

借：管理费用（4800000÷10÷12）　　　　　　　　　　　40000

　　贷：累计折旧 　　　　　　　　　　　　　　　　　　　　400000

②分摊递延收益（月末）：

借：递延收益（2100000÷10÷12）　　　　　　　　　　　17500

　　贷：营业外收入 　　　　　　　　　　　　　　　　　　　17500

　　(4) 2009年4月出售设备，同时转销递延收益余额：

①出售设备（设备已经使用自2001年5月～2009年4月共96个月）：

借：固定资产清理 　　　　　　　　　　　　　　　　　　960000

　　累计折旧（40000×96）　　　　　　　　　　　　　　3840000

　　贷：固定资产 　　　　　　　　　　　　　　　　　　　　4800000

借：银行存款 　　　　　　　　　　　　　　　　　　　　1200000

　　贷：固定资产清理 　　　　　　　　　　　　　　　　　　960000

　　　　营业外收入 　　　　　　　　　　　　　　　　　　　240000

②转销递延收益余额（2100000－17500×96）：

借：递延收益 　　　　　　　　　　　　　　　　　　　　420000

　　贷：营业外收入 　　　　　　　　　　　　　　　　　　　420000

第十一章

客观题

一、单项选择题

1. D 　2. A 　3. C 　4. D 　5. B 　6. C 　7. A 　8. B 　9. A 　10. C

二、多项选择题

1. ABCD 　2. ABCD 　3. AC 　4. ABC 　5. ABD 　6. AC 　7. ABC 　8. AD

三、判断题

1. √ 　2. × 　3. √ 　4. × 　5. × 　6. √ 　7. √

练习题

习题一

答：1. 各业务会计分录如下：

(1) 借：原材料　　　　　　　　　　　　　　　　　　30000
　　　　应交税费——应交增值税（进项税额）　　　　5100
　　　贷：银行存款　　　　　　　　　　　　　　　　　　　35100
(2) 借：应收账款　　　　　　　　　　　　　　　　　　234000
　　　贷：主营业务收入　　　　　　　　　　　　　　　　200000
　　　　　应交税费——应交增值税（销项税额）　　　　　34000
　　借：主营业务成本　　　　　　　　　　　　　　　　65000
　　　贷：库存商品　　　　　　　　　　　　　　　　　　　65000
(3) 借：固定资产　　　　　　　　　　　　　　　　　　60000
　　　贷：银行存款　　　　　　　　　　　　　　　　　　　60000
(4) 借：固定资产　　　　　　　　　　　　　　　　　　40000
　　　贷：在建工程　　　　　　　　　　　　　　　　　　　40000
(5) 借：银行存款　　　　　　　　　　　　　　　　　　120000
　　　贷：应收账款　　　　　　　　　　　　　　　　　　　120000
(6) 借：短期借款　　　　　　　　　　　　　　　　　　10000
　　　贷：银行存款　　　　　　　　　　　　　　　　　　　10000
(7) 借：银行存款　　　　　　　　　　　　　　　　　　60000
　　　贷：长期借款　　　　　　　　　　　　　　　　　　　60000
(8) 借：应付职工薪酬　　　　　　　　　　　　　　　　50000
　　　贷：银行存款　　　　　　　　　　　　　　　　　　　50000
(9) 借：生产成本　　　　　　　　　　　　　　　　　　50000
　　　　管理费用　　　　　　　　　　　　　　　　　　20000
　　　贷：应付职工薪酬　　　　　　　　　　　　　　　　70000
(10) 借：制造费用　　　　　　　　　　　　　　　　　50000
　　　　贷：累计折旧　　　　　　　　　　　　　　　　　　50000
(11) 借：生产成本　　　　　　　　　　　　　　　　　50000
　　　　贷：制造费用　　　　　　　　　　　　　　　　　　50000
　　借：库存商品　　　　　　　　　　　　　　　　　100000
　　　贷：生产成本　　　　　　　　　　　　　　　　　　　100000
(12) 借：主营业务收入　　　　　　　　　　　　　　　200000
　　　　贷：本年利润　　　　　　　　　　　　　　　　　　200000
　　借：本年利润　　　　　　　　　　　　　　　　　85000
　　　贷：主营业务成本　　　　　　　　　　　　　　　　65000
　　　　　管理费用　　　　　　　　　　　　　　　　　　20000
　　借：本年利润　　　　　　　　　　　　　　　　　115000
　　　贷：利润分配——未分配利润　　　　　　　　　　　115000

2. 根据以上业务，编制资产负债表如下：

资产负债表

资　产	期末余额	年初余额	负债和所有者权益（或股东权益）	期末余额	年初余额
流动资产：			流动负债：		
货币资金	91900	67000	短期借款		10000
交易性金融资产			交易性金融负债		
应收票据	60000	60000	应付票据		
应收账款	189000	75000	应付账款	70000	70000
预付账款	−30000	−30000	预收账款	10000	10000
应收利息			应付职工薪酬	16000	−4000
应收股利			应交税费	39900	11000
其他应收款			应付利息		
存货	280000	215000	应付股利		
一年内到期的非流动资产			其他应付款		
其他流动资产			一年内到期的非流动负债		
流动资产合计	590900	387000	其他流动负债		
非流动资产：			流动负债合计	135900	97000
可供出售金融资产			非流动负债：		
持有至到期投资			长期借款	140000	80000
长期应收款			应付债券		
长期股权投资			长期应付款		
投资性房地产			专项应付款		
固定资产	550000	500000	预计负债		
在建工程		40000	递延所得税负债		
工程物资			其他非流动负债		
固定资产清理			非流动负债合计		
生产性生物资产			负债合计	275900	177000
油气资产			所有者权益（或股东权益）：		
无形资产	150000	150000	实收资本（或股本）	500000	500000
开发支出			资本公积		
商誉			减：库存股		
长摊待摊费用			盈余公积	200000	200000
递延所得税资产			未分配利润	315000	200000
其他非流动资产					
非流动资产合计	700000	690000	所有者权益（或股东权益）合计	1015000	900000
资产总计	1290900	1077000	负债和所有者（或股东权益）总计	1290900	1077000

3. 根据以上业务，编制利润表如下：

其中主营业务收入（贷）	200000 元
主营业务成本（借）	65000 元
管理费用（借）	20000 元

利润表

编制单位：A 企业　　　　　　　　2009 年 12 月　　　　　　　　单位：元

项　目	本期金额	上期金额（略）
一、营业收入	200000	
减：营业成本	65000	
营业税金及附加		
销售费用		
管理费用	20000	
财务费用		
加：公允价值变动收益（损失以"－"号填列）		
投资收益（损失以"－"号填列）		
二、营业利润（亏损以"－"号填列）	115000	
加：营业外收入		
减：营业外支出		
三、利润总额（亏损总额以"－"号填列）	115000	
减：所得税费用		
四、净利润（净亏损以"－"号填列）	115000	

习题二

答：（1）借：主营业务收入　　　　　　　　　　　　　　7611620

　　　　　其他业务收入　　　　　　　　　　　　　　928000

　　　　　投资收益　　　　　　　　　　　　　　　　600000

　　　　　营业外收入　　　　　　　　　　　　　　　645380

　　　　　　贷：本年利润　　　　　　　　　　　　　　　　　9785000

　　　　借：本年利润　　　　　　　　　　　　　　　7727000

　　　　　　贷：主营业务成本　　　　　　　　　　　　　　　5683200

　　　　　　　　其他业务成本　　　　　　　　　　　　　　　698300

　　　　　　　　销售费用　　　　　　　　　　　　　　　　　352000

　　　　　　　　管理费用　　　　　　　　　　　　　　　　　543000

　　　　　　　　财务费用　　　　　　　　　　　　　　　　　86000

　　　　　　　　营业税金及附加　　　　　　　　　　　　　　50000

　　　　　　　　营业外支出　　　　　　　　　　　　　　　　314500

（2）确认所得税费用＝（9785000－7727000）×25％＝514500（元）

　　借：本年利润　　　　　　　　　　　　　　　514500

　　　　贷：所得税费用　　　　　　　　　　　　　　　　514500

（3）将"本年利润"转入利润分配：

借：本年利润   1543500

  贷：利润分配——未分配利润   1543500

（4）根据以上项目编制利润表如下所示：

利润表

编制单位：A 企业   2009 年 12 月   单位：元

项　目	本期金额	上期金额（略）
一、营业收入	8539620	
减：营业成本	6381500	
营业税金及附加	50000	
销售费用	352000	
管理费用	543000	
财务费用	86000	
加：公允价值变动收益（损失以"－"号填列）		
投资收益（损失以"－"号填列）	600000	
二、营业利润（亏损以"－"号填列）	1727120	
加：营业外收入	645380	
减：营业外支出	314500	
三、利润总额（亏损总额以"－"号填列）	2058000	
减：所得税费用	514500	
四、净利润（净亏损以"－"号填列）	1543500	

第十二章

客观题

一、单项选择题

1. D 2. B 3. D 4. A 5. B 6. B 7. C 8. A 9. C 10. D

二、多项选择题

1. AC 2. ABC 3. BCD 4. BCD 5.　ACD

三、判断题

1. √ 2. × 3. × 4. × 5. × 6. √ 7. √ 8. × 9. × 10. √

练习题

习题一

答：直接材料的计划成本＝100×18＝1800（元）

直接材料的实际成本＝110×15＝1650（元）

直接材料成本差异＝1650－1800＝－150（元）

其中：材料消耗量变动的影响＝（110－100）×18＝180（元）

材料价格变动的影响＝110×（15－18）＝－330（元）

习题二

(1)
各工序约当产量计算表

2009 年 2 月　　　　　　　　　　　　　　　　　单位：件

工 序	月末在产品数量（件）	在产品完工程度	约当产量（件）
1	1000	30%	300
2	400	80%	320
合计	1400	—	620

(2)
产品成本计算单

产品名称：A产品　　　　　2009 年 2 月　　　　产成品数量：2600 件　　　单位：元

成本项目	月初在产品成本（元）	本月生产成本（元）	生产成本合计（元）	月末在产品成本（元）	完工产品成本（元）
直接材料	60000	120000	180000	63000	117000
直接人工	74000	183600	257600	49600	208000
制造费用	20000	44400	64400	12400	52000
合计	154000	348000	502000	125000	377000

(3) 借：库存商品　　　　　　　　　　　　　　　377000

　　　贷：生产成本——基本生产成本　　　　　　　377000